U0902865

武汉出版社
WUHAN PUBLISHING HOUSE

(鄂)新登字08号

图书在版编目(CIP)数据

城外的向阳湖．下/李城外编．—武汉：武汉出版社，2010.10
(向阳湖文化丛书)
ISBN 978－7－5430－5293－2

Ⅰ.①城…　Ⅱ.①李…　Ⅲ.①日记－作品集－中国－当代
Ⅳ.①I267.5

中国版本图书馆CIP数据核字(2010)第180529号

策　　划：彭小华　李城外
编　　者：李城外
责任编辑：李艳芬
装帧设计：刘福珊
扉页题字：周　明
出　　版：武汉出版社
社　　址：武汉市江汉区新华下路103号　　邮　编：430015
电　　话：(027)85606403　85600625
http://www.whcbs.com　　E-mail：wuhanpress@126.com
印　　刷：湖北通山金地印务有限公司　　经　销：新华书店
开　　本：880mm×1230mm　1/32
印　　张：39.75　　字　数：973千字　　插　页：8
版　　次：2010年10月第1版　　2010年10月第1次印刷
定　　价：105.00元(上、下册)

目录

下册

卷之九

卷十三

卷之九

2002年

春

20020101

《向阳湖纪事》一书，上月列出提纲目录。第一部分为“五七”战士回忆，原计划大部分拟用《向阳情结——文化名人与咸宁》中的文章。今日清理杂件时发现，“情结”上、下册未收入的文章亦有不少，何不作为“续篇”及时收入进去？既避免了重复，又可增加分量。这样本书也显得有意义些。看来，今后有些计划放一放也有好处，并非“百般宜早不宜迟”。

20020102

与北京孙绳武先生通电话，孙老80多岁了，前几日还专门给我寄来贺卡。电话中，老人对《向阳湖文化报》赞不绝口，以为编排、文章及保留价值均不在一般大报之下。我则想起过去写孙老的专访，题目正好是《“传播文化要不遗余力”》，我这“民间小报老总”正在这样做。

20020104

张慈中先生从北京打来电话，告知《向阳湖纪事》一书封面设计已完成，刚用特快专递寄出，不日即可收到。老人在电话中还解释自己牙痛，耽误了一些时间。

20020106

致婷读了《九头鸟》上《鄂军六人行》一文,对我和我的朋友们多了一点了解。晚上我俩散步的路上,我感慨地说:“到温泉十多年,仕途、文途还是比较顺的,尤其是在较短时间立足于鄂南文坛不容易,且发展趋势可以说超过其他朋友。因为向阳湖自身的价值决定了这一点,我今后将推出的作品之影响,也是朋友们所不可及的。”

20020107

下午与金戈谈及向阳湖文化研究近年出书计划,一是《向阳湖纪事》,二是关于向阳湖的书简,三是干校老照片。我个人的写作打算是,逐篇完成近年想写而未动笔的向阳湖文化散文,动手编“向阳湖年谱”,为写作报告文学作准备。

20020110

晚上和致婷一起散步,谈及官场风云莫测,她忽然问我,最为我所担心的是什么事,要我猜,猜对了说明心有灵犀。我不假思索道出了标准答案:“担心报告文学写不出来。”我让她放心,这是必须完成,而且应写成功的。因为“采风”毕竟属于史料的抢救,还谈不上文学上有成绩,真正传世的还得靠报告文学。

20020112

致婷在市中心医院被推荐出席全省优秀女职工代表(全市2人)大会,她的综合事迹材料请我过目,提修改意见。我的乐趣却不在此,而在于她肯拜我为师(人家是研究生)。因我去年得了湖北青年“五四”奖章,这下我们可算得“比翼双飞”了。

20020113

开始动手写《父子角》的书评。接下来准备写《京城访老》,再接下来编《向阳湖纪事》,其中包括“向阳湖年谱”、“向阳湖文化开发大事记”、“向阳湖人物志”等等，为写报告文学打好基础。写作计划必须一个一个落实，同时，读书也必须一本一本地啃。

今天读毕纪念萧乾的集子，萧老送给助手傅光明一句话：“在文学的道路上，永远不要迷信天才，全靠埋头苦干。”——此段语录，我也要引以为自勉。

20020114

北京胡德培先生 9 日来信：“上次三张照片一函已悉，今又见到《历史的见证》全文刊发于《政策与实践》，可见你真是一位有心人！读了你的《永远是朋友》一文，一路调侃的文笔，颇为活跃，是现今较为流行的写法，可见你待人之情、之诚。你还可以多写点散文，珍惜现今思想活跃的时期。”

20020115

上午，温中闻立玮校长来商谈校本教材增加“向阳湖文化”内容事宜，这说明“向阳湖文化”的传播、渗透又上了一个新台阶。下午，我还请闻校长去向阳湖实地考察感受，并邀了李专同行。闻、李都计划交我一篇文章。

20020116

北京崔道怡先生 12 日来信：“遵嘱奉上评价你的两部书的文稿《向阳湖忆莫名情》，请审正。这稿件拟发何处？请你安排，如刊用寄我一份留念。为扩大影响，不妨多给几处报刊。处置情况，还望告知。”

20020117

北京崔道怡先生日前寄来一篇书评《向阳湖忆莫名情——读李城外编著的两部奇书》，写得很到位，我马上打印出来。全文 3200 字，寄报纸过长，压缩成 2000 字的改题为《钩沉干校乃是一门“学问”》；长的不动，分寄有关熟识的编辑，交几份崔先生自己处理。

20020118

李专下午来,送上刚写的散文《向阳湖的守望者》,又把我"吹捧"了一下。他说元平和老柯写的都已十分到位,他非换一个角度出新意才行。我看了还满意,李专的散文算是写出来了。这也是他自己比较满意的一篇新作,尤其是题目的说法,估计今后会被人引用。

20020119

晚饭后逛温泉街上特价书地摊,意外发现一本有关干校题材的小说——《倾斜的岁月》(厉风著,春风文艺出版社 1998 年版),自然购回收藏。马上初翻一下,读小说倒在其次,警示自己早点写出报告文学则是关键。

20020120

北京叶惠元先生 16 日来信:"每次收到来信、书刊,都非常感谢。作为我和老伴这样曾经在向阳湖生活过的人来说,对于您如此搜集、整理过去的历史资料所下的功夫,也极为感动。如今真是成绩显然,功不可没。再次谢谢您。/您要的人民美术出版社当时在向阳湖劳动的名单,已初步拟出,是否还有遗漏,还望您与有关人士订正一下。/我现在仍在从事医务工作,搞专家门诊,主要为外宾服务。工作比较紧张,等有空时再去向阳湖看望老朋友。/有什么需要我们协助的,可来信来电话,定当效劳。"

初步列了今年的写作编书计划,要做的事还真不少。光说零星要写的散文就有 10 来篇,报告文学则该动笔写了。只列了个提纲,写多少算多少。反正有的是素材,完成后再修改,关健要先拉出来再说。还有要编的书也得抽空抓紧,保质保量完成。

20020121

佟韦先生为"咸宁市书法家协会"题匾的手迹今日收到,书协老赵约了文联几个人陪我小酌,以示谢意。席间,林友义、元平等都谈得投机，还有烟厂的田健，他为元平（《九头鸟》杂志主编）刻过一枚闲章："是只好鸟。"我则请田刻一枚："向阳湖中一尾鱼。"一个在天上飞，一个在水里游。

20020122

中国报告文学学会寄来入会通知，虽然已是中国作协会员，但我还是对这个协会表示向往，因为有个组织有利交流。何况我身为作家，今后留下的传世之作，恐怕还是关于向阳湖的报告文学。

20020124

购《台港澳及海外华人作家辞典》（南京大学出版社 1994 年版）、《给名人上课》（中国广播出版社 1998 年版）。

20020126

上午，温中闻立玮校长请我和金戈、王亲贤参加校向阳湖文化研讨会，商议编写有关校本教材和申报省教育科学规划研究课题事宜。座谈会开了一上午，参加研讨的老师们都很热心，我自然更是高兴，以为这件事办成的话，无疑是向阳湖文化研究的一大成果。它的意义还在于：我们的工作将延伸到下一代。只有这个时候，我才发觉自己的价值远超过当什么行政官员，自己的乐趣大大超过坐主席台了。

20020127

拖了两个月，今日才完成书评《"心桥"跨越"代沟"——读〈父子角〉》。这样的写作速度实在太慢，检查起来，实在是没有生活压力、没有任务指标所致。今后得养成每日必动笔的习惯，否则愧对中国作协会员的"帽子"。

20020128

从报上得知韦君宜先生前日去世，马上以研究会的名义拟了一份唁电，明日寄出："深切怀念敬爱的韦老太，她在干校时风风火火、忙忙

碌碌的身影,永驻鄂南人心中。她留下的不仅有《思痛录》等传世之作,更有高尚的人格和人品。”

20020129

上午才发出悼韦君宜先生的唁电,又在报上获悉张光年先生辞世的消息,很感意外,草拟了一份致黄叶绿同志的电报:“惊悉张老逝世,遥寄哀思。慈祥的老人米寿生日下午接受拜访之情景,犹在眼前。他生前关心干校文化开发,并整理出版《向阳日记》,为咸宁题词,担任我会顾问,给鄂南人以鼓舞和力量。我们期待中国现代文学馆早日开设‘张光年书房’,以为永久的纪念。望您保重身体。”

20020130

香港文艺家协会会长王一桃先生 21 日来信:“读了大著和刊物,深深感受到浓浓的文学情结,向阳湖令您和缪斯相拥依在一起,令人羡慕,令人神往!”王先生还寄来一张表格,介绍我加入世界华文文学家协会。

20020131

上午去人事局领政府津贴,钱虽不多,关键是向阳湖文化事业被认可。前日团市委组织座谈会,我作为省“五四奖章”获得者被邀请参加。发言时我也谈到获“五四奖章”虽然没有奖一分钱,但这种荣誉是金钱买不到的,而且是省一级对向阳湖文化的认可;我虽不能为共青团做什么贡献,也愿意在共青团组织的活动中义务宣传向阳湖文化。

20020201

上午与北京吴桂凤同志通话。她告知张光年先生逝世前后的详情。我托她过几天参加张老追悼会时,找一份张老生平简介给我,并告之我已致唁电给黄叶绿同志。吴说她早已把我的名字抄给中国作协的同志,估计会给我寄。我计划 3 月 12 日出版《向阳湖文化报》,头版将发表悼念张老的消息,4 版发表他读《牛棚日记》的文章,以资纪念。

20020202

昨日，文联林主席受市委宣传部委托，邀请温泉的笔杆子写有关电视连续剧《守望家园》的评论。央视八套已经播出。我虽写评论较少，但盛情难却，更因为剧中还提了一句“五七”干校，感到有必要借题发挥，于是今日草成一篇，聊以交卷。

20020203

商务印书馆陈锋先生1日来信，并寄来一篇他写夫人赵守贞在干校的稿子。这是主动与我联系的“向阳湖人”，看来还大有潜力可挖，准备寄一套书过去，今后保持联系。

20020204

收到中国作协张光年同志治丧办公室寄来的讣告，告之张老遗体送别仪式定于7日上午9时30分在北京八宝山公墓第一告别室举行。我打算上京去一趟，下午和金戈通了个气，准备明日再请假。可晚上与吴主任通话时，她建议以后来京时再陪我一起去看黄叶绿。因为仪式仅一小时，天气又冷，最关键的是时近年关往返车票不好买。她告诉我，仪式准备简单，一律不挂黑纱，只摆些鲜花，吊唁厅播放《黄河大合唱》的音乐……

20020205

与北京杜乃松先生夫人金兰通电话（她在干校一大队时当过老师），推荐她看央视正在重播的电视剧《守望家园》。时隔30年，让她看看咸宁的风光也好。我手头已完成剧评，题为《有一种境界叫守望》。

咸宁师专单长江先生4日来信：“您的著作具有极其珍贵的史料价值，堪称我国‘干校文学’一绝，填补了‘文革’史中的空白，实在是功莫大焉。拙文谬误甚多，然意在探讨‘向阳湖文化’的精髓所在。见仁

见智,请兄自行定夺。”

20020206

上午市政协举行迎春茶话会,饶主席在会上重申了市政协要打的几张牌,其中之一是我研究的向阳湖文化。但又说对此事看法不都一致,包括市领导。不管怎样,这是一段历史。会后,刚巧办公室收到《中国作协》第1期。上面刊登了刘炳森散文《云梦泽之梦》,还加了编者按:“……咸宁市政协副秘书长李城外1995年春萌生了抢救这笔文化资源,挖掘这座文化金矿的念头。从此,李城外有计划地拜访了一大批昔日下放咸宁的文化名流,查阅了大量的‘文革’时期的文献资源,编辑出版了《向阳情结——文化名人与咸宁》和《向阳湖文化人采风》两部著作。书中所辑的文章作者,虽不少已经作古,但百余位名家的记述和专访把那一段历史展示给了后人,其价值将随着岁月的流逝越发显现出来。”这无疑是做了一个大广告,更可喜者,版面上还附上刘先生题写“咸宁市向阳湖文化研究会”的墨迹,介绍他是研究会的顾问。

20020207

今天上午是张光年先生的遗体告别仪式,我草成一篇《厚爱——忆张光年先生》,传真寄给《湖北日报》,《咸宁日报》的周末版也正好可以发出来。虽然只是千字文,亦可弥补一下没有赶去北京之憾了。

20020208

法国巴黎“东西方之桥社”刘秉文女士2001年11月8日来信:“你托中国作协外联部向前主任给我带来的咸宁文化部‘五七’干校的文史资料等6册,全部收到,这完全出乎我的意料之外。好多年来,我都没有找到,以为没有希望了。因此格外高兴,在此,我衷心地感谢你的帮助。/你实在是一个有心人,没有你,一大批世界闻名的大作家、大文人生前想说的话可能没了,没有记载就带到九泉下去了。而您这么年轻，却执着地抢救了如此珍贵的文史资料，使之流传后代。前事不忘，后事之师。这些史事的重要性是不言而喻的，我们的后代当铭记您的脚踏实地的工作。/你的‘城外风’从湖北咸宁刮到了北京，又从北京刮到了法国巴黎。虽然是秋天刮来的，但它充满了春意，它播下的种子，未来一定会发芽结果的。/再次感谢您的赠书。”

东 西 方 之 桥 社
法国巴黎

刘秉文书信手迹

20020209

晚上和吴桂凤主任通电话，她说下午刚发出一信给我，寄了一组张光年先生去世的悼文和照片。我建议她出面编一个有关的纪念集子。她说编书容易出版难，要找集资的，她再找谢永旺们商量一下。我又提及侯金镜先生夫人收集了不少纪念侯的文章，但又无力出，我原先还准备接收过来，在咸宁想法子印呢。

20020210

下午与北京文洁若先生通话，她收到我写的关于《父子角》的评论，十分满意，说：“现在你们年轻人，厉害！”我说只要她满意就行。又问及萧乾研究会的事，她说民政部门要中央文史馆出面，正在积极办。

20020214

北京谢永旺先生7日来信：“寄赠的贺卡、催稿信和有关资料，都收到，拜读了。谢谢你。你是热心人，钟情于自己事业的人，我是钦佩的。你已取得了很多成绩，向你祝贺，并祝春节快乐，阖家幸福。/前一阵，甚忙乱。近日，送别韦君宜同志。她卧病多年，大家有心理准备。光年同志的辞世是突然的了……”

20020218

香港王一桃先生 7 日来信:"趁学会发入会批准书之际,简复如下:1.《香港文艺家》手头有第二期,即补上。第一期下次再找来寄去。2.参加世华,意味着您从咸宁走向世界,从城外走进世界城市中心……"世华者,世界华文文学家协会也。

20020219

北京吴桂凤同志 9 日来信,详细介绍了张光年先生的丧事办理过程,并附寄了张的生平和她在香港《文汇报》上发的回忆文章,还有几张悼念场面的照片。我晚上打电话去表示感谢,又想,如果大部分向阳湖文化人都像吴这样热情周到,我们的向阳湖文化该有多么红火呀。

20020221

金戈下午送来新出的《楚天声屏报》,今天发了一整版《李城外与向阳湖文化专页》,分别是崔道怡先生的评论《向阳湖忆莫名情——读李城外编著的两部奇书》和张初考先生的散文《向阳湖一尾鱼游到了香江边》,以及李专的散文《向阳湖的守望者》。这是该报第一次推出"人物类"专版。

20020222

《湖北日报》副刊今日发表我的《厚爱——怀念张光年先生》。我想,现在是省"两会"期间,读者的阅读率自然高于平时。

20020223

李专上午专程来借书,他说春节假期一口气读完我编著的向阳湖文化书系及两本有关的文史资料,钻了进去,决心投身于向阳湖文化研究事业。他急切地想接着读有关的书籍,盼我大力支持。有如此热心者,我自然尽力扶持,破例让他借去了一般不外借的《向阳日记》、

《牛棚日记》、《咸宁干校一千天》和《干校六记》等。我期盼李专写出更多的散文，为向阳湖文化的宣传摇旗呐喊。

20020224

下午湖北作家古清生打来电话，称自己和一位朋友刚到向阳湖参观，转到温泉想找我要几本有关向阳湖的资料并谈一谈。我虽未谋面，但知其人可能是我省最早或至今不多见的“北漂”自由撰稿人。对这种人为了事业的吃苦精神，我深为佩服，马上盛情请上门，送了几本书，并得知古是为了写一本湖北人文的书。反正来的都是客，朋友多了路好走。他大我 3 岁，1994 年去的北京，说这种流浪般的生活大约还有五六年。他背着一个大背包，里面就装着电脑。大约是长期散漫惯了，他连一句谢都不会道。我倒是能理解。

20020225

《中国图书商报》编辑肖志强打来电话，称崔道怡先生评论“向阳湖文化书系”的文章拟近日发表，但最好通过电子邮件寄一份去，免得再打印一次。

20020226

忙乎了一上午，将春节就计划寄出的书和信分类写好。20 来个人中，有的是老朋友，该回信的；有的是新朋友，该交往的。计划从下月起，每月做一次此项工作，最好还是及时回信。

20020227

下午在办公室闲坐，有 4 个文友先后不约而同前来，大家又都是熟人，畅谈向阳湖文化，显得十分热闹。我一边自嘲，还有一点“凝聚力”；一边又自叹，温泉到底没有真正的“文学沙龙”。

20020228

上午与甘棠邮局王祖喜通电话，他春节收到我寄赠的书后，十分激动,仿佛心底有许多话要对我说。干校时期他才20岁,和沈昌文先生交往较多,我打算今年适时去甘棠与之面谈,定会有所获的。

20020301

晚上,嘉鱼鲁快兴等来访。我谈及向阳湖文化需大批热心者坚守阵地,现在市里口头上重视,行动上不见一点动静。领导们没有人过问,实际上在"坐失良机",这一点等三五年后就可以看出来。好在我等在文化研究这一块仍可以热热闹闹、轰轰烈烈。但如此说来,用《日出》里陈白露的话说,也是"挺悲剧的"。

20020305

北京陈锋先生来了一封长信,热情向我提供联系新的向阳湖文化人线索,其中有金灿然先生的秘书俞筱尧。陈先生虽属工农干部,但和我联系上后,一连来了几封信,倒是让人无法不感动的。

20020308

北京徐梅芬同志3日来信:"我是在许觉民老师家见到你的大作的,是下册。拜读了几篇,很是佩服。那里面有好几位还是我认识的。如杨静远、曹辛之,我也访问过王以铸、舒芜等人,但我一直没有想到写写他们,仿佛我还有许多年可活似的,其实来日无多,已进入78岁。/是的,向阳湖在某种意义上说,类似当年的西伯利亚文化人的流放地,不该让那段历史湮没。6000个文化精英在那里受煎熬……/我常感到,我们该向犹太人学习,二战中600万犹太人遇难,他们在战后做调查,把每个罹难者的名字镌刻在墙上……可怕的是人们的麻木,中国人从不做统计工作。/附上涂老师的介绍信,他过奖了,我只是个勤奋的工作者而已,没有文娱活动,不知养生为何物,此生连长城都没有去过,时急矣,要抢救文物般地收集这方面的资料了。"附上涂光群先生1日来信:"有一位徐梅芬大姐,原是武汉大学外文系教授,现已高龄,早已退休。她极富正义感。近十多年,非常关心知识界各种人物，包括文化人在过去那个年代（极‘左’路线肆虐时）的遭遇命运，致力于搜集这方面的材料。她听说你编的有关向阳湖文化人的那4本书，很想要一套，作为参考比照的重要资料。你那里如有存书，请寄送老人一套。她一生遭遇坎坷，但意志坚强，头脑清晰，奋斗不息，是一个值得交往的老人。”

20020309

崔道怡先生的书评，已在2月28日《中国图书商报》“书评周刊”上发了出来。花了多年心血的书，获如此评价，且是在读书界主流媒体上，令人欣慰。

20020310

开始筹备第4期《向阳湖文化报》的出版，初步定的日期是3月14日，文章都是现成的，挑选一下就是。这是我这个“民间小报老总”最大的资源优势。

20020313

下午省作协韦启文书记一行来温泉座谈，我和元平商量，通知的人有老柯、刘明恒、金戈、李专、陈剑、黄嘉宾，邀请到会的有宣传部李永安、万立煌，文联林友义等。会上，元平代表作协汇报了咸宁文坛状况，其中谈到咸宁走向全国的品牌目前还只有向阳湖。晚上高晓晖来“向阳书屋”，谈至12点多，讲了此行发现咸宁文坛可圈点之处在于：一是向阳湖文化有特点；二是《九头鸟》经营有方；三是通山的业余作者在逆境中坚守，值得褒扬。

20020314

早上建议韦书记一行去向阳湖实地看看，并和林主席陪同前行。参观了“向阳湖文化展”，韦书记在留言簿上题诗一首：“久闻南鄂有名湖，山水尽在华章中。一部中国文化史，当记斯湖一勺功。”梁必文和高晓晖二兄也都留了言。

20020315

香港王一桃先生4日来信:"大札及赠刊《咸宁文史资料·李自成归宿研究专辑》收到,您在咸宁是举足轻重的人物,咸宁不能没有李城外,李自成在九泉之下也要向城外致意!/回赠您一本《香港的魅力》,请收并正之。您在咸宁,我在香港,盼今后多多联系,多多交流。"

20020317

晚上逛书摊,发现新出《书屋》杂志发表陈虹写的《中国作家和"五七"干校》,仔细研读,资料大部分出自我寄去的材料,换了一个角度分析,颇见理论功底。

20020319

北京傅光明先生11日来信:"惠赠尊著及大札早已拜收,谢谢!/您所做的工作极有意义和价值,其实我一直都想去咸宁干校旧址走走,去那里拍些摄像资料,到时,还少不了要打扰呢。"

市城建委邓永斌编了一本《通山之光》,他上午给我看了提纲,请提意见,并将我列入了"人物",标题为《青年作家李城外》,找我要了一份2000字左右的简介。

20020321

南京陈虹同志17日来信:"新年贺卡早已收到,迟迟未复的原因,是想等我的拙作发表后供你留念。/此篇有关'五七'干校的文章均取材于你所编的那4本书。这也算是对你辛勤劳动的一个回答吧!文中欠妥之处,请指教。"

上午向阳湖镇王镇长找我,自称汇报开发向阳湖的事。我经过几年的周折,看得出在咸安办事难。对此事再不像以往那样热情,只是礼节性表示支持,愿意帮助宣传,并适当提供一些资料而已。

20020322

人民出版社戴文葆先生17日来信,称我寄去的《咸宁文史资料》

第三辑已收悉，并附言："在你从市委办公室调到市政协工作时，我当时就认为，你的工作思路更宽了，与社会各方面联系更多了。现在你会觉得你的工作担子更重了吧？"

20020324

北京涂光群先生15日来信，称我主编的《咸宁文史资料》"李自成专辑"很有保存价值。他顺赠我一本新书《人生的滋味》(中国工人出版社2002年版)，是我意外的收获，其中还有写干校的专文。看来，和已采访过的文化人还得保持经常性的联系，特别是70岁以下的。

20020325

香港张初考先生15日来信："读《人民日报》海外版，惊悉张光年去世，又一位咸宁干校的战友与向阳湖永别了。更觉得您的两部大作——《向阳情结》、《向阳湖文化人采风》之可贵。前述崔道怡文末云：'事实上，他的采访仍在继续，他的一部全景式反映向阳湖历史的长篇纪实文学正在酝酿之中……'有志者事竟成，我等待着、企盼着您这部大作早日撰就，为21世纪的鄂南文坛、中国文坛增光添彩！"

20020326

在电脑上完成散文《父亲的嘱咐》，1300字。这是第一次"换笔"写作。

20020330

河北承德何理先生22日来信："您的《小川长流向阳湖》已收入《郭小川研究》第二集，谢谢您的热情支持。"

北京王仿子先生26日来信："多次接到信和报纸，谢谢。/近日我在画一张咸宁文化部'五七'干校区(包括452、463高地，亦即一、二、三大队驻地)的鸟瞰图。已有草图，正在征求校部和一、二、三大队的同志意见，纠正我的记忆错误。现在发现，谁也记不准了，同在一个大队的人，对452或463的房屋的位置都说不准了。/另外，从1—25连，每个连所属的单位,有的一个连是一个单位(如12连新华书店北京发行所),有的一个连有一个以上的单位(如25连有人民美术出版社与版本图书馆),也有一个单位因人多编成几个连的(如故宫博物院)。这样的资料你是不是已经掌握。如果没有,我在这一次可以顺便弄个清楚。/咸宁市政府如果真要把咸宁这个干校变成一块有历史意义的宝地,非得趁现在赶快收集资料不可。没有充实的历史资料是不可能吸引人的。再过几年动手就晚了。/等候回音。”

2002 年

夏

20020402

《郭小川研究》编辑部寄来该刊一、二辑，后者收成果兄和我的文章各一篇，分别是《流放咸宁的诗人郭小川》和《小川长流向阳湖》。

北京任继愈先生寄来赠书《竹影集》(新世界出版社 2002 年版)。

20020405

《向阳湖文化报》2002 年第一期(总第 4 期)今日排好，我和金戈上午去报社“把关”，准备下星期一印刷。出版日期还是 3 月，半年一张要保证。金戈笑我校对稿件、校对版样过于认真，说如果我到大报当总编，底下的人会“遭罪”，工作谁也不敢马虎。

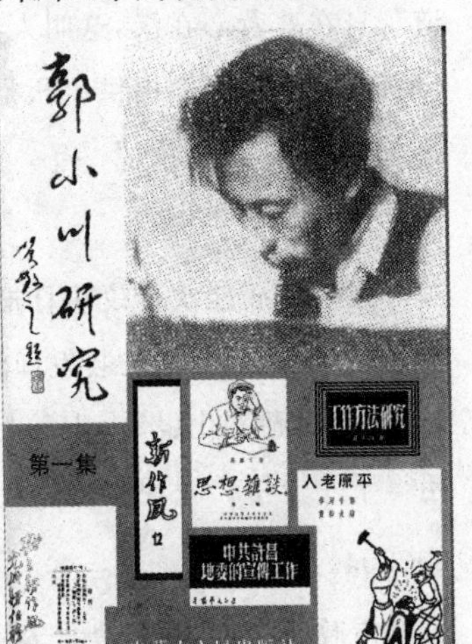

《郭小川研究》第一辑

20020407

晚上和北京庄浦明先生通话，没料想他说自己刚刚从四川峨眉山观光回来。快 82 岁的人了，身体还这么好，让人羡慕。去年上北京在人民出版社第一次和他会面时，他那股精神劲儿，给我留下了难忘的印象。

20020408

北京陈安钰兄回咸宁,又是领导又是同学们请他小酌,他叫了我作陪。席间大家议论我时,还是两种不同看法:一说到政协太早,二说现在这个岗位正好干事业。我笑道,自己也是两种准备,调出政协也高兴,留在政协也安心。

20020409

武汉王桂华兄来咸宁,熟人邀我去陪,都说起他当年从行署专员徐晓春秘书的岗位上调去省城时,有挽留者,有鼓励离开者。他自己还是无悔,只是说仕途虽进步不快,但对自己所爱的文学,毕竟小有所成。这点我充分理解,我们也许属"同类项",在仕途顺风时却走了"岔道",身在曹营心在汉,这叫人各有志。还有人说王桂华为后任樊仁富(现任副厅级干部)提供了机遇。而徐晓春曾笑王:"我养了你这个姑娘,却没为你办嫁妆!"

20020410

政协一届四次会议明日报到,从县里抽来的工作人员帮忙分发材料,我正好请他们帮忙装发即将寄给全国各地的《咸宁文史资料》及新出的《向阳湖文化报》。几个人忙了一下午,晚上又加班到11点,明日还得干一上午。我现在才体会到文史委加人的必要了。

20020411

市政协会上,委员今日人手一册《咸宁文史资料》,人手一张《向阳湖文化报》。熟人见了我,都表示赞叹。这时的心情舒畅,似可以化解平日的一些不平了。

20020412

下午会议讨论,我请假叫来金戈等帮忙分发《向阳湖文化报》,以便尽快寄给各地文化人。这种简单的劳动,目前还不得不带头"示范”，好在比前些年“孤军奋战”强多了。

20020413

通城医院医生李志远在这次政协会上提了一个提案，题为《抢救向阳湖文化刻不容缓，建议市政府做到组织落实、资金落实》。这是政协委员中少有的“知音”之一，晚上我特邀他来书房小坐，送了几本书。

20020414

近几日抽空以日均写200封信的速度，完成了寄《向阳湖文化报》的工作。附信云：“寄上初出小报，请指正。祝春安！”今日全部邮出，共计600余份，又有一种“如释重负”之感。

向阳湖文化报

XIANG YANG HU WEN HUA BAO

怀念老友陈白尘

京城文化人热情指导我会工作

文化名流评说向阳湖文化

钩沉“干校”乃是一门“学问”

向阳湖文化讲座吸引党校师生

张光年韦君宜逝世

《向阳湖文化报》第4期

20020415

上午列席市人大会，与劳动局局长叶振华坐在一起聊天。他说我有了自己的事业，有了合适的工作岗位，这是任何东西都换不来的。建议我坚守阵地，坚持研究，不断出新成果，即便有机会调离咸宁，也不如维持现状。因一旦调离咸宁，失去的将比得到的多，再也找不到

在咸宁干向阳湖事业的感觉了。这话我赞同。

20020416

市人大会明日闭幕，我临时决定向人大代表赠阅《咸宁文史资料》和《向阳湖文化报》，以扩大影响。中午和人大取得联系，下午书报都分发到代表手中。晚上我去通山代表团和云石兄聊天，见了不少代表，都说书报编得好。而我则是醉翁之意不在酒，在于“文化渗透”，无孔不入也。

20020417

南京陈虹大姐 5 日来信：“来信收到。/寄上一本《听梯楼日记》，可谓是《牛棚日记》的续集，不知对您有用否。需告知的是，香港要求繁体字，我同意，但编辑未校对，其中许多不该用繁体的也用了。”附赠书《听梯楼日记》(香港语丝出版社 2001 年版)。

《听梯楼日记》书影

上午谢文武专程来我家聊天，一同回顾了不少在县办同事时的往事和通山前些年的政局，以及近几年的人事沧桑，感叹时光易逝。所幸他在政界混到这个地步亦属佼佼者；我从事向阳湖研究可以说“风光”了，而且前景一片光明。

20020420

香港王一桃先生寄来《世界华文文学家协会会报》的创刊号，出乎意料的是，紧张的 8 个版，还刊登了我写的评《父子角》的文章。我意识到，在新世纪，和外界的联络应进一步加强。平时的感情沟通，互赠书报，日后也许会有意想不到的收获。

20020421

上午与北京文洁若先生通话，她告知，评《父子角》的文章《博览群书》杂志采用了。这篇“命题作文”总算写得让文先生满意，对读者也许会有点启发。

20020422

上午北京市政协文史委贾凯林打来电话，说向阳湖文化对他们启示大，促使他们尽快搞一本有关静海干校的文史资料。这正是我求之不得的。晚上陈野先生也来电话，称他的文章在《向阳湖文化报》发表后，在朋友中引起极大兴趣，这也正是我所期望的。我主持向阳湖文化研究会，不一定要求官方有多大影响，民间有这个效应也不枉劳心费力了。

20020423

洪湖沙口镇教委陈庆章先生 14 日来信：“细读先生主编之《湖北文史资料》第 59 辑，顿时产生了给拙作《悲剧·龟鉴》增添一节的念头，随之动笔，昨天完成，甚慰！/先生作为一位吃党务皇粮的干部，能潜心挖掘向阳湖，先生之功将垂于后世，老朽敬佩。”准备复一信，并寄出书报以为答谢。

20020424

北京刘元彦先生 19 日来信：“惠寄‘向阳湖文化专辑’及《向阳湖文化报》均收到。谢谢。会当仔细阅读。”

去咸安书店，购特价书《胡风全集》(1～10，湖北人民出版社 1999 年版)、《胡适精品集》(1～16，光明日报出版社 1998 年版)。

20020425

四川黄葵先生 20 日来信：“向阳湖，是我怀念的地方。咸宁是我夫人的第一故乡。总想抽空回去看看，拜访‘李向阳’，看看逝梦之地。

来日方长,总有机会的。傅璇琮、金涛曾去,同他们谈起来,更动了我之兴趣。/作为曾流放向阳湖的人,对于您尽心尽力发掘金矿,至为钦佩。倘有用我帮忙之处,请告之!能尽力时,将尽力襄助,以尽绵薄之力。/6月初,中华书局90华诞,邀我与会。倘能成行,亦可会会昔日'校友'了。"

20020426

北京郭慎容20日来信:"寄来的《咸宁文史资料》(向阳湖文化专辑)一书收到,十分感谢。书中收了许多名家的文章,待以后细细拜读。/前次及这次寄来的《向阳湖文化报》也已收到。我在干校10个月(后转到石家庄爱人所在干校),烧过石灰、挖过煤。每天除了劳动,还要参加运动,十分劳累、忙碌,又偏居一隅,因此除了本排、本连的情况外,对整个干校的情况可以说一无所知。《向阳湖文化报》给我们提供了许多宝贵的资料,使我们今天可以了解全局,了解总的形势。你们做了一份十分有意义的工作。再次向你们表示感谢!"

20020427

北京李平凡先生寄赠书《平凡美术日记选》(中国香港东方艺术中心2001年6月版)。

晚上李专来谈,他对向阳湖文化研究已开始入门,我自然多加鼓励。当然首先是自己已被他"命名"为"向阳湖的守望者",今后得更高举旗帜,身体力行。

20020428

北京倪子明先生21日来信:"我对您的浓得化不开的'向阳情结'深为感佩。李专称您为'向阳湖的守望者',实在名实相符。祝您不断有新的成就。"

北京马少展先生21日来信:"谢谢您赠送的《咸宁文史资料》。这是一本值得保存的珍品,把那一段不平常的人和事记录下来,实在难得。感谢你们留下了让人们回忆的宝贵往事。作为在咸宁生活过3年多的我们，虽有苦也有乐，特别是那些可敬可亲的人和事历历在目，他们的精神、品德，深深印在心中，谁又能忘记过去，谁又不珍惜今日呢？/寄上短文一段，盼查收。再次感谢你们。”

20020429

北京王仿子先生23日来信：“大札和《向阳湖文化报》(总第4期)收到。看样子，已经注意收集干校的历史资料，加强研究工作，正合我的心意。/上个月寄奉《452、463地区鸟瞰图》，包括一、二、三大队的驻地，收到否？来信未提及，由此引起我的挂念。/《向阳湖文化报》是不定期出版的吗？我似乎是第一次见到。”

北京程孟辉先生23日来信：“寄来《向阳湖文化报》收到，谢谢！我是一个从未在向阳湖劳动、生活过的商务印书馆后来之辈，记得前年与杨德炎总经理有幸前往咸宁，同时也去了你府上，从而有机会从直观的角度了解‘那一段’令人难忘的不平凡岁月。我同时也钦佩你城外先生那种为研究那段岁月所持的执着精神，实在难能可贵。我虽未经历过那段中国知识分子的非凡岁月，但我可以想象得出它留给人们的那种刻骨铭心的历史记忆。历史不能重复，历史不能再现，历史不能重新创造，历史就是过去，历史就是现在和未来的借鉴。我们了解和研究昨天，目的是要更清楚正确地认识和指导未来。中国知识分子在咸宁的岁月只是中国知识分子(或者更正确地说是文化人)在当时中国所经历的一场大灾难场面的一个缩影。它留给后世的应该是一种警示醒世的遗训，从而使后人们懂得，这样的历史不应再重演，但愿中国知识分子永远吉祥、安宁。/以后有机会，我会再去咸宁拜访你，尽管我本人没有亲历那段岁月，但那段岁月却告诉了我，中国的文化人需要一个长期吉祥安宁的生活、学习、研究、创造的环境。但愿以往不幸的岁月永远成为历史，但愿中国知识分子从今以后永远与春天

和光明同在。祝您的研究取得更大的成功。/日后来京,请来我这里一叙。"

北京周静同志 24 日来信:"承惠寄《咸宁文史资料》一册、《向阳湖文化报》一份,已于前日收到,谢谢。捧读之余(读了卷前数篇,包括韦君宜的《抹不掉的记忆》等),颇感此刊史料丰富,内容深刻。以史为鉴,但愿此类劳民、伤财、伤人的长期大折腾在中国大地上不再发生。"

20020430

北京戴文葆先生 25 日来信:"《向阳湖文化报》两份收到,编得很好,印得也清秀!既利用了一些旧材料,又添了不少新信息。编这样一期,费了不少精力,值得!印制方面地区是否有自已的印刷厂?感谢领导支持。像这样反映、反思无产阶级'文化大革命'的报纸,即便在目前算是改革开放时代,在全国也是独特的了。/我送一份给朋友看看,以广宣传……请你勿忘每期留一定数量,准备一定时间后,编成合订本,将来给国家图书馆、省图书馆以及可能成立的'文革博物馆';现在,不要零散发,有合订本时寄一份给上海、香港图书馆。古人当年都认为国令亡,史不能亡(忘)!现在您掌握内容,刊登的材料要适当,不能放宽。目下虽有地方领导支持,要留给他们'能够'支持与说话的空间,这叫'凡事预则立',有利于健康长寿。"

20020501

《长江文艺》第 5 期发表崔道怡先生书评,题为《钩沉干校乃是一门"学问"——读李城外编著的两部奇书》。

20020504

北京吕异芳同志 4 月 29 日来信:"与您虽未谋面,但久闻大名。由于您的努力,我们得以与深爱的干校延续了这种特殊的联系,十分感激!接寄来的《咸宁文史资料》第二辑和《向阳湖文化报》,均已收到,谢谢。……你们经营也很辛苦,希望允许大家的小小资助,如有什么需要，请示知。”

20020505

北京沈荣祥先生 4 月 30 日来信：“寄来的书报均收到，谢谢。我初步读后觉得挖掘向阳湖文化史料抢救工作迫在眉睫，应该说你是看得远的有识之士，对鄂南来说是作了贡献。/创业难，但坚持办下去办好更难。”

20020506

北京邵燕祥先生 1 日来信：“您寄赠的向阳湖系列图书都收到了，谢谢。前些时，一些作家评介此系列图书的文章也陆续拜读。上个世纪 70 年代和以前，我编制在广播系统，干校在河南的广播局干校；上次从书中了解了许多作家协会老同志在咸宁的经历，这就是常说的民间历史写作吧。这些文章的写出，我想应归功于您的策划和‘主催’的。”

北京伍孟昌先生 1 日口述（家人代笔）来信：“承蒙寄赠《咸宁文史资料》一册及《向阳湖文化报》一份，十分感谢。我的家人给我读了资料目录及部分文章，我觉得内容丰富多彩。您把文化部干校在咸宁向阳湖干校艰苦造田、创下了精神文明硕果这段历史，载入史册，留传后代，做出了贡献，我向您表示祝贺。我在干校度过了 3 个春秋，受到了锻炼，虽说那是个可怕的年代，但是咸宁向阳湖人民给我留下了美好的印象和回忆。时光飞逝，转眼又过了 30 多年，我已是 90 岁高龄老人。前年不慎摔伤骨折，现仍卧床养病，足履艰难，视力微弱，已无所作为。/我衷心祝愿咸宁向阳湖地区经济繁荣、文化发达，人民安居乐业、家庭幸福。”

20020507

晚饭后散步，去报社与金戈交谈，他正在校对明日出版的报纸。我戏问他今天是个什么日子，他一时没反应过来。我答：“是毛主席

‘五七’指示发表36周年纪念日。”

20020508

晚上和北京柴志湘先生通话，他已从人文社人事部调《新文学史料》工作。我对这位向阳湖文化书系的责任编辑，一直心怀感激，于是电话里对他说：“北京的文化人总是说感谢我，其实我还要感谢您。”

20020509

北京张郁兰同志4日来信：“贵函及赠书收到了。书中记载了那么多熟悉的人和事，真叫我感叹不已。/这段日子是永世难忘的。6000多知识分子去咸宁接受再教育，领导者是一些工农兵，执行的是一条极‘左’路线。其中的啼笑皆非、酸甜苦辣只有亲身亲历才会知个中滋味。每每忆及这段往事，心中都有一种特殊的体会。/非常感谢你主持做了这件非常有意义的事，让我们这些亲历者，更让后来人对这段往事留下较清楚的认识。/我已85岁，来日不多了，但我仍期待着有更多的这类好文章问世。让大家合力抢救这段历史吧！”

北京杨静远先生4日来信：“谢谢你寄来《李自成归宿研究》一书和《向阳湖文化报》，非常感谢！《李自成归宿研究》是一本学术性很高的著作，很有价值。这期的文化报刊登的有关张光年、韦君宜逝世的消息，以及韦的遗作，都很珍贵。他们二老是我深深景仰的学者。韦老在卧病多年中写出了《思痛录》这样的永垂青史的回忆录，尤令人感佩。这一代俊杰都逐渐离开人间了，他们身经的那段宝贵历史不知今后还有没有人续写？这就尤其显得你抢救向阳湖文化的意义重大了。”

20020510

到赤壁住龙泉山庄，晚上拜访从北京来的李锐先生。李老已85岁高龄，夫人张玉真和秘书薛京随行。我送上一套“向阳湖文化书系”和《向阳湖文化报》。李老表示赞许，并说北大荒值得像向阳湖这样挖掘，咸宁做了一件大好事。李老又谈了毛主席和庐山会议。我体会，这位饱受了20年牢狱之苦的革命者敢说直话！

作者与李锐在赤壁

20020512

北京谢素台同志7日来信：“收到《向阳湖文化报》及文史专辑，谢谢！向阳湖是个好地方，令人怀念！老乡们的关怀，也令人感激不尽！那一段生活令人感慨万千！”

20020513

这次到赤壁参加中华诗词学会第15次年会。收获之一是见到了华工程良骏教授和北京诗刊社的丁国成先生。丁是全国作协全委会委员，也是向阳湖文化研究会的顾问。程老和我谈了不少下放向阳湖的往事和他的人生经历。昨日我陪他游赤壁，回来他还送我一首诗：“扶持直上拜风台，城外隆中别有才。莫虑黄沙侵赤壁，长江击浪我重来！”丁国成先生则告诉我，他家里有不少向阳湖的照片及文字资料，将来一定找出来相赠。

20020514

北京曹苏玲同志4月28日来信：“收到您寄来的《咸宁文史资料·向阳湖文化专辑》及《向阳湖文化报》，非常感谢您。每期小报及这次寄来的资料，我都认真看过，感到非常亲切，仿佛身临其境。不过我应该向您说明一下，向阳湖我没有去过。当时单位大批同志去干校时，我正住院手术。手术后需要半年以上的康复，待康复后，同志们都陆续回来了。但我有些要好的朋友和同志都在那里待过好几年，从他们那里我知道了许多关于那里的情况，重读您寄来的资料自然就倍感亲切了。由此我也常常回忆起1958年下放苏北宝应农村一年及1964年在湘潭农村参加‘四清’一年的情景,那些记忆深深地印在脑海里,是抹不去的。/收到您寄来的资料,无以回报,深感不安。寄上《曹靖华》(画册),聊表谢忱。”

订下半年报刊,603.62元。

20020515

北京俞筱尧先生9日来信:“4月12日来信和附寄的《咸宁文史资料》及《向阳湖文化报》数份早已收到。十分感谢。/提起向阳湖,也不知道是什么滋味。多年前,咸宁曾经有人来过,希望文化部的几位领导能够为向阳湖写点什么。我曾经通过文化部老干部局向当时的一位副部长司徒慧敏同志说过这件事。当时他不愿意再提起向阳湖,其他几位文化人,也多有类似的思想。我以为他们不是没有道理的,所以这件事就搁下了。现在许多同志都已去世,而你们能搜索到那么多的材料,实在不容易。/我原在咸宁干校十六连(中华书局)劳动。关于我个人的没有什么好写的,但十六连里有不少知名学者,倒可以写一写……”

20020516

洪湖陈庆章先生10日来信:“我赞赏巴金先生提出要建‘文革博物馆’的倡议,咸宁市在做这一伟业,这是有深远历史意义的大事。/如果向阳湖的规划实现了,今后人们去瞻仰参观学习,给当地的经济发展有所帮助,这是历史给向阳湖的恩赐。

20020517

北京白崇义先生10日来信:“惠赠的《向阳湖文化报》和《咸宁文史资料》刚见到,谢谢,迟复为歉!/我1969年底下放咸宁干校,1972年返京。在干校期间,各种农活都涉及,如:围堤造田、盖房、收割打场、机械直播水稻等,尤其是放鸭子,干的时间最长,这些都受到了锻炼，增长了知识和才干，是我一生中最难忘的岁月。/读了寄来的材料后感到，你们的工作是很有价值并具有历史意义的，但还可以向前推进一步：除了搜集这一大批文化名人的干校生活外，还可结合他们在各方面的成就，显示出在特定的时代背景下中国知识分子的全貌。不知妥否？”

20020518

《南鄂晚报》编辑李琼约稿，纪念“延座”讲话60周年，写一篇300余字的短文。我没有推辞，迅速交稿，题为《延河水与向阳湖》。这是第一次为该报写稿。

20020519

北京孔德荫先生14日来信：“奔波采访组稿和及时编写，短短几年出现了这本向阳湖文化史料的珍贵著作，对中国文化史作出了可贵贡献。艰巨工作仍在继续，您任重道远，作为当时干校普通一员，我由衷对您钦佩和感谢。”

20020520

通山县委书记马世永18日来信：“有幸在向阳湖文化村留下了难忘的照片，特邮来以示纪念。”

20020521

辽宁邢德铭先生10日来信：“咸宁匆匆一面，很是幸会！/很佩服你对向阳湖文化抢救的胆识和毅力。你正在为中华文化史书写光辉的一页。/那天，我跟张民行长说‘向阳湖’将要被你写一辈子的。在此，预祝创作丰收！”

20020523

下午市直文艺界40余人在艺术学校举行座谈会，纪念“延座”讲话发表60周年。我在发言中讲到向阳湖文化的开发时，动了感情，认为市里目前不够重视，而向阳湖文化人正在渐渐老去，市里没有将这项工作真正抓在手上，正在坐失良机，10 年之后，后悔都来不及。我甚至想请假去北京住一段时间……到会的张副书记和林副市长都口头表示支持，落实起来还恐怕有难度。而我首先要面对的是向市政协领导汇报，争取支持。

20020524

全国政协文史专员、香港李以劻先生来信："大函及文史与刊物均悉，并通篇看过，不胜感谢。文章作者身心受折磨，仍丹心一片，乃是国兴旺之兆也。"

20020526

赋小诗一首《纪念"延座"讲话 60 年有感》："雅典泽人万万千，也曾曲解意离偏。咸宁干校多名士，体验生活去种田。"

20020527

上午在政协分别与胡秘书长、熊副主席谈了对向阳湖的认识和建议，争取进一步支持和理解。适时还要去北京采访文化人和抢救史料，有些工作做在前面很有必要。不管我在政协工作变不变动，向阳湖总要时刻挂在心上。

20020601

北京周巍峙先生寄来一本签名书《众口说老周——周巍峙 80 岁纪念文集》(大众文艺出版社 2001 年版)，内收入我采访他的文章《不管风吹浪打，胜似闲庭信步》。事先没有通知，我自然十分高兴，这是我的散文被收入文化名人纪念文集的第 3 篇(以前有钱钟书、冰心)，但愿今后还有第 4 篇、第 5 篇……

北京吴桂凤同志 5 月 26 日来信："昨天收到《楚天声屏报》，刊登的《光年同志精神永存》我读过，没有错处，排版也很好，还选了张安东拍摄的光年同志生活照，很喜人。正如在光年追思会上王蒙所说，'光年说话很厉害，他一笑，很妩媚。’逗得与会者都笑了。5月12日光年逝世100天，在作协开了一个《张光年文集》首发式和追思会，会上周巍峙说，他那天有好几个会，却不如这个会受教育，因此推了所有的会，来开作协这个会。会上100多人，发言踊跃……”

北京朱雨滋先生5月26日来信：“4月12日来信和‘文史’报刊，均已收悉，非常高兴。迟复甚歉。/陈野的回忆文章，引起我对那个年代往事的无穷追思，真是感慨万千，难以忘怀。‘代价’的确是太大了，教训也是深刻的。好在历史终于恢复了本来的面貌，令人欣慰！/李自成的殉难处，终于得到了统一，也很令人欣慰！谢谢！”

中国现代文学馆傅光明兄寄赠他和舒乙先生主编之《在文学馆听讲座》(1—3，华艺出版社2002年版)。

20020606

向阳湖文化研究会成立两周年，没有时间组织座谈会，但还是邀请了金戈、李专等来闲聊一上午，对向阳湖文化进行了回顾与展望。中午又邀了罗勇、潘德汉小酌，也算是一个纪念。

20020610

武汉程良骏先生7日来信：“这次赤壁之会，得识英才如足下者，平生之幸，盛世之缘也！……”这话本是应该我赠与他这位老“五七”战士的。

20020612

上午市妇联余主席、程副主席来我的新办公室坐，谈及近几年政坛的一些事，不胜感慨。都说我的选择是明智的，到政协搞文史工作，远离官场，一心做自己感兴趣或曰适合自己做的事，而且实现的价值是一般官场人不可比的。程还说，她当初任地区接待办负责人时，就发现在领导秘书中，我是最具文人气、最傲也最有资格傲的。

20020615

今日端午,两年前我发起成立了向阳湖文化研究会,选择这个日子,至今引以为豪。而今后要做的是,年年为这个日子奉献一点纪念的文字和书籍,最近还在抓紧编书,比开一些造声势的座谈会似乎更实在些。

20020616

率市政协委员经北京至辽宁丹东,准备近日访问朝鲜。

20020619

上午到丹东后,立即被市政协安排看抗美援朝纪念馆,灵魂受到一次洗礼。下午参观鸭绿江,站在半个世纪前因遭受美国飞机轰炸而著名的断桥上,我很自然地想起"雄纠纠,气昂昂"的志愿军战歌和它的曲作者周巍峙。他因一首名曲而为一重大历史事件留下了时代的同期声,后来下放鄂南向阳湖曾受到不公正的待遇,令人感慨不已。

20020624

我们旅行团临时决定,增加一个项目,访俄罗斯海参崴。

20020626

下午抵俄罗斯海参崴花岗岩酒店。

20020627

中国人到海参崴,总会想到1860年《中俄北京条约》,沙俄竟然一次性掠走40万平方公里的中国土地。尤其是文人,只要提起那段屈辱的历史,还会写点感慨"落后就要挨打"的文章。而我之所以对此地情有独钟,不仅仅是想"故国神游",不仅仅是想见识今日俄国风情,还因为这里曾是苏联的一片"流放者的土地"。在海参崴市郊的二道河子,有座劳改营,许多苏联文化名人栖身于此,受尽磨难。如1938年秋,著名诗人、《岩石》的作者曼德尔施塔姆被遣送到劳改营的十一牢棚，不久便因病死去。时隔 60 多年，我来到这历史的现场亲身感受，通过对中外曲折文化史的比较，不由得加深了自己的思考。

20020628

上午参观二道河子商城，后乘游艇游阿穆尔湾金角湾。第一次面临浩瀚的大海，迎着和煦的海风，在船艇上与飞翔的海鸥同行，其乐融融。眼望蓝天、白云，耳听海鸥动听的叫喊声，手朝追逐我而行的它们掷面包（喂食），那一时辰的快乐与忘我，是一生中难有如此体会的。我甚至感到遗憾，当年的流放文人，可能不知道身边还有能够这么开心的地方！

作者在俄罗斯海上

我们的导游安娜小姐素质不错，中文说得好，而且幽默、大方。下午，在大巴上和她闲聊时，我问她知不知道中国的“文革”和“五七”干校。她回答说：“清楚，中国搞运动，将贵族们下放农场，这种办法不好，是和自己人过不去”。我又掏出一张地图，找到法捷耶夫大街，问安娜能否带我们去一趟，可惜参观的路线相反，不便绕道。她好奇地问我：“为什么想去那里？”我没有正面答复。提起这位《毁灭》的作者的生死哀荣，我便联想到在上世纪 30 年代初“大清洗”的日子里，苏联许多作家被毁灭的悲惨命运。据统计，自 1934 年苏联作协成立至 1954 年作协“二大”召开的 20 年间，全国受迫害的作家达 2000 多名。如果与新中国成立后的 20 多年相比较，极“左”错误路线造成了多少失误，岂不叫人痛定思痛！

安娜并不知道,仅"文革"中期,从京城下放咸宁干校劳动改造的文化人就达6000余名!出乎我的意料,她又认真地说,俄罗斯不搞一次十月革命的话,也许现在还富有一些。她将社会主义误解为资本主义进程中走了一节弯路,看来身处的国度不同,见解也就大相径庭。难怪我又问起她会不会唱《卡秋莎》和《莫斯科郊外的晚上》等歌曲时,得到的回答竟是"谁还对那些老掉牙的东西感兴趣"。不过,在她的引领下,我们还来到整个城市最引以为骄傲的火车站参观。它已有100多年历史,是全世界最长铁路线的终点站,从首都莫斯科到这里,需马不停蹄地走上7天7夜。我特地在刻有9288里程标志的纪念碑前留影,并准备回家后将照片扩印,放置书房中,以便时常重温这次难得的经历。

2002 年

秋

20020709

文体局召开全市图书馆馆长会，分管的何副局长邀我参加，并向各县赠送向阳湖文化书系《向阳湖文化报》及《咸宁文史资料》等。我在会上谈了自己的“图书馆情结”……

20020711

武汉曾纪鑫先生 8 日来信：“我是一名专业创作人员，在逛旧书店时，偶然发现了您编著的《向阳情结》(下)，当即购回，对于多年发生于中华大地的荒唐一幕，特别是 6000 名知识分子齐聚咸宁劳动改造的场景，真可以称得上是空前绝后了。这是研究、描写中国现当代知识分子无法绕开的一段历史，您致力于此方面的资料搜集、抢救、整理，实在是做着一件功德无量的大好事！我也曾想就咸宁‘五七’干校写一篇文化散文，并想前往当地增加一点感性认识，却一直未能兑现。今拜读您编写的大作，心情也就更感迫切了……”

20020712

上午去市委政研室主任周辉庭办公室聊天，一谈就是两个小时。过去在市委办同事几年，现在他挑的担子比我重，主要是杂事多，不比我一门心思研究文史，写向阳湖。看来，我还得为自己感到高兴。

20020713

在书店购得《2001中国年度文坛纪事》(漓江出版社2002年版),意外发现其中选了一篇阎纲先生的《中国作协“五一六”案》,马上买了一本,以为珍藏。

20020716

下午召集市政协文史委员们开会,这是今年第一次活动,总结了两年来的工作,布置了今明年的任务。总的来说,一届文史委计划出书4本,打响三个品牌,大家都客气地说,主要是我一人在做工作。此时我才体会到,只要干了事,总会有公论的。

20020717

上午金戈来谈了两小时的向阳湖文化。他刚帮我校对了《向阳湖纪事》,有一些新的认识,交流一下,撞击思想火花有好处。他劝我早点把报告文学写出来,打响了才会推动向阳湖文化研究。

20020719

上午将《向阳湖纪事》校对稿送报社修改,此稿已拖了一个多月。因出国又耽误了半月,回来天气热,放一放,又是20余天。

20020720

晚上成果兄带《咸宁师专学报》佘斯勇来,他近期在刊物上开了“向阳湖专栏”,接连发了牧惠、崔道怡及成果兄的文章。今天送校样给我看,并计划明年接着编发几期。

购《学林春秋》,分初编、二编、三编,均为上下册(张世林编,朝华出版社1999年版),《学林往事》(上、中、下,张世林著,朝华出版社2000年版)。

20020721

购《姚雪垠书系》(1—10,中国青年出版社1999年版)、《九十年代文存》(上、下,林大中、孟繁华主编,中国社会科学出版社 2001 年版)。

20020722

戒购书戒不掉,推吃请推不脱。中餐工行潘总邀温中几位校长吃饭,请我作陪。温中来客中有一位女教师,名叫向阳红。她倒说久仰我的大名,我说一听她的大名便不由得“高度重视”,还答应送她几本书。

20020801

李专打来电话,他写的《向阳湖的守望者》发表在《中国文化报》上月 20 日的副刊上。我订了该报,说副刊的责编叫孙燕,是向阳湖人的后代,她和我电话通信联络过多次。这大约是李专没想到的。

20020802

北京孔德荫先生 7 月 28 日来信:“收到寄来信和《向阳情结》下集、《向阳湖文化人采风》下集共两册,正好和我原有的两册上集配套。多谢!我经历过向阳湖干校生活,有责任回想写出来,只是老患病,思维迟钝。女儿当时同我去过干校,她可以写,目前她正在国外读学位,待学习结束后,大约明春就有些时间写了。”

20020807

下午去市新闻出版局,华局长向省里打听《向阳湖纪事》能不能用香港书号,省里说要北京批。

20020808

北京许福芦先生 4 日来信:“大札及 4 本向阳湖文集收到,至为感激。即奉上《舒芜口述自传》一本,与此信同时寄出,请查收。粗翻读向阳湖文集,有种沉甸甸的感觉,李先生完成此项工作功德无量。那么多老学者一一采访撰文,还有照片,可见工作量之大、工作之艰苦,非常人所能完成!不能不生出由衷的敬佩之情。虽同李先生未曾相

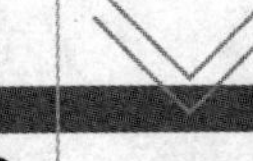

识相交,先生从业精神已让足下折服。我目前在军艺教务处工作,也教美术,主要是文学方面。18 岁从军已有近 30 年的军营生活经历了。从学问上讲,偏于一隅,逼促得很。舒芜先生的口述自传勉强完成,主要出于研究工作,粗疏得很,李先生读后要再加指教。”

20020809

成果兄不安心,想调动工作。下午来温泉,我陪他小酌时,谈向阳湖之外讲了两点感悟。一是不少人一生忙于仕途,得到了位子、房子、车子等,但从此又陷于无休止的争斗,没有自己的事业,更谈不上对社会的贡献。我建议他要记住鲁迅先生的话,生活太安逸了,工作就会被生活所累。二是有位作家提醒大家,不少人到 30 多岁就死了,因为迷失了自我,不再像年轻时一样奋斗。这是值得我辈警醒的。作为老弟,对兄长如此“语重心长”,似有点说教意味,但这是我的肺腑之言。

20020810

致解放军艺术学院许福芦先生信:“大札及赠书收到,谢谢!索来之书不敢束之高阁,立即放下手头工作,通读一遍,受益良多。舒芜先生因是一桩历史公案的当事人之一,属于有争议的人物,其挖掘之价值,当超过一般的文学创作。兄锲而不舍,费时三年,方大功告成,可敬可佩,亦可欣慰也。/美中不足者,‘向阳湖畔’一章稍嫌简略。据我所知,舒先生在干校写了不少旧体诗,而‘口述’竟未提及一二,不能说不是遗憾。1973 年,他在向阳湖还和牛汉先生结伴而行,有过一次难忘的桂林之旅,也是值得一书的。如果兄事先通读一下舒芜先生的散文集子,也许列采访提纲时会更周详一些。/此外,‘口述’有几处笔误,顺便指出:1. 302 页肖望东应为‘文化部副部长’。文革前一年,茅盾已卸掉文化部长一职,由中宣部副部长陆定一兼任;2. 334 页,‘杂文家侯金镜’叫法欠妥,准确的定语应是‘文学评论家’;3. 375 页,10 月 5 日应为 9 月 25 日,如果核对一下农历,就不至于弄错了。”

20020811

《向阳湖纪事》封面今日做出清样，感觉不错。为了高标准严要求，又和设计者张慈中先生通了电话，并将标样用特快专递寄出，请他过目后再提修改意见。制作封面的开元印刷厂的杨敏说，这是我的一大优势，如此名家大手笔，只要肯提笔就是一种支持。

20020812

香港王一桃先生 7 月 22 日来信："时间过得真快，转瞬又是三个月，现将近期《会报》奉寄，请收阅。/向阳湖留下了一代文化人的足迹，您在文史资料的收集、整理、编辑等工作上，做了许多功不可没的贡献。谨致以崇高的敬意！"

20020813

申报咸宁市"十佳文艺工作者"，自认为是有实力的。之所以还参加这类活动，倒不是爱名，而是身为向阳湖文化研究会会长，上一次"光荣榜"，就多一次扩大向阳湖文化影响的机会。

20020814

一直在寻找俄国作家索尔仁尼琴的《古拉格群岛》一书，借了几个图书馆都说没有，书店跑了十几家都看不见。今日去咸安区图书馆碰运气，竟然得来全不费功夫。砖头般厚的 3 本，分上、中、下册，准备抓紧时间通读，然后还是要想法买一套珍藏的。它对我写向阳湖，无疑是值得常读的参考书目，并且作者的选择对我也是一种激励。

《古拉格群岛》书影

20020815

张慈中先生寄来特快专递,为《向阳湖纪事》清样提出意见,并附上他设计的草图清样。我对干校人这片情谊,唯有编好此书才是报答。

20020819

武汉梁必文兄16日来信:“感谢你带我向阳湖一游,当时向我索诗,直至今日才写了一首,也许不合时宜,请指正。/的确,对于向阳湖那段历史怎样评说,我的内心是矛盾的。那只能说是中国历史上一个特殊时期的一种特殊现象……”

20020820

北京张发敏14日来信:“您寄来的《向阳湖文化报》两次均收到。看后使我想起在咸宁挖煤、烧石灰的日子,真是艰苦奋斗啊!/当时活着的人(老同志)如今走了许多了,日子飞快已过去近30年,怎么没有大变化呢?如今改革开放后,祖国也大变样,老百姓的生活日益富起来了,喜事万千。当年我在向阳湖咸宁灰厂、煤厂时仅有40来岁,如今已是70岁的人,老了。但如今生活好,过着幸福晚年。看着报,不断回忆着过去干校的生活。对此谢谢你们。”

20020821

上午市政协重点提案督办会有一件通城李志远委员的提案,在会上市政府办的答复让提案人失望。好在过后市政府分管的副秘书长补充了几点,认为应为研究会每年拨几万经费等。但能否落实,还要拭目以待。

20020822

市文学创作座谈会在九宫山召开。会上,我重点谈了市里不大重视文学艺术的问题。省作协党组书记、常务副主席韦启文说,文学是个人化的东西,作者要甘于寂寞,沉下来打磨作品,领导重视不重视一个样。他又说:“向阳湖文化是咸宁最有特点的品牌,作为一种项目、一种题材、一种现象,在全国绝无仅有,很有意义。李城外干这个事很有意义,也干出了成绩。要进一步争取领导支持,还要朋友帮忙,动员更多的人参与进来。”

20020823

这次上九宫山避暑,带上了三大厚本《古拉格群岛》,一气读毕,像发现了“新大陆”。我以前的文章总是说,向阳湖文化人的流放乃“古今中外的文化史上罕见”,看来是视野过窄,言过了。比起苏联斯大林时期迫害革命者和知识分子,无论是人数之多还是受难之深重,中国都是“小巫见大巫”。看来,今后写报告文学还得多读这类书“充电”,多触发一些思考,作品才更生动一些。

20020824

收北京柴志湘先生寄赠《张光年文集》(1—5,人民文学出版社2002年5月版)。

20020825

北京张郁兰之子代母宋考彦22日来信:“来函收到,家母十分重视。除找到两首家父所作干校时应景诗外,正巧碰上小妹京生来北京作学术交流,特嘱当时的干校小学员,现为美加州大学教授的京生写了一篇回忆录,以响应您的盛情。现将旧诗抄录如下:《丹江》(1972年5月):‘春暖丹江日景长,菜班战士送肥忙。肩挑大粪齐迈步,瓜菜花开满垄香。“五七”道路宽又广,哎哟,继续革命不停航。/春色满园乐心房,送肥送到星星亮。铁肩挑起千千担,“五七”学员战犹酣。毛主席路线指航向,哎哟,共产主义在前方。’另有旧相片一张奉上。”

20020829

省作协梁必文兄寄来叶文福的散文《向阳湖散记》,附信说其中有些观点颇偏激。我拜读一遍,果然如是,不宜发表,且留作资料。

20020903

上午成果兄和金戈来我办公室坐,我对两位加入省作协表示祝贺,并说成果兄入省作协已可以了,金戈的下一步要争取将来入中国作协。他是研究会的秘书长,有“后发优势”。

20020904

《向阳湖纪事》一书因改成繁体字排,大大增加校对的工作量。原计划上月印刷的,拖至现在尚未定稿排版,下午将改定稿送到报社,力争本月出书。

20020909

商务印书馆(香港)有限公司助理总编辑毛永波 8 月 28 日来信:“过去在北京商务,多承您关爱,赠送大作,彼时我等即颇有感慨。咸宁旧事,君当属全国一人耳。/今年是沈从文先生诞辰 100 周年。沈先生的《中国古代服饰研究》,由香港商务率先出版,影响至巨。我们现在准备了作者当年的一些讲话文稿,将在年底出版,以志纪念。沈从文也在咸宁待过,因此,有一事相求,沈从文在咸宁旧居的照片,不知可否拜托您拍摄提供,我前年随您去咸宁,印象深刻。如能劳您大驾拍摄照片当最好不过,如拍摄,不妨把周围环境也拍几张,可让人了解当年的情形。/不情之请,可否接纳。我静候您的回复。”

20020911

下午去新闻出版局与华局长谈,他说现在上面来了文件,境外(含香港)书号的书一律不准在内地公开销售。这对我无疑泼了一瓢冷水,因我交香港文学报社出版的《向阳湖纪事》已全部排版。幸而未付梓,如何调整,且问几家内地出版社再作理论。

20020912

早晨和商务印书馆总经理杨德炎先生通话半小时,原本想《向阳湖纪事》交商务出，杨总表示应该支持，但书的内容与商务出书一般宗旨干系不大，建议我向他写个报告，从资金上给我一点支持还好一些。我庆幸自己遇到困难时，总有贵人相助。

下午在政协上半年工作总结会上，饶主席向县市政协主席们谈及发挥优势打品牌的问题，称赞道："李城外编著的书在北京和省里都产生一定的影响，他编的书出一本，像一本……"

20020914

商务印书馆陈锋先生7日来信："在咸宁文化部'五七'干校中，有个当年李大钊派他到苏联学习的被人遗忘了的一位老人，就是商务印书馆原俄华大辞典编辑室的主任李一凡。他今年100岁，经我推荐给国家老年学会有关单位，他们以李老为封面人物，并发表记者采访李老2000多字的文章，今寄上这期刊物和李老两张近期相片，以充实'向阳湖名人录'。/我又想起1983年我主持商务时，陈原已任商务顾问，资助茅公故居立个茅公铜像，茅盾子女赠给我经茅公审定由上海古籍出版社1982年出版的《茅盾诗集》，其中收有茅盾在丹江写的赠给在丹江劳动的人民美术出版社一画家的诗。诗是歌颂文化部干部在丹江参加劳动。茅公知名度高，此诗似可以入'向阳湖文库'。我手头已无此书了，可向《茅盾故居》那里联系解决。"我看了有关李老的资料和专访，立即同李老联系，并准备寄去一组有关向阳湖的资料去。

20020915

又忙乎了一整天，与北京、武汉、香港等地10余位文化人联系，寄书报、写信、联系出书事宜，紧紧张张的。晚饭后寄出，感觉好轻松，大有"还清债务"之感。

20020918

上午去工行上网，才发现罗勇派人专门做的"向阳湖网站"已小有影响，点击的人不少。他还组织工行共青团的人去向阳湖参观。看来今后向阳湖文化事业要进一步依赖朋友的力量,以形成更大的影响。

20020919

北京陈祥珍同志 14 日来信:“读了您在政协会议上的提案《进一步加强向阳湖文化史料抢救工作的建议》一文,很受启发。向阳湖文化确是一种宝贵的资源,必须抓紧收集整理,以铭记历史,弘扬文化。除了个别征集之外,由各单位组织一些不同形式的集会广泛收集,以推动事业的发展。您的建议太好了!”

20020922

四川黄葵先生来信询问《向阳湖纪事》的出版情况,我内心感谢这批文化人一直关心着向阳湖文化的进展。同时准备马上联系国内的出版社尽快出版此书,估计还要费一翻周折。

20020924

晚上和商务杨总通话,他说收到我的求助信后,今天开党委会提及支持向阳湖文化研究会的事。因下放商务的“五七”战士多,很快达成了共识。

20020925

北京李一凡先生 19 日来信:“承惠寄大著两册及小报两份,深表感谢。但尚未细读耳。/向阳湖是我们当年接受再教育的圣地,至今未忘。/奉上拙作一册《海内外拾遗》,但内多错字,有的小诗在今天看来很为欠妥,请希谅鉴。”

20020927

上午去师专,成果兄找来刚出版的咸宁师专校刊第 4 期,内已开辟“向阳湖文化开发”专栏。因刊物是公开发行的,估计会在高校中引起一些专家学者的兴趣。我以为,这是开全国高校挖掘“干校文化”之先河。

20020928

法国巴黎刘秉文先生 4 日来信:“您给我寄的简函以及《向阳湖文化报》早已收到,并且仔细阅读了报纸以及上次寄的几本书。每次阅读都引起我无限的感慨和反思。因此,更加敬佩您为历史、为我们大家所做的工作。唯一的遗憾,就是当时经过向阳湖‘五七’干校磨难的一批文学大家没有一个人留下中长篇小说的。每一个人的回忆固然珍贵,但毕竟存在局限性。不知您怎么看?”

20020929

《向阳湖文化报》今年第 2 期原计划 26 日出版,因报社排版紧张,加之还有金戈的稿子《北京人心中的向阳湖》需打磨,拖到今天才出清样,感觉还不错。这份报纸,今后将是我们事业的组成部分之一。

今日《咸宁日报》刊登的“百星耀鄂南·十佳大评选”中,介绍“文艺工作者候选人”有我的简介,提及发起成立“向阳湖文化研究会”、创办会刊、开辟以向阳湖文化为背景的专栏、出版专著产生了社会影响……

20020930

安徽滁州管笛先生 22 日来信:“欣闻贵市曾为当代文化名人养息之地,尊君专著《向阳湖文化人采风》更是蔚为大观,令人瞩目,这在咸宁地区乃至中国文化史上都是一大贡献,可喜可贺,向您致敬!/拙著《醉翁亭记研究》不过是个人发蒙之作,虽得一孔之见,多与传统观点不合,本与李先生遥相关怀,甚慰。现遵嘱奉寄一册,请多指教。”

2002 年

20021001

成园弟从鄂州来,谈及向阳湖文化开发,他还是一个劲地劝我今后以写为主。像编书信集、校对文稿、办报之类,应该请助手们帮忙。我说自己何尝不想如此,但不把关不放心,已形成习惯,难改矣。

20021003

安徽滁州管笛先生寄赠《醉翁亭记研究》(黄山书社 1999 年版)一册,16 开精装本,价格 198 元,为我始料未及。一篇名文几百字,管先生咬定研究而成如此大著,我今后编写一本《向阳湖文化研究》,分量和厚度一定超过此书。

20021006

北京许觉民先生应我在电话中之请,寄来一本新著《风雨故旧录》(上海教育出版社 2002 年版),其中写了不少干校人,对我写向阳湖很有帮助,我对已采访过的文化人还得继续保持联系,还会有意外的收获的。

20021010

晚上电视台记者胡武生来谈了两小时,准备在《面对面》栏目为我做一期专题,15 分钟。小胡列了提纲,谈得还投机。我的意思是准备要充足,不要急于拍,做就做出精品,起码要超过上次专题的质量。

20021011

上午,《向阳湖文化报》新的一期(总第 5 期)正式与温泉市民见面,虽然出版日期是上月 26 日,但不影响我作为总编的满足感。下午和金戈、亲贤商量今后如何创新,两人都建议明年改为季刊,改名《向阳湖文化研究》。我倒是有过此想法,但时间和经费上都会遇到困难。估计明年不改刊的话,报纸都只能维持一年出一期。

《中国作家协会在干校》编者前言

漫谈向阳湖文化

“心桥”跨越“代沟”
——读《父子舟》

参考消息

历史档案

向阳湖文化报

XIANG YANG HU WEN HUA BAO

文化名流评说向阳湖文化(二)

中国文物学会会长罗哲文重返向阳湖

《向阳湖文化报》第 5 期

20021014

北京庄浦明先生 9 日来信,他计划组织人民出版社老干部重返汀泗桥,计划 20 日来咸,此行还有戴文葆、吴道弘两位获“韬奋出版奖”的大学者。

20021016

下午,与金戈去烟厂。我们托田健日前在汉办理研究会“向阳湖文化”商标注册(属国际分类第 16 类)的事,他已办妥,上报到国家工商局,估计等半年就可以下文。虽然资金紧张,我还是从长远考虑,把这当作研究会一件重要事情来办,花去了2100元钱。我先用工资垫上了,回头再找朋友赞助,反正都是公益事业。

20021017

全国政协文史委"人文史迹的保护与开发、利用和文史资料为现实服务"考察组定于明日来咸,检查指导文史工作,并于后日参观赤壁和向阳湖。来客中,有全国政协委员、中央党史研究室副主任陈威和陈漱渝、弥松颐、胡继高等专家学者。此行可以说是我暗地争取来的。去年冬在北京,全国政协文史委王合忠处长对我谈及的文史颇感兴趣,表示适时将组织文史委员到湖北考察,可将行程安排到咸一趟,但上月定点时,省政协又有变化。我闻讯后立即又向省政协文史委争取,终于又定好到咸一趟。这在咸宁市政协成立以来是首次,我自然做了详细安排,并准备了一整套汇报材料及书报,自以为还是能为咸宁争"面子"的。今日上午还向赤壁和咸安发了传真,通知后天安排好接待。原计划在市里开座谈会,改在路上汇报。

20021018

考察组如期而至,晚餐饶主席和熊、刘两位副主席作陪。席间专家们又大谈向阳湖文化的价值,自然夹带着对我的夸奖。考察组工作人员王合忠,现在是全国政协文史委办公室副主任,是我去年在北京认识的朋友。晚上我为了陪他聊天和介绍咸宁,索性在宾馆住下没回家。

20021019

上午考察组前往赤壁参观,我叫了金戈和胡武生同行,一报道,二感受。我在大车上和专家们闲谈,中国作协全委会委员、鲁迅研究专家陈漱渝先生对"向阳湖文化"和"干校文化"的概念同我商榷,谈了自己在其他干校劳动时的心态,是"暂时做稳了的奴隶"。下午在向阳湖参观后,他建议干校旧址保护应尽量保持原貌,并划出一定范围的保护区，还说向阳湖文化研究意义重大，填补了一项“空白”。陈威先生在向阳湖文化展览室题词：“教训变财富。”人民文学出版社弥松颐题的是刘禹锡诗：“人世几回伤往事，山形依旧枕寒流”。中国文物研究所研究员、著名文物专家胡继高曾下放向阳湖，他抚今思昔，感慨万千，写下“还看今朝”几个遒劲的大字。

胡继高接受咸宁电视台采访

20021021

人民出版社组织老干部“夕阳红”考察团重返向阳湖。早上火车抵汉，省新闻出版局安排办公室副主任刘学明引路来温泉，市新闻出版局通知我一道陪同。京城客人有7位，戴文葆、吴道弘、庄浦明、蒋曙晨、金敏之、张慎趋、李忠海。他们中除后者为干校子弟外，最大的已81岁，最小的已72岁。上午我约了金戈一同去陪客，省里来了一辆轿车和一台面包车，市局也安排一台车，华局长带了办公室向主任搞服务。一行浩浩荡荡一起去看老咸高，然后去向阳湖参观“文化展”和五七桥、红旗桥。在奶牛场中餐后，戴老和吴老分别题词：“浩劫十年，铭记

人民出版社“夕阳红”考察团在向阳湖

勿忘”和“艰难劳动岁月，寻找向阳文化”。下午，马不停蹄去汀泗桥古镇和彭碑、古田、花纹等昔日劳动生活过的地方，尽兴而归。夜住桂园山庄。我本想陪戴老多聊一下，无奈老人太累，想早点休息。让我感动的是，他私下送我一个小礼品，系他从蒙古带回的一对牛角。

20021024

《南鄂晚报》今日发表我写的消息稿——《人民出版社今日组团重返向阳湖“五七”干校旧址》。下午，报社记者打来电话，称咸安区农行张某读稿后，欲托我打听他的同学——昔日汀泗桥干校子弟席真的下落。由于席姓很少，我马上和北京马少展同志电话联系，得知他儿子席真已在美国定居多年，然后又电话告知张某。帮助牵线搭桥，这也是我从事的向阳湖文化研究工作的任务之一，从来是“互动”的。

20021026

接中国散文学会通知，拙文《父亲的嘱咐》收入《中国当代散文精选》(中国致公出版社 2002 年版)。

20021028

市委政协工作会议上午表彰，我代表“先进单位”文史委上台领奖。向我颁奖的是市委常委、军分区政委曾凡铭，会前他向人介绍我是“咸宁的一张牌子”。

20021030

今日逛宜昌夷陵广场旧书市，购《苏联人物》(上、中、下，三联书店 1980 年版，内部发行)。

20021031

从报上获悉，10 月 26 日，曾下放向阳湖的老“五七”战士、原中国作协秘书长张僖在京逝世，享年 85 岁。

20021102

收北京席宣先生赠《文化大革命简史》(中共党史出版社 1996 年

版）。

20021104

今日补看了上周五开幕的市新闻出版成果展。

20021105

北京施亮兄10月30日来信："寄来的两份报纸已收到，感谢你将拙作又重新刊登在《向阳湖文化报》上。我每次收到你寄来的报纸，内心总有一种温馨感，从头到尾将这份小报读完，甚至连一篇小文也不放过。我想，这是因为我在这片土地上曾经生活过两年多，对它抱有感情。除了这个重要的原因外，也是因为《向阳湖文化报》的文化含金量极高，大都是文化精英的作品，文章的确是很好读！城外仁兄，你办这份报纸的确是很有眼光。/另外，本期乔然先生的文章很深刻，颇有见地。他有一段话，总结向阳湖文化的价值，他说：'向阳湖那么多文化人经过干校并没有消沉，更加体会了人生社会，所以后来在文化上的成就更加卓越，所以总结向阳湖的文化价值，更能体会自古人才多磨难……'后面还有一大段话，我不抄了。我觉得你应该注意，正如他所说：'明白了这一点，才明白什么叫向阳湖。'说到这里才真正到位了。这样，既可避开所谓'非主旋律化'的问题，而且极为巧妙，你们可以按这个思路搞'向阳湖文化'，我相信是能得到认可的。以后多联系。"

20021107

订2003年报刊，1139.4元。

20021109

市文体局昨日接待文化部图书司司长杜克及文化部文华发展公司总经理张长生一行，晚上来到我的"向阳书屋"，今天上午又看了"五湖四海咸宁人作品展"。张长生留言："五湖四海咸宁人，有我一个"。之后，杜克一行寻找干校旧址，在"452"高地找到了当年的房东，我也熟悉了不少校部连队的地形。参观奶牛场向阳湖文化展后,杜克先生题字:“向阳湖畔,人生一页。甘苦自知,何需评说。”他解释道,几句话原为《和友人诗》:“五七干校,历史一页。是非曲直,任人评说。”他还告诉我,家藏一套《文化大革命博物馆》,很有看头。我如有兴趣,今后可上他家看看。

20021110

上午,与刚回京的杜克先生通电话,关于他重返咸宁的报道准备明日见报。他建议我们研究会组织老同志回干校看看,并在咸宁召开向阳湖文化研讨会。我建议他写写回忆文章,并在北京帮我多多“牵线”。

20021111

北京刘小珊同志 4 日来信:“遵桂凤同志的嘱咐,将《走进团泊洼的秋天》一稿寄上,听桂凤同志说您很想看看这篇东西,那就请您审阅并指正吧!/文章写得并不很好,但由于它写了诗人郭小川的一段重要经历,以及在黎明前的黑暗中诗人心中的一簇圣火,所以得到了一些老朋友的肯定。在短短的 5000 字中,真是很难表达那个年代所发生的一切以及它们烙在我生命中的痛苦与欢乐。/收到稿子后,请告知。”

20021118

下午,市委宣传部打来电话,正式通知我入选市文艺“十佳”。晚上和致婷谈起,笑自己现在“官不官,文不文”。致婷更是笑我本应是为别人颁奖的,却成了领奖人!

20021119

北京朱雨滋先生 15 日来信:“10 月 26 日来函敬悉,很高兴。谢谢!/《向阳湖文化报》总第 5 期,阅后倍感亲切。报载罗老在咸宁干校旧居前留影,使我联想起当年在干校‘452’高地的生活情景,真想什么时候再能回去看看。/来信所附稿，已于10月30日函请《中国政协》杂志负责同志考虑。你们的工作确有成效，令人欣慰。”

20021123

今日，在市作协首届代表大会上，市委李明波书记强调，要挖掘“向阳湖文化”的创作源泉，写出无愧于时代的精品力作。我在会议上当选为执行主席。

20021124

通山杨华美先生20日来信：“不断读到你的大作，十分高兴。在‘向阳湖文化’上你的开创性不亚于哥伦布发现新大陆。但愿‘向阳湖文化’的研究与开发更上层楼。”

20021125

通城黎时忠先生20日来信：“你主持向阳湖文化挖掘，搞得很好，出了好几本书。书中的文章也都不错，我建议在此基础上，能不能以向阳湖这些文人为背景写一部小说或剧本，会更有意义，更有读者。”

20021127

今日得知咸宁市长易人，团省委书记李兵接任尹汉宁。尹市长现在中央党校学习，他在咸宁工作两年时间我虽然接触不多，可他多次在有关会议上宣传向阳湖文化，让我很受感动。晚上特意去他的秘书小朱家坐了一会儿。因为是老乡，我也谈了自己的一些体会：上司调动对秘书是个考验。

20021130

从今日《咸宁日报》上获知咸安区“向阳湖文化名人旧址”已被列入第四批省级重点文物保护单位，这对我来说无疑是一大喜讯，因为几年来的辛劳总算有一些实在收获。如何将向阳湖这块“蛋糕”做大，我不再抱很大的期望值，每年有所进展就行，大开发且待后来人。我马上查了有关文件,系省政府[2002]35号文件于11月7日公布,属“近代重要史迹”类,时间为1969年—1971年。这是一处笔误,1971年实际应为1974年。

20021201

晚上去文体局分管文物的副局长、研究会副会长何国强家聊天。对向阳湖申报“省保”成功,表示祝贺。何说,新文物法颁布后,大量的后续工作要做,向阳湖列入“省保”,对研究会的工作是个肯定和促进。我则考虑借“东风”,首先在《向阳湖文化报》上宣传一下,然后为将来举办向阳湖文化研讨会造舆论。

20021203

上午与北京阎纲先生通电话,打听《中国作家协会在干校》一书如果北京出不了,我可以想办法。因此稿在大周明先生手中压了两年,至今不见问世。如果稿件早交给我的话,则大部分会收入《向阳湖纪事》,我想办法单独出版。阎先生赞同我的想法,答应先寄我一份目录,然后去索稿再与我联系。我想我既然是研究会会长,为北京文化人服务也是应该的。

20021204

上午,中科院院士、党的十六大代表、华中理工大学校长杨叔子应邀在影剧院为市直干部作十六大宣讲报告。谈了不少十六大内幕,讲得很精彩。更让我感兴趣的是,他在开场白中,谈及自己“文革”时下放向阳湖,对咸宁怀有深厚的感情……我有点遗憾的是市领导不敏感,没有人马上想到有向阳湖文化研究会,想到让我送去几本书和一些资料给杨先生。

晚上电视台约我前去拍摄《面对面》访谈节目,题为《李城外的“向阳湖情结”》。主持人孔薇是熟人,执笔者胡武生写脚本花费了不少心血。这使我想到,有不少有影响的事情并不都是领导人做成的,而是靠普通人默默地工作。

20021206

咸宁电视台《面对面》晚上播出专题片，制片人胡武生临时将题目改为《向阳湖的守望者——李城外》。事先他征求我的意见，我表示赞同。只是电视片15分钟时段限制太严，小胡只好做两种版本，另一种20分钟的准备送省里评奖。我对此举表示支持和感谢。

20021207

今天去电视台，间接地了解到电视台当记者的辛苦。就胡武生做这个专题，连续加班几天不说，今晚可能还要干通宵，完成送省片的最后制作，其敬业精神可敬可佩。

20021208

北京阎纲先生寄来《中国作家协会在干校》一书的目录，让我又了解不少信息。如写了干校回忆文章的作者有十几位我不认识，而且未取得联系。我上星期在电话里建议，经阎纲先生周旋拿到此书校样稿，可由我出面将此书出版。阎先生表示支持。

北京张长生先生3日来信："已和田大畏同志联系，他很高兴你对向阳湖'五七'干校所做的工作，言在书店见过类似作品，可能就是你的大作。"

20021209

下午去金戈处聊天，他建议我尽早沉下心来写向阳湖的报告文学，争取在全国造成影响。因为这几年自己支配的时间多，以后作品产生了影响，也许还会"跳槽"，也许在仕途上还有发展……

20021214

人文社廉萍通过电子邮件寄来评论文章《此情可待成追忆——读向阳湖文化书系》。到底是女博士，文字活泼，思想深刻，让我"相见恨晚”,决定将它补入《向阳湖纪事》一书。

对面文联的近邻蔡骏邀我主持他办的“咸宁热线·艺术时空”中的几个栏目,我下午与他策划商定,“话说向阳湖”由研究会主办,“竹乡文林”打作协的牌子,“咸宁文史”自然是文史委的版权。初步商定了几个子栏目,估计会产生影响的。

20021215

北京戴文葆先生9日来信:“咸宁一晤,印象太深,看到您在地方上的成就,十分快慰!/我是带病去向阳湖的,老庄对我重点保护,回来即进行全面检查……/我想是可写一篇《凝视向阳湖》,谈谈此地如何开发,是个应关心的问题。地气极好,不用远求,将来聚人交换意见,看看能作何计划来。还是以咸宁为中心,通山、赤壁为两翼,时间定在夏季,休闲避夏为主导,可以开发为一个旅游中心点,吸引人来开会,等等,为当地父老办点生计事业。我看到汀泗桥冷落很有感触啊!可恨我身体欠好,无所作为,不一定上九宫山,还是向阳湖为好。胡思乱想一阵,请勿见笑。/精力不济,容后续谈。”

20021216

北京徐梅芬同志10日来信:“谢谢你寄来的书和《湖北文史资料》,无以为谢,聊寄上二书。需我在北京做什么尽管说。/很高兴继李辉、谢泳后,鄂南又走出了你这位有志者。”

20021218

计划元旦出版第6期《向阳湖文化报》,早做准备。今日就叫金戈、亲贤组好稿,画好版,送到报社打印。两位家乡人都是“召之即来,来之能战”的老弟,今后还需多加互助。集体的力量到底胜过孤军奋战,尤其是办报这种具体事。

20021219

下午去研究会副会长元平处小坐,他积极响应我在网上举办的

“竹乡文林”栏目，为我提供了自己的有关资料。我因为是主持人，准备退后一步，让他先出场和网民见面。

20021220

前几天市政协胡秘书长和我聊天，问我愿不愿去文联担任主席，我明确表示不答应。要去早几年就去了，可能林主席已到退休年龄，有人考虑我作为文化人担任此职较合适。

20021223

明日去省作协参加理事会，会省里的作家朋友，机会难得，正好将定于元旦出版的《向阳湖文化报》清样，明日带到会上散发。这可是第一次提前出版报纸，在保证质量的前提下，突出了新的风格。如第四版套红拉出了长条幅“热烈祝贺向阳湖文化名人旧址被列入第四批湖北省文物保护单位”。陶醉其中，还是挺有成就感的。

20021224

下午到省文联拜访党组书记李传锋，他主动提及我申报“湖北明星奖”没有如愿，是个遗憾。但评委们都充分肯定我近年来为开发向阳湖文化所做出的成绩，起码得到圈内的认可是个好事。之所以没有获奖，一是竞争太激烈，指标过少；二是我没有拿出真正有影响的大部头作品。晚饭时，省作协党组副书记、副主席叶梅和《湖北日报》的陈柏健老师，也对我谈了同样的意见，他们都是评委。

20021225

今日收到几本赠书，刘富道赠《天下第一街·武汉汉正街》（解放军文艺出版社 2001 年版），刘醒龙赠《弥天》（上海文艺出版社 2002 年版），映泉赠《中国人的谎言》（长江文艺出版社 2002 年版），刘庆林赠《倾斜的年轮》（长江文艺出版社 2001 年版）。

20021229

从电视台借来 24 集电视连续剧《长征》的录像带。一鼓作气看了几天。去年央视播出时,没有看过几集,这次一饱眼福。史诗毕竟是史诗,看过之后,我对自己将写的向阳湖史诗充满信心。

20021230

上午召集市政协文史委员开会,总结几年来的工作。大家对我的评价很高,甚至说政协的三张牌是——刘三多的画、许绮燕的台胞关系、李城外抓的文史。尽管几年来一直是埋头苦干,有这种评价也知足了。

20021231

《人民日报》驻湖北记者站站长龚达发来温泉,我前几年陪他一道去向阳湖采访过。他对我几年来的成绩称赞不已,并表示准备推荐“人民网”链接向阳湖文化的内容,这是陪客的一大收获。龚还赠我一套《中外经典名著1000部》(光盘)。

卷之十

2003年

春

20030103

晚上去蔡骏家，回顾自己在“咸宁热线·艺术时空”主持的3个栏目，几天来，每日的点击率都逾千人，而且“竹乡文林”不仅推出了自己的笔记《鄂南文林散叶》，还“逼”自己点评咸宁文坛诸作家，一举多得。

20030104

又一次开始“批发式”写信，寄出《向阳湖文化报》2003年第1期（总第6期），并附信。临近春节，正好问候，也减少了寄贺卡的数量。不过几百封信，写起来千篇一律，且字迹潦草，总还是觉得对收信人不大礼貌。但人手不够，时间又紧，只好原谅自己。

20030105

今日请熟了和他的表姐万怡帮助将363封寄给北京的报纸和信封口，儿子和大学生搞“义务劳动”，也在为向阳湖文化做贡献。

20030106

晚上去蔡骏家谈，这是我主持“咸宁热线”3个栏目而结识的新朋友。小蔡虽才30出头，但有事业心、有热情、有闯劲，关键还有点艺术感觉。这种合作对我来说，何乐而不为？

热烈祝贺"向阳湖文化名人旧址"被列入湖北省第四批文物保护单位

关于大力开发向阳湖文化资源的思考

此情可待成追忆

向阳湖文化报

全国政协文史委考察组莅临咸宁

人民出版社老干部组团寻访干校旧址

图书馆专家杜克重返向阳湖

文化名流评说向阳湖文化(五)

《向阳湖文化报》第 6 期

20030108

小蔡告诉我,"咸宁热线·艺术时空"网上点击的人越来越多。我暗想,"占领"咸宁网上阵地如此轻而易举,主要是"手中有粮"。我相信能利用手中的向阳湖品牌,通过网络这条线走向全国,走向世界。

寄北京及各地文化人书报 74 份。

20030112

寄北京及各地文化人书报 20 份。

20030114

上网带来的喜悦立马可见,今日收到苏州大学王尧教授电子邮件:"承蒙两次赠书,不胜感激。报纸也收到,你所做的是一件具有重要意义的工作,已经在知识界引起较大反响,我本人读后,收获更大。一直想就你所做的工作写篇文章,看来寒假可以完成。我 4 月到武汉参加教育部组织的一个会,到时去咸宁拜访你,也实地考察一下向阳湖。不知欢迎否?"马上回了短信,此乃第一次与友人网上交流也。

北京许福芦先生今日发来电子邮件:“感谢你对我的支持,报纸和信收到了,非常感谢。”

20030116

好长时间没有和二姐联系了,现在上了网,有了电子信箱,便主动打去电话,挂通了莫桑比克。她好高兴,晚上马上发电子邮件过来,说网上已看到我的情况和向阳湖文化的进展,今后可多聊聊。亲情毕竟是亲情。

20030117

晚上北京李世奎先生打来电话,聊起向阳湖往事,并说看了我寄的报纸,对我的精神表示钦佩。用北京话说:“干什么呀,累不累呀!”这种话我听得多,但从北京主动打电话来聊的毕竟不多。

20030118

华中科技大学原校长杨叔子先生 13 日来信:“谢谢您寄来的《向阳湖文化报》,感谢您对我的关心与信任,感谢你的情谊。高赛、马桥的岁月,向阳湖畔的春秋,我永难忘怀。我永远感谢咸宁人民对我的爱护。/再次感谢!”

20030119

北京施亮兄 14 日来信:“我觉得你搞的向阳湖文化事业,确有眼光,我尤其佩服仁兄孜孜以求地做文化,现在这样的人越来越少了。/另,我看到李成果一文《关于大力开发向阳湖文化资源的思考》,觉得此文不错,它从经济和综合开发角度看‘向阳湖文化事业’,有独到眼光。另我有几点看法,向仁兄简述,供仁兄考虑:1. 我觉得,李文有一个观点,将温泉开发区与文化村结合起来。关于此看法,我认为还可以扩大,可以由您向市政协提案,搞‘咸宁文化特色旅游计划’,旅游不光局限于向阳湖,可搞系列旅游。如苏轼的《前赤壁赋》的黄冈县赤壁可一日游,又真正的三国赤壁大战的湖北蒲圻县赤壁亦可一日游,汀泗桥、贺胜桥亦可一日游,向阳湖文化村一日游,然后,以‘文化旅游’拉动经济,再宣传你们的温泉度假村,将几座宾馆加以改造,这可以是一种思路。2.向阳湖原有的奶牛场亦可有一发展思路,比如,搞奶制品加工业,也同时与咸宁特产的桂花、鳜鱼等养殖业基地发展起来。我估计,餐饮业还会有持续大发展。因此,这些食品原料将来会越来越需要的。3.我觉得,您在向阳湖文化事业上做的事情已经很不少了。但是,此事业再向前发展,确有困难,主要是目前中央政策并不很愿意提起‘文革’来,我想您是知道的。搞‘文革博物馆’是几乎全无可能。而向阳湖文化因与‘文革’紧密相连,单独搞此事,必然会越来越困难,而且老一代在干校待过的人已七八十岁,大多已经退休,他们说一说是可以的,未必于你们有什么实际用处。因此,我建议你们换一思路,珍惜这批老人、名人的关系,以此为线头,拉动经济发展,建立‘大文化’观念。这样,这批名人的作用才能发挥更大效益。我这里只是泛泛而谈,将来我们有机会深谈。/我这几日,因为正写东西,匆匆写几笔,字迹潦草,望见谅。”

20030120

因为担任了“咸宁热线·时空艺术”的总顾问,尤其是主持“竹乡文林”,得点评每位入选的作家,颇费心思。花去不少时间,且要写出水平,虽网友的评价总的觉得不错,“同志仍需努力”。

20030121

北京楼青蓝先生16日来信:“您寄来的《向阳湖文化报》等资料,先后均收到了。非常感谢。您对祖国的文化事业这么关心和热情,做了大量的工作,我确甚为敬佩,应向您学习。我退休后感到时间有限了,忙于我最热爱的绘画艺术,趁身体较好,这几年应全国各省市的政府和文联等单位的邀请,常在外地办联展和个展。对向阳湖文化事业,关心和支持很不够,甚为歉意。/我在咸宁干校几年中,在超过我体力的强化劳动中，我没有忘记我所热爱的绘画艺术。在劳动时，我在口袋里放着我的小速写本，利用点点滴滴时间，偷偷地画了不少劳动生活中的情景(也有小油画)留作纪念。今复印了几幅寄给您，请您多多指点，如您文化报等处有用，我可陆续寄给您。但小油画不能复印，需拍照后再放大，以后再说吧！”

20030122

寄省文物局研究员祝建华信：“几年不见，寄上文史资料和小报，请指正。昨日在央视看了您介绍武夷山(《世界遗产之中国档案》)，获益匪浅。然其中读错一字，‘流徒犯人’应为‘流徙犯人’，特指正，以免今后有损形象，请谅。/另外，去年11月7日下发的省政府[2002]35号文件公布，向阳湖文化名人旧址列入第四批文保单位，时间亦有误，1969—1971应为1969—1974，请通知有关人员，今后授牌时更正。”

20030123

中国作协林绍纲先生20日来信：“收到大札及《向阳湖文化报》很高兴。/早就从朋友处得知你为向阳湖文化尽心尽力并卓有成效。这是一件好事。/我已年逾古稀，在中国作协近50年了！一生打杂，干文学外事工作时间较长，已离休10年矣！/往事如烟，不堪回首。/先将拙稿《京戏与冯牧》附上，不知可刊用否？/我写东西不多，也写不好，如可以，以后写妥另外再奉上。/你所编著有关向阳湖的书，在友人处看到过，非常好。”林先生想索书，但不好意思开口，说话委婉，我得马上寄赠一套给老人，谁叫我是向阳湖文化研究会的会长呢？

20030125

中午市政协吃年饭，席间饶主席和我扯闲话，认真地对我说：“向阳湖是你的事业，一门心思埋头继续干下去。”他再三强调，我下基层挂职不合适。

20030127

华中科技大学原校长杨叔子先生22日来信:“谢谢您,收到寄来的两套书与信,谢谢您的情谊。/当时‘华工’到咸宁‘斗、批、改’,1969年12月去的,中心地点在马桥,分布若干点,我在高赛。1970年7月(9月?)大部分人返汉,‘复课闹革命’,继续办学,部分人(我在内)转赴向阳湖。1971年12月31日我们有一批人返校。我校向阳湖农场可能是1980年左右才撤销的。这件事,我校管校史的与管档案的同志会知道。/今寄上我的简介与名单,供参考。再次谢谢!再次谢谢咸宁人民对我的关心与爱护!”

20030128

北京王士菁先生和夫人杨立平23日联名来信:“寄来的《向阳湖文化报》已经细读过了。你为向阳湖文化操心,令人敬佩!你为此事,用去了不少心血,也取得了成果。这两份报纸上即有许多值得我吸取的很好的意见。/你对《中国文学史》感兴趣,现寄上一册,请你指正。”附寄赠书《中国文学史——从屈原到鲁迅的通俗讲话》(中国工人出版社2002年版)

20030129

下午刘三多老师、金戈来谈。刘谈及自己过年后将去武汉长期定居,因为咸宁的环境使他失望,自己平生创作这么多画,没有人重视,出不了书,没地方放,等等。我对金戈苦笑,自己因为扛着向阳湖文化研究会这面大旗放不下,否则也会步刘之后尘。因为市里对我的事业口头上支持而已,自研究会成立以来,政府没拨一分钱,仅是自己凭面子“化缘”。但我想得通的是,自己一步一个脚印做工作,成绩越多,给后人留下的东西就越多。金戈也说自己这两三年对向阳湖文化的认识日益加深,深信越往后,我们所做的工作影响会越大……刘是研究会挂名的名誉会长,我和金戈乃办事的会长和秘书长,可叹如今日的小聚今后怕也难得。

20030201

去云石兄家里坐，碰见从北京回来的夏勋南，他前两年从通山北上《中国摄影报》打工，混得不错，据说在北京还买了房子。云石兄说这得力于他当年在通山不被重视，以为自己的付出得不到肯定，便毅然“下海”。相比之下，我在咸宁相对得到重视，才没有去外面世界闯闯的勇气和胆量，也就安于现状了。事物往往就是这样充满着辩证法。

20030203

晚上去万书记家拜年，空着手去更显得自然随意。万书记赋闲几年后，心态已经平和，上月在省政协会上又连任常委，还得干几年。难为他仍然记得我干的向阳湖的事业，说老一辈“五七”战士都渐渐走了，市里对此不敏感，再不组织人进京采访了。我的心境倒坦然，走到哪里算哪里。因为这几年就是这么过来的。

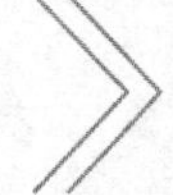

20030209

成都黄葵先生 1 月 26 日来信：“文化报二期从头至尾读过，引人回眸向阳湖的岁月。直欲飞往向阳湖中寻梦，回味旧时磨难的滋味。磨难是金，吃苦是宝。正是有了向阳湖风雨洗礼，方使我辈后来或大或小有所作为。今日建基地，作为向阳人，无可奉献，惭愧之至！/自退休以来，退而不休，冗务不断，穷于应付。人言‘享受生活，自退休开始’。我努力起步，享受盛世美好生活，更想有机会去向阳湖追梦，那该是多么美好的享受啊！/元旦之时，鲁原夫妇莅蓉，住在寒舍，常常谈起向阳湖生活，并谈及桂花一事。不意他刚走，收到《文化报》，读到《千里桂花香》，更令人想念向阳湖了……何时有暇，兄嫂伉俪莅蓉，咱促膝漫叙！”

北京傅璇琮先生 1 月 30 日来信：“承寄赠《向阳湖文化报》，非常感谢。近日又收到所赐新年贺卡,甚感。我因应台湾大学之邀,于去年10月初去台北讲学3个月,今年元月返京。回来读到文化报,更如重返向阳湖。我觉得咸宁市领导有此计划、措施,确是难得的文化见识。以后有机会,你们可以在北京召开一、二次会议,再聚谈聚谈。也可以邀请一些专家再来咸宁,交通费可自己承担。请酌。"

湖南岳阳师院中文系谭解文先生5日来信:"先蒙垂问,又承赐书,欣喜何如。先生之向阳湖网页,已拜读,获益良多。而先生作学问之精神,尤为感佩。/寄上拙著《文坛文革十年史略》及《呼唤现实主义》,盼多指教。/日后有暇,欢迎来岳阳一叙。"

20030210

施亮兄从北京打来电话,大谈向阳湖文化开发事。这位仁兄热情有加,建议我在已取得成绩的基础上,百尺竿头更进一步,尤其要坚持不放手。我则请他在北京继续广为宣传。他告诉我,北京不少文化人收到我寄去的《向阳湖文化报》后,大为赞叹,以为这是全国独有的一份。随着时间的推移,自会日益显示其价值。

20030212

咸安区作协今日举行迎春座谈会,邀请我参加。我在会上谈了创联和创作,强调咸安文坛要重视向阳湖题材的创作。

20030213

北京林绍纲先生8日来信:"春节前夕收到大作及所赠《向阳情结》共4册,十分感谢(还收到文化报)。/看到那些文章,把我又带回向阳湖畔了。思绪万千……/我不是什么作家,只是从50年代中就在作协工作,经历了多次政治风云的颠簸(我作外事工作多年,是个打杂的人)。/有感时也写点文字,只是笨拙的笔生不出花来,请原谅。/附上的稿子,能补白更好,否则就把它放到一边去。"林先生写的是1971年在干校"深挖516"的往事,文采虽平平,但题目取得新,叫《一个吓人一跳的故事》，读起来蛮有味道。

20030214

武汉江德勤先生今日发来电子邮件：“首先对你多年来为弘扬先进文化，提高咸宁知名度所作的不懈努力表示由衷的敬佩。/咸宁也是我的故乡，原咸宁二中是我的母校，作为一个知青，我也曾在向阳湖围垦的长堤上洒下汗水，曾见过当年在汀泗桥烧石灰、拉板车当采买、长得黑塔般的诗人郭小川，见过咸宁火车站堆积如山的文化部‘五七’干校的行李。作为这一段历史的亲历者和见证者，我也早已对之情有独钟，深知研究这段历史的价值和意义之所在。你的工作为我们外地咸宁人开启了一扇瞭望故乡的窗口，增添了我们的思乡情结。/离开故乡已数十年，但对那生我养我的那方土，又何曾一时一刻把她忘怀！/何时举办向阳湖文化节，请及时告知一声。/咸宁在汉的老三届不少，武汉大学乃全国名校，本人愿为向阳湖文化在汉弘扬尽绵薄之力。/乞寄先生在演讲中提及的相关文史资料。”

20030217

下午上班正上网，接到《人民日报》湖北记者站程国政同志打来电话，他按照龚达发站长的布置，已在“人民网”地方网站开设了“湖北有个向阳湖”专栏，我为栏目主持人，今日首上4篇文章及我的照片。我立即打开人民网点击，欢喜莫名，因为咸宁的人和事上“人民网”，毕竟是首次。

《人民网》“湖北有个向阳湖”专题

20030219

晚上去蔡骏家帮助制作“话说

向阳湖"的网页面，今天将我的"采风"的访谈大部分搬上网，以便为"人民网"提供"食粮"，他们可直接从中下载，忙到12点。

20030220

"中国作家网"今日发布消息，张兆和先生逝世。我得知后马上向她的孙女沈红发去唁电："深切怀念张老。"还是网上消息快捷，凑巧，我昨晚刚把访张老的文章搬上"咸宁热线·艺术时空"。

20030221

《咸宁日报》今日头版头条发出我的消息稿——《"人民网"推出向阳湖文化专题》。晚上我去万书记家汇报此事，说市里的领导不敏感，如果抓住此机遇大力宣传向阳湖文化，势必为两个文明建设带来积极影响，而我现在只好靠自己民间组织的力量出力了。

20030222

北京张惠卿先生12日来信："谢谢您寄来的贺年卡和多期《向阳湖文化报》，有关文章我都仔细拜读了，感到十分亲切。/敬祝向阳湖文化不断开花结果！"

20030223

上午饶主席打来电话，让我上他家。原来是文联林主席到龄退居二线，老林推荐我接手，而市委领导们都考虑我比较合适。饶主席建议我担当此职，虽然我不会十分满意，但还有平衡的办法，在政协的职务不动，而且马上增补为常委。如果我答应，他马上向李书记回话，事情就这么初步定了下来。当时我考虑市领导的出发点是好的，人尽其才，年纪轻轻呆在政协也不是长久之计，出来在穷单位压压担子也好。回家和致婷商量，不料她持反对态度，以为还不如在政协。

20030224

晚上去万书记家汇报，他说如此安排去文联不妥，而且就我的性格而言，不适合挑这副到处求人的担子。

20030226

今日和“人民网”联系，“湖北视窗”栏目的同志已上向阳湖的文章达36篇之多。龚达发站长让我主持“湖北有个向阳湖”栏目，我也当仁不让，连他都说我是这方面唯一的专家。

20030227

广州马恩成先生23日来信：“谢谢你们寄来的《向阳湖文化报》总第5、6期。贵报是全国唯一研究‘干校文化’的报纸，又有那么多北京的高文化素质的同志为你们写稿，质量很高，读后很有启发。刘庆云同志曾嘱我为贵报写稿。由于各地‘五七’干校情况不同，不知是否适合贵报，没有把握。现寄上旧作一首，请予指正。肖殷同志为全国知名的文艺理论家，当时任中南局宣传部文艺处长，文革时被打成‘反动权威’，在干校先养殖后牧鹅，身体受到很大摧残。80年代初于广州逝世。”

20030228

上午，市委开了常委会研究干部。中午政协聚餐时，饶主席对我说，这次文联主席虽然你没当，但市委还是认为你任此职最合适，而且出发点是好的，让你挑重担。我感谢组织上的理解。下午去元平那里聊天，他还以为我会同意到文联呢。我想自己既然作协主席能“让”得，文联主席也能“推”得，今后唯一要把住关的是向阳湖事业“丢”不得。我应邀在“人民网”上当特约主持人，这是市里任何文人和“官人”都享受不到的殊荣。

20030301

“咸宁热线·艺术时空”昨日正式将我筹划已久的“九宫山瞭望”专题隆重推出。同时，我还让蔡骏在网上另做了一个大广告：“莫道向阳湖水浅，人民网上溅浪花——热烈祝贺人民网推出‘湖北有个向阳湖'专题。"

20030302

今天自己操作电脑,打了一篇 1800 字的"流水账"——《我谢绝了当市文联主席》。

20030304

越来越体会到上网的好处,主持网上栏目且不说,单是收信收稿,寄信寄稿的便利,便大大胜过从前。上周,通过电子邮件寄给《湖北日报》的消息稿《人民网推出"湖北有个向阳湖"专题》,27 日马上见了报。今后投稿再不像原来要等上一星期、上十天了。

20030307

下午与金戈谈。他最近在赶写一篇关于我的通讯,以应付天门文史会议编专集之需,题目初定为《城外有个向阳湖》。作为研究会的秘书长,他对向阳湖文化渐渐钻了进去,还准备写 10 个中篇,均为向阳湖人物与事件的题材。金谈及这些计划,让我大为兴奋。预言他今后在文坛立足,不一定是官场小说,而是关于向阳湖的小说。

20030309

荆州政协文史委刘作忠算得是为湖北文史作了贡献的有功之臣,年前托我找名人为其即出的两书题写书名。今日收到罗哲文先生 2 日来信:"遵嘱题了'近代荆州旧闻录'和'近代荆州名人剪影'书名,请审正。/寄上祝咸宁文化部干校旧址列为省文保单位诗文一篇,请指正并加以斧裁。其中前次考察时陪同之领导和友人我记不准了,请补上。谢谢。/又寄上照片数张,请选用。"题字我立即转寄刘兄,以尽朋友之谊。

20030310

北京司徒新蕾同志 5 日来信:"你多次寄来报纸,我都收到了,谢谢！因为我们常常出门，未能及时回信，请鉴谅！/我写了父亲司徒慧敏在向阳湖的情况，收到请告诉我。我没有扫描仪，今天我要到外面把他的笔记复印了，日内从邮局寄给你。”

20030312

金戈将《此情长留向阳湖——李城外和他的“向阳湖情结”》一文拉出初稿，下午送来给我审阅。他一气写了 6000 多字，内容比较全面。分成四个章节，大的框架不错。

20030316

晚上作协的一帮朋友聚在一起小酌，送元平上省文联工作。话别时，我说元平带了个好头，走出咸宁，虽然有太多牵挂，但还是割舍掉了。还有老柯，前几年也有机会调省城，因为种种原因，计划流产。而我也有过机会，却没有抓住……不料这话引起大家兴趣，都说元平和老柯可以离开咸宁，而我不能走，因为向阳湖是咸宁的品牌不能丢，说大一点是中国的向阳湖呢！我听了这话自然受感动，大有知音难得的感觉。还有人说：“不是说过头话，你一离开咸宁，向阳湖这面旗帜便无人扛了！”

20030318

北京眭燕萍同志 14 日来信：“信、书早已收到，谢谢。/遵嘱，为从大周明处要回那篇稿子，稍等了些时日。稿子写于 1999 年 11 月，略作删节。能不能用，请斟酌。并附上当时在校部拍的几张照片。”

20030319

今日在“咸宁热线 · 艺术时空”我的留言板上，发现有位号称无名氏的留言：“城外先生，我想看你写的小说，请千万不要保守。我想写小说。”我意识到，碰上一个无聊的人了，转念一想，林子大了，什么鸟都有，不必理睬就是了。正好日前读过王蒙先生的自述《我的人生哲学》，他说对付这类有阴暗心理的人有一绝招，便是一心干好自己的事业。

20030321

张兆和先生孙女沈红3日寄来一张统一印制的答谢函(英汉对照):“我家奶奶张兆和于2003年2月16日在北京病故,已于2月20日火化。享年93岁。全家照顾守护奶奶直到最后时刻,她走得宁静安详。/按照老人家意愿,尽量不惊动各方亲友,所以我们事后才正式告知,盼亲友们见谅。/感谢您对奶奶的关心问候和诚挚怀念。怀念如无数花朵,陪伴她迎着春天而去。/祝愿奶奶平安吉祥。/也祝愿每一个爱她的人。”

20030322

武汉江德勤先生21日发来电子邮件:“惠签及书报均收悉,欣喜之余,不胜感激。/博大精深的向阳湖文化,恰如一窖尘封多年的美酒,一旦开启,那浓郁扑鼻的沁香足以使人沉醉,感谢你为拯救向阳湖文化所做的创造性的工作。文化人关心文化事,如今,家乡向阳湖畔那一泓碧水已深深地牵动了我的神经。在与文学巨匠、艺术大师们的神思交游中,我的人格得到升华,心灵受到净化,进一步体味感悟了人生。向阳湖的确是座富矿,拥有她,是咸宁父老乡亲们的幸运和福气,在这块物华天宝、人杰地灵的土地上,大师们的睿智和灵气必将为她的发展带来好运。/书报当细细品读,祝艺术时空鸿运当空,观者如云。”

清理了一天新老照片,还真不少。尤其是有关向阳湖的资料,还得分个类,以便今后随时查找或采用。“此情长留向阳湖”,今生为之有做不完的工作,也算是有福了!

20030328

北京吴道弘先生22日来信:“承多次约稿,迟迟才能交稿,请原谅。去年重返咸宁,谢谢您的热情招待。附上《怀念汀泗与‘向阳情结’》一文,请审阅。我把干校生活与评论书籍结合起来写,不知以为如何?请尊裁可也。”

中国作家协会(咸宁“五七”干校第四大队 5 连)

2003 年

夏

20030401

苏州大学王尧教授通过电子邮件发来一稿,题目别出心裁——城外的向阳湖与向阳湖的城外。虽然不足千字,但分量重,站得高,看得远,谈得实。上午我和金戈讲起这篇文章的意义,感叹博导毕竟是博导的水平。本月下旬王尧兄可能会来向阳湖一趟,对我和金戈都是一个学习请教的好机会。

20030402

市政协一届五次会议今天上午开幕,政协常委会议报告上讲文史工作占了一定篇幅,尤其是重点讲了向阳湖及"人民网"专栏。下午讨论时,朋友们都提及此事,但我并不满意,发言时指出:"市里对向阳湖文化支持不够,希望今后加大力度……"

20030407

武汉江德勤先生7日发来电子邮件:"寄来的《向阳湖文化报》和《咸宁文史资料》已基本看完,心潮起伏,激情难抑。一股不可遏制的内心冲动迫使我于3月29日赶往向阳湖。/参观了干校展览室,探访了大师们的旧居,并在当年自己曾经洒下过汗水的长堤上驻立良久。阳光灿烂,湖风轻拂,当年千军万马围垦荒湖的情景如在眼前。远远近近的山坡上那一排排红砖平房在阳光下静静地叙说着那段历史。

我曾试图踏长堤穿湖到窑嘴去，无奈脚力不济，中途折返。/纵观历史，立足现实，向阳湖文化村蓝图的实现还有很长一段路要走，任重道远，研究会诸君还需付出艰辛的努力。/带着几许昂奋，几丝怅然，我离开了向阳湖。/渴望拜读你撰写的那四本书。”

20030411

苏州大学王尧教授和副教授季进博士在汉参加教育部召开的一个会议，今天特地提前来咸宁考察向阳湖文化。为答谢这一盛情，我晚上特地去火车站接站，并请工行罗勇安排食宿。

作者陪同王尧考察向阳湖

20030412

上午陪王尧兄考察向阳湖，回来他谈了一个策划，正合我意。他说应着手搞一套“向阳文丛”，编辑出版几本书。一是纪事，主要收“五七”战士回忆文章；二是“向阳湖文化人口述史”；三是“向阳湖年表”；四是当地群众采访实录；五是关于向阳湖的书简，等等。王尧是我国研究“文革”史卓有成就的专家，我乃向阳湖文化研究的发起人，今后当会合作愉快。

20030413

今日便开始着手编“向阳湖年谱”，从张光年先生《向阳日记》着手，以中国作协“文革”经历为主线。晚上几个小时便将全书浏览一遍，并作下笔记，颇感快意。预计这样坚持几个月，不仅年谱可以拿出初稿，而且还可列出“向阳湖文化研究开发备忘录”和“参考书目索引”，进而同时整理“向阳湖文化人口述史”和咸宁群众口头传说等。

20030416

上午金戈来谈,我让他看了网上"咸宁热线·艺术时空"上面一些人的留言评论。看来咸宁文坛并不平静,尤其有的人对我不服气,甚至躲在阴暗的角落里挖苦和贬损,这倒对我是个提醒和锻炼。我一般不予理睬,只是一心干好自己的事业。又提醒金戈,咸宁文坛现在个别人有"拉山头"的阵势,我们不介入,不对垒,专心经营向阳湖文化研究会才是正事,总会让人服气的。

20030417

寄北京陈漱渝先生信,他最近写了一篇评论《向阳无湖,干校无文——兼议"干校文化"》。我表示感谢,回信云:"谢谢鼓励。改了几处笔误,其实您的观点和我们研究会是一致的,我们否定'五七'干校并不影响研究'干校文化'现象,就像'知青文学'一样。"

20030419

省委办公厅信息处处长刘改安是位诗人,中午在咸安区听我提及适时陪他去向阳湖,马上提出下午就去。于是一周内我再次到向阳湖,随后再赶到政府参加咸宁市温泉城区定地名专家座谈会。会上,我再次呼吁应有向阳湖的地名,李市长和两位副市长都在场。市委办公室安排晚餐时,请来李兵和樊仁富来陪刘改安。刘诗人在席间大谈了向阳湖文化的价值,但他酒后又私下提醒我,中午在咸安区不该"批评"区里不重视此事,而应以"鼓励"为主。

今天在咸安书店淘得《陈白尘文集》(1—8卷,江苏文艺出版社1997年版)、《叶辛文集》(1—10卷,江苏文艺出版社1996年版)、《中国知青情恋报告》(1—3卷,岳建一主编,光明日报出版社1998年版)、《中流》(百期文萃,金城出版社1998年版)、《萧乾传》(李辉著,江苏文艺出版社1993年版)、《胡绳诗存》(中国社会科学出版社1996年版)等。

20030420

今日专程去汉购书，好久没有这样有备而来了。在雄楚图书城购得新书《红尘冷眼——一个文化名人笔下的30年》（宋云彬著，山西人民出版社2002年版）和《王世襄》（晨舟著，文物出版社2002年版）、《丁玲与文学研究所的兴衰》（邢小群著，山东画报出版社2003年版）、《钱钟书研究集刊》第3辑（上海三联书店2002年版）。在古旧书店淘得50－80年代若干《新华月报》和《红旗》的合订本、《毛泽东思想万岁》、《战无不胜的毛泽东思想万岁》，共花了近600元，加上昨日在咸安破费的300余元，又接近上千元，真是积习难改、“恶习”难改。

20030421

北京谢永旺先生15日来信：“从《冯牧文集》第9卷中，选印了有关干校生活的书信、年表部分，现寄上，请收阅。我查了，也就这样多。”

上班打开网页，又有人署名“文学爱好者”在留言上攻击我，说我的文章是一个模子出来的，不知我是如何当上市作协主席的。咸宁作家要像我这样，水了。看来，保持沉默不行，晚上便回了一段：“友人建议删掉这类留言，我没有同意。因为说好说坏，都只是一家之言，何况讥讽和攻击更加值得我闭门思过，也让关心我的读者见识一下咸宁文坛的多种面孔。说实话，我在采写100多篇人物专访的过程中，也一直在为如何突破自己而伤神，好在第一阶段的工作已经结束，我已转入从事新的研究课题，再也无法达到苛刻的‘文学爱好者’的标准，还是让时间去评判吧。至于我肩上作协的职务，如果真的如其所认为的不称职，也请耐心地等待几年，换届时我会让贤的。不过条件是他一定得‘火’，否则会被静静流淌的水浇熄的。附带说一句，愿众文友专心写作，多出作品，少介入无谓的争论，这样，我市文坛才会达到真正的繁荣。”

20030423

十天来突击快速浏览《张光年文集》和《萧乾文集》,对有关“文革”的部分做了标记和笔记。感受有二:一是读得晚了,前者放了近一年,后者放了一年半;二是得按计划读完家藏有关干校和“文革”的书。

20030424

北京王仿子先生18日来信:“小报收到,谢谢。/我在1969年下干校时,估计要在农村过艰苦的生活,从北京带下去一个小的折叠凳(写有王仿子),一个铅盒(边上打洞,准备背在身上,便于行动)。从干校返京时,把这两件在干校用了几年的东西,作为纪念,带回北京。现在不想留了,如干校的展览室需要,请在顺便时来取走。如不需要,我在北京丢入垃圾箱了。”

20030425

北京眭燕萍同志18日来信:“按你电话所示:1.我又找了几本当年的相片,因年头已久,有些同志的姓名、单位已记不起了。2.我已与湖北应城市市委办公室的徐华照同志(也已退休)联系,打好招呼。他是校部军宣队的秘书,我们和军宣队同志相交的关系不错。相隔二十几年后我们又联系上了。3.江苏淮阴师范学院的刘志金同志,他当时是文化部政治部干部,扬州师大毕业,人大研究生。他因搞专案,1970年秋下干校,1971年后分配回到人民出版社,故文化部机关下放名单中没找到他。他为解决两地分居,于1985年又南调淮阴。/你还有什么需要,可来信来电,定鼎力相助,责无旁贷!”

商务印书馆陈成谱在汉校对一部书稿,返京之前,不顾时值“非典”防范期,专门租了一辆的士(往返400元)赶到咸宁重返向阳湖。我为之感动,约了金戈和成果兄陪同,称他“向阳情”战胜了“危情”。陈先生原是新华书店总店连队的,1969年3月随先遣队先期赶到向阳湖。

20030426

为编“向阳湖年谱”，准备这个周末把《咸宁报》1966－1979 年的翻一遍，今日果然有不少新发现。比如找到干校连队的几篇稿件等，又一次体会书到用时方恨少，幸亏前些年将《咸宁报》合订本收藏了一整套。

20030427

北京谢永旺先生前几天寄来“冯牧年表”的复印件，成果兄又在师专借到《郭小川全集》第 12 卷，其中已有郭的年表。这样“一方有难，八方支援”，也逼我加快编“向阳湖年谱”的进度。这一过程也是为写报告文学打基础。

20030429

收南京陈虹大姐寄赠《舞台与讲台——戏剧家陈白尘》(南京大学出版社 2003 年版)。

20030501

上午与北京文洁若先生通话，问及萧乾研究会成立与否。不料文先生十分生气地告诉我，由于受陈明远的骗，此事搁浅了。陈到她家骗去萧老的珍贵书信、手稿、老照片不说，还打着这个研究会招牌骗了 20 万元钱，在社会上造成极恶劣影响。文先生不惜花了 5000 元钱，昨日刚刚上法院起诉陈明远。我有点遗憾，成立研究会这种事怎么拜托陈明远，而不请现代文学馆的傅光明呢？文先生解释说傅也挺忙的……我只可惜自已不生长、工作在北京。

20030504

“五四”青年节，看了央视“艺术人生”精编的《青春之歌》，陈忠实、焦晃谈人生与艺术，都给我以启示。这使我回想起前几天，电视里看的专题片《抚摸北京》，在结尾处刘心武说：“在新世纪要选择最适合自己的生活和写作方式,要舍得放弃……”

20030505

购《丁玲年谱》(王周生著,上海社会科学出版社 1997 年版)。

20030506

“五一”长假查干校资料之暇,还精心制作出一幅“文化部咸宁‘五七’干校机构分布图”,今天去报社排了版,准备附在《向阳湖纪事》一书之后。这可谓向阳湖文化研究的一个小小收获,让人对干校的分布一目了然。这也是第一次完成此项工作,喜悦的心情自不待言,其用功不亚于完成一篇力作,甚至将来可以申报“专利”。

20030507

上午去市档案馆查资料,又有新的收获。不仅发现 1969 年 9 月省革委会发出《关于做好中央部委和省直“五七”干校接待安置工作的通知》,还翻出 1970 年汇编的一本“活学活用毛泽东思想积极分子”和“四好单位”代表大会的文件及讲用资料,其中竟然有一篇文化部“五七”干校红旗越剧团丁苗芬的发言……遂准备乘胜追击,近期在该馆翻一遍省、地“文革”期间的有关文件和《人民日报》《湖北日报》《解放军报》《红旗》《新华月报》等。花一番苦功夫得大量的时间,但也是值得的。当其时也,人也会置身于“文革”时代了。

20030508

今日又在市档案馆资料库“泡”了一天。上午下班时,管理员小钱忘了喊我,还锁了门,接到我打电话后才返回来,“轶事”一桩也。今日的收获更多,不仅找出不少干校文章,还找到一些原始文件,对我编“向阳湖年谱”和写报告文学都大有益处。

20030509

省政协文史委换了班子,调出三人,留任仅李德定一人。今天他打来电话约稿，我手头没有，便推荐了金戈前天发表在《楚天声屏报》上的《此情长留向阳湖》。想想也好笑，毕竟时代不同了，要是“文革”年代，“自荐”是不免会遭人非议的。

20030511

秋季市里搞“中国竹文化节”，筹备会抽调王亲贤编一本书。他来向我约稿，写写咸宁向阳湖文化人与咸宁的竹，要求本月交卷。我这段时间忙于查资料，翻报纸，读书、写作又是空白。经常有人催稿倒不失为一件好事。

20030514

中影公司李世奎先生寄来自己召集七位同事凑齐的咸宁干校电影口四个连队共700人的名单，下午去金戈处谈及此事，以为向阳湖文化研究如不再出成绩，再接再厉，对不起这些热心的干校人。金戈则笑道，我们从事的工作也是“积德”，他们不支持也对不起我们。总之，历史会记载这一切。

20030515

市委陈副秘书长通知我，省人大副主任张洪祥来咸，主动要求上午去向阳湖参观，请我作陪，并送一点有关资料。这样陪领导参观的事我已见识不少，但遗憾向阳湖奶牛场一班人口头上重视，行动上却不见明显作为。尤其是区里的主要领导，更是不闻不问，我也不指望他们有点支持的动作。倒是在车上市人大程主任说我在市委办工作时搞向阳湖宣传，有人向他汇报我“不务正业”，他表示不同意此说，以为抢救这些文化名人是好事。过去我在书记身边工作，有得天独厚的有利条件，又有能力干出成绩；到政协后，又创办研究会，又办报纸，如鱼得水。

购《毛泽东文集》(1－8卷，人民出版社1993年版)。

20030516

上午,向阳湖奶牛场党委朱副书记来,他在场里负责抓招商引资工作。问及向阳湖开发可行性报告一事,咸安区的前身咸宁市成立过向阳湖文化开发筹建指挥部,现在区委不重视,班子已撤,资料分散。朱副书记找原来区里负责此事的人,连可行性报告都找不到,还只得到我这个"总基地"来借去复印。我感到这样太可笑,咸安有些人办事,责任心实在太差。要指望他们把向阳湖带动经济的开发只怕很难,我还得埋头干自己手头的事。区里、市里重视不重视无所谓,我是没有心情再去找什么人汇报了。

20030518

王亲贤在催稿,今日初拟了题目《向阳湖文化名人与咸宁的竹》,分六个部分:1.郭小川与《楠竹歌》;2.王世襄写《扁担铭》;3.王以铸的"花纹印象";4.王子野刻竹筒;5.曹辛之"抱竹轩"的由来;6.张光年论"雨后春笋"。

20030523

南京陈虹大姐14日来信:"《舞台与讲台》一书已寄出,不知收到否,盼告。/最近应李辉先生之约,为父亲编一本'图文并茂'的书,加入其《人物聚焦》丛书,因此需要大批历史照片。上次你在电话中告知,手头有家父在向阳湖'故居'照片,望能相赠,如若再有其他与之有关的照片也请提供,不胜感激。/近来'非典'肆虐,不知湖北情况如何,望保重。《年谱》一书进展如何?"

20030524

中影公司李世奎先生9日寄来《中影50周年》画册及《胡健摄影集》,今日才收到。此前他还热心找到京城几位"五七"战士,凑齐咸宁干校五大队四个连队人员名单。为报答盛情,我今日马上将他开列的七位先生每人赠"向阳湖文化书系"一套及《向阳湖文化报》1－6期,附带也少不了约稿并盼提供有关资料。

20030526

下午，去档案馆翻文件资料，查阅了1968年至1974年咸宁地区“五七”干校30余册卷宗，发现不少可以借鉴的向阳湖文化部干校的资料，大喜过望。无奈文档过多，不便复印，计划日后抽空浏览一遍，然后做些笔记，做参考之用。过后去金戈处聊天，以为地区党校便是地区“五七”干校的后续，如果能调市委党校工作的话，可以用全部精力投身向阳湖研究中，那真是最理想的了。

20030527

初定《向阳湖文化名人与咸宁的竹》一稿，一写就是6000余字。查资料过程中，又为《咸宁文史资料》“三国赤壁文化专辑”准备了一篇稿子《张光年的赤壁之行及一首七绝》，初稿也有近2000字。上午和省作协梁必文兄联系，找到1988年10月陪同张老游览武赤壁的洪洋先生，准备明天再电话长谈一次，把稿子定下来。

20030531

潇湘电影制片厂梁家敏夫妇收到我的赠书后，上午打来电话长谈。其实他们也为我提供了不少新信息，看来今后许多工作做在前面，一定会有意外收获。

20030605

收香港张初考先生寄《五载风雨紫荆艳》第3卷(香港文学报社出版公司2002年版)，内收张作《向阳湖一尾鱼游到了香江边》和《文人不幸咸宁幸——重访原中央文化部“五七”干校有感》。

20030606

向阳湖文化研究会成立3年了，上午金戈来谈。下午我俩又邀亲贤和光勇一道小酌，一是纪念，二是商讨下一步的工作。初定下来为长久计,每年出报两期改为一期。而我们四人巩固这块阵地,这是应该长久坚持下去的。即使今后我们工作有变动,这张报纸还会将我们召集在一起。

20030607

唐山董贺文寄来《新文学史料》创刊号,这是他收到我寄去的书报的回赠。至此,创刊至今的《新文学史料》我已配齐。适时准备再翻阅一遍,为编"向阳湖年谱"补充材料。

20030609

晚上将《七绝·赠友人》定稿。其一"致元平":"相知十载披肝胆,忽沐春风剪画图。鸟占高枝鱼戏水,江城偶忆向阳湖?"他现任《湖北画报》主编,在咸负责《九头鸟》时曾称我为"向阳湖中一尾鱼",被广为引用。

20030611

晚上打电脑至12点30分,将《京都访五老》完稿,又有近6000字。虽然有点累,但"逼"自己养成每日动笔的习惯,向阳湖文化的积累便会日见成果。

20030613

"咸宁热线·艺术时空"昨日的网站点击量竟达3800余人次,今日亦逾千人。这使我这个总顾问大为惊讶,因平时日均七至八百人已经够令人满意了。

收北京李世奎先生寄《深深的眷念——怀念丁达明》(中国广播电视出版社2000年版)。

20030614

田汉先生之子田大畏4号来信,告知他翻译的《古拉格群岛》一书如何邮购,附信云:"您希望我写向阳湖文章,这当然是难忘的经历。

但事过多年，能说什么，要好好想想，不巧近来身体不大好，请允许稍后动笔。我只是一个普通的‘五七’战士，实在也没有多少可说的。/您致力于‘向阳湖文化’，令人佩服。那是一个特殊的历史现象，值得研究，当然不可再重复。”

北京丁宁先生4日来信：“两书皆收到，非常感谢！/读‘社会视点’文章，对你多年热心致力于开发向阳湖文化的精神，颇有同感。你确乎做出世人瞩目的成绩，令人感佩。这项事业有极大的潜力，相信你将继续独辟蹊径，为我国文化事业开创出更高、更深、更具特色的价值。”

20030622

上午市图书馆派人来拍我书房里有关向阳湖书籍部分，馆里准备办向阳湖书展，写报告向北京联系，计划争取资金促成此事。我一方面表示大力支持，另一方面却为这种经常性的“义务劳动”花费时间而苦恼。但却之不恭，奈何！奈何！

20030623

下午顺便去到同楼层的市委宣传部周部长办公室小坐，我谈及向阳湖文化宣传搞了这么多年，由民间而官方，又由官方而民间，现在基本上是由向阳湖文化研究会这一民间团体在操作，政协虽然重视，也仅限于纸上谈兵。因此，希望得到宣传部门的大力支持，于外宣一块大有作为。周部长肯定了我的工作，叫我拿个方案出来。而她去年曾布置我弄清干校人员名单再说，我花了大量时间，已初步收集了十几个连队的名单，登在《向阳湖文化报》上。也不知道她看了没有，更不知她打没打算通过这些人做点什么文章。

20030627

今日约金戈一起去省政协文史委，新来的几位同事都已从金戈的文章中认识了我，因《湖北文史资料》第1期已发《此情长留向阳湖》。又去《世纪行》杂志，得知《向阳湖文化名人与咸宁的竹》马上采用。

《故宫简介》书影（王冶秋主编，1971 年 4 月出版）

2003年

秋

20030703

扬州刘志金先生6月28日来信:“5月20日的信和编著《向阳湖文化人采风》(上、下)《向阳情结——文化名人与咸宁》(上、下)均收到,谢谢!两部书中的文字我全部看了,有的文字不止看一遍。您做了一件有意义的事,为人们了解历史、认识历史提供了材料。我们搞教育教学,搞科学研究的人,深知了解、掌握材料的重要,从方方面面对材料进行整理、集结。您是‘向阳湖文化’的第一个拓荒者,数年的艰辛劳作,已取得了硕果累累。向您祝贺,向您致谢。”

北京戴文葆先生6月30日来信:“日前,罗哲文同志来舍看望,留下祝咸宁干校列入湖北重点文物的诗,特复印一份寄上,可留作纪念,或有便时即可在报端发表(如发表,请寄我两份)。/我仗着大家照顾,平安无事。回想去年9月坚决应老庄等同志要求,前来咸宁,是很合时的。承你们热心接待,令人可感!”

20030705

成果兄下午来,说学院“向阳湖文化研究”课题近期要验收,需准备拟发表的文章和其他成果。整理了一下便可以应付,但同时也发现,近年写的东西尤其是发表的比以前少多了。

20030706

开始第三组系列文章的写作——《干校六题》,因以前已完成《向阳湖走笔》和《感受丹江》,剩下的四篇计划分别写汀泗桥、双溪、金口和乌龙泉。

20030707

应城徐华照先生3日来信:“拜读书函,感慨万千。/《向阳情结》的出版问世,浓缩着你对一代文化名人的深厚情结,并为之付出的历历艰辛,真是令人崇敬。/向阳往事三十秋,多少情结留心头。当年,我有幸在那个特殊的年代,与一代中华文化名流共同生活、战斗了5个春秋(1970—1975年),留在我心头的固然有许多沉思,但更多的是‘向阳情结’。你编辑出版的书名,恰好反映了我们的心声。岁月远去,情结尚存。/子野同志亲手镌刻,惠赠给我的竹筒,是一件难得的珍品,它伴随我整整三十个春秋,在这漫长的一万多个日日夜夜里,我一直把它供于案头,留在心头(顺便邮来它的照片与样片,由于拍摄技术欠佳,请谅)。/非常感谢你在百忙中给我寄来书刊,让我永远记忆和珍惜这段难以忘怀的历史。”

20030710

今日收到《世纪行》第7期,拙文《向阳湖文化名人与咸宁的竹》全文刊载,并配了几幅照片,占了几个页码,马上打电话给该杂志负责人刘志成致谢。他是个实在人,反倒感谢我提供了好稿,并说读了金戈写我的文章很感动,适时,他在刊物上也有必要宣传一下。

20030715

下午分别与北京田大畏、郑尔康、陈小曼几位先生通了电话,约稿和保持联系,三人分别是田汉之子、郑振铎之子和茅盾的儿媳妇。似可就此作一篇文章,拟备报告文学之需。今秋如果进京,还可分别访一访。

20030718

北京田大畏先生寄来赠书，乃其译作《死魂灵》和《地下人，或当代人》。

20030720

徐钢上午来谈，她去加拿大12年了，在那里开餐馆，赚了不少钱，但人的样子和气质还是没变，仍然爱读书，对人对事有主见。我提及昔日她在湖医读书时，曾送我一本英国作家哈代的小说《德伯家的苔丝》，我当时暗自发誓，将来要送她一本我自己的著作，现在因为写了向阳湖，终于如愿了。

20030721

购《文坛之光》(张小红著，百家出版社2000年版)。

20030722

邓永斌编著的《锦绣咸宁》(湖北人民出版社2003年版)已付梓，上午邀我去小聚。此书为精装，似厚厚的一块砖头，内收我写的“向阳湖创办干校”，在“学界名流”栏目收入“青年作家李城外”。我对他利用自身条件接二连三出书颇为赞赏。由于他的用功，咸宁已有四区县有了可供备查的专著。而为中等市和下属县市区每县市编写一本书，是他一人形成的一道“风景”。

20030723

北京施亮兄19日来信：“又有一段时间未通音信，不知近况如何？我收到了元平寄来的《九头鸟》杂志，又看到您的大作，甚是想念您。/我遇到几位老先生，讲到您搜集干校资料，他们甚是称赞，认为您做的事情非常有意义。因为，将来中国必定要有一部‘文革’史的，而干校则是‘文革’的一段重要时期，又况且是文化部干校，更是一座富矿。/不过，我有个想法，我觉得您所做的前期工作已是较充分了，已动员了

相当多的人作回忆，有的文章也很有分量。但是，似乎学理的深度还不够，系统组织资料的意识不够，给人的感觉是比较泛科学，未能进一步深挖下去。目前，许多老人均已垂垂老矣，连我这样跟下去的孩子，也已经47岁了，我觉得，您完全有必要总结前一段工作，然后做出下一步规划。/时不待人矣！您的事业是为历史做的。”

20030726

中国文化管理学会副会长汪建德又来咸宁，主动提出要去看向阳湖。他的伯父汪巩先生曾是文联干部，下放干校后回京病逝。文体局何国强邀我陪同汪先生前行，我欣然前往，尽兴而返。另有几点收获，一是在向阳湖镇邮局王祖喜处得赠他收到的北京文化人书信7封，都是20世纪70年代初的；二是受南京陈虹所托，拍摄了陈白尘故居等资料；三是得知国家广播电影局局长刘建中于本月23日又到向阳湖参观，携夫人前来；四是得知向阳湖奶牛场已重新捡起开发文化村规划，订出了“中国向阳湖文化村旅游项目可行性报告”；五是听说区委书记宋亚平也开始重视此项工作，缘于他陪同自己的博导、武大教授来参观后，同行还有一位日本学者、华中师大近代研究所客座研究员加藤富，宋托人向我索书……

20030727

上午去市委小会议室李书记办公室汇报思想和工作，并提出想调出市政协的想法。他表示理解，并解释了当初为什么同意我去政协，今年为什么又准备安排我去文联。李书记说如果不是我沉于向阳湖研究，他当年就会安排我搞市委副秘书长，从事咸宁经济研究。谈到向阳湖文化，李书记还是几年前的观点：这是一种痛苦的经历，不宜大张旗鼓地宣传，但他身为市委书记，对此既不支持也不反对。我表示理解。我调动的事，他也会放在心上的。

20030728

省政协原副主席杨斌庆最近在北京访问了著名书法家刘炳森,回汉后便和我通了电话,说自己收获大,谈了一个多小时。杨准备写篇专访,托我找点有关资料,今日他又叫市政协送去,正好由我操办。晚餐热情留我和同去的光勇小酌,杨主席说,在刘炳森家,他见书桌上有首赠友人的诗,便问友人指的谁。刘答是咸宁的李城外,使杨大吃一惊。席间杨主席还说今后将多写散文,步我的后尘,令我惶惑。

20030729

北京文洁若先生25日来信,托订购《萧乾画册》,200元一本。附信云:"我的新著《生机无限》即将问世,不知您能否为此作写篇书评?除赠书10本外,我只自购了10本,只送给答应写书评的人。希望听听您的意见,如果肯写,收到书后,马上寄给您。您上次写的《父子角》就很好,但愿这次也能在香港同时刊出。"我回信说,书也订购,书评也写。因为萧老生前对向阳湖文化关怀备至,现在夫人所托区区小事,理当效力。

20030731

《南鄂晚报》今日发表我推荐的王尧文《城外的向阳湖与向阳湖的城外》,还计划发《向阳湖文化名人与咸宁的竹》,连载6期。新任总编辑李回雄在《咸宁日报》副刊部工作期间,担任向阳湖文化专栏的责编,和我的合作愉快,我的一些想法和他一拍即合。今日我还和政府研究室主任徐永春联系,适时在《咸宁经济》上发表有关向阳湖文化的文章,也得到积极响应。于是自我解嘲:向阳湖文化的宣传,仍只好以"民间"推动"官方"了。

20030802

奶牛场朱飞云同志7月28日来信:"十分感谢您送给我一本向阳湖文化专辑,我特认真拜读和珍藏。您真是文化人的知音,开发向阳湖文化的奠基人,向阳湖人的良师益友。祝愿您的良苦用心能为更多的朋友理解与支持,使向阳湖文化早日登上鄂南大舞台,这也是向阳湖人心中的渴望。愿我们共同努力,克难奋进,谢谢!入秋之后,我再登门拜会请教,再见!”

20030818

中午《人民政协报》“春秋”副刊主编刘康泰先生打来电话,称已读过我寄去的《向阳湖文化报》,约我写一组向阳湖文化人故事。我欣然应允,以为这也是同时为写报告文学“热身”。

20030819

北京汪建德先生12日来信:“向阳湖一行,印象深刻。你们所做的工作,功德无量。/近年工作进展不大,与政府支持力度有关。就此项工作本身而言,您或研究会是否有一个比较完整的构想(即不管有没有资金,终极目标的设置及逐步推进的阶段性工作计划等)?我认为,应做一份较严格的可行性报告,不管政府支持与否,如能求得有文化品位的大老板的支持,照样干。但大老板不会凭空拿出钱来,规范的可行性报告是必不可缺的。/明年底,学会将召开会员代表大会换届。我有可能担任主要领导职务,我想把向阳湖文化研究专业委员会搞起来,一起报上去。不知你处是否有正式办公地点?我想就和你的研究会在一个办公地点即可。现在专业委员会也是审批制(过去是备案制),十分严格,由你抓具体工作。另外,在可能的情况下,还是要求得政府的支持。/我伯伯(汪巩)的照片及简历待过些时候去城里找我堂弟联系。这段时间太热了,你们那儿是否降温?/今年年会拟在南京召开,估计在11月上旬或中旬,不知您是否能与会?本月下旬发论文征集通知。您如能去,可安排一个专题发言(向阳湖、一小时),为成立专业委员会做铺垫(专业委员会的名称由你定)。”

20030820

晚餐后去报社老摄影家阮家茂家聊天，他坚持几十年如一日搞专业，退休多年后仍是如此。“文革”时在向阳湖就照过不少照片，我俩的共同语言自然不少。今晚他说了一句令我难忘的话：“我其实只有中专水平，但在温泉多年，看到许多大学生工作以后就不干事业混日子，真是十分可惜。”

20030821

下午与金戈去咸安电力局朱局长处，请他支持一下研究会。毕竟是老乡，又是“一把手”，现场办公，让我俩满意而归。但朱老兄也建议我，说：“既然向阳湖是咸宁的事业，还是要争取政府的支持。靠化缘总不是长久之计，个人的面子总是有限的，何况你又是个放不下面子的人。”他又玩笑道，既然为了事业，有时就得放下面子，否则就说明爱向阳湖这个事业还爱得不深。

20030822

广西龙子仲先生今日发来电子邮件：“所惠向阳湖书报收到，躬致谢忱！/我知世间有向阳湖，是 1998 年后的事。那时编《郭小川全集》，知咸宁干校种种细节。后又知许敏岐先生亦是向阳湖中人，尝与叙及。2001 年编王世襄《中国画论研究》，每闻先生言痛史，必及于向阳湖。前几日我还在王先生寓所，又谈及此。先生言间涉及咸宁方面要搞向阳湖纪念地的事，视为笑谈。我说：古来名胜多出于谪人，这也是常理。如柳之于永，韩之于潮，东坡之于儋州，是地方的光荣，也是历史的纪念。/要则，须正视这一段痛史。而另一面，须凸显谪人的品节。王先生近作《自珍集》序极好，中有‘咏菜花’诗，是在咸宁作的，可一读。所赠书报，当觅暇细读。”

20030823

北京周明先生 16 日来信：“寄来的报纸复印件收到了，很高兴有人写了你,记下了你的功绩。”

20030824

上午与北京王以铸先生通话,告知《向阳湖文化名人与咸宁的竹》已重新“洗牌”,将他写花纹的诗作了宣传。王老已看我寄去的文章,真诚地说,咸宁这段历史多亏我抢救,否则烟消云散……

20030825

广西湛江李宁先生16日来信:“感谢您寄赠极其珍贵的《咸宁文史资料》专辑及《向阳湖文化报》给我学习。/您的卓越才能、贡献及功绩在于,使那曾经遭遇火山爆发、坠下‘向阳湖’6000多粒宝石(不少是比之更为璀灿的文化名人),重放光彩,普照人间。人民是永远感谢您的。”

周鸿雁先生19日从昆明来信:“寄来的书、剪报以及向阳湖报均收悉,谢谢,非常谢谢。/阅报后,对你这多年所作的关于干校有关历史资料的抢救工作,特别是对我国‘国宝’级的人物此段经历的采写,尤其珍贵。这一工作,不管是对国家、对社会都大有益处(这种益处将与时俱增),而且作为你个人来说,也成就了一番事业。我深感敬佩。/回想多年前,也就是新版《咸宁市志》进入总纂时,我深感干校对于咸宁来说是一件大事,虽不属本地域该记之事,但它发生在本地。因此,我曾根据有关资料撰写过1500字的文稿,拟作附录入编,但最后仍被拿掉了。后到北京出差(因创作钱瑛的电视剧调查补充材料),还曾去臧克家家和王子野家请王老和郑曼同志等审过附录稿。/此外,我还曾与当时咸宁政府办一位官员拟对干校进行系列采访,我还拟写过一个工作方案。后来,由于该官员变故,而我又由于总纂出书,此事便流产了。/现在看到你以无畏的胆识和坚强的毅力,把这件事做得如此完美。我为你、更为干校这段历史没有被掩埋而感到欣慰。/由于咸宁钱六姐的故事,1984年全国机智人物故事研究会是在咸宁召开的。当时从北京来参加会的文学社的几位负责人(我忘了名字)在我等陪同下,还去向阳湖重访了旧居。那天去时天已很晚,只在当地门口照了一张相便回咸了。/干校文化的建设和开发,已经做了很多工作,当然还有很多困难,但我相信前途和潜力是很大的。祝你在推进干校'文化金矿'的开发上取得更大成绩。"

20030826

读王家达先生报告文学《敦煌之恋》,比之书中迷恋于敦煌的大家们,我只有惭愧。在向阳湖文化的研究上,我还做得远远不够。

20030827

福州王书声先生 21 日来信:"大作收至并拜读,十分的兴奋与激动,向您表示崇高的敬意! 您为中国当代文学史,甚至可以说为中国当代史写上了重重的一笔! 它真实地记录了冰心、萧乾、韦君宜、牛汉等人的足迹……/不过,我喜欢诗情画意的云梦泽,那里有缪斯与维纳斯!"

收北京韩敬群兄寄《生机无限》(文洁若著,北京十月文艺出版社2003 年版)。

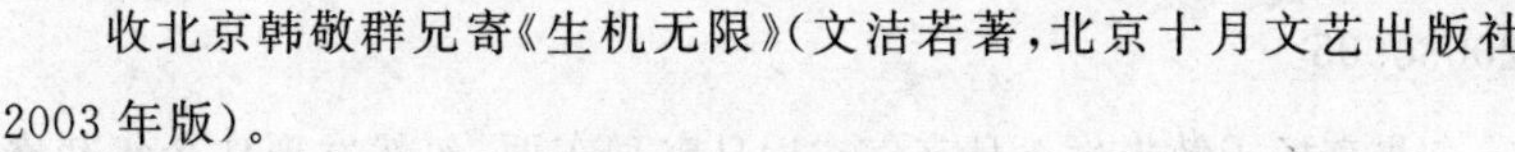

20030830

开始赶《人民政协报》的约稿,计划写 30 篇向阳湖文化人的干校往事。力争一天一篇,9 月完成。每篇 1500 字左右,累计就是 45000 字。不管"春秋"副刊发多少篇,我自己需按定量完成。

20030901

人民文学出版社柴志湘先生按照我电话要求,在社里找齐几本我要的写知识分子的书(《所谓作家》、《桃李》、《沧浪之水》)给我寄来。我内心对这位有求必应的仁兄十分感激,他近几年还一直为我寄《新文学史料》,都是因为他责编"向阳湖文化书系"的缘分。柴先生虽非名人,但比起某些端名人架子的"伪名人"更让人感到可亲。

20030902

珍视柴志湘先生的美意,开始读他寄来的书。《所谓作家》初读一遍,令人喷饭,又推荐给致婷看。她建议我远离作家队伍,尤其不要和咸宁文坛的某些人“搅和”在一起,我也有此意。一心写自己的向阳湖才是正事。

20030903

金戈昨日将自己的长篇小说《宵梦泪痕》初稿送给我看。花了两天功夫才认真读完,感觉良好,以为此作值得推荐。如果打响,他将成为咸宁写小说的“金牌”,向阳湖文化研究会也有光彩。今日相谈小说的故事和人物,我建议他写向阳湖的系列小说早日开工。读毕他 30 万字的长篇,首先佩服他的勇气和精神,生活和功底自不必说,不少是值得我学习的。

收中国作协寄《中国作家协会第六次全国代表大会文件汇编》和《人间四月》,均为作家出版社 2003 年版。

20030905

北京杨子敏先生 1 日来信:“近日整理东西,忽然发现你今年初寄来的信和去年 9 月 26 日出版的《向阳湖文化报》,感到惭愧而内疚。/我是 14 岁参加八路军,15 岁参加中国共产党的。解放后历次运动我几乎回回都沾边儿或至坠进漩涡里,记不清受过多少次批判,作过多少次检查,直至被打入另类,很痛苦,也希望从迷茫中解脱出来。但这个过程很艰难,很迟缓,很费劲。/如今我自觉开始从迷惘中走出来了,拥有真实的过去,才会拥有真实的今天和明天。一个人也好,一个民族也好,都是如此。不敢直面过去,就不敢直面今天。我佩服你的执着,让向阳湖获得了厚重的历史内涵和文化内涵。我在向阳湖开垦过,种植过,收获过,我祝愿你所从事的新的垦植为你献上新的收获!/再次向你道歉!寄上《回眸向阳湖》(即原《苦乐甘辛话向阳》)打印稿一份,请指教。”

20030906

北京王树舜先生1日来信:“冒昧地给您写信,乞谅!周围的同志经常提及您的大名,惜未能谋面。您编著的两套关于向阳湖的书,早已拜读过,深为您不辞辛劳,坚持开掘向阳湖文化的毅力所敬佩,为您在这方面取得的成就而祝贺!/寄上拙作《良师益友忆小川》一文,请予审阅。为纪念诗人逝世27周年忌日(10月18日),该文或许会选用于《向阳湖文化报》。请酌。/我第一次文代会后,就在中国作协(包括其前身中国文学工作者协会)工作,直到从干校回来。先后在作协办公室、创作研究室和组织联络室工作。在向阳湖曾担任五连(作协)的班长、副排长及副连长,并最后迁至静海干校。/‘文革后’,我调到文化部电影局(后划归广播电影电视部),担负故事影片的审查工作。直到进入21世纪,才停止了工作。现在,是国家广播总局的离休人员了。/这篇文稿,原是去年为《中国作家协会在干校》一书而写的。同时写的还有另一篇文稿《我当炊事班长》。尚准备修改一下,待后再寄给您过目。这两篇文稿经阎纲、谢永旺、肖德生同志看过;前者还经小川同志夫人杜惠同志看过,都无意见,准备刊用的。无奈由于种种原因,‘在干校’一书至今压在周明同志处,无法出版。因此,寄给您看看,是否可用?/该文如需修改,或不适刊用,甚望能及早通知我一声,以便另作处理。”

20030907

中国作协吴桂凤同志3日来信:“读了您寄来的一组宝贵的文稿,很高兴,预祝您今后取得更大成就。金戈同志《李城外和他的‘向阳湖情结’》写得好,较全面地介绍了您的情况,有这样了解自己的朋友在一块工作,值得珍惜。/您写王子野刻笔筒的事,召明还保存一个呢,

我看向他索要的人太多,不好意思要。真的,很精美。/好了,您太忙,

就写到这了,再见!代向金戈同志问好。”

20030908

又写了两篇稿子寄《人民政协报》“春秋”副刊,该报4日已发表《抗战时期的〈抗敌报〉》,只是将我的原文《〈人民日报〉溯源》改了题目。发出来就行,但我看重的还是约稿的向阳湖系列。上星期寄出《鸭司令周巍峙》和这星期写的《王子野的绝活》、《侯金镜之死》都将陆续发表。估计只要编辑需要,不断供给稿源是没有问题的。

20030909

北京卢永福先生3日来信:“好久没有联系了,近好!/谈一件事,我有一个老同事,原是文学出版社外文部的一位很活跃的编辑,干校回来后去了美国,后定居美国。但他一直不甘寂寞,经常写东西在国内刊物(《读书》、《万象》……)上发表,也零散地写干校的东西(在干校注重参加盖房活动,称‘架子工’)。只要你和他联系,他会很高兴地为你们撰稿的。希望你能将已出的干校的各种书寄他一份。北京‘向阳情结(上)’早就没有了,估计你们那儿会有。此人名叫高骏千(最近上海《文汇读书周报》上还登了他纪念韦君宜的文章和他去美国时两人的照片)。”

20030911

“咸宁热线·艺术时空”网站“给城外留言”栏,又发现无名氏在攻击我的留言,说我霸占了“咸宁热线”,我的文章“横行网上”等等。与这种无聊的人纠缠实在没有意思,于是关闭此对话窗口,代之以我的电子邮箱,不给贴“反标”者提供阵地也。

20030916

北京王仿子先生12日来信:“惠寄《此情长留向阳湖》和大作《向阳湖文化名人与咸宁的竹》,均已拜读。重温昔日的生活,难免想到一些老朋友。可惜,老朋友,一同在向阳湖战天斗地,和一起被斗的老朋友越来越少了，有的老得写不动了。这些是无法避免的，今后要再收集有关向阳湖的材料越来越困难了。”

20030917

上海《东方早报》和《楚天都市报》的记者接连打来电话，要报道向阳湖文化开发和向阳湖文化人，我自然表示大力支持。这也叫“酒好不怕巷子深”，只要有价值，总会有“淘金者”主动找来的。

20030918

晚上和蔡骏长谈，谈及“咸宁热线·艺术时空”的发展，我鼓励他坚持做下去，不断扩大影响。蔡骏一年来的成就感也不言而喻，他由衷地对我说，由于我的支持和影响，他虽然自己没有什么官衔，但看得出来，自从网站打响后，人家从内心表示了敬意。我则为自己开辟了新的阵地而高兴。

20030919

一九五医院理疗科主任司有植兄打电话来，建议采访正在他那里治病的《洪湖赤卫队》韩英的扮演者王玉珍。我感谢他的盛意，但又考虑自己的身份不妥，何况王又没有下放向阳湖，我报道她有“追星”之嫌，但还是建议《南鄂晚报》派了记者。下午我礼节性同去，送王一套“向阳湖文化书系”，称她演洪湖赤卫队，我写向阳湖文化人……

20030920

《楚天都市报》周刊部“回眸”编辑周洁十分负责，这两日和我通话几次，约写专访绿原的稿子，准备明日见报，可能一个整版。我自然积极配合，只要是宣传向阳湖，都在“义不容辞”之列。

20030921

访绿原的文章今日见报，果然图文并茂，令人赏心悦目。毕竟是江城发行一百多万的报纸，这是为向阳湖、为研究会、为我本人作了一个大广告。其中“新闻背景”谈及我电话约访绿原先生,我特地在“市作协执行主席”前加上“向阳湖文化研究会会长”。

20030922

这些日子频繁收看央视“走遍中国”,不时有作家谈自己和一个城市。或许是心有灵犀,今日致婷正说应该有央视的人找我谈向阳湖。晚上咸宁电视台负责同志真的打来电话,说央视该节目正准备请我访谈,请我马上拟一份向阳湖的简介寄去。真是心想事成,我连夜写了2000多字,明日便可交卷。

20030923

今年第2期(总第7期)《向阳湖文化报》计划26日出版,与金戈一起组稿、划版,感到这一期分量不轻。正好赶在国庆和竹文化节两个节前,都可以内造影响,外搞宣传。我对金戈说,对我而言,出好一期报纸的分量,不亚于自己写几篇文章。

20030924

赶出为文洁若先生《生机无限》写的书评,自己觉得还可以。但请金戈提意见时,他说重点写人,不是书评的味道。此意见很中肯,我修改后感觉好多了,马上寄给文先生和十月文艺出版社此书责编韩庆群。估计发出来是不成问题的。

20030925

晚上,上海《东方早报》记者顾维华打来电话,称向阳湖的宣传下周要发一个专版,他日前还电话采访了苏州大学的王尧。小顾对我的了解主要通过查网上的资料,他说太丰富了,请我再寄几张向阳湖的照片去,以配发稿子,安排版面。我满口答应,明早便发特快专递。

20030927

定于昨日出版的《向阳湖文化报》明日才能面世。北京和省内要邮寄的列了700余人，请郑光勇和郑安国抄信封。两个小郑的钢笔书法都不错，我自己也亲自上马。再清理一份要赠阅报纸的文化人名单，趁国庆长假把该寄的报纸寄出，余下的时间写文章。下午，档案局约我写一篇评他们方志网的文章，以便上国家档案局争项目，我尽管时间很紧，但情面难却，没有推辞。

20030928

这期《向阳湖文化报》印了5000份，上午送金戈处1000份、邮局分发市直单位1000份、竹文化节1000份，留2000份以备赠阅。大工作量在赠阅部分，写信得几天时间，还得集中突击才能完成。

由“向阳湖文化名人旧址”想到的

向阳无湖 千校无文

城外的向阳湖与向阳湖的城外

向阳湖文化报

“人民网”推出“湖北有个向阳湖”专题

文化名流评说向阳湖文化（六）

“向阳湖”上了旅游图

文革史专家王尧考察向阳湖

《向阳湖文化报》第7期

2003 年

冬

20031001

国庆节办了两件大事:一是将第一批寄北京的 350 份《向阳湖文化报》发出;二是去咸安书市买了一批特价书,其中有值得永久珍藏的《曹禺全集》(花山文艺出版社 1996 年版)和《中国新文学大系》(12 本,上海文艺出版社)。好久没有这样发信和购书了,这样的快意每年都享受享受才好。尤其是购书,今后目标恐怕是购特价书,才能真正体会到"淘书之乐"。

20031004

北京冀勤先生 9 月 29 日来信:"你的通讯处被我丢失了,这封信的地址不知可否寄到你处,你是咸宁名人,我想不至于收不到。/为搬家清理物品,寻到若干干校用品,是当时留下作纪念的,如你们建纪念馆需要,我即捐出。计有:扁担、揪把、手杖、木工工具数件、小锯(做树根用的)、树根成品若干件,等等,但必须有人在 12 月初以前来取,否则将处理了。还有围裙、衣裤,都带干校特色。是否要,请来电话。"

20031005

回家翻阅报纸,方知故宫朱家溍老先生 9 月 30 日逝世的消息。来不及发唁电,便打电话其大女儿传移表示慰问。上星期在央视《大家》栏目上,看了对朱老的采访。90 高龄的人了,看得出身体不行,幸亏央视在抢救这批老人。可咸宁的领导们无动于衷。本月即将举办的第四届中国竹文化节，号称“文化节”，市里却没有一位领导想请一请京城的名流参加。我所能做的仅仅是在《咸宁竹文化》一书里，写了一篇《向阳湖文化名人与咸宁的竹》……

20031008

《楚天声屏报》今日“视点”又以整版篇幅发表我的《向阳湖文化名人与咸宁的竹》，为市里举办的文化节添彩。副刊同时发表了我写的有关文洁若先生的书评，这是我首次在该报同时发表两篇大块文章。

20031009

收北京韩敬群兄寄《只言片语——中国作协前秘书长的回忆》（张僖著，北京十月文艺出版社 2002 年版）。

20031010

成果兄下午与咸宁学院科研处吴鸣虎来，云学院已将“向阳湖文化研究”申报教育部科研项目，将由文学院牵头，届时会请我一同进京申报。吴是市政协常委，和我早就相识。他又提出建议，文学院请我担任客座教授。我自然答应，表示积极配合项目的申报，加之文学院院长单长江早有让我“客座”之意，那样可名正言顺地为咸宁学院申报课题。而且不管今后调往那里，客座教授的身份是不会改变的。

20031011

第四届中国竹文化节今日在咸宁开幕，上午参加了开幕式，感赋一首七绝：“锦绣咸宁绿色城，金秋旖旎胜阳春。人心长伴竹节长，创业笙歌处处闻。”我联想到 1994 年的咸宁茶展会，还请过姚雪垠等名人题词，可惜今日“中国竹文化节”，不见请一位向阳湖文化名人留下墨宝。

20031014

北京杨静远先生 10 日来信：“《向阳湖文化报》7 期及评介您的文

章早已收到,谢谢。这期文化报特别令我高兴,因为报道了向阳湖文化名人旧址被湖北省列为文物保护单位,这样许多珍贵的文化遗产就不会被毁损了,也可以进一步得到开发。还有那幅地图,也是我盼望已久了的。我仔细看了它,才弄清一直模糊的各干校定点的准确位置,使自己的记忆更加鲜明。向阳湖能有今天的成就,是与你和咸宁同志的辛勤奋斗分不开的,你真无愧得到'李向阳'的光荣称号。/你工作也很忙,望多注意身体健康,不要累垮了。过些时我也许整理一些在干校画的小画片、剪纸等寄上,给文化报补白,你要吗?"

20031015

上海《东方早报》9 月 30 日文化版整版推出两篇关于向阳湖的文章,一为《阳光与阴影,在湖水里荡漾——湖北向阳湖"干校"旧址列入文物史迹》,一为《向阳湖成为精神化石——真实记录一代知识分子心路历程》,均为早报记者顾维华所撰。我请作者将两篇大作发电子邮件过来,马上上网。还补充作者的另一篇《干校与农村问题》。据云,

东方早报 2003 年 9 月 30 日 星期二

复旦大学首开校园歌曲创作课

C15

他们曾经像祖祖辈辈生活在那里的农民一样在田野里劳作,赤着脚,扛着锄头,大汗淋漓。他们修起了一座桥,桥的名字叫"红旗"。

这是个让人想到阳光的名字。但如果桥象征着沟通的话,他们与那片土地的沟通,城与乡的沟通,却远远不能像建设这座桥一样简单。

从 1969 年 9 月到 1974 年 12 月,6000 多文化人来到湖北咸宁市向阳湖畔的文化部"五七干校",其中有很多我们熟悉的名字:沈从文、冰心、冯雪峰、张光年、楼适夷、陈白尘、萧乾、郭小川……他们以怎样的心情生活在这片土地?他们又以怎样的心情离开这片土地?

尝试失败了,但为什么失败?沟通依旧遥远,但岂能放弃努力?

打捞历史。湖水里,有阴影,也有阳光。

阳光与阴影 在湖水里荡漾

湖北向阳湖"干校"旧址列入文物史迹

真实纪录一代知识分子心路历程

"向阳湖"成为精神化石

"在 20 世纪中国历史上,"向阳湖"并不单纯是个地名,它已经成为一个非常重要的思想文化符号,是 20 世纪中国知识分子的精神化石。"

干校前的态度

面对事实的态度

"五七干校"

《东方早报》专版

由于采访对象的言词偏激，故此篇在报纸上未能刊出。好在我现在网上主持栏目，脑子里没有过多条条框框，可以照发不误。

20031017

上午和北京陈安钰兄通话，请帮忙弄一套中华儿女出的《文革秘档》。他顺便告诉我，前几天做了一个梦，梦我调到了一个十分满意的单位，他和友人罗勇几个一起表示祝贺。我感谢他的良好祝愿，但愿他美梦成真，我也能实现他的美梦。

收北京柴志湘先生寄《冯雪峰纪念集》（人民文学出版社 2003 年版）。

20031018

北京施亮兄 13 日来信："您寄来的大函及几期报纸均已收到。《向阳湖文化报》办得真不错，犹如一份文艺气息很浓的报纸，而且是一流的。/望今后多联系。"

向阳湖奶牛场朱飞云同志 15 日给研究会来信："最近我收到先生们寄来的《向阳湖文化报》，很高兴，谢谢你们，这也可能是李城外先生的引导。我非常感谢他，读过这张报纸，给我的鼓舞很大：一是我感到扎根向阳湖，是一种荣幸，一种缘分；二是有你们这些仁人智士对向阳湖的关爱、推崇和敬业奉献精神，向阳湖这座文化金库终会引起各级政府和各界有识之士的重视和关注。向阳湖的发展一定是有希望，向阳湖的未来一定会更加美好。我们已经建场 30 年了，尽管今非昔比，但与先进地区相比，我们的差距还很大，我们在前进的道路上还有许多难题亟待解决，我们希望有外援，同时也注重内部挖潜，两条腿走路，振兴我们的场，发展我们的场，办好我们的场，我们要继承和发扬中央文化部'五七'干校 6000 文化人的优良传统作风，把向阳、向阳的歌声唱得更加宏亮。愿先生们涉足向阳湖的宏愿也早日实现。"

20031019

晚上去刘三多老师家小坐,他谈及此次中国竹文化节,市里没有重视他这个画家。有这么好的机会向外展示他的作品,而市里却竟无人过问。我是“同病相怜”,说自己的遗憾也不是没有,这么好的机会,如果市领导提出请北京的文化名人参加,效果也许大不一样。好在我现在的心态十分平静,总是提醒自己埋头苦干,不求什么“领导重视”也罢。总有一天,上面有人主动找我的。刘也十分自信,说自己之所以舍不得卖画,是因为有一定的前瞻性,自己的作品将来的价值一定不菲。这并不是过于看重自己。

20031020

下午陪北京王春瑜、叶春旸和武汉刘庆林三先生至向阳湖参观。明日是奶牛场30周年场庆,场里的书记邀请我出席,但我要陪客人至通山看闯王陵,只好提前一天来此。王先生参观向阳湖文化展后,题诗一首:“来到向阳忆大丰(1971年王因反张春桥,被打成现行反革命分子,押往江苏大丰‘五七’干校劳改),往事不堪回首中。历史教训岂能忘,何必葵花尽向东?”

20031021

南京陈虹大姐13日来信:“见到你亲自去向阳湖拍摄的两张照片,真是感慨万千,其中首先是感谢,再次则是辛酸。它一下子将我拉回到数十年前,甚至见到了当年父亲的身影。从门扇中看去,如今似乎住进了人家,当然是下一步的工作了——搬迁没有资金!/对小报中陈漱渝的文章亦有同感,王尧更是直接道出了心中的疑虑——千万不能简单化地对待历史。我也感觉到,在如今的‘回忆’文章中,颇有许多味道不对的东西。我想这主要是作者的身份、年龄、阅历的差异所造成。老一辈的人——即‘牛鬼蛇神’们已陆续离开了人世;如今的主要撰稿人均是60—70岁间者,他们当年仅30—40岁,除却‘516’分子，大多为‘革命群众’，故感受大相径庭，用稿时千万要注意啊！/在北京时遇萧望东的儿子萧淮苏，他当年以‘黑七类子弟’身份在干校呆过，得知我是《牛棚日记》作者的后代……但我让他谈谈自己当年的经历，他却痛苦地一再回避，无疑在下一代的心中也埋下了深深的苦痛。”

20031022

到天门参加武汉经济协作区文史工作第 10 次会议，这是我第四次参会，也是最后一次和政协文史同行们联谊。因为今年底或明年初，我可能离开政协，另寻发展。晚上和刘三多老师聊天，谈了自己为什么离开政协的原因，他表示理解。

在天门购《中国底层访谈录》（上、下，圭威著，长江文艺出版社 2001 年版）、《大雪压青松——“文革”中的陈毅》（杜易著，世界知识出版社 1997 年版）。

20031023

上午，《长江中游文化名人》（武汉出版社 2003 年版）首发，我和刘三多作为政协的与会人员，又是书中“传主”，这是与会单位中“独有的风景”。

下午参观陆羽纪念馆等地，又触发了一些感慨。陆羽的茶艺受到朝廷青睐，欲留之，但他为了事业，毅然回乡。难得，难得，古往今来多少文人，都在仕途与事业的选择上，偏向前者，终于只是享尽了生前的富贵，而没有留下后世的英名。

20031024

武汉严治华兄 24 日发来电子邮件：“我是武汉市的一名机关干部。我在 7 年前写了回忆 30 多年前和老一辈艺术家吴雪、黄非等在地区剧团工作、学习生活的文章，不知是否有采用的价值。如果有用，我想在网上发过来。”

20031025

返程专门去潜江拜谒曹禺陵,机会难得。我编的《向阳情结》由他题字,大师的遗踪理应追寻,亦可表缅怀之情。上午在曹禺作品陈列馆,还仔细阅读了先生晚年的散文《我是潜江人》,浓浓的乡情让人感动,萌发了今后续写《旅次心情》的念头。

购《神州雷雨——曹禺诞辰 90 周年纪念文集》(湖北人民出版社 2002 年版)。

20031026

北京邹宁同志 26 日发来电子邮件:“我是于 30 年前出生于咸宁温泉人民医院的干校子弟,所以我的名字是宁。偶尔得到一部您编写的《向阳情结》,看后顿时对父辈们曾经的那段历史有了深深的好奇。/咸宁对于我来说是亲切而又陌生的,出生之后,我就离开了,再也没有回去过(虽然一直想着能在某一天能够到那里看看),我的父亲原来是北京电影单位的(不知道是几连,父亲说过,但没有记住),后来他们那一拨里有好多人都没有回北京,而是到了湖北相邻的省份工作。/大约在前年,他们集体回到了咸宁,我的父母还在他们曾经住过的房子前留了影。我父亲说他当时在那里帮助当地人开发一种叫‘机耕船’的农用机械,他还跟后来成为咸宁地区的一个官员的小年轻成了朋友,80 年代的时候那个叫艾保国的干部还到过我们在湖南的家,不知道这个人您认不认识。/我的父亲还会杀猪,但是他拿不到一只他杀死的猪的猪脚回去,为没有乳汁的我的母亲催奶;他也谈到了一条狗……据说他们养的鸭子也很好,下很多的蛋,腌成了大量的咸蛋,吃都吃不完……/您在组稿的时候也许偏重了对文学系统的采访,而我想,如果把其他系统的情况挖掘了,也许会更全面。/我后来从湖南到了北京,在父亲曾经工作过的这个城市安了家,从事编导工作,也做文字。我想说的是,您能否给我提供一些关于那时的记录,详细全面一点的，让我更好地了解一下我出生的地方，也希望能为那里做点力所能及的事情。先说一声谢谢了。”

昨日到汉参加中国三国演义学会第5次年会，主要是向与会专家约赤壁之战专辑所需稿件，无意中结识了中国现代文学馆的研究员许建辉女士。她自我介绍曾是姚雪垠先生的助手，对我写向阳湖表示极大关注，说视角独特，越往后越有价值。她建议我今后除名人之外，多找一些普通人采访，把报告文学写好。此外，她谈及姚老对臧老《忆向阳》的评价，还谈及姚老一生告诉别人要耐得寂寞，其实他晚年何尝做到了这一点，否则《李自成》第四卷不会没完稿。会上，还碰见俞汝捷老师，他是姚老的另一个助手，对向阳湖和我谈了一些新的见解：如果他写向阳湖的评论，会重点问一下为什么没有名人忏悔。我想起，钱钟书先生曾提及《干校六记》应补上“运动记愧”，这也是我写向阳湖应重视的。

购《走向混沌三部曲》（从维熙著，中国社会科学出版社1998年版）、《拒绝遗忘——钱理群文选》（汕头大学出版社1999年版）、《枝蔓丛丛的回忆》和《我们都经历过的日子》（二书主编季羡林、执行主编牛汉、邓九平，均为北京十月文艺出版社2001年版）、《周恩来与艺术家们》（陈荒煤编，中央文献出版社1992年版）。

20031030

上午市里竹文化节总结表彰大会，奖励了不少有功之臣。李市长在会上提到“咸宁热线”对外宣传作了贡献，可没有人想到网上的“竹文化专题”便是我策划的。竹文化节期间，最高点击量一天达4300余人……还是安慰自己“国家兴亡，匹夫有责”，多做无私奉献吧。

20031031

上午去市委宣传部周部长办公室小坐，试探地问，宣传战线可有适合我干的位置。她笑着说我在政协，属“四大家”，庙大，而且干得十分出色。这个态度,使我哭笑不得,不得不考虑作出新的选择。

20031104

购《沈从文晚年自述》(陕西师范大学出版社 2003 年版)、《农业合作化运动始末》(高化民著,中国青年出版社 1999 年版)、《李锐日记》(出访卷,李锐著,作家出版社 1998 年版)、《知青咸淡录》(邹静之著,上海人民出版社 1998 年版)。

20031106

成果兄上午来谈,说到咸宁学院文学院"向阳湖文化研究"课题申报国家项目的事。我仍表示一定支持,但学院应主动一些。成果兄说,前提是我应先受聘为学院的客座教授,然后牵头组织。不然由人家牵头,我来作助手,便不应该了。我想,研究向阳湖文化,无论是现在还是将来,我应永远成为"带头人",也会无愧于"带头人"称号。

20031105

通山女作者倪霞出了新书《中国红》,内收写我的篇目《别样才子李城外》。她今日专程送来,并请我明天回家乡参加首发式。我因较忙,不能前往,但还是和电视台打电话,建议宣传一下,并打算在自己主持的网站"咸宁热线"上介绍,算是对这位后起之秀的鼓励。

20031107

上午,咸宁学院文学院院长单长江约我前去商议,以学院名义申报国家基金项目,他提出请我担任客座教授,校领导已同意。而且此课题我为第一责任人,他为第二责任人,成果兄担任此课题的机构负责人。初步议了一下,具体要做的工作还很多,如出版研究专题,写电视剧、长篇小说,等等。虽然都是意向性的,但我还是充满信心。正如单教授说的,是互相支持,我也以为定会"双赢"。

20031108

北京吴桂凤同志 2 日来信:"寄上《比我老的老头》一书,我觉得散文写得好,是很有价值的资料。”

20031109

美国纽西顿城高骏千先生9月25日来信:“《向阳湖文化报》1—7期收到,捧读竟宵,不胜激动。/我应当算是‘应差’下干校的,但想要置身事外,并不可能,‘逍遥’不了。/忝未列‘牛鬼蛇神’之列,但也有我的感受。/‘文化报’望能续寄,要交订费请告。”

20031111

今天和上海葛剑雄教授、南京陈辽教授电话联系,约赤壁文史资料专辑稿。下午又接到苏州王尧教授的电话,云“大象丛书”拟出向阳湖老照片。昨日我又和文体局何国强初步商定,下旬一同赴南京参加第五届中国管理文化研讨会。会议特邀我演讲,宣传向阳湖文化,是个好机会,又一举两得:文史工作可兼顾,还可拜访老友和新朋,不亦乐乎?

20031112

北京孙立峰先生7日来信:“你办的那张报,很好,那是你的一个阵地……另,我写了篇严文井先生和‘干校文化’(用了你报章里的词),待请你过目后,能否一用。寄上文井先生一新照,如今,老人还清晰记得,你‘率领’老人及康老师在他家楼下小吃小喝的情形。”

好久没有去孟绪龙处聊天了,今夜去小叙。他几番留我多坐一会儿,直至11点才回。老孟仍是孤身一人。谈及向阳湖文化,他说我的文化炒作已到了一定程度,慢慢顺其自然做下去就行。至于向阳湖的报告文学和“向阳湖文化丛书”,都不宜急于出炉,因为我的不足之处是思想深度不够。我对此表示虚心接受。

20031113

晚上工行刘胜华来谈,教我在网上直接发稿的技术,我颇有所得。计划“双管齐下”,一方面继续办好“咸宁热线·艺术时空”,一方面尽量在“网上咸宁”开辟一块“自留地”,继续把向阳湖这块“蛋糕”做大,吸引更多的人来尝一尝。

20031114

北京魏文藻先生 10 日来信:“非常感谢你几年来陆续给我寄了那么多关于开发向阳湖文化的信息和资料。拜读之后,不仅使我仿佛又回到了向阳湖,而且感到它作为‘五七’干校基地的那段历史定会引起广泛关注。如今,经过你多年来的积极努力,在众多文化名人和专家学者们的大力支持下,终于取得了令世人瞩目的成绩,使这个名不见经传的向阳湖被载入了史册,其意义是重大而深远的。你为这项工作所作出的重大贡献,每个在向阳湖生活过的‘五七’战士都会是无比敬佩和感激的。/来信中提到索要故宫博物院下放人员名单,我查阅了当年的有关文书档案,非常遗憾,大概是‘宣传队’根本就不懂得什么叫档案和历史,所以他们一走之后,竟然没有留下什么可供了解那段历史的相关文字材料。只是在一份 1967 年 12 月 25 日关于下放疏散人员统计表上记载了一个累计下放的人数:去干校的职工是 402 人,家属 107 人,没有全名单。如果找一些老同志一起回忆一下,可能记起大部分人名,但不会完全。/我记得故宫的职工,在干校属第二大队,编数是八、九、十连,三个连队,都在“452”。八连主要是故宫的瓦、木、架和机电工人,共 93 人。其任务是基建,先是搭工棚,后是盖砖房,任务基本完成后便于 1970 年先后返回北京,连队建制随之撤销。家属除故宫的 107 人之外,还有六连(文保所)和七连(北图)的 20 余人则被安置在武昌县金口镇的一所农校和水闸的一个农研所,称之为家属连,由二大队派了几个干部去负责管理。大约是 1970 年秋冬时节,便由金口迁到了“452”高地,由二大队直接管理。1971 年便先后返回了北京。/很抱歉,我只能提供以上简单情况,请见谅。”

20031115

下周赴南京参加第五届全国文化管理研讨会,会上将做一演讲,介绍向阳湖文化。这是学会负责人汪建德先生给我的面子,第三届会议在咸宁我讲了一个多小时,这次是主题发言,将"随心所欲"。可我也得控制在两个小时左右,不打无准备之仗。在家列了纲,从网上调了材料,综合起来又是长篇大论。因为此次是异地演讲,面对的又多是专家,我准备第一次用讲稿演讲,以示谨慎……

20031117

将在南京的演讲稿定为《"文革博物馆"将从这里开始——向阳湖文化研究的回顾和展望》。今天将大致内容向金戈谈了一下,征求意见,他提出要突出"建一门向阳湖学",正合我意。

20031120

人到上海,这是第一次,安顿好住宿,下午便逛"多伦多文化名人街",瞻仰鲁迅故居。虽然下了雨,心潮并不平静。其实名人街,于咸宁温泉城内便可以搞,可惜无人重视,更无人投资。而像鲁迅故居一样的遗迹,向阳湖文化村便有。在鲁迅故居,见了冯雪峰当年暂住的卧室,脑子里将他与鲁迅交往的故事过了一遍电影。

接着去复旦大学拜访葛剑雄教授,他十分热情,接受我的赠书,立即回赠了好几本,并对向阳湖文化发表了不少高见。我向他约写有关赤壁之战文章,他同意我选用以前发表过的一篇大作。更让我欣喜的是,晚餐后我又同他一道去复旦大学教室,听了他一场演讲《中国统一之路——历史与未来》。葛教授的学识风范和复旦学子活跃的思想和人文气氛,均给我留下深刻的印记。

购《莫斯科日记》(罗曼·罗兰著,上海人民出版社 1996 年版)。

20031121

上午游上海外滩和博物馆,《东方早报》记者顾维华听说我要去苏州会晤王尧,并去南京宣讲向阳湖,中午主动赶来要求一同去。我欣然同意,晚餐王尧兄约了苏州大学出版社的两位同仁陪我俩小酌。王尧送我一套他和林建法主编的《新人文对话录丛书》（共6本，苏州大学出版社2004年版），其中有《李锐王尧对话录》、《李欧梵季进对话录》等。席间，大家对王尧的成就和影响都有赞叹，视为苏州学界的一块品牌，称他“王苏州”。

晚上我和小顾一同逛观前街，在苏州书城意外发现寻觅已久的《郭小川全集》（1—12）（广西师范大学出版社2000年版），大喜过望，便没有考虑到旅途携带不便，毅然买下来再说。

20031122

上午和小顾游寒山寺和拙政园，有两点遗憾，前者不是夜游，体会不到“姑苏城外寒山寺，夜半钟声到客船”的意境。而后者毕竟是人造的园林，不及自然之美也。中餐王尧兄请我小酌，叫了季进博士来陪，我们一同谈起最近苏大出版的《新人文对话录丛书》，我感到相形见绌。在王尧和季进面前，我今后是没有丝毫懈怠的理由的。季进赠我一本《钱钟书与现代西学》。

晚上去南京科技大厦，8点开预备会。我又意外得知，此次会议只有一个主题发言，由我宣讲向阳湖。有人提出，在南京开会宣传咸宁，外省人会不会有想法。我自信地反驳说，不管熟知与否，只要听了我的演讲，自会感兴趣，从而消除其他顾虑的。

20031123

上午，大会简短的开幕式后，我作了两个多小时的演讲。会场气氛很好。在场的有中国文化学会常务副会长汪建德，天津市文史馆馆员黄殿祺，中央音乐学院教授谢大京、于重重，中央戏剧学院教授商尔刚等。尤其令我感动的是，年届八旬的著名老诗人丁芒（他从南京市新闻出版局退休），在台下一直认真听完，还不断在做笔记。中餐同桌闲聊时，他还一直鼓励我坚持把这项工作做下去。我送了老诗人一些书报。下午主持人提出，围绕我的演讲，研讨如何开发利用和保护地方文化资源。我可说此行不虚了。

晚上去龙江小区拜访陈白尘先生之女陈虹和江苏省社科院研究员陈辽先生。正巧,前几年写信向我求教的何言宏博士也在南京师大,和陈虹教授是同事,又住同一栋楼。我们愉快地见了面,他送我一本《中国书写——当代知识分子写作与现代性问题》(中央编译出版社 2002 年版)。

到了陈家,陈虹找出一些陈老在干校的老照片让我过目,翻出《牛棚日记》的原始日记本让我观赏,称这是第一次对外示人。陈虹讲了不少父亲的故事,直到转钟 1 点,我才返回宾馆。

20031124

上午与陈虹大姐一道,拜访她的母亲金玲老人。金老住在小女儿陈晶家,热情接受了我的采访。老人先看了我带去的光碟《面对面——向阳湖的守望者》。她送了我两本纪念陈白尘的书,《征鸿远翥——陈白尘纪念专辑》(《淮阴文史资料》第 14 辑)和《纪念陈白尘》(南京大学、江苏省文联编)。老人回忆陈白尘先生,谈了一些感人和鲜为人知的事。尤其是陈老去世 9 年多了,她每天在他的遗像前,烧香供果与他对话,将他的遗作摆在案前……我以为这种绵绵不绝的情意,是可以作一篇大文章的。

作者采访金玲、陈虹母女

下午,参观中山陵、明孝陵,晚上逛夫子庙、秦淮河,这都是在全国称得上著名的景点。算得是到了南京,感受了南京。

晚上回宾馆后,南京大学教授王彬彬先生来访。他是昨夜由陈虹牵线,建议我们“握手言和”而来的。毕竟是年轻人,我俩“尽释前嫌”,谈到转钟1点。王彬彬思想敏锐,对我研究向阳湖提了不少好的建议:如,不能满足于在文学圈的影响,向阳湖文化进入了学术界,才能显示出真正的价值……王彬彬赠我《文坛三户》(大象出版社2002年版)等两部新著。

20031125

上午会议结束。参加此次会议,我的收获是,中国文化管理学会拟吸收向阳湖文化研究会为团体会员,将向有关方面申报成立下属向阳湖文化研究专业委员会,并原则同意《向阳湖文化报》划归学会主管。

下午,一人前去参观侵华日军南京大屠杀纪念馆,体会一下“铭记历史”如何将“口述历史”和硬件建设有机地结合起来。晚上在南京先锋书店购得英汉对照的《围城》(珍妮·凯利、茅国权译,人民文学出版社2003年版)和《郑逸梅选集》(4—6卷,黑龙江人民出版社2001年版)、《梦里沧桑——吴泰昌散文自选》(作家出版社2001年版)、《口述历史》(第一辑,中国社会科学院出版社2003年版)等,算是南京之行画了个圆满的句号。

20031126

上午游世界文化遗产——周庄,准备写两篇散文,谈谈迷楼和昆曲,都和向阳湖结合起来。

市博物馆带了辆车来南京开会,我们“咸宁代表团”一行5人,计划从南京到上海,再游浙江杭州、绍兴、萧山、棠樾牌坊群及江西景德镇,30日回家。

在南京路书店购《和老人聊天》(李辉著,大象出版社2003年版)。

20031127

下午到绍兴参观鲁迅故居等景点，感觉历史文化名城名不虚传，住上一个星期恐怕也看不完。但我对宣传广告“中国第一名人故里——鲁迅故居”之说不敢“苟同”，如果此说成立，向阳湖则可称为“中国第一干校”？

在绍兴书城，购《走近大家》（张昌华著，人民文学出版社 2003 年版）。

20031128

上午游沈园，原计划去兰亭，遗憾要赶往萧山做客，时间来不及，只好等下次再来。在萧山的收获有二：一是博物馆施馆长对干校文化亦有兴趣。此地是朱家溍先生的故乡，朱老去世时，馆里还派人去吊唁。席间还讲了不少吊唁时朱家的现状，如子女们为遗产有分歧；二是购得《古拉格群岛》（上、中、下，索尔仁尼琴著，田大畏、陈汉章译，群众出版社 1996 年版），这是我访书史上的一件大事，足可以撰文纪念。今天还购得《中国文人的非正常死亡》（李国文著，人民文学出版社 2002 年版）、《张抗抗知青作品选》（西苑出版社 2000 年版）、《百美图》（上、下，包立民著，山东画报出版社 2001 年版）、《冰冻时节》（魏彦杰著，春风文艺出版社 2001 年版）、《红卫兵忏悔录》（雷明耀著，长江文艺出版社 2002 年版）、《文人毛泽东》（陈晋著，上海人民出版社 1997 年版）。

20031129

从杭州来到黄山市，晚上在“淘书乐”书店又购特价书 200 余元。如《解读萧乾》（大众文艺出版社 2001 年版），《回应韦君宜》（大众文艺出版社 2001 年版），《知青书信选编》和《知青日记选编》均为中国社会科学出版社 1996 年版，《上山下乡》、《作家人生档案》（上、下）、《百年文坛回忆录》（北京师范大学出版社 1999 年版），《未烧书》（绿原著，时代文艺出版社 1999 年版),《虽九死其犹未悔》(叶笃义著,北京十月文艺出版社 1999 年版),《抢救老街》(冯骥才著,西苑出版社 2000 年版),《名流——关于名人现象的文化研究》(新世界出版社 2002 年版)。算来此次出游,购书已过 1000 元,积习难改,不可救药也。

20031130

订 2004 年报刊,956.36 元。

20031203

金戈在《楚天声屏报》和《咸宁日报》都发了我在南京演讲受到欢迎的消息。我更感兴趣的是,他的向阳湖文化系列小说之一《狗殇》已经完稿,读后十分兴奋,以为他照此路走下去,必定会走向成功。

20031206

上海《东方早报》记者顾维华寄来 24 日报纸,上面有他为南京会议写的稿件《湖北向阳湖旧址保护引起学者共鸣:文化资源等待发现的眼睛》。其中谈到我在会上的发言,谈到我"慧眼识湖",谈到专家们议论"文化资源难以再生"……和记者交朋友,尤其是外地大报记者,将是向阳湖文化研究今后需进一步重视的工作。

20031207

整理沪、苏、浙、皖、赣等地旅行的思绪,着重点不是风景,而是和人对话的触动。如访了陈虹乃至王彬彬,便想写一部《陈白尘在咸宁》,写一部《中国"五七"干校史》;访了葛剑雄,便想写他走进非洲的壮行;访了金玲老人,便想写一份合《知音》口味的言情稿。且等装修好房子,调动好工作,扎扎实实逐步完成吧。

20031209

参加省作协成立 50 周年庆典和省作协四届三次理事会,又遇到不少新老朋友,他们对向阳湖还是发出由衷的赞赏。省作协创联部主任高晓晖对《楚天都市报》记者周洁建议:“要跟踪采访李城外,历史有多远,他便有多远。”省作协副主席、武大教授於可训表示,将作文点评向阳湖;刘富道副主席则遇人就介绍:“李城外一个人打造出一个文化品牌。”

20031210

购《白色花劫》(林希著,长江文艺出版社 1999 年版)、《晚年陈毅》(安徽人民出版社 2001 年版)、《范曾假画案》(新华出版社 1990 年版)、《陆定一传》(陈清泉、罗广渭著,中共党史出版社 1999 年版),《在历史的天平上》、《从奠基者到红太阳》、《传说的传说》均为中国工人出版社 1997 年版,《潘汉年传》(中国人民大学出版社 1992 年版)、《陶铸生命的最后 43 天》(四川人民出版社 1981 年版)。

20031211

晚上,武汉政协文史委解家麟主任和殷小琴处长热情邀我小酌,其真诚之至,令我感动。席间,解主任很坦诚地说,他从内心敬佩我干出了事业。上月《武汉文史资料》特地刊出金戈的文章《向阳湖文化专家李城外》……

购《家书——巴金萧珊书信集》(浙江文艺出版社 1994 年版)、《周恩来的最后十年》(上海人民出版社 1997 年版)。

20031213

寄南京大学王彬彬先生信:“南京之行,蒙先生屈尊二顾,令人感动。子夜长谈,前嫌尽释,兄建议向阳湖文化应引起学术界重视,言犹在耳。盼今后加强交流,多多赐教。/寄上拙著及编著 7 本,小报几张,请指正。”

20031214

晚上去市委小会议室,找李书记汇报思想,提出想调出政协到党校。我从市委办调出后,专注于向阳湖这项事业,自己的价值已得到证实,无怨无悔。但在政协工作毕竟年轻了一点,施展的舞台也小。李书记也认为,进党校倒是有利于文化研究。如此说来,我也许别无选择了。

20031217

武汉吉学沛先生14日来信:“那天和您见面,非常高兴。很感谢以往您对我的厚爱与馈赠。关于省‘五七’干校那本小册子,我也只有一本,回来后找了大半天也没有找着。因为这些年我搬过几次家,再则,我是个粗枝大叶的人,所藏之书,乱堆乱放,看样子很难一时找到。/您是否问问省图书馆,书名叫《光辉的道路》,真是对不起,请您原谅。”

20031218

北京王树舜先生12日来信:“前曾接获来电,得悉拙作《良师益友忆小川》一文,得于下期刊发,甚慰。但不悉何时出版,出版后望能寄几份给我。/今寄奉另一拙作《我当炊事班长》。这是我计划写的有关干校生涯的系列文字之一,请予审阅,看是否可予刊发。确定处理意见后,盼告。”

20031220

香港张诗剑先生10日来信:“来函及报纸收到,谢谢你在文章中一直提到我们……冰心在向阳湖的情况如何?可否写一篇文章给我在《文学报》发表?张初考向你问好!”

20031221

北京王奎荣先生16日来信:“寄上《韦君宜纪念集》一册,请查收。/我先要向您致歉的是:您寄给我不少信件,我都没有作复。客观原因我不说了。/有件事想请您代劳,有位叫贾立道的人,他原是复员军人,‘文革’前他被分配在我社,担任总务科长。‘文革’中,许觉民被打成‘走资派’,被一个左派的儿子诬告,幸亏这位贾立道主持公道,解救了许觉民。去年，许觉民写了本《风雨故旧录》，记了这件事，书出版后他想签名送贾立道一本，可惜不知道地址。干校分配时，贾立道被分配在武汉新闻出版局，就在汉口火车站不远处。想请您就近一查，现在他已退休，听说退休前在搞印刷厂基建工作。您如能打听到，请直接告知许觉民本人。/再次向您道歉，陪不是。”附上一本人文社出版的《韦君宜纪念集》。我拜读之后有点后悔的是，和韦老的家人没多少联系，否则我采写她的那篇专访是可以收入书中存念的。

《韦君宜纪念集》书影

20031224

南京陈虹大姐 18 日来信：“赠书与照片均收到，万分感谢。同你一样，非常珍惜这次的相见，遗憾的是，时间太短，似乎还有许多话及事未及说。/金戈的文章拜读了，写得不错，不知发表在哪里，对你的工作与追求是一个全面的总结。只提一个建议：今后如再采访，可以‘命题’，内容围绕‘干校文化’，这样就可以挖掘出更深层次的东西来了。/在宁时你提到编一本先父的《干校日记》，我已在着手了。当年编《牛棚日记》时，只着眼于他本人的思想和经历，这次则为‘向阳湖’而考虑了。有几点请教：1. 对于×××者仍充满‘恕道’，不忍将其曝光，你意如何？2. 此书可有把握出版，是否需要先同出版社签订合同？李辉如此有本事，但《陈白尘日记》却至今未拿到出版批文。等盼来信。”

20031225

今日出版的《九头鸟》冬季号，发表了我的专栏文章：《话说向阳湖——城外专访》之八十二、八十三、八十四，还有四首七绝（赠元平二首,中国竹文化节感赋二首)。我对执行主编王枚说,这也许是我最后一次在贵刊发表文章。

20031226

南京陈辽先生21日来信:“寄来的4本书和照片、报纸都收到了,谢谢。/我打算结合您寄来的书,写一篇《论‘干校文化’》的文章,作为对您主编和著作的书的响应。写成后,寄给您指正。”

20031227

晚上去黄鹄老先生家谈,他说《潜山诗词》出了59期,将满“六十花甲”。在全国同类诗词刊物中名列前10位,而他从1988年64岁退休,至今已坚持了15年。这一切得归功于有徐晓春这样的好领导,徐任地委书记后将他从阳新县调至地区科协挂名,专门编刊,经费一直由财政负责,据说至今仍每年有2万元。我对黄老一是敬佩,二是羡慕。可惜研究向阳湖文化没有这样稳定的经费,还得靠向朋友们“化缘”。

20031228

又集中时间还“信债”,并将有关向阳湖的书分寄国内外的旧友和新知。而邮费贵得惊人,寄给美国高骏千先生的一套书竟花了近50元。

20031229

寄南京陈虹大姐信:“来信及短简均收悉,请你母亲品尝一点咸宁的土特产,是晚辈的一点心意,不必言谢。陈白尘先生曾下放向阳湖,似可让老人家弥补当年思念咸宁而未到之憾。/你信中的建议很好,今后的采访应围绕干校文化展开。近日陈辽先生收到我的赠书后,亦来信告知,准备写一篇《论‘干校文化’》的文章,可谓心有灵犀。向阳湖文化研究,今后还有待专家学者们的继续支持,尤其是您作为陈老的子女和研究者,更是我将长期请教的对象。/信中提及陈老的《干校日记》,我意不妨先原汁原味整理出来再说,待我认真拜读后,再和您商量。您是编者,要尊重您的意愿,最后要您定夺。说到出版,我在地方的朋友多,只要想办法,总会有办法。只要‘向阳湖文丛’如愿推出,加入进去,估计是不成问题的。”

20031231

下午金戈来坐,正好叫来亲贤和光勇,小结一下今年研究会的工作,总结成绩,指出不足。总的是感谢大家无私奉献,今后还得再接再厉。晚餐又邀了对向阳湖文化作出贡献的“咸宁热线·艺术时空”主持人蔡骏和“网上咸宁”主持人刘胜华及郑安国、张翠霞夫妇。席间,蔡骏感激地说,如果没有我的支持,便没有他网站的红火。

卷十一

2004 年

春

20040104

花了一天功夫写贺卡,寄赠各地友人,主要是向阳湖文化研究会的北京顾问、省作协的领导及联系多年的老“五七”战士,共 200 余份。数量比往年减少了,原因是有来有往的才加强联系,这样下去每年递减,可能还是一个好事。因为没有必要“剃头挑子一头热”,慢慢要学会以平常心态对待人际交往了。

20040111

北京魏文藻先生 8 日来信:“来信收悉,关于故宫下放干校人员名单问题,根据你的建议,我找了一些老同志一起进行了回忆,果然有效。我们回忆出的是 394 人,这比故宫 1969 年统计的 402 人少 8 人。我们分析这个统计,它是包括了随丈夫或随夫人去了别的干校的,我们忆起的正好是 8 个人。所以,我们忆出的这 394 人的名单应该是完整的。现随信寄上,请收好。/关于家属在干校的情况,我可作些回忆,若能整理成章,再另行寄上。”

收北京陈安钰兄赠书《文革秘档》(1－6 卷,李魁彩编著,香港中华文化出版有限公司 2003 年版)。

20040112

市里今日在人民广场举行大型“文化赶集”活动，我叫金戈拿了一些《向阳湖文化报》赠送。上午坐在现场一起闲聊时，还是感觉市里对向阳湖文化重视不够，这就更需要我等的坚持与守望了。

20040113

北京汪建德先生8日来信：“这几年你在向阳湖文化的研究上及对这方面资料的抢救，功不可没。今年申报向阳湖文化研究专业委员会，应该是顺理成章、水到渠成。方便时请把办公场地使用证寄我。”

20040114

上午的机关座谈会上，饶鹏主席总结去年工作时，专门向在坐的老同志和机关干部提到“城外的向阳湖在社会上产生了影响……”，之后又点名让我发言，我除了拜年的客套话外，还提到今年的工作。其实心里在说，这也许是在政协参加的最后一次总结会。

20040115

今日小年，北京吴桂凤同志专门打电话贺年，这倒提醒我接着和北京的老同志电话贺年。咸宁的风俗“走亲戚”，亲戚要走才有来往。我和北京的文化人尽管今后没有条件常来常往，但电话、书信联系是不应中断的，而且越密越好。

20040116

北京蒋曙晨先生10日来信：“年前省新闻出版局《出版科学》期刊蔡学俭等同志来京开会时，我们还谈到您和咸宁市宣传、新闻战线上的一些同志，也谈到向阳湖文化。相信在您的努力下，这一事业会日益发展、壮大，影响也自然溢于国内和海外。/工作忙，写作忙，该劳逸结合，多加保重！”

20040117

《楚天都市报》发表一篇小文《楠竹歌》，选自我写的《向阳湖文化名人与咸宁的竹》一节"郭小川写楠竹歌"。

20040118

北京张慈中先生 11 日来信:"金戈文已全读,好!对你的画像既真实又生动。/向阳湖文化,今后的开拓、发展、深入有些什么打算和设想,望便中告知。"

《人民政协报》15 日"春秋"周刊开辟"干校纪事"专栏,首篇发表《王子野的"绝活"》。

人民政协报

春秋 周刊

(第 146 期)

王子野的"绝活"

□李城外

干校纪事

《人民政协报》"干校纪事"专栏

20040119

金戈来,谈及小说《狗殇》。我又接通北京庄浦明先生的电话,他刚读了我寄去的《九头鸟》,对小说总的是鼓励的。但又指出一点常识性错误,说小说里军宣队王连长使用手枪,不符合历史真实,那时的规定,军宣队是不能配枪的。这么一说,使我这个"干校专家"汗颜,事先没有及时向金戈指出来,只好建议他更正了。金戈也说,今后的向阳湖文化系列小说"出笼",还是不急于发表,沉淀一下为好。

20040120

北京李昌荣先生 15 日来信:"不知你和王树舜同志联系上没有,他保存了当年的日记,一定对你有帮助。"

20040123

收北京杜乃松先生赠书《吉金文字与青铜文化论集》(紫禁城出版

社 2003 年版)，16 开精装。郑尔康先生寄赠书《星陨高秋——郑振铎传》(京华出版社 2002 年版)。

20040124

晚上香港张初考先生打来长途电话，一是拜年；二是建议由研究会出面，组织名书画家拍卖字画，他可在香港联系有关事宜；三是问及《向阳湖纪事》出版情况。我对他的问候表示感谢，但组织拍卖没有时间和精力(我的目标在抢救史料)。至于《向阳湖纪事》一书，并非他猜测的出版通不过，而是来稿日益增多，我有意等候一些时，尽量增加书的分量。

20040125

抽空写了千把字的“个人述职”，小结了去年的工作。可圈可点之处有二：一是进一步巩固了市文史工作在省里的位置；二是进一步扩大了向阳湖文化在全国的影响。应该说，这样的述职在市政协独一无二。

20040127

海口市常务副市长徐唐先回通山横石老家过年，下午来温泉，万书记等作陪，我也被邀前往。徐兄对向阳湖文化认识较高，我正好提出想了解一下海南苏东坡“贬官文化”，岂不相得益彰？徐说我为咸宁作了一件大好事，但市里目前没有什么支持不可理解。如果在海南，搞一个课题，他批几十万的经费都是可能的。万书记也对徐介绍我这个过去的“老秘书”，说我人品好，过得硬。老领导对外人有这个评价，我也知足了。

20040128

北京张惠卿先生 16 日来信：“在新的一年到来之际，衷心祝愿您和您全家健康幸福，吉祥如意！/寄来的材料和贺卡均已收悉，谢谢您的关心，也为向阳湖文化研究工作日益开展而高兴。/您这些年的努力和工作极有意义,不然很多珍贵资料将被湮没。这几年又有不少和向阳湖文化有关的老人先后走了,但他们当时的思想和事迹终于留了下来,这完全是您奋力抢救的功劳。其中包含的历史意义也只有我们这些过来人最为清楚,所以应该向您表示感谢!”

南京大学历史系高华先生19日来信:“谢谢你寄来的向阳湖系列著作!你的工作令人钦佩!你为史学研究者提供了丰富的史料,再次谢谢你!”

20040130

上午叫郑光勇写了消息《人民政协报推出“干校纪事”专栏》,交市里几家报纸。这既是记载向阳湖文化研究的成绩,更是“逼”自己加紧时间赶写这种应景稿。下午去金戈那里聊向阳湖文化事宜,王亲贤也在,我强调的还是“坚守”二字,要埋头苦干,不计功利。并布置任务,金戈应尽快完成10篇向阳湖系列小说,亲贤应写好一组有关散文。我自己则是在办好专栏的同时,编出“向阳湖年谱”。我对两位说,写报告文学的计划恐怕还得往后推,因为越是读书、编书,联系向阳湖文化人越多,越觉得此项工作晚一点动手好些。

20040201

《人民政协报》1月29日“干校纪事”专栏发表《侯金镜之死》。

继续为《人民政协报》“干校纪事”专栏备稿。马上要推出的有周巍峙、冰心、萧乾、张光年、严文井、韦君宜……还是一如既往,从文坛大家入手,然后逐步介绍其他领域的向阳湖文化名人。办好这一专栏,应是今年向阳湖文化研究的一件大事。《人民政协报》作为国家级的大报,影响毕竟不一样。与其先写其他题材,不如趁势先占这一阵地,扩大影响。而且我相信,反响一定会好,也许还会带来新的宣传机遇。

20040202

熊副主席又问起文史资料“三国赤壁文化专辑”的事，我计划本月去京一趟，催催专家们的稿件，他也同意。其实关键是冀勤先生来信，让我去领一批干校的旧物，另外还要拜访杨德炎先生等。金戈一同去的话，要请教杨匡满和胡德培二位老师，看自己的小说能否发表和出版。

20040204

连续两天花大块时间通读了人民文学出版社近年出版的《韦君宜纪念集》和《冯雪峰纪念集》，原本是为写作之需，无形中却被二位向阳湖文化名人的人格魅力所震撼，脑海一下子难以平静。这给我一个体会，今年再怎么忙，也要以读书为基础，长期积累，在编好“向阳湖年谱”的过程中，报告文学《向阳湖传》（暂名）也就做到了心中有数，到时自会呼之欲出的。

20040206

网上得知，臧克家先生昨夜病逝，享年 99 岁，立即向他的夫人郑曼发出一封唁电：“臧老还活着！”近日还得作文一篇，纪念曾三次接受我采访的老诗翁。估计京汉报刊发表都是不成问题的。

20040207

很快完成了怀念臧克家先生的文章《臧老还活着》，约 3800 字，马上又通过电子信箱发稿，分别寄有关报刊。现在算是新世纪之初，我真正的“换笔”为文了，还得坚持下去。

20040208

《人民政协报》2 月 5 日“干校纪事”专栏发表《“鸭司令”周巍峙》。

20040209

上午和胡秘书长通气，定好后日去京一趟，于是开始准备访京城朋友得带上的礼品。下午约了金戈一同去向阳湖,买了两箱约80斤的奶粉,花了不到1000元。我对金戈说,研究会现在手头不宽裕,此次进京还是厉行节约的好。在奶牛场与党委吴书记交谈,他感谢我为向阳湖的宣传不遗余力,并再次索要我编写的书报。我趁机试探,今后他能否支持研究会一下。不料想他马上推辞,这使得我有点扫兴。这里的人都认为我办事这样做是应该的,其实我在车上还对金戈说,搞向阳湖文化研究要无私奉献,不计功利,坚韧不拔。可为了这项事业,向阳湖奶牛场从没想到支持我的工作。我给他们做了那么多的免费广告,可每次进京活动买奶粉送礼,我照样公事公办,当时付款。不过这样也好,更心安一些。无怪乎有人还打趣道,向阳湖得力于李城外的宣传才打响,反之,李城外也得益于宣传向阳湖才成名。

20040210

下午与臧老的女儿郑苏伊通话,她说臧老的遗体告别仪式18日在八宝山举行。这样我此次进京正好赶上参加,一则表达哀思,二则可见到中国作协不少熟面孔,而且我可带上以前准备的印有臧老头像的纪念封,在会上发给大家。这种宣传的机会是极为难得的,苏伊大姐十分支持我的这个想法,让我一到北京便和她联系。

20040211

晚上和金戈一同启程,从咸宁火车站上车赴京。因买了奶粉、桂花糖、竹笋,占的面积较大,加之还有上千枚纪念封,我们进站的负担重(出站的负担更不轻),好在有两位新认识的咸宁老乡帮忙,进站十分顺利。行前是研究会会员老周开车送我俩,金戈的妻子小甘也来送行。

20040212

中午抵京,陈安钰兄特地赶来接站,使我们疲劳顿消。加之在中协宾馆的吃住,全国政协文史委办的王合忠副主任已安排妥当,更让我切身体会到“多个朋友多条路”。晚饭后便开始工作，第一站到中华书局冀勤先生家。她明日要乔迁新居，早就联系我来取她在干校时保留下来的扁担、根雕等。很快挑选了好几根，可惜回家不好带，否则还会“贪心不足”的。回来时心情舒畅，以为多跑几位“五七”战士家，说不定还会有意外的收获。

20040213

上午和金戈来到人民文学出版社，柴志湘先生人熟，帮助找了《当代》的胡玉萍，推荐金戈的小说《狗殇》。我则在《新文学史料》编辑部结识了编辑徐广琴，他约我为刊物写点有关向阳湖的史料，这倒是个意外的收获。

今天在人文社编审刘丽华处，得人文社新书“行云存影书系”——《往事》、《烟霞余影》、《酒后》、《绿天》等。

20040214

上午会汪建德先生，他家住潘家园，正好今日旧货市场开放，顺便逛了一趟，购了几本旧书。如《毛主席革命路线胜利万岁》、《泰山压顶不弯腰》、《防左备忘录》、《红都女皇事件之谜》。中餐在汪先生家小酌，喝得高兴，下午在沙发上休息竟睡了两小时。汪家的藏书有一半和我相同，多为“文革”、“反右”之类，使我大有他乡遇知音之快。

晚上去石景山找丁力之子丁慨然，一是赤壁文史专辑拟用丁力先生的旧作，二是了解一下丁力在干校的故事。谈话中，我再三讲到，慨然兄近些年来一直致力于父亲遗著的整理出版工作，令人佩服。他还赠送我和金戈各一本砖头般厚的《国风诗》。

20040215

上午吴桂凤同志和丈夫赵秉欣专门来到宾馆看我，并热情邀请吃饭。我送了奶粉和桂花糖略表心意，并请带几盒转交张光年先生的夫人黄叶绿，了却一桩心愿。

下午采访茅盾先生的儿媳妇陈小曼。尽管事先知道她和韦韬已经离婚，我还是登门拜访，历史毕竟是历史。陈先生也仍然应我之请谈及"文革"中她下干校时所知道的茅盾的故事。我拟写一篇《茅盾"发火"》，作为《人民政协报》"干校纪事"新增的一篇。陈很热情，也很健谈，加之她早已于2001年10月赠我一本《父亲茅盾的晚年》，其中对干校一段有详细记载，因此我们谈话时间不长。

作者采访陈小曼

20040216

中午人民出版社老干处李忠海邀我和金戈小酌。特地约来庄浦明、金敏之、张慎趋等老同志作陪，算是对前年重返咸宁受到热情接待的答谢。席间，老同志们又讲了不少生动的干校往事，为我写作提供了新的素材。

下午去商务印书馆拜访杨德炎总经理，他还是那么热情健谈。晚上邀我和金戈一道去蓝特伯爵吃西餐，讲了不少他周游列国的事，我们听得津津有味。杨总是我此行要重点答谢的"向阳湖文化人"，可是也只有一本"咸宁风光纪念邮册"和几份特产聊表寸心。我总是在想，像他这种见过大世面的人，支持我的工作纯粹是种感情，并不会计较城外的人失礼。

20040217

上午在中共党史出版社拜访总编辑萧淮苏，他是文化部原党组书记、常务副部长萧望东将军之子。"文革"中，父亲被关押后，他和母亲下放向阳湖，后又被嘉鱼棉纺厂招工待了几年。萧总对我所做的工作赞不绝口，并表示今后应加强联系。我也意识到，今后的采访重点要转移至“向阳花”们了。他听我说明日去八宝山参加臧克家先生遗体告别仪式，提出一同去，并来车接我俩同行。为稳妥起见，晚上我专门来到晨光街红霞公寓，见了郑苏伊，要了3份讣告，同时带去100枚纪念封让她分送给亲友，余下的800余枚留在明日和“臧克家先生生平”一道发给前来吊唁的人们。臧家已设小小灵堂，遗像前摆放着一整套《臧克家全集》。我向臧老默哀鞠躬，并问候了郑曼老人。

20040218

送别臧克家

上午准时来到八宝山，前来吊唁的有数百人，公墓礼堂前正门上方“送别臧克家同志”几个大字引人注目。人们排起长长的队伍，缓缓步入大厅。我在人流中遇见了许多熟悉的面孔，如周明、吴泰昌、杨匡满、薛德震、吴道弘、庄浦明诸先生，尤其是李昌荣和马寄远两位女同志还热情地和我攀谈了几分钟。进入灵堂，抬头望去，正中的墙上高悬着白底黑字的横幅，那是臧老脍炙人口的名句：“有的人死了，他还活着。”我向安卧在鲜花翠柏丛中的臧老三鞠躬后，想到周围的人们都将带着纪念封回家，感到无比欣慰——这是咸宁读者对老诗翁最好的报答。

20040219

上午在文化部老干部处座谈，了解了不少干校的情况。下午去冯雪峰之子冯夏熊家拜访，始料不及的是他之健谈超出常人，让采访者不易插话。而我和金戈也求之不得，了解了许多政坛与文坛内幕，尤其是对冯雪峰思想之深刻有了新的认识,对冯夏熊留下了极为深刻的印象。晚上我俩请他出去小酌时,已经10点半。这是多次进京采访经历中被采访人谈得最为放开的一次,长达6小时之久。

20040220

上午在中影公司招待所座谈,蒙李世奎先生联系地点和安排中餐,又收集了不少五大队在干校的往事。

接着去全国政协文史委,约王合忠主任和《人民政协报》"春秋"副刊刘康泰和刘仰东二兄小酌,长谈竟至23点。康泰兄说,能在《人民政协报》开专栏,实属不易,绝对能成为广大读者议论的一个话题,我对此说自然深信不疑。

购《"文革"遗物收藏与价格》(华韵出版社)。

20040221

上午去新外大街79号北京电影制片厂宿舍,访问了司徒新蕾、楼青蓝两家。司徒老师还陪同我去萧三之子萧立昂先生家采访并小酌,萧送我一套《萧三诗文集》(1－3,北京图书出版社1996年版)。司徒也提供了不少电影口需采访的新线索,让我深感此行不虚,今后的工作量将会越来越大。

下午陈安钰兄送我俩到西客站离京。我忽然想起了什么,对金戈说,此次进京抓得太紧了,竟然没有安排一次时间上街或逛书店。

20040222

中午返温泉,此行共11天,收获不亚于前几回。新结识的朋友不少,感觉也不同于从前。以为报告文学的写作当尽快着手,今后边写边抽时间进京补充采访,尽快搭成框架,然后再反复修改……

收北京杨静远先生寄《让庐日记》(武汉大学出版社2003年版),北京沈昌文先生寄赠书《阁楼人语》(作家出版社2003年版)。

《人民政协报》2月12日"干校纪事"专栏发表《冰心在向阳湖》。

《人民政协报》2 月 19 日“干校纪事”专栏发表《“大力士”萧乾》。

《湖北日报》2 月 13 日“东湖”副刊发表《臧老还活着——怀念老诗翁臧克家》。

20040223

晚上在电脑打出《999 枚纪念封——送别臧克家先生》的稿子，刚好 1000 字，明日上网，并交《楚天声屏报》发表。此属“急就章”，但赶写成文也比拖下去好，以往不少要写的文章便是因为放一放而放置多年。

20040225

下午在网上下载干校资料，忙了几小时。虽然很是累了点，但心里的快感不言而喻。计划先大量积累、占有干校资料，今后除写东西随时调用外，还要为准备撰写《中国“五七”干校史》打牢基础。

20040226

上午，咸宁学院文学院院长单长江来，谈及在学校设“向阳湖文化研究所”事宜，拟建议李成果任院长，我和他任顾问。近期则在校报上推出一期“向阳湖文化专栏”，我推荐了陈辽先生和陈漱渝先生的稿子。成果兄正好此时也来了，他说我不管调动与否，这辈子干校文化的研究都应一直做下去。我建议他也不妨如此。

20040227

整理北京的采访笔记，又是厚厚的一大本。此次北京之行收获虽大，但不足的地方是没带录音机，整理再怎么详细也会有遗漏。下回深入采访，务必像以往写“采风”时一样，做好充分的准备。这样写报告文学时，内容才会更丰富。

20040229

《人民政协报》2 月 26 日“干校纪事”专栏发表《父爱的力量》，记臧

克家和女儿在干校的往事。

20040301

河南王金魁兄2月27日来信:“由您主编的《向阳湖文化报》品位高雅,内容丰富,极具收藏价值。我很喜欢和欣赏,便中请赐阅为感。其实对向阳湖文化的挖掘,要向更深更广的领域去探索,我想凡是经历过‘文革’磨难的文艺界名流都可以采访和研究。这些人物不能仅限于下放到咸宁‘五七’干校的,河南息县‘五七’干校也能开拓出新的境界来。我对河南文学艺术界的人较熟悉,今后可以提供一些方便。附上《文艺界人士通讯录》。”

20040302

北京吴桂凤同志2月27日来信:“一路顺风吧!在北京短暂的会见,给我们留下亲切、友好的印象。黄叶绿同志家我们去过了,将你的问候和礼物都带去了,她谢谢你们。近来她的身体不太好,更瘦了,她本人还不知道是患了肺癌,以为是胃溃疡。/我见到了郑茂达,因为我和老赵要裱几幅书法家的字,托他办便宜点。/郑茂达和夏更起住一个院子里,夏说最近太忙。/邹起原在文联工作,……/邹起说许邦更了解情况,电话地址他知道。许在新华出版社工作,‘文革’前是文联办公室主任。邹起爱人王叙与歌唱家王昆是姐妹(不知是亲的还是叔伯的)。/夏更起虽然从丁玲的公务员出身,现在又是故宫博物院研究员,鼻烟壶专家。在干校生产组工作过,对文联情况知道一些,他叔叔夏义奎(已逝)曾是文联秘书长。/就写这些吧!欢迎你们有时间再来京。”

20040304

咸宁学院文学院约我去为两个本科班讲课,我下午同单长江院长联系了一下,建议将聘客座教授事一起搞,单院长表示赞同。这也是为学院申报国家级课题打基础。

20040305

收北京萧立昂先生赠书《世纪之恋——我与萧三》(中国社会出版社 1999 年版),是他母亲叶华写的。我一口气读完,晚上加班又完成“干校纪事”一篇《萧三之子喂猪》,感觉真好。有书赶快读,有文马上作,坚持下去,必有大成。

20040306

上午又在电脑上打出一篇“干校纪事”《茅盾“发火”》,照例是限制在 1500 字以内。这样,上月进京采访的三个名人之后代都写到了,虽均敷衍成文,但这是个好习惯,应坚持下去。

20040307

近两日上街逛书店,买了两本新书:一是《2003 年度文坛纪事》(白烨选编,漓江出版社 2004 年版);二是《忏悔还是不忏悔》(中国工人出版社 2004 年版),都值得收藏。今后还会继续使用的书。积习总是难改的,但今后购书的原则应大体如此,内容限制在与“文革”和“干校”有关。

20040308

美国高骏千先生 2 月 21 日来信:“寄来的 4 册向阳湖系列报 2 月 19 日收到,两天两夜看完了百分之五十,是挑‘文字’的人,但看了其他‘国宝’级人物的文章,更了解到‘文化革命’革了我们这个古老文化的命脉,危害有多大,真是史无前例。/‘文革’过去 30 多年了。今天我们其实处于又一个‘文革’,是以封建加资产阶级的腐朽文化,革我们清末、维新、‘五四’以来,‘社会主义文化’的命。要依靠新一代的人能‘以史为镜’、力挽狂澜。武当山的紫霄宫逃过了‘文革’,却翻新‘全球接轨’,春节各地狂欢,死人火灾,视为‘难免’。你和咸宁那批有心人在今天可能是少数,却是未来的希望。/我的那篇‘逍遥游’,和集子中许多人写的,可能不喜欢拍。我不会‘歌颂’,但也不那么‘愤怒谴责’。

我是属于那种没有政治头脑，随波逐流，不好不坏，亦好亦坏，中不溜湫的中间人物。这种人其实是很多的，任何时代都一样，也许就是鲁迅所说的‘帮闲’，遇到好的‘潮流’，也能起好的作用，遇到坏的潮流，就不能做‘中流砥柱’。目前全世界都处于‘世纪末’的灰色阶段，中国往何处去，仍是个迫切的问题。”

北京胡海珠同志 4 日来信：“我因春节后心脏不适，住进了医院，昨日刚刚出院。回家后看到了你的来信及《人民政协报》辟专栏报导干校的消息，和该报所刊登的你写的介绍金镜同志的文章。由于你多年来的努力，咸宁干校 6000 多文化人的遭遇引起了高层的注意。这批文化人虽身处逆境，仍然是忍辱负重，爱国、爱党、爱人民、爱文学艺术事业，他们的这种高贵品质，在你的宣扬下，在全国造成了很大的影响。从上世纪 90 年代至今已有 10 个年头了，你的这种锲而不舍为此而奋斗的精神，大家有目共睹，值得钦佩。/我祝愿向阳湖文化研究会越办越好，越办越贴近文化人的心。”

20040310

上午参加市委宣传部召开的座谈会，主要是市直作家们谈自己的创作。我作为执行主席谈了三点：一是要讲政治，创作要弘扬先进文化，同市委保持一致；二是正视咸宁文坛在全省落后的现状，奋起直追；三是作家队伍要讲团结，以多出作品为主，少争论什么。与会者对向阳湖文化给予高度评价，市委宣传部周部长还特地号召要将这个品牌打响，走向全国。

20040312

北京李连仲先生 6 日来信：“你寄来的‘向阳情结’等 4 本书，已收到。谢谢你的盛情。/这 4 本书我草草阅览一遍，文字流畅，内容丰富，有感染力，为向阳湖的‘五七’战士留下了一笔财富，这是你对文化事业的一大贡献。/我们在几天前召开了原咸宁文化部‘五七’干校 26

连全体干部座谈会，回忆一下33年前26连的挖煤等各种活动情况，又把全连的名单凑齐，由于志明同志整理汇总给你寄去。/于志明同志是26连的连长，原新华书店储运公司运输科科长，后调到荣宝斋任副经理(处级，离休干部，曾参加抗美援朝战争)。/26连是由新华书店储运公司和纸张供应站两个单位组成的，大部分是体力劳动工作者，只有少数干部。本来工人不属于去干校的锻炼范围，是极'左'路线指引下的结果。不多说，致敬礼。”

20040315

北京毛建渊先生来电话，告知我寄去的书报已收到，十分感谢。他曾任夏衍的秘书，对文化部的情况了如指掌。今后进京又多了一个“材料袋子”，当登门拜访。

《人民政协报》3月13日“干校纪事”专栏发表《张光年受审》。

20040316

为准备明日去咸宁学院人文学院讲课，下午没去上班，晚上中文系余春树副教授打来电话，称万事俱备，只欠东风。我虽然心中有数，胸有成竹，但毕竟学院很重视，安排得隆重，明日学术报告厅将有四个本科班的学生听我讲大课，这是个宣传向阳湖的极好机会。为了保存资料，我特地邀电视台胡武生明日同行，做一期节目，在“今日视点”中播出。

20040317

上午应请至咸宁学院学术报告厅，为2003级人文学院本科班作了《漫谈向阳湖文化》的专题演讲。照例是无稿演讲，近200名学生听得很认真。只是时间关系，我的速度节奏快了一些，更为遗憾的是，后来留给学生提问的时间也没有了。我讲了三个部分：一是文化部咸宁“五七”干校简介，二是向阳湖文化研究回顾，三是向阳湖文化研究下一步要做的工作。主要谈了向阳湖的文化定位和学院合作申报国家教育基金项目事宜。今日会场的会标是“李城外教授学术报告会”。演讲结束后,学校为我颁发兼职教授证书,为期3年。今日邀了金戈同行,电视台胡武生也拍摄了全过程,并计划尽快做一期节目。

作者在咸宁学院演讲

20040318

布置王亲贤写了个消息稿——《咸宁学院举行向阳湖文化学术报告会》,投了《咸宁日报》和《南鄂晚报》。但今日是建市5周年,市里活动多,估计发出来会推后,电视新闻稿也会如此。

20040319

咸宁学院明日组织听我讲课的100多名学生去向阳湖参观。我和金戈商量,还是一同去一下,一来是为学生助兴,二来电视台去做节目也积累一些资料。车子已由学校安排好,晚上余教授又打电话来,谈及学生们兴趣盎然,估计明天的活动会十分成功。

20040320

虽然天公不作美,今天上午下起雨,参观向阳湖的计划还是如期进行。在学院中文系余副教授的精心组织下,100多名本科生分坐两辆大巴车,奔赴他们心中的目的地。在向阳湖展览室,学生们热情高涨,有的留言:“历史在这里反思,文化在这里沉淀。”有的现场不断向我提问,我一一作答。随后在我的带领下,同学们参观五七桥、红旗桥、王六嘴等遗址。我义务当“向导”,从奶牛场步行走在长堤上,来去花了两个小时。我对余教授和同行的金戈、胡武生说,这种大场面,以

咸宁学院中文系师生参观向阳湖

前来参观的人从未组织过(一学生还专门扛着红旗)。金戈则调侃我,每到这种时候,会长特别有成就感。而我颇感忧虑的是,作为文物保护单位,“五七”干校名人旧居不仅住进了村民,听说房子都卖给了私人。这无形中为今后的“收编”增加了巨大的难度。更让人扫兴的是,王六嘴一带的旧居原来都挂上了名人旧居的牌子,现在大部分都换掉了,可见咸安区对此事的轻视态度。我对金戈说,过去的区委书记执政,错过了开发向阳湖的历史机遇;接任的领导当权,也别指望他们对此事会高度重视。我还是一心搞文史抢救和文学创作,此乃为第一要务也。

20040321

南京陈虹大姐寄来他父亲《干校日记》的打印光盘,我调出后通读一遍,发现不少与《牛棚日记》在时间上有误。原来有的几天归结为一天,还有的进行了增删。下午去电话向她提了几点建议:一是日记干脆划为1966—1976年期限,这样日记的厚度胜过《牛棚日记》;二是不作删节,尽量原汁原味;三是先整理出来再说,以备今后早日出版。陈虹同意我的意见,并提示此书选题申报恐怕难通过。我说办法总是人想的。

《人民政协报》3月18日“干校纪事”专栏发表《冯雪峰放鸭遇“知音”》。

20040322

在咸宁学院讲课的消息,《南鄂晚报》今日见报,题为《咸宁学院举办向阳湖文化报告会》。前日电视台也播了新闻。

20040324

省政协文史委调研组明日来咸参观,我让王亲贤起草了汇报材料,今日作了修改,题为《打响鄂南文史品牌,服务县域经济发展》。内容是十分丰富的,但愿这是对我5年工作的一个总结。

购《世纪末文学思潮史》(樊星著,湖北教育出版社1999年版)、《我的先生王蒙》(方蕤著,长江文艺出版社2004年版)。

20040325

上午省政协文史委“文史资料如何为县域经济服务”调查组来咸。刘三多副主席代表市政协接待,我作的汇报,得到调查组成员的一致肯定和高度评价。下午我带客人赴向阳湖参观,晚上和省文史委主任胡嘉猷交谈时,他鼓励我将向阳湖这项工作继续做下去,成为湖北的一个品牌。

20040326

上午带客人至通山县参观,晚上李市长请客,他原是省政协文史委员,此次前来的省教院党委书记柳菊兴是他在黄石工作时的老领导,席间气氛十分融洽。柳书记转达了我的建议,请李市长今后多多关注向阳湖。得到的答复是,目前只能做好向阳湖旧址的保护工作,至于其他,暂时没做评价。

20040328

北京胡企林先生24日来信:“今天我到馆老干部处,才看到您寄来的贺年片，时隔两个多月，未及时作复，至以为歉！/您工作还是非常忙吧？向阳湖文化由于您的多年研究，热心传播，得以发扬光大，成为精神文明建设的一项系统工程，我十分敬佩！杨德炎同志几年前去咸宁时，我已离休，未能同行，失去拜访您的机会，颇感遗憾。但在向阳湖3年多多姿多采的生活，仍历历在目。/谨在此向您表示我的谢意和敬意。请注意劳逸结合，保重身体，别过于劳累。”

《人民政协报》3月25日“干校纪事”专栏发表《楼适夷“补课”》。

20040329

为制作好“今日视点”节目《大学里的“向阳湖热”》，今日邀电视台记者胡武生一道去咸宁学院，补拍镜头，采访了单长江主任，观看了中文系学生办的板报，晚上又去电视台监制节目，和小胡忙到11点才回。也幸亏去了一下，电视台播音员将干校历史的两个重要时间播错，否则传播错误信息，影响无可挽回。真是世界上怕就怕“认真”二字。

20040331

晚上拉出一篇“干校纪事”《陈白尘探亲》。原计划一日写一篇，因故打乱计划，没有完成预定目标，今后续写需量力而行。

北京郑茂达先生8日来信：“寄来的书报均收到，谢谢。/寄上荣宝斋下放咸宁‘五七’干校人员名单，请收。/回忆文章容后写，如能写成当寄上。/李先生做了一件大好事，记录了一段历史的实事。曾经生活在其中的人，读起来分外亲切，勾起对往事的许多回忆。作为那历史的见证人之一，我非常感谢你。”

北京李连仲先生20日来信：“前去一信量已收到。搞向阳湖文化是一种很有历史意义的事。现将原文化部‘五七’干校26连的材料及其名单寄上。请收阅。”

中国美术出版总社、荣宝斋（咸宁“五七”干校第三大队 25 连）

2004 年

夏

20040401

“咸宁热线·艺术时空”网上有署名“柯笑”者的留言:“城外的头衔不少,有中国的,有世界的,可是货真价实的有多少? 让他领军咸宁文坛,是喜还是忧?”真有睁着眼睛说瞎话的“混混”,我照样可以不予理睬,但视为一种“反作用力”,未尝不可。

北京麦一先生 29 日来信:“寄来向阳湖文化报 3 种 15 份,将分发科影:1. 老干科;2. 传达室;3. 阅览室;4. 科影宿舍。冰窖口宿舍 3 种 3 张,当天就被人取光了。如果让我一个人发,我没有那个精力了,因为我是个大忙人,致伤致病也不可能休息的人。能有名人给您写稿,就算不错了。”

北京魏文藻先生 3 月 27 日来信:“现将故宫博物院下放干校主要领导干部和知名专家学者的简况寄上,请查收。如需要我本人了解其详情,可与故宫老干部处联系。凡健在者,他们都可告知你联系电话和住址。”

北京柴志湘先生寄人民文学出版社新书《往事并不如烟》(章诒和著,2004 年版)、《冯雪峰评传》(陈早春、万家骥著)、《冯雪峰选集》之“论文篇”、“创作篇”,均为 2003 年版。

20040402

我主编的《咸宁文史资料·三国赤壁文化专辑》已经定稿,下午去金戈处谈。他说今年以来,我似乎在为自己政协的工作做总结,为去党校作准备。《人民政协报》开了专栏,省政协文史委肯定,咸宁学院聘兼职教授,还有6月份儿子考大学、搬新居,等等。我则说本人以为最大的亮点应是在《人民政协报》开专栏。因为这是一种历史,而且在咸宁将是一时无人超越的历史。

20040403

电视台胡武生录制好专题片《大学里的"向阳湖热"》,并将素材部分也制成光盘,供我留作资料用。今天放了两个小时,一是在学院讲课的场面。二是和中文系学生在向阳湖参观的过程,还真有点史料价值。这也是我从事向阳湖文化研究以来,成功组织的一次参与人数最多的活动。

《人民政协报》4月1日"干校纪事"专栏发表《田汉的"孝子贤孙"》。

20040405

今日全家人到通山李家铺为父亲扫墓,晚上回温泉看了电视台"今日视点"栏目播出的专题片《大学里的"向阳湖热"》(研究会与咸宁学院人文学院联合制作),由衷婉惜父亲去世早了些,要是晚十年的话,他老人家看了节目会多么愉快。我现在真是大有"子欲养而亲不在"之叹了!

作者与兄弟们和母亲郑重在一起

20040406

上午去省政协宣传处与刘志成兄谈,他对向阳湖的兴趣日浓,不仅去年在《世纪行》发表了金戈写我的文章,还向《武汉晚报》记者推荐，建议到向阳湖实地采访，做篇大文章。他计划秋季动员新闻考察团到咸宁宣传向阳湖等品牌。我听了一则以喜，一则以忧。忧的是自己不是"一把手"，刘志成一行来的接待成问题（本来不应成问题的）；二是假如二届全会后我调出，看来是有利于工作的。

20040408

购《战争状态》（胡平著，长江文艺出版社 2001 年版）。

20040409

长沙朱湘铭今日发来电子邮件："首先请允许我这名求学异乡的学子对您表示崇高的敬意！您所从事的拯救向阳湖文化工作是一项非常有意义的工作。虽然'文革'那段辛酸的历史已不堪回首，但是我觉得作为一名咸宁人，我们都有义务去挖掘向阳湖文化。/今天，在'咸宁热线·艺术时空'上看到有关您的介绍和研究成果，我很受感动，说句实话，我真为咸宁有您这么一位学者而自豪。我从小在向阳湖畔长大，现就读于（长沙）中南大学文学院。小时候，我曾听父辈们讲过一些有关'五七'干校和文化名人的故事，但是没有留下深刻的印象。自从我学习了中国当代文学以后，我才意识到我们的向阳湖文化其实可以算是中国当代文学不可分割的一个重要组成部分。而令人遗憾的是，它却一直不为或很少为外界所知，这也许是我们向阳湖文化的悲哀。幸而有像您这样的学者在默默无闻地辛勤工作，在忠实记录这段即将被人遗忘的历史。这段历史不应该被人们所遗忘，相反，应该让更多的人去了解、解读它，以便从中吸取血和泪的教训。/当然，向世人宣传我们向阳湖文化，不是一件很容易的事情，需要我们的共同努力，希望我们每一位同志都能为这一事业作出自己的贡献。"

咸宁电视台"面对面"播出了对蔡骏的访谈，题为《一网情深》。其中主持人和嘉宾都提出了我对网络和鄂南地方文化的支持与热爱，这也不枉我在"咸宁热线·艺术时空"网站花费了那么多时间。付出总有回报,做事业之初虽然没有想到,但现在“双赢”还是令人欢欣的。

20040410

今日在书房忙了一整天,在电脑上完成4篇“干校纪事”,近6000字。这是近年来最高产的一日。一则因为手头的任务提前完成得好,计划马不停蹄地完成100篇,然后着手写报告文学。二则《人民政协报》的稿费也可观,每篇150元,有点补贴可用于购书。想想看,京城大报“等米下锅”,投稿即发,这种待遇金钱岂能买到?带来的愉悦也只有自己知道。

20040411

《人民政协报》4月8日“干校纪事”专栏发表《韦君宜办专案》。

20040412

下午去金戈处谈,他决定从本月起,在《楚天声屏报》上开辟“向阳湖纪事”专栏,由我每月供稿两篇,做成一个品牌。我自然支持这一想法,因为到目前为止,咸宁的报纸只有《楚天声屏报》还尚未开过专栏呢。本周推出的第一篇是《冯雪峰放鸭遇“知音”》,是《人民政协报》已发的专栏稿。但在地方报纸开专栏的意义又不一样,起码向读者表明,向阳湖文化的研究一直在坚持。中餐陪电视台的两位记者小酌,播音员赵占东从网上看见“咸宁热线”,得知上海《东方早报》去年搞过“向阳湖文化专版”,感叹十分难得。说如果咸宁花广告费,不知如何计算。看来我又遇上一个“知音”。他还建议《人民政协报》开专栏,电视台应该更敏感,搞连续报道。而我的心态较好,找我则配合,不找无所谓,还是抓紧时间多写一点……

20040417

今日又赶出三篇“干校纪事”,电脑的存盘已满33篇,如果按计划写满百篇的话,已完成任务的三分之一。再突击写个10余日,接近50篇便不愁今年《人民政协报》发稿了。然后,可以慢慢积累新的“纪事”，也着手写其他的文章。如此坚持下去，每年写30万字的东西应是不成问题的。

20040418

成果兄今年在通城县五里镇驻工作队，正好埋头写文章，他在写一组“向阳湖畔的脚印”，我全力支持，每写一个人物之前，都为他收集有关资料。不仅如此，他完稿后要我向报刊推荐，我也尽力而为。今日他又通过电子邮件发来一稿，我倒是遗憾，咸宁像他这样开始真正投入到向阳湖文化研究中的人实在太少了。如果还有其他人，我也会提供优质服务，让他享受“同等待遇”的。

《人民政协报》15日“干校纪事”专栏发表《严文井“升官”》。

20040425

《人民政协报》22日“干校纪事”专栏发表《沈从文的“文事”》。

20040427

俞副主席住院几天了，路上碰见他的夫人，知道了不去探望心里过不去，今日去探望了以后才安心。我以为领导在位不在位的区别不应太明显，何况他在位时对向阳湖一直是鼓与呼的。

20040429

下午陪武汉市政协副秘书长乔天佑去向阳湖。他于1968年冬至1969年春在这里住过半年，当时是武汉空军歌舞团演员。党的“九大”召开时，他们还对干校作回访演出。参观了“向阳湖文化展”后，乔感慨不已，说这都是一流的文化人，都是一流的题词，而展馆档次却不高。有机会的话，他将建议市领导重视向阳湖开发工作……

20040502

《人民政协报》4月29日“干校纪事”专栏发表《茅盾“发火”》。

20040503

晚上北京张迅来电话，自报是于坚先生之子，在向阳湖生活3年，今日从“人民网”上看到向阳湖的报道,格外兴奋,于是打听到电话同我联系,希望得到有关资料。我请他看看“咸宁热线·艺术时空”,那里的内容更丰富。张迅现在中国银行北京分行工作,交这样主动找上门的朋友是一乐事。我准备寄一些资料给他,今后加强联系。

20040504

完成了咸宁电视台的约稿,题为《“面对面”印象》,写了千余字。这种应景文章不得不做,电视台对向阳湖的宣传力度不小,我也该宣传一下电视台,“投桃报李”。

20040505

在通山购《沧桑十年》(马识途著,中共中央党校出版社 1999 年版)、《昨夜西风凋碧树》(徐光耀著,北京十月文艺出版社 2001 年版)。

20040508

“三国赤壁文化专辑”的文史资料已印刷完成,下午送一本去李明波书记办公室。他顺便和我谈及向阳湖文化,说以前不赞同我大肆宣传,现在看来由于我的努力,在全国造成影响,并得到文化名人的肯定,形成了咸宁的一个文化资源,这是不能否认的,说明自有其价值。

20040509

上午召集文史委员会对一届政协文史工作作了总结。大家都肯定我这个主任当得好,说今后不管谁来接手,恐怕难以超过我现有的影响。

《人民政协报》6 日“干校纪事”专栏发表《李长路写心得》。

20040512

咸宁《楚天声屏报》推出“向阳湖文化·大学生专页”。

20040514

上午和北京田大畏先生通电话,没料想我写他的那篇文章竟然有几处错误。我后悔没让他审阅后再发。

20040515

临时决定《向阳湖文化报》第8期提前出版，一是可赶到“两会”上宣传，二是可和《咸宁文史资料》一起寄往各地，既省时又省力，又可扩大影响。马上编好了四版，明天交报社加班打印。

向阳湖文化报

XIANG YANG HU WEN HUA BAO

参考消息

论“干校文化”

本会工作在京城喜获新进展

《人民政协报》开辟“干校纪事”专栏

历史档案

向阳湖文化专题演讲在南京会议上受欢迎

咸宁学院举办向阳湖文化学术报告会

《向阳湖文化报》第8期

20040516

《人民政协报》13日“干校纪事”专栏发表《萧立昂喂猪》。

20040517

通山县老书记刘绍熙从省城来温泉，打电话向我索要一套向阳湖文化书系，说省老促会秘书长方席珍想读（方是赵辛初的秘书）。我连忙遵命带去，并约了成果兄一起去看望刘书记。聊天时，成果兄建议我，还是争取到某个局里当“一把手”的好，那样别人围着你的思路转，不像现在你的想法还得争取别人支持。

20040524

市政协会上午开幕，人大会报到，我托人大的熟人将400份报纸分送给人大代表，继续扩大影响。

20040525

上午列席人大会时，电视台的记者采访我，我谈了弘扬先进文化，结合市长的报告“挖掘历史文化和乡土文化”，谈到作为一名文艺工作者任重道远。

20040527

上午抽空参加《九头鸟》“温泉笔会”,来自全国各地的文学发烧友有五六十人,请来省作协副主席谢克强讲课。我在会上发了刚出版的《向阳湖文化报》。与会代表发言时,有一位谈起了我对向阳湖文化的贡献,神情十分激动,这是我始料未及的。

20040528

晚上咸宁电视台播出了一条《咸宁文史资料》“三国赤壁专辑”受政协委员欢迎的新闻。播音员称主编是“我市文化名人李城外”。这种表述让我感到意外,说明编辑自身这样认识仅是一方面,而总编把关也不严。

20040529

今日和致婷说起下月搬家的事,然后等待调动,加上儿子考大学,可能三件大事集中在一起。尤其是安居后一定要安下心来写书、编书。昨日接《人民政协报》刘康泰、刘仰东电话消息,主管“春秋”副刊的女副主编张欣欣不知何故,忽然授意暂停我的专栏,大约是频频发表的势头过猛,让她难以接受。这个变化让我调整计划加快,难怪发出的稿子停了几期,此专栏共发稿 16 篇,中途夭折。刘兄受命于分管的领导,我对这位张总自然“心怀不满”,但愿今后有机会沟通吧。

20040601

和南京陈辽先生通了电话,告知《向阳湖文化报》头版头条隆重推出他的大作《论“干校文化”》后,在文化人中引起一定反响。如人民出版社编审刘丽华来信,打听他的地址,想加强联系,约写书稿。陈先生表示相信这项工作影响将会越来越大。我感谢老先生的鼎力支持,并表示任何时候都不会放弃向阳湖文化的研究。

20040602

下午北京丁宁先生特地打来电话,称收到《向阳湖文化报》和向阳湖文史资料，对我的工作成果连声表示祝贺。长沙的梁家敏夫妇也来电话，表示要联系潇湘电影制片厂的同事关注这项工作，并欢迎我前去采访。电话虽然不能同书信一样留存下来，但聊的时间不短，让人倍感亲切。

20040604

上午去马世永办公室谈，他已卸任政府之职，即将上任市委常委、宣传部长。由于过去他对向阳湖文化一直十分关注，和我谈得投机，我也汇报了自己想到宣传部或下属单位工作的想法。他表示理解和支持，还将自己的一组“思索散墨”供我欣赏，并将自己的工作笔记给我过目，使我大开眼界，觉得和他“投缘”。如果这次调动成功，也许比去党校并不逊色。

20040605

北京丁国成先生 5 月 31 日来信：“《咸宁文史资料》和《向阳湖文化报》都收到。谢谢您赠书赠报！/陈辽的《论‘干校文化’》，粗看一过，写得不错，堪称一家之言，能够给人启发。‘干校文化’，确实值得深入研究、讨论一番。许多问题需要实事求是地进行历史唯物主义的辩证分析，切忌简单化地一概而论。/又，您那里如有旧体诗词及有关文章，可给我们寄些来，或推荐推荐文朋诗友的诗、文来。请支持。”

20040614

南京师大何言宏兄 6 日来信：“谢谢您寄赠的《咸宁文史资料》及新一期的‘文化报’，陈辽先生的文采使我受益很多。/您在南京时，曾嘱我拟写一些关心‘文革’文学的学者名单，拖拉至今，现列出如下几位：北京大学中文系教授洪子诚、温儒敏、钱理群、曹文轩；中国社会科学院文学研究所研究员孟繁华、黄之林；复旦大学中文系教授陈思和、张新颖、刘志荣；南京大学中文系教授丁帆、王彬彬、董健；《文艺争鸣》杂志社朱竞；中国人民大学中文系教授程光炜；……另外王尧等人已与他们有所联系,在此不赘。有事请吩咐。”

北京李连仲先生 9 日来信:“你寄来的《向阳湖文化报》已收到,谢谢。其中《论‘干校文化’》一文,令人深思。产生‘五七干校’是‘文革’的副产品,其根源是早在‘反右派’、‘庐山会议’之后就埋下了极‘左’的根。党的主要领导者不从实际出发,错误地估计国内形势,搞以阶级斗争为纲,所以就产生了一系列极‘左’的政策,给党和人民造成极大的损失,这是我们今后应记取的教训。/我早在前几个月给你寄出的于志明同志所写的关于干校 26 连在双溪挖煤的材料,是否已收到?并作如何处理的,盼告。望以后多联系。”

成都黄葵先生 7 日来信:“赐寄‘文史资料’及‘文化报’奉悉,谢谢!/文化报刊文,一一阅过,引人回忆起当年向阳湖生活,十分亲切……您为向阳人做了大量有益工作,向阳人十分感谢您!/代向同仁问好!”

武汉董宏量兄 5 月 31 日来信:“新作及报纸收到,谢谢!你对文史的执着探寻令人感动,可谓做了一件非常有意义的事。而如今,能做这种寂寞之事并做得颇有成效的人,真是凤毛麟角。/有空来汉,到我这儿坐坐!”

20040616

北京郭小林先生 12 日来信:“前不久受赠贵报(总第 8 期),十分感谢。读了陈辽的《论‘干校文化’》,获益匪浅。恰逢我近年一直在写作《郭小川的晚年》一书,兹特将其中有关郭小川在干校的部分加以提炼,重新写过,命题为《我拯救了我的灵魂——郭小川在‘五七’干校期间的思想历程》,或可作为陈辽文中对郭小川评价的补正。/贵报作为全国唯一一家研究干校文化的报纸,是殊为难得的。祝愿她越办越好,成绩卓然!”

20040621

北京蒋曙晨先生 15 日来信:“谢谢寄来的《向阳湖文化报》和‘赤

壁文化专辑’。看到它们就要回忆起向阳湖和汀泗桥凤凰山的那段‘五七’生活。‘赤壁文化专辑’很翔实，对赤壁之战的遗址考证得很认真，结论令人信服。这也使我回忆起咸宁‘五七’干校结束前的那个秋天的一个上午，王子野和我等几个同志乘车去蒲圻赤壁凭吊古战场的那段往事。大家多以所看、所读《三国志》等有关书籍谈论这个课题，最后认定脚下的这个赤壁才是孙刘大败曹阿满处，东坡先生的《赤壁赋》谬矣。仁者千虑难免一失，苏老乃为唐宋八大家之一，我从小就受误于他的文章。我们那天还看了赤壁以西庞士元先生的隐居夜读处。大家爬上爬下无约束，但并不觉得累，以至忘了吃饭喝水，不觉已是夕阳西下时了。王夫人陈今催着回去吧，我们为了照顾年老体弱的同志，才开车驶回向阳湖校部。那年年底，干校人员经武汉回北京后，王子野和我在文化部‘五七’干校留守处办干校结束工作时，还曾回忆起赤壁之游。/你们几位同志为了向阳湖、赤壁文化花了很大工夫，跑了很多路，用了很多时间，谨致敬谢之意。/我年愈八旬(82 岁)，手腿脚关节处因在‘五七’干校自己干活太猛，以致骨质增生，多年来行动受到影响，其他正常。/天气炎热，请保重。”

20040623

上午与南京陈辽先生通话，说人民出版社的刘丽华约他写干校的书，他的意见应由我和他合写才能成功，我马上表示会全力合作。看来去年南京之行带来了“连锁反应”，真是意想不到的。

20040628

到汉参加省政协文史工作会，这次是新上任的张副主席带队，他对我在一届政协的文史工作有所了解。我现在是“身在曹营心在汉”，便没有“再接再厉”的打算，只是对他提出了二届应做好王世杰和汀泗桥两个专辑的思路，他表示首肯。我想如果调出来，政协文史最合适的人选是王亲贤担任副主任，我如果兼任主任更好，不兼也无所谓。

20040629

今日在会上作了《钩沉文史,打响品牌》的发言,是全省五个发言之一。张副主席听了马上对我说,有为才有位。武汉市政协文史委的同志今日也和我敲定,从8月起,在《武汉文史资料》开辟"向阳湖名人"专栏,这也算得是对《人民政协报》中途停止专栏的一个补偿?

20040630

今日在省政协召开文史研究会第二次代表会,我当选为常务理事。会上,请华中师大章开沅教授发言。他对我从事的向阳湖文化研究给予了高度评价,说我坚持10年,难能可贵,让他很感动。这位过去的大学校长在大会上说:"我认为这个工作只能前进,不能后退,向阳湖成了省级文物保护单位,这很了不起。'文革'有什么可怕?《决议》已作定性。我们虽然不搞'文革'博物馆,但它作为湖北的一个亮点,应大肆宣传。李城外,你把这工作投入一生精力,很值。我前几天还向省政协主席王生铁、省委宣传部长张昌尔呼吁,应重视向阳湖文化的研究。湖北是文化大省,一定要支持这项工作。这项工作如果做好,不仅有全国意义,而且有世界意义,如俄罗斯西伯利亚群星灿烂……要敢于冒风险,不要怕,不要等有中央文件再搞,不要迷信。要说中央也没有谁说不能研究'文革',更没有人说不能研究向阳湖。我们是在追求真理,保存历史遗产,因此不要有顾虑。我不希望文史队伍老化,要年轻化,要有精气神。我很乐意和李城外成为'忘年交'。人要永不言败,永不被俘!"接着著名历史学家、武大教授冯天瑜也在会上建议重视向阳湖文化研究:"这算得口述史学,要有敏锐的眼光,把握历史中稍纵即逝的历史资料。"他举例说,如果没有沈括的眼光,哪有毕升的传世?——由于两位专家的激赏,我市的文史工作也成为此次会议的亮点和议题。对我来说,虽然兴奋,但想起自己不久有可能离开这支队伍,我又有点愧对章先生的夸奖了。

收北京阎纲先生寄赠书《我吻女儿的前额》(中国文联出版社 2004 年版);武汉刘富道老师寄《阅读感悟》(长江文艺出版社 2004 年版),系“东湖文丛”之一。

2004 年

秋

20040702

我策划的电视专题片《钩沉文史，打响品牌》，在省政协新闻评奖中荣获二等奖，对电视专题片的制作者来说，是件喜讯。这对市级电视台来说，是不易获得的成绩。中午，余虹、樊栋两位记者请我小酌，我欣然赴宴。

20040703

《咸宁学院学报》第 3 期刚出版，首篇发表了陈辽专文《论“干校文化”》，同时发表单长江评论我编著的两本书。目次将此两篇冠以“向阳湖文化研究”专栏。据悉，余秋雨先生“文化苦旅”专栏在《收获》上推出后，《鄂西大学学报》为之特设一期“笔谈”专栏，后来受到秋雨先生高度评价。适时我将为该专栏投一篇长稿，以尽“兼职教授”之责。

20040705

美国高骏千先生 6 月 18 日来信：“寄来《向阳湖文化报》第 8 期收到。/文中提到的张柏年也在北京看到此期，文学出版社同事笑他炒一客鳝鱼吃(市上有黄鳝卖)。因想起，文中还提到补食品如油炸臭豆腐等。记得在咸宁时，水产丰富，炊事班去甘棠公社买来甲鱼、鳜鱼。在老乡家吃到用松枝醺的曝腌鳜鱼，真是美味。6000 名学员中，各省大都有，文化人都爱美食。/如果咸宁发展成景点，不妨开一家‘百家文化美食餐馆’。”

20040706

北京魏文藻先生 29 日来信:“遵嘱,对文化部咸宁干校‘家属连’的情况做了些回忆,写成此文,现寄上,请查收。/大的情节不会错,一些细节难免有不准确之处。如果不用,就当作资料存查好了。”

20040707

省教育厅过几日来咸宁学院验收我和成果兄承担的“向阳湖文化研究”科研项目。晚上成果兄到我这来加班,填表并讨论有关事项。我对他说,我们的眼光要定在下一步国家科研项目。他们学校也传来好消息,校部也同意成立“向阳湖文化研究所”。

20040709

北京眭燕萍同志 2 日来信:“您为原咸宁文化部‘五七’干校被列为全省文物保护单位,并著书办报,这都是您的不懈努力所做出的业绩,付出的艰辛是可想而知的。您的敬业精神实在令人钦佩!虽然时已 30 年过去,6000 文化大军开赴咸宁干校且不论它该不该去,也不说它对与错,我们毕竟在那片土地上跌打滚爬了 3 年多,洒下了汗水,留下了脚印,也锤炼了自己。对鄂南那片红色的土地,那里的一草一木都有着深刻的印象,铭刻今生。每当看到阁下所编写的书报,看到里面所写的人和事,就犹如回到了当年,回到了那凄风苦雨的岁月。/欣闻近期又出了书和第 8 期《向阳湖文化报》,我约在 10 天前与您通话后就一直翘首以待,但至今尚未收到。不知何故?我真诚地希望看到它,因为上面有我熟悉的同志写的文章,很想读一读。望在百忙中赐寄是盼,谢谢。随信附寄自我从干校回京工作后与校部军宣队同志的联系信件,共 5 封,但愿对您能有用。请查收。收到后请回信。”

20040710

花了 10 余天时间翻阅了《建国以来毛泽东文稿》(中央文献出版

建国以来毛泽东文稿

第一册

毛泽东

《建国以来毛泽东文稿》书影

社 1987 年版)，洋洋 11 卷，从中竟获得不少有关向阳湖文化人的信息。有毛对冯雪峰《检讨我在〈文艺报〉所犯错误》一文的批注等，又如收入毛写给臧克家、陈白尘、侯金镜等人的信多封。这对我今后写有关大部头的作品极富参考价值，也有可能采用。看来今后的业余生活是应读书写作并举，而且前者更重要。

20040712

北京中华书局人事处 9 日来信:“冀勤托我们找的名册，现给您寄去，另外印研所的名单，她也和他们单位联系了。特此告知。”

20040713

香港王一桃先生 6 月 24 日来信:“5 月 31 日大札拜收，所赠的资料也收到。您在咸宁政协和作协十分活跃，既编报又出书，成绩不少，令人钦佩! /上次登您的大作，文中所涉及的萧乾之子已成为侨居海外的作家，他们生活和创作，自然成为世华文协研究的内容。”

王一桃致作者信

20040714

《武汉文史资料》第 7 期“难忘岁月”栏目发表成果兄新作，题为《独轮车虽小，不倒永向前——沈从文在咸宁“五七”干校》。

20040715

短信收到李熟了被苏州大学录取的消息。晚上马上向王尧兄发出电子邮件:“我当继续做好向阳湖文化研究，以期能为兄之‘文革’史研究提供有价值的参考……”

20040716

北京郭小林先生 12 日来信:“感谢你惠赐 4 本宝贵的书! 我连续

几个白天和晚上把它们通读了一遍,书中诸位前辈对于干校生活的回忆,对我所写的《晚年郭小川》还是很有帮助的。/略觉遗憾的是,他们大多止于对客观外界(包括军宣队、自然环境)对人摧残的控诉,少有人触及主观世界在这场劫难中的扭曲与不足。李慎之老师说过:中国的皇权专制主义与被统治者头脑中严重的奴隶主义,是一个事物的两个方面,两者一而二、二而一的。/我通过数年的采访和了解所发现的郭小川,最值得珍视的一点,就是他不甘于被奴役的状态,他要像一个真正的人那样生活,可以说,在那个'万家墨面没蒿莱','万马齐喑究可哀'的岁月里,他已经初步具有了独立人格意识。/中国的改革若想成功,没有每一个个体的人的公民意识,独立人格意识的觉醒,是不可能成功的。我想,郭小川的意义大约也正在于此吧!/简言一二,打住!再次谢谢你!"

北京朱雨滋先生6月27日来信:"寄来的《咸宁文史资料·三国赤壁文化专辑》和5月23日出版的《向阳湖文化报》,均已拜读,非常感谢您的关心!说实在话,虽然离开咸宁原文化部'五七'干校已经30多年了,但对咸宁的往事,仍然很有兴趣,有些事情,仍然能引起些亲切的回忆。再一次向您表示衷心感谢!感谢您用辛勤劳动带来的丰硕成果。"

20040718

十堰李传新兄13日来信:"十分感谢你寄来的全套《向阳湖文化报》,这份报纸史料价值颇大,我已通读一遍。/现有一事相求,不知能否惠寄一册《咸宁文史资料》'向阳湖文化专辑'?报纸也请再寄一套给黄成勇先生,黄是市店老总,《书友》是因为他的'文化情结'才坚持办下来的……"

20040719

上午在市委李明波书记办公室接受谈话,通知我调任市新闻出版局党组书记、局长。市委组织部周彩娟部长介绍道,市委对我这些年致力于文化宣传是肯定的。市委程传忠副书记则表扬我的人品、文品有口皆碑。但毕竟长期在机关工作,没有在部门独挡一面的经历,今后工作的重点在于团结班子一班人。李书记则嘱咐,新闻出版的担子很重,任何时候要和市委保持一致,不能出乱子。我感谢市委的关心和信任,表示要以工作成绩回报组织的关怀。我对这次安排总体上是满意的(虽然原计划调党校没有如愿)。市委宣传部部长马世永还特意打来电话祝贺,我也表示在他手下工作会很愉快,我也一定不会辜负他所望,把向阳湖文化的宣传搞得更好。下午和晚上我还通知了北京和周边的亲朋好友,收回一片祝贺之声,均以为“得其所哉”。

20040727

江苏陈辽先生 20 日来信:“自您和我通过电话后,我就开始起草《审视和反思干校文化》一书的提纲。三写其稿,现寄上,请阅示。/如认为可,请将此稿打印后寄刘编审。她认可后,申报 2005 年的出版选题。社领导批准,我们即着手写作,2005 年上半年交稿。刘编审可能提出修改意见,下半年、9 月份修改定稿,2005 年 12 月前出版。/总之,我除负责撰写第一章、小结外,二、三、四章及各章的图片,都由您负责,总其成,明年 5 月底前,我俩彼此交换所写稿件,作些修改补充,元月底寄刘编审。以上进度是以出版社批准刘编审报去的选题为前提。如出版社不批准这一选题,那就作罢。/收到信、大纲后,请赐复。”

20040728

河南王金魁先生 21 日来信:“呈上《书简》请赐教!这份小刊物虽然普通和微不足道,但它以弘扬书信文化为宗旨,以彰显友谊亲情为己任,相信收藏书简富可匹国的您,读后会有更多的想法和感受。《书简》盼您赐稿!/《向阳湖文化报》令我向往之至。谢谢关怀和支持。”

20040731

市中心医院儿科全体同志今日上门闹酒,恭贺我家“四喜”:1.乔迁新居;2.熟了考上“一本”;3.致婷入党转正;4.我就任新职。大家都说像这样好事连连是不多见的,中、晚餐都喝得尽兴。他们晚上还在我家开了几桌麻将,也玩得开心。

20040803

上午分别去市委刘副书记和田副书记办公室小坐。刘说我在这个岗位上熟,工作会得心应手。田则使我感到有一种亲和力,他说我是咸宁的才子,对新闻出版内行,工作一定会干得出色。下午又去李书记办公室谈,再次感谢他的关心。他说干新闻出版或许比去党校还好些。他重申了新闻出版工作的重要,相信我会干得好,虽有人担心我能否担当此重任,但我重要的是干好工作,以正视听。他还提醒我,局班子成员年纪大、资格老,我要善于团结,适当时候支持我调整个别人出来。李书记的一番话令人感动,今年大年初一我向他发了一条短信息,他立即回复了祝愿之辞。上月《湖北日报》发了他的《打造武汉“后花园”访谈》,其中还谈到了向阳湖。

20040804

无巧不成书,市委组织部让我今天到新闻出版局报到,正好是我的生日。上午市政协主席和县级干部听取了市委程副书记和组织部周部长对我的任免决定,会上饶主席肯定了我在政协的工作。我发言时说,这不仅是市委、市政协党组对我本人的关心,也是对政协干部的关心。我虽然离开了政协,但和政协的感情在,尤其对文史工作依依不舍。我离开市委办公室后,在政协工作时刻想到自己的“娘家”,要为之争光,干出新的成绩。到了政府部门,也会想到政协这个“娘家”。市政协安排分管文史的张副主席,随市委两位领导送我去新闻出版局报到。在科级以上干部大会上,程副书记一改在政协会上对我由从文到从政的担心，介绍我是市委跟踪培养的年轻干部，文史工作尤其是向阳湖宣传干得十分出色，干一行爱一行，市委出于给年轻干部压担子的考虑，派我到新的岗位。他还向大家介绍说："李城外是咸宁的'名人'，省政协为他的工作调动还向市委提了意见，担心咸宁文史这张牌由谁接？"我向在座的表示，诚如程副书记所说，班子成员中，都能担起牵头的担子；但市委已决定，我会团结大家，负起责任，不负组织的厚望。

20040808

今天花了一整天时间分别上门找3位副局长谈心，了解情况，尽量做到心中有数。晚上又去李市长那儿报到。他提醒我过去是作家，现在要转变角色，在新闻出版局首先要抓好班子，其次是搞好管理，三是要逐步还清债务。其他方面都好说。其实局的摊子不大，专业性强，暂时有困难也是能克服的。

20040815

《武汉文史资料》第8期开始开辟"向阳湖名人"专栏，首期发表《陈白尘"探亲"》、《谢冰岩"放鸭"》。

20040826

武汉肖志华先生18日来信："非常感谢你寄来的作品，读后颇受教益。你事业有成，前途无量，这里，我谨向你表示衷心的祝贺。/很遗憾，我俩过去不相识，只到前几年在编此文史资料上见到你的大名，但并不认识。我从1980年恢复政协文史工作时，从光明日报社调回，也算是个老文史了。1993年组织武汉经济协作区文史工作协作会时，我任秘书长，开始与咸宁有所合作。我想，当时如能有阁下这样有开拓精神、有扎实文史知识功底的参与，更应会出现一种新的局面。不过，现在仍然是大有用武之地，祝愿你的文史事业更加辉煌。"

20040827

上午去赤壁市调研,中餐市委龙良文书记等作陪。晚餐市委金副书记作陪,因是老熟人,说话都比较随便,她说我是“重新出山”。

20040828

上午,咸安区局毛局长来汇报向阳湖申报“国保”单位的事。我向他们提供了一些资料,并表示需要上北京找专家的话,也会全力支持。因为国家文物局的老专家大都下放到向阳湖,而且不少人都接受过我的采访,至今还保持联系。

20040830

北京孙庆仁先生23日来信:“原文化部机关‘五七’干校战士姚奎同志,现为旅居加拿大画家,目前,回国将其在干校时8幅写生画交来,嘱转咸宁向阳湖文化研究会,请收。”

20040901

陪省新华书店集团董事长张惕去向阳湖参观。张对向阳湖很感兴趣,与我可谓投缘,今后应加强联系。同时,我感到在政协的这几年,由于视线的单一,身份的限制,对外的交往比在市委办公室时少得多,现在要“弥补”了。

20040903

北京楼青蓝先生8月26日来信:“久未见面,谅必一切安好。关于我在2003年2月份借您的我在干校画的速写油画,请您百忙中速用挂号寄还给我,因9月份,我这些画另有他用,非常感谢。”

20040912

《武汉文史资料》第9辑“向阳湖名人”栏目发表《“老废物”陈原》、《周汝昌“镀金”》。

20040914

文化部电影局离休干部王树舜和儿子王冕(《法制日报》记者)今日专程游向阳湖,事先没有通知我。向阳湖奶牛场的党办主任晚上打电话来,我立即赶往天丽宾馆看望,约了金戈同行。王老说,9月26日中国现代文学馆将召集中国作协的五连战士小聚。我说大约是纪念下放咸宁干校35周年。这倒提醒了自己,上班三四十天来,一直忙于单位事务,将向阳湖的事情考虑得太少了。咸安区这次还不错,场里安排食宿,还送了土特产,区委宣传部王部长还特地前来看望王老。但奶牛场吴书记观念有问题,闲聊时说为向阳湖文化做了工作,老是说为我做了事,将话说反了。他忘了自己所处的位置。

20040915

晚上又去天丽宾馆找王氏父子长谈。王老是作协在干校时间最长的,从先遣队到干校解散,最难得的是一直记了日记。我准备下次进京一定再次上门拜访,挖掘这批资源。王氏父子对我从事这项工作评价很高,表示一定支持,说我的工作做到现在这个份上,已经功德无量了。

20040916

上午局行风评议座谈会,市直20多个行评代表参加,我特地邀请市委田副书记到会讲了话。田因为要陪余秋雨到九宫山,我托他的秘书小余带了有关向阳湖的书转送余秋雨。碰巧市电视台刘台长和文艺部"面对面"的樊韵、孔薇都和我电话联系,请我出面采访余秋雨,作一期节目。我爽快地答应了。不料下午刘台长告知,余秋雨因事取消了咸宁之行,电视采访自然搁浅,我也因此失去了一次向文化大家宣传向阳湖文化的机会。

20040919

市委宣传部马世永部长邀请同上九宫山,见一见第十届中国电视纪录片学术评奖会的客人。晚上小酌时，巧遇香港凤凰卫视台副台长钟大年，他称其母曾下放向阳湖。我正好车上带了有关书报，便送他指正。省电视台郭耀华也准备拍拍向阳湖，但听人说咸宁的李市长不大感兴趣。我便当马部长的面说，不管市里重视不重视，我是会“咬定青山不放松”的。

20040926

今日是干校人下放35周年，原计划策划搞第二组“中国向阳湖文化名人风采”纪念封，因事情太忙，只好后移。晚上去李市长家，汇报国庆节向阳湖第二代20余人来咸宁重游的事。李市长叫我考虑一下接待方案，争取他们不虚此行，咸宁也有所获。

20040927

国家工商总局商标局已批准“向阳湖文化”商标注册(核定使用商品第16类)，注册有效期限：自2004年9月14日至2014年9月13日止。去武汉市商标局办理有关事宜，领取了证书等。

商标注册证

核定使用商品(第16类)

注册人

注册地址

注册有效期限

局长签发

商标局

向阳湖文化商标注册证

2004 年

冬

20041002

北京两批客人(文化部子弟和人民出版社的“向阳花”)在汉汇集,今日上午一同来咸。因为客人中有荆门市市长刘力,上午李市长出面接待陪同。我正好趁势将两批客人安排在一起,食宿都由市政府买单,局里也可节约一点。上午参观了向阳湖,下午我又陪同客人去“131”和老咸高,晚上又在桂园山庄举行了一个小型座谈会,还安排电视台录像作了光碟。此行客人有的来自加拿大、香港,有的来自北京、湖南,有的来自武汉、荆门,还有的带来子女受教育,共计 30 余人,是近年来重返咸宁的“向阳花”最大的团队。

长沙叶英歌带来滕锡绘、梁家敏夫妇 1 日的信:“今托叶英歌将现在潇湘厂的原文化部‘五七’干校人员名单带给您,如有不清楚的地方请来电话。/本来早就该寄给您,因 7 月份我们出去旅游,把这件事就拖下来了,很抱歉。望有时间到长沙做客。”

20041003

荆门市市长刘力和中科院武汉分院岩石研究所副所长汪稔,是新闻出版署老领导的子弟,也是此次文化部干校子弟重返向阳湖的召集人。上午带了十几人去荆门,留下的人民出版社的客人由我和廖副局长陪同,参观汀泗桥、凤凰山。下午,我请客人来“向阳书屋”小坐,其

中一位“向阳花”韩聪一眼看见我书架上有他父亲韩仲民的著作,十分欣喜。我随即请他在上面题了签。我又请大家看了电视片《面对面——向阳湖的守望者》。

20041004

又陪北京客人参观南川水库和通山古民居,下午客人离咸去汉。此次花了两三天时间,动用了局里的3部车子,虽然累了点,但也体会了当“一把手”的权力。尤其是接上了向阳湖第二代的关系,无疑为今后的工作开拓了视野。人民文学出版社曲六乙先生之女小侠、人民出版社丘淙和韩聪、潇湘电影制片厂的叶英歌都和我结下了友谊,对我的热情接待深表感谢,我还为客人们安排了桂花糖等薄礼。

“向阳花”参观向阳湖文化展

20041007

收到秋季号《湖北作家》,上面关于我的消息有两条:一是简讯《李城外又开向阳湖专栏》;一是咸宁程应峰写的专文《湖畔有约》。后一篇我不知道作者会往这里投,反正我现在对此已能保持一颗平常心。

收省作协必文兄寄赠《梁必文诗选》(长江文艺出版社2004年版),其中收入写向阳湖诗作一首。

20041009

今日向李市长汇报工作,他对此次接待客人表示满意,但对今后向阳湖的宣传却保持低调。这点使我扫兴,但又能理解。

20041010

北京丘淙今日发来电子邮件:“您送给张慈中先生的东西,昨天

（节日期间他到孩子们家去住了）已经转交给他。他很高兴，并表示感谢。/他儿子得知我们去了咸宁，十分懊丧，说要早知道和我们一起去。/咸宁确实是一个让人难忘的地方。/收集到了杨牧之等人的地址，寄上。”

20041011

在汉购《沈从文的湘西》（沈从文、卓雅摄影，当代中国出版社 2004 年版）、《沈从文评说八十年》（王珞编，中国华侨出版社 2004 年版）、《中国一九五七》（尤凤伟著，春风文艺出版社 2004 年版）、《口述历史》（2，中国社会科学出版社 2004 年版）、《中国知青终结》（邓贤著，人民文学出版社 2003 年版）、《滋味——与 50 个文化名人聊天》（张继合著，大众文艺出版社 2003 年版）。

20041012

购《文人的另一面》（［马来西亚］温梓川著，广西师范大学出版社 2004 年版）。

20041013

陪人民教育出版社韩绍祥吃中饭，席间他谈起和回良玉是同学，和胡锦涛交往深，感慨二人谦虚、念旧。我向韩社长和他的随行送了向阳湖文化书系，他们都表示了浓厚兴趣和谢意。只是可惜因时间不够，没有去向阳湖实地看一下。

20041014

《武汉文史资料》第 10 辑“向阳湖文化名人”专栏发表《绿原的“超蜜月”》、《“自由人”周绍良》。

20041018

北京蒋超今日发来电子邮件：“承蒙你的关照和细心安排，我们这次从咸宁返校一路非常顺利，大家感慨颇多。/由于我们这些人也是

刚刚建立联系，互相只留了手机。就我所知，以下几个人的情况……”

购《梁漱溟问答录》（汪东林著，湖北人民出版社 2004 年版）、《法国的文化大革命》（［法］洛朗·若弗著，长江文艺出版社 2004 年版）。

20041019

北京姚奎先生 13 日来信：“收到寄来的向阳湖文集，谢谢你，感到十分亲切。/寄上我的几种印刷品，请你指教。/在向阳湖我画了一些彩色画和钢笔速写，记录了当时的感受和情景。这次回京，原想给老朋友玩赏，他们介绍我转送你们。我感到这是回到了它们的老家，自然十分欣慰。我不久回到温哥华，还会找出一些有关旧画寄给你。”

20041020

到通城点上了解情况，晚上县委宣传部长杨奔设宴小酌。席间他趁着酒意，大谈我和向阳湖的价值，说我并没有把官场当回事，否则不至于现在这个样子；而我所干的事业是几百年、几千年在咸宁的历史上都会留下痕迹的，那时候什么新闻出版局局长值几何？

20041021

孝感杨波同学 14 日来信：“由于时间的关系，我只略读了一下你书中的 9 篇附录，从中体味到你的不易。文化领域也充满火药味，值得欣慰的是你有不少的支持者，你仍然是成功的。我也希望你朝着既定的目标走下去，继续把你的‘向阳湖风’吹向全国，让‘李向阳’名字响彻文坛……”

20041024

全国新闻出版行政机关职能转变研讨会在济南开幕，总署领导和各司司长，各省、市新闻出版局长和部分中等城市的局长到会。这对我是个熟悉业务、汇报工作、结交朋友的极好机会。晚上便向总署的司长们送了我的著作，还和苏州市局汤钰林局长长谈多时，建立了联系。

20041025

晚上拜访总署署长石宗源和副署长柳斌杰，他们对我写的向阳湖表现出兴趣。因是初次见面，我不便多谈工作，计划今后专程上北京汇报。

20041026

会议上午结束，下午参观济南景点。晚上和武汉市局局长彭小华聊天，他对向阳湖的重视和认识令我兴奋，竟主动提出给我几个书号，支持我推出有关书籍。这真是此次会议的重要收获，我马上意识今冬和明年将十分忙碌。

20041027

在曲阜购《孔子故乡全览》和《孔子与曲阜》两本宣传册。

20041028

晚上返温泉，和致婷说起不虚此行。她说我总是运气好，宣传向阳湖，总会碰见一些好人相助。

20041029

下午又赶到汉口参观武汉国际文化博洽会。“向阳湖文化村”在咸宁展厅占了一块，其中推出了我编出的书、纪念封和研究会的招牌。我专门在宣传板前留了影，工作人员还推出了“向阳湖招商项目”。

在武汉出版社，彭小华兄赠《世纪之声》(1—10，16 开本精装，1998 年版)《跋涉者文丛》(1—14，1999 年版)《聂绀弩全集》(1—10，2004 年版)，后者尤为珍贵也。

20041030

南京陈辽先生 21 日来信：“信、书报都收到了。谢谢。/知您已正式就任咸宁市新闻出版局局长兼党组书记，谨致祝贺。”

武汉李遇春兄 30 日发来电子邮件：“您好，我名李遇春，是武汉大学中文系於可训先生的弟子。2002 年博士毕业后,在华中师大文学院勉力讲授《中国当代文学》课程,自 1996 年跟随於可训先生问学以来,也发表了不少文学评论文章。近年来,於先生正在主持编撰《中国当代文学编年史》,我是主要参与者之一,在编撰'文革'文学编年的过程中,常常感到资料的匮乏。我从於先生那里见到了您主编的《向阳情结》和《向阳湖文化人采风》,对于我们的编年史着实起到了很大的参考作用。此次来信,一是表达我作为后学对您的尊敬和感谢;二是想向您求购您主编的这两套珍贵的史料书籍,还有我在网上看到的《湖北文史资料》(文化部咸宁'五七'干校史料专辑)一书。不知您手头有存书没有? 如果能烦您惠寄,我将万分感谢,书款也必会寄还。我是在网上看到你的邮箱的,也不知您是否真的能收到我的来信。所以就此打住。/最后祝您的向阳湖文化事业愈益繁荣!”

今日得到消息,10 月 26 日,著名出版家陈原先生在北京去逝,享年 86 岁。陈先生生前被本会聘为顾问,用句套话来表示怀念:“他的逝世是向阳湖文化研究的一大损失。”

20041031

前日在武汉出版社领了几张选题申请表,今日初步拟了几本书的题目。分别是:1.《话说向阳湖》,系普及性读物,全面介绍向阳湖和向阳湖文化;2.《向阳湖纪事》,将《人民政协报》和《武汉文史资料》的专栏汇编成册,计 100 篇;3.《向阳湖文化研究资料选编》;4.《干校老照片》;5.《向阳情结——文化名人与咸宁》(续)。

20041101

订 2005 年报刊,975.8 元。

20041107

今日得到消息,本月 2 日咸宁学院成立院级科研机构“向阳湖文化研究所”。

20041112

武汉李遇春兄今日发来电子邮件:“您惠寄的书报我已经收到,万分感谢!我将抽空到邮局把书款寄给您,显然,您采编的珍贵的史料是很难用金钱衡量的,您的工作对于中国当代文学史、当代文化史、当代知识分子精神史都有着不可估量的文献价值,已经并将继续泽被后世,再一次向您致敬。”

咸安区施继德先生今日发来电子邮件:“虽然您不认识我,但我是见过您的。记得我还在咸宁的时候,您为了搜集‘文化部五七干校’的资料,有一次您找到我。自那次以后,我开始关注向阳湖‘五七’干校。您为‘五七干校’所作的两本专著,我虽然没有机会看到,我为您取得的成果表示祝贺。/我一直在思考:作为中国文化历史上罕见的大事,除了你的专著、一些当事人的日记、诗歌和回忆文章之外(据作家陈虹在一篇文章提到只有一部中篇小说),还没有看到有影响较大的文艺作品。因此,在人们纪念电影一百年的时候,我便以文化部干校电影人和当地电影人之间的情谊为故事情节,写了一个电影剧本侧面反映了干校的一些片段。因电影剧本不宜直接观看,我又把剧本改为小说。不怕您见笑,作为文学创作来说,我是一名新手。您不但是研究干校文化的专家学者,而且文字功底深厚。因此,想请您对我的习作进行修改。我知道,您的时间是宝贵的,如您有时间并同意的话,我就把习作发到您的邮箱里,以便赐教。请恕冒昧。这里有礼了。”

武汉市局彭小华兄今天来了电子邮件:“很高兴认识你。给我的资料我看了一些,有继续发掘的价值和必要,但是赚钱就难说了。不过,我认为一个出版社总得给历史留下一点有价值的精神产品,否则,罔谈出版。最近特别忙,但是,还是想抽空去你那里一下。你名片上的网址有好几个,不知哪一个你常用。材料不知准备得如何?望告。”我马上回复云:“泉城幸会,至今感佩。兄作为一名出版家兼官员之人

文情怀,令我倾心。如蒙不弃,日后当时常请教,以期不断小有长进。/回来以后一直忙碌,但还是挤时间按您的要求,列了几本书的提纲,准备修改后再送您处审定。如有计划来咸宁,随时恭候,先去向阳湖实地考察,再到小弟之‘向阳书屋’看看,一定会有新的收获和感情的。我想,你对向阳湖文化的厚爱,既是对我事业的支持,更是对历史文化的贡献。我希望这项工作如同传世之作《聂绀弩全集》一样,能在您的直接领导和指导下进行。/此外,再次感谢惠赠,小弟别无所好,身无长物,除了书还是书也。”

20041115

《武汉文史资料》第11期“向阳湖名人”专栏发表《“鸭司令”周巍峙》、《“大力士”萧乾》。

20041116

在云梦县档案馆购《云梦县志》(三联书店1994年版)。

20041118

北京佟韦先生寄来《话说向阳湖》的题字。

北京柴志湘先生寄来《扎根》(韩东著,人民文学出版社2003年版)、《中国文人的活法》(李国文著,人民文学出版社2004年版)。

20041120

刘三多老师从武汉返咸,中餐我邀他小酌,马世永部长欣然作陪,还叫了元平和金戈。席间我感慨地说起,原准备写一篇文章,感慨刘迁往武汉,但现在的身份不适宜写了。刘发牢骚说,咸宁只讲“两个代表”,不重视先进文化。他告诉我,近日去京拜访了周巍峙先生,并去中央文史馆作客,受邀画历届文史馆长的肖像。我向他祝贺,并庆幸自己当初建议他画向阳湖文化名人素描像,这下影响越来越大。马部长则说我已经“立言”,现在该“立业”了。元平则说我俩的友情弥足珍贵,到现在这个份上是十分不易的。我则调侃道,看到他到省里一年多，混得这么顺畅，也萌生了调到武汉的念头。

20041121

武汉彭小华兄今日发来电子邮件："11 月 12 日的来电收到，但未收到其他信。你所做的关于'向阳湖文化'的发掘是件很有意义的事情。十年来，把自己的业余时间几乎全部投入到这项工作中，并牺牲了大量休息时间，付出了艰辛的劳动，应该说是有价值和收获的。人生苦短，在有生之年，能为社会做一点有意义的事情，应该是每一个有良知的人的追求。你可以说是做到了，希望你能继续坚持做下去，争取更大的成果。我在力所能及的情况下尽量给你支持。下周我准备去你那里，行前再与你联系。"

20041123

市档案局请来《湖北档案》主编邓衍民，和我一起商议在杂志上开专栏事宜，我下午陪同客人去参观向阳湖。返回后又在我的"向阳书屋"小坐，邓主编建议我，有的珍贵的手迹、照片，可以往档案局寄存。程局长等也说市档案馆至今没有镇馆之宝，如果我支持，两全其美，免得由我私人收藏，长期"养在深闺人未识"。

20041126

长江出版集团总编辑周百义来市新华书店调研，他是省作协理事、出版家。我们过去就熟识，他对向阳湖文化早就了解。我陪同他座谈、晚餐和聊天，忙到晚上 11 点才回。

20041127

上午陪周百义参观向阳湖，他谈及"向阳湖文化丛书"出版要考虑与市场对接。又调侃道，这是我一个人打造的品牌，几乎可以说"向阳湖等于李城外"。

20041203

晚上和北京杨德炎先生通话，他还是十分关心我的境况，对我现

在的工作担子重了,再次表示祝贺。我诚恳邀请他再来咸宁,这样省系统有关领导会更加重视咸宁的工作,如他和省局邱局长、集团王总都十分熟悉。杨总还关切问及向阳湖文化研究的进展,我说已从政协“带”到了新闻出版局。我如果停下来,这项工作也会慢慢停下来。杨总鼓励道,任何时候都不要放弃。

20041204

中南财经政法大学党委书记徐敦楷等来咸宁,林副市长推荐他参观向阳湖,自然请我作陪。我送了书报,中餐前聊天时,徐书记说向阳湖的名气比咸宁大,文化靠挖掘,金子挖出来又会带来更多闪亮的金子。他建议我应承办“向阳湖文化节”或设立“向阳湖文化基金”,还可和高校新闻传播等专业联系,广泛宣传向阳湖文化……我庆幸今日又遇一“知音”,真是爽快。下午陪徐书记等参观,他在展览馆留言“意外之事,意中之果”。

返程的路上,市邮局打来电话,周巍峙先生题字“南鄂书城”已用特快专递寄来。

20041205

晚上,武汉《新周报》两位记者登门拜访。一是说要我编写的书报,二是说要去向阳湖采访,准备做一期专版。我自然给予大力支持,但去向阳湖没有时间,今后随着来访者的增多,去向阳湖也不是逢客必陪前往了。

20041213

中国现代文学馆馆长陈建功6日发来《致文学界各位同仁的征集函》:“跨进2005年,中国现代文学馆将迎来成立20周年纪念日。2005也是文学馆新一届领导班子上任后的第一年,文学馆二期工程将全面启动,届时,馆舍建筑面积将由现在的1.6万平方米增加到3万平方米,展览面积、收藏条件、研究环境和利用途径都将迈上一个新台阶。

我们将不辜负您和社会各界的厚望，努力拓展中国现代文学馆的档案馆、展览馆、版本图书馆和研究中心职能，使之真正成为服务于作家、服务于文学研究者、服务于广大群众的专业博物馆，不辜负‘世界最大的专业文学博物馆’的美誉。/为了达到这一目标，我们特向包括您在内的全国7000多位作协会员再次征集个人文学档案资料，以丰富充实文学馆的馆藏和您在我馆的个人文学档案。恳请您在百忙中将自己的尽可能全的著作版本、主要手稿、重要书信、照片等捐赠我馆收藏。我们认为，文学馆馆藏遗漏任何一位作家，都将是我馆工作的莫大遗憾。因此，您的捐赠，将是泽被后人、造福民族的义举。如蒙慨允，不胜感激……”

20041214

“南鄂书城”定于18日开业，我周密安排筹备工作。除如愿索来周巍峙先生的墨宝外，每几日都要过问工程的进展，今日又审定书城的简介，将它定位为“咸宁新闻出版行业的形象工程之一”。

20041216

《武汉文史资料》第12期“向阳湖名人”专栏发表《张光年“受审”》、《严文井“升官”》。

20041217

来得早不如来得巧，武汉市新闻出版局局长彭小华今日来咸，商议“向阳湖文化丛书”的组稿事宜，我正好请他出席明日的书城开业典礼并剪彩。上午陪同彭兄和武汉出版社总编室副主任邹德清参观了通山闯王陵和通山古民居大夫第，下午重点参观了向阳湖，晚上又请客人来“向阳书屋”参观。彭兄看了我珍藏的大量老照片和向阳湖文化资料，指示小邹明年落实出版事宜。

20041221

省政协文史委今日来咸，商议北京布置的《“五七”干校》一书组稿事。

20041222

作者在咸宁高中演讲

下午应邀去咸宁高中为高一年级四、五、六、十班近300名学生讲课,题目是《我们身边的向阳湖文化》。课堂设在科技馆,条件很好,先放了专题片《向阳湖的守望者》。我讲课时用电脑投影,比上次在咸宁学院强多了。因为要控制时间,此次破例用了讲稿,并提出要送四个班的语文第一名每人一套书。他们分别是洪卉、舒谦、李喻春、刘佳。我希望他们今后考上名校后从事向阳湖文化研究。今日会场气氛很好,因学校设有“向阳湖文化网站”。同学们早有光顾,所以对我的到来可说是“盼望已久”。我今日仍叫了电视台记者胡武生同行。

20041224

北京林光先生20日来信:“你主编的《咸宁文史资料》第四辑及《向阳湖文化报》总第8期已收到多日。承惠赠,得以从中了解一些向阳湖文化活动近况,十分铭感。你对向阳湖干校所作的一切,我是谨记于心,深怀谢意。/本期《向阳湖文化报》所刊载陈辽先生大作《论‘干校文化’》,是我见到的同一论题少有的重要论文。论文本应从实际出发,可惜该文许多论点,多来自当年的上层人物,或当年的既得利益者,有的至今仍是权势者,这从引证的文章及其作者可以得到证明。该文论点提及干校学员的五种文化心态,我认为这五种学员者是上层人物或者当时的权势人物,而不是广大干校学员的心态。龙有龙的心态,虾有虾的心态,小虫子有小虫子的心态,怎可一概而论?/读到这些好文章,还得多谢你的关照。”

卷十二

2005 年

春

20050109

上午去汉，在汪稔先生家，他和其父宋木文署长一样关心向阳湖文化，热情支持我将这项工作进行到底，并愿意今后尽可能地给予支持，比如负责联络下一代、提供一些资料等。巧得很，其妻汪敏是湖北少儿社副社长，1977 届毕业，曾下放过赤壁农村。汪稔和刘力虽都是干部子弟，但身份不一，待人接物大不一样。汪稔反复说我当局长是暂时的，研究好向阳湖文化是一辈子的，而且是对国家有贡献的事。这是我在向阳湖文化人第二代中认识的一位老大哥知音，今后当常来常往。

20050113

北京肖驰星大姐今日发来电子邮件："我已经给汪稔写了一封信，明天特快寄出。过了春节高峰段，或者我去一趟武汉，从离开干校就再没见过他。既然有事相托，该去看看他，顺便正式地认识您，算人之常情，不知他何时不出差？当然我是属于活在过去的人，或者和你们不同。譬如我没有足够的坚强重回干校，最多走到咸宁，毕竟当初的咸宁的冰莲子水是用钱可以买到的。温泉我都不太想去，怕现代的嘈杂毁了我心里那个温馨的小镇。那是一种洁静且湿呼呼的记忆,今生不再了。因为对你们或者只是一件要做的事情和已经过去的一段经历,于我是生命的一部分留在那儿了……”

20050114

下午金戈陪赤壁市姜洪来访,小姜打算认真写一下我是如何坚持十年挖掘向阳湖文化的。他于10年前曾要求采访我,被我婉言谢绝过。但现在又提出来我再不便推辞,因为毕竟有东西可写。虽然金戈已写得较详细,但各人的视角不同,也许会有些新意吧。不管怎样,这不只是宣传我本人,更是宣传向阳湖文化。

20050116

《武汉文史资料》第1期“向阳湖名人”栏目发表《冰心“改造”》、《顾学颉“悟道”》。

20050120

从网上得知,“中国文化管理网”学术论坛开辟“向阳湖”栏目。我感谢汪建德先生的大力支持。

20050123

北京戴文葆先生11日来信:“接得新年贺卡,非常感谢!/谨祝您全家新年吉祥如意,祝您工作开展顺利,各项业务如愿发达!/我从不焦虑,觉得二三十年来在风雨中度过,还能幸存到2004年,已属难能可贵,平生也不是一般的‘混混儿’之流,对得起家国与良友的影响。/我很感谢您逼我写了拙作《怅望向阳湖》,衷心不忘您的认真组稿与督促!/您一向力求进步,努力不懈,敬佩之至!”

北京郑士德先生20日来信:“寄来的新年贺卡已敬悉,谢谢您的关心。从附来的名片,我了解到,您已荣任咸宁市新闻出版局局长、党组书记,特向您表示祝贺!/祝您事业发展,政绩卓著,在新闻出版领域有更大的作为。相信在您的领导下,咸宁地区各市县新华书店会越办越好。今后，我们是同行了，觉得更为亲切。/上世纪90年代初，我曾重访温泉，是湖北省新华书店吴总经理陪我去的。我们在温泉访问了市新闻出版局和市新华书店，在几位局长的陪同下，又到向阳湖旧地重游。10多年过去了，那次重游给我留下了深刻的印象。”

20050126

今日参加全市宣传部长会议，上午田副书记在谈及咸宁文化时插了一句：“李城外是向阳湖专家，全国有名。”下午咸宁学院的同志在典型发言中，又再次提及“聘请李城外等人担任客座教授”，这对与会者肯定有所影响，只是我暗自惭愧。

20050127

作者陪同“向阳花”参观

北京肖驰星大姐重返向阳湖，昨日乘飞机到汉，今日邀汪稔陪同抵咸，我放下手头工作陪同客人重访向阳湖旧址。肖女士之母金露是原文化部电影局干部，著名演员金焰是其舅父。肖从干校返京后就读于中央美术学院，今年写了中篇小说《旧时相识》，我邀她赐稿先在网上发表。

20050128

上午去武汉出版社，得赠书《中国当代文学辞典》（武汉出版社1996年版），16开本精装。

下午到省委办公厅访文友涂阳斌，他现在的工作是为省委书记俞正声作“刀笔吏”，写讲话稿。我正好送一套“向阳湖文化书系”，请他代交俞书记雅正。目的是有可能的话，请省领导重视向阳湖文化。顺便向涂兄提及,我前几年写的一篇文章《寻找〈人民日报〉的源头》,里面便提及俞的父亲黄敬。

20050130

下午去雄楚图书城,购《芸斋书简》(上、下,山东画报出版社 1998 年版)、《迟到的故事——〈南方周末〉往事版文集》(刘小磊编,广西师范大学出版社 2004 年版)、《文坛拨乱反正实录》(徐庆全著,浙江人民出版社 2004 年版)。

20050201

下午去长江出版集团刘学明处,得赠书《文化湖北》(湖北人民出版社 2004 年版)。

十堰李传新同志 1 月 26 日来信:“尊著收到,十分感谢!略翻了一下,感觉史料价值颇高。现在图书品种繁杂,居然不知道人文社在几年前就出了这样的好书。/《向阳湖文化报》办得很不错,同样是兼具文献性的一份内刊,黄成勇君听说过,但没有见过,所以这次寄来的一套已给他。你现在调换岗位,我不知是否仍在继续办,希望今后能及时寄来 2 份。春节将至,特专信拜个年。”

20050208

晚上吃过年饭,还是未能免俗看央视春节联欢晚会。今天白天便开始收到不少朋友发来的短信,我自拟一条回复朋友们:“金鸡向阳报晓,城外向您祝福。”

20050215

《武汉文史资料》第 2 期“向阳湖名人”栏目发表《王世襄“苦中作乐”》、《朱家溍的“文艺生活”》。

20050216

熟了上午约同学贺鹏一起去汉游玩,晚上返程未搭上火车。贺鹏的父亲新国兄和我相约一起去接，途中老贺说起我调任局长，表面上看似风光，内心也平衡些。但算大账还是不划算的。如果仍在政协专心写向阳湖，于社会于个人均更好些。

20050218

北京薛德震先生寄赠书《人的哲学论说》（中国社会科学出版社2004年版）、《为他人做嫁衣裳——薛德震编辑出版文集》（人民出版社2004年版）。

北京叶芷寄来其父遗著《叶青谷文存》。

20050220

《湖北档案》编辑部打来电话，从今年开始，该刊开辟向阳湖专栏"图说文化名人"，1－2期已拟发表我寄去的《话说向阳湖》。

20050221

晚上从崇阳回温泉的路上接到3个电话，金戈、成果兄、成园弟分别告知，刚听到中央新闻联播消息，刘炳森先生15日去世，终年68岁。这是十分出人意外的，准备明日以向阳湖文化研究会会长的名义发一唁电："刘体隶书长留人世，炳森先生永驻我心。"

20050222

《咸宁日报》和《南鄂晚报》均发出了甘泉写的消息稿——《湖北档案推出向阳湖专栏》，前者短一些，但外行的编辑删了一半，连栏目由我主持、撰文都省掉了。对这样的低级失误，我这个新闻出版局长也只能徒呼奈何。后者则是原稿照发，算是一种弥补。

20050227

购《调侃中国——百年世态风情录》（中国城市出版社1999年版）。

20050312

10天前《长江日报》两位记者上门采访我，要发"人物通讯"，近几日执笔的记者佘辉两次打来电话补充采访,我自然是对答如流。虽然当局长要低调些,但为了宣传向阳湖文化顾不了许多。何况《长江日报》属省内主流媒体之一,还是有必要为向阳湖文化造势的。

20050313

下午约了金戈一起去向阳湖窑嘴采风,主要是拍摄一些实地的照片,以备他日使用。金戈前些时为写小说找感觉,骑上摩托车带上妻子去向阳湖实地采访,令我惭愧。我说自己成天在家里写向阳湖不行,今后还要带上地图每个连队都要走到。今日还有心存感动的一件事,在甘棠邮局,王祖喜见了面对我真诚地说道,他很注意电视里关于我的消息,希望我仕途上有新的进步,以更有利于向阳湖的开发。

20050314

省政协打电话来催帮助推荐干校的稿子。下午在家清理有关资料,晚上又加班竟忙到 12 点,紧张时才发现要做的工作太多了。而去年任新职以来,以工作忙为种种借口都是自欺欺人。我赞同某个名人的话,一个人成就的大小,往往在于业余时间的支配(大意)。

20050316

《武汉文史资料》第 3 期"向阳湖名人"栏目发表《沈从文的"文事"》、《刘炳森的"诗词"》。

20050318

《长江日报》14 日发表了记者章丹英、佘辉的长篇报道《"李向阳"与向阳湖往事》,文章是佘执笔的。但他赶着发稿,没有如约先发过来让我看看,结果还是有几处笔误,稍留遗憾。

20050320

京汉"经典中国"采访团来咸,其中有《光明日报》驻鄂记者站站长夏斐,他经人介绍对向阳湖十分向往。今天市委宣传部马世永部长安排我陪他和记者屠志去向阳湖一游，我送了一些书报。夏告辞时留下一句话："此次来咸，最大的收获是结识了你。"

20050328

《湖北档案》第3期"图说文化名人"栏目发表《向阳湖旧事》。

20050329

上午参加全市文联工作会议，我在会上提出，《江南桂花香》现在成了咸宁的名歌，但题目欠妥。因为江南含义太广，应以咸宁或鄂南代之，否则外地人会说咸宁人傻，花钱为别人做了广告。今后，我做向阳湖的宣传，更应避免这种低级失误。

2005年

夏

20050405

北京郑苏伊、臧乐安1日来信:“首先感谢您为家父臧克家先生的逝世撰写悼念文章。/近来我们编辑了一本《臧克家纪念集》,经与作家出版社联系,该社同意出版此纪念集。我们拟将尊作《臧老还活着——怀念老诗翁臧克家》收入此集中。此书出版后,会寄给您样书一本。因经费问题,稿酬之事尚待与出版社协商。如蒙应允,请在下面委托书上签名并请速寄回。如您不同意尊作入集,也请速回我们一信,以便我们进行下一步工作。谢谢。”

20050406

今日去双溪访沈从文故居,并采访他当年房东的后代陈克刚、陈绪如,收获不小,尤其是还收集了一张沈从文和陈克刚全家的合影,让人喜出望外。看来随着北京文化名人渐渐辞世,当地群众中的向阳湖文化资源应是我今后挖掘的重点。

20050407

和罗勇、金戈送北京陈安钰兄到汉搭火车,顺便给他一个意外的惊喜。我将他于1974年和1975年发表在《咸宁报》上的两篇文章的剪报带给他,并说今日是向阳湖文化研究会会长、副会长、秘书长一同送行,希望他今后对向阳湖继续给予关注和宣传。罗勇在晚餐时则邀来《法制日报》驻武汉记者站胡站长。此人是文学硕士，对向阳湖情有独钟，对我“资源独享”羡慕不已。我也为结识新的朋友而高兴。

20050409

温泉王常清今日发来电子邮件：“我今年和我妻子想共同出版一本书，现已编好，书名叫《阳光与树》。我的有小说和散文，她的散文和随笔，算得上是文学作品集吧。你是我们的作协领导，又是全国闻名的作家，我想请你在百忙中抽出时间，为我们的书作序，可以吗？/我知道你现在确实很忙，但我非常想请动你。我觉得，你是比较了解我们的，这从你在网上评论我的散文集的三言两语中就可看出。如果你能为我们的书作序，我们将倍感荣幸！/夫妻合作出书不知咸宁有没有，如果没有的话，那我们就是第一个，也算得上是咸宁文坛的一件事情吧？从这个意义上来说，你作为作协主席，应该提携我们这些无名小卒哦！/如果你愿意的话，请回信告知，我立即把书稿送到你办公室去。”

20050412

上午去武汉出版社拜访彭小华兄，碰巧社里在开作家座谈会，邀请了方方、董宏猷等 11 位知名作家，策划出一套“武汉作家文丛”，打造一张武汉的文化名片。我因为和他们都熟，被彭兄邀请列席座谈会，中餐一并小酌。彭兄向大家介绍我也正与武汉出版社合作，出版“向阳湖文化丛书”。这使我感到压力颇大，主要是时间的压力，下午在彭的办公室还说了一些“私房话”，如有可能调社里工作，愿放弃咸宁目前的“优厚待遇”。

20050413

今日将上月在咸宁学院借阅的 6 本《沈从文全集》如约归还。复印了一些，但还是决定购买 18－27 卷收藏，以备写作之用。由于当了新闻出版局长，大路货的书一般到了出版社有人送，如昨日在汉拜访一位朋友——新华书店总店原总经理汪轶千的内弟何仁屏，他将一套16开精装本《毛泽东手书选集》(1—10，北京出版社1993年版)慷慨相赠，令人快意。但今后供写作用的书，还是必须破费的。

20050414

为写向阳湖历史寻找资料，上午去黄大建兄处请教。他在市博物馆任馆长，正好手上有新出的16开精装《中国文物地图集》(湖北分卷，上、下册，西安地图出版社2002年版)，书内有“咸安区卷”介绍向阳湖一带的文物。因是多年的朋友，老黄慷慨赠送一套，又为我的藏书增添了一“亮点”。

20050415

购《巴金和他的同时代人》(徐开垒著，学林出版社1999年版)、《谭其骧日记》(葛剑雄编，文汇出版社1998年版)、《文人的断桥》(光明日报出版社1997年版)、《失去的老房子》(陕西人民出版社1998年版)、《神州轶闻录》(华文出版社1998年版)、《不能忘却的纪念——我的朋友们》(贾植芳著，上海文化出版社2001年版)。

20050416

《武汉文史资料》第4期“向阳湖名人”栏目发表《王子野的绝活》、《侯金镜的离世》。

应邀为王常清、廖拾英夫妇合集《阳光与树》写了序，题目为《文学知音的牵手》。

20050417

王亲贤为《咸宁文史资料》“汀泗桥、贺胜桥战役专辑”约稿，我是老主任，要支持年轻人的工作，今日得空还文债。写了1500字的《心中的汀泗桥》，并规定自己每日动笔作文，争取武汉出版社出版的“丛书”多收几篇。

20050419

购《顾准画传》(团结出版社 2005 年版)、《中国出版人名辞典》(16 开精装,中国书籍出版社 1989 年版)、《故宫史话》(单士元著,新世界出版社 2004 年版)、《1949 年,中国知识分子私人记录》《一辈子——吴祖光回忆录》(中国文联出版社 2004 年版)、《邓小平与 1975 年的中国》(张化著,中共党史出版社 2004 年版)、《2004 年中国文坛纪事》(白烨选编,长江文艺出版社 2005 年版)、《一个人的经典》(鄢烈山著,长江文艺出版社 2003 年版)、《中国知青口述史》(刘小萌著,中国社会科学出版社 2004 年版)。

20050420

赤壁姜洪 18 日来信:"关于您和向阳湖,我原来就打算除直接宣传外,还可间接宣传。它们各有各的角度,各有各的侧重,也各有各的用处。但在稿子未出来之前,心中没底,也就一直未向您汇报。现在看来,稿子尚可,这种搞法,未尝不值得一试。/我原计划还要写一个续稿《一个湖泊的人文史》,在写作和酝酿稿子的过程中,我深深感到:您为地方人文史搜集保存了多少极有价值的资料、史料啊。这是一桩功德无量的事业。/有机会,我还想到温泉去看您并淘淘书。"

成果兄晚上来,他准备的《向阳湖畔的脚印》书稿,已编好有 10 余万字,之所以赶稿是为了评职称,我自然会尽力为此书的出版作力所能及的事。

20050421

购《沈从文全集》(18－27,北岳文艺出版社 2002 年版)、《李侃史论选集》(中华书局 2002 年版)、《回想延安:1942》(江苏文艺出版社 2002 年版)。

去长江文艺出版社刘学明兄处,得赠书《沈从文与丁玲》(李辉著)、《周扬与冯雪峰》(徐庆全著),均为湖北人民出版社 2005 年版。

20050428

中央文献出版社四编室刘庆旻来咸，版权事务所邀我作陪，我欣然前往，因中央文献研究室已故老主任李琦和已退休的副主任金冲及都曾接受过我的采访。刘编辑果然聊起许多有关两人的话题。我建议他明日去看看向阳湖，他满口答应。

20050502

市委宣传部周部长的丈夫王杰下午带着女儿王曲光顾“向阳书屋”。他说认真拜读了我送的几本书，很想找个时间同我讨论向阳湖文化。我表示欢迎。王杰又感叹我这个局长不宜当得太长，应把精力主要放在向阳湖，这种价值是当官所不能比拟的。

20050503

“五一”长假没有计划出游，一来机关改造办公楼，二来想一口气读完熊召政的获奖小说《张居正》（1—4）。什么时候能将向阳湖文化当作历史小说来写？

20050504

熟了前日从苏大到北大找同学玩，今日上午忽然发来一条短信：“北大图书馆有你的书啊！”我回复道：“希望那里将来也有你的书。”晚上他又在天津南开同学处聚会。好个在外面“划”得开的儿子！

20050507

香港张初考先生 4 月 25 日来信：“谅您位高权重，我就长话短说吧！/寄上前几天香港《明报》的两张剪报，是报道粤省汕头市建成‘文革博物馆’一事的。前两年香港报章也报道过四川成都，抑或云南、贵州也建立了一家‘文革博物馆’，真出乎我的意料之外，人家走在咸宁向阳湖的前面了。早在 1998 年 11 月我重游向阳湖干校时，写了句赠言，‘若要建立“文革”博物馆，咸宁向阳湖是天造地设的场所’，此句并被牧惠及您的大文中引用。然而，可能咸宁市缺钱，也可能还有诸多其他难以说清的原因，不仅咸宁向阳湖的‘文革博物馆’建不起来，甚至《向阳湖纪事》一书也迟迟出不来，这多少都令我们这些当年奋战在向阳湖的‘五七’战士感到失望。‘金中自有博物馆’，这是我的调侃。我建议你们的咸宁市政府以及市文博口的单位，重新开发当年文化部系统下放到咸宁干校的大官小官，以及‘官子官孙’们来支持向阳湖干校，把‘干校纪念馆’、‘文革博物馆’搞起来，有钱出钱，有力出力，有物献物。/另，咸宁市政府可来香港搞一场专为向阳湖干校筹款的书画展。/末了，我不禁有一问：您如今贵为咸宁市新闻出版局、版权局局长、党组书记之职，您还能兼管向阳湖干校开发的事情吗？盼复！”

20050509

上午去书店，问及月中去天津参观全国 15 届书市的事。我之所以这么积极，主要是想去天津静海团泊洼，凭吊文化部干校分校旧址，实地感受一下郭小川留下的名诗的出处。

20050513

荆门市沙洋县政协一行 6 人来咸参观学习开发“干校文化”，昨日去了向阳湖，今晨我赶去陪同，主动赠送了一些书报。一是为市政协出力，二是为沙洋县“出名”。

20050514

中午市工行罗勇邀我陪省行的一位宋副行长，并向他热情推荐向阳湖。宋是位对文化感兴趣的金融界人士，翻了我赠送的向阳湖书报后，果然大加赞叹。我介绍说罗勇是向阳湖文化研究会副会长，他的朋友便是我的朋友。

20050517

下午终于如愿到了团泊洼，干校旧址已几近废墟，保护还不如咸宁。我不由得感叹，郭小川为此地带来了名声，可此地的人们为什么不为干校人做点什么?晚上到天津,会了市文史馆馆员黄殿祺先生,他仍鼓励我挖掘干校文化要坚持下去,任何时候不言放弃,并表示我写静海干校,需书和资料的话,他会助一臂之力。

20050518

上午参加全国书市开幕式后,在商务印书馆展厅巧遇老总杨德炎先生,以及他于5年前重返向阳湖时带去的年轻人毛永波、程孟辉,马上一起合影纪念。下午,杨总邀请参加商务举行的经营图书发布会,我为同行的新华书店的同志联系了商务在咸宁开设专卖柜的事宜,估计不成问题。杨总约好过几日北京再见,我到时再看他能否对咸宁有所支持。

作者考察团泊洼

20050519

宋木文老署长的大儿媳汪敏正好在天津书市,上午便接她一同进京到了宋老家。我汇报了工作,请宋老向总署的领导打招呼,支持咸宁办几件事:一是鄂南没有一家公开发行的文学刊物,争取"挂号"搞一个刊号;二是咸宁"扫黄打非"工作曾是全国先进集体,能否争取再给一点奖励基金。宋老满口答应,并提出还要向商务的杨德炎打招呼,说他是"大老板"。

20050520

上午萧淮苏先生来我住处,赠《中国共产党历届中央委员大辞典(1921—2003)》(中共党史出版社2004年版),大16开精装。

下午去商务拜访杨总,谈得十分投机。他说老署长已来过电话,但现在商务已加入中国出版集团,给咸宁支持钱尚有难度,捐书或者捐旧车倒有可能。我谈了自己新官上任，目前尚属困难时期，杨总帮我一把，十分感激。他对我关心备至，说没想到下面新闻出版局还这么困难，建议我今后方便时再换个单位。他体贴我从事向阳湖的宣传担子太重，不宜过于分散精力。杨总又赠《大家》(1－4，商务印书馆2005年版)。

20050521

人民出版社子弟搞聚会，前天韩聪、丘淙、叶芷请我吃饭提及此事，我想正好多结识一些人，今日便一同赶赴京郊凤凰岭，会了50多位原住马杓胡同的干校人的第二代，还意外遇见下放咸宁的老“五七”战士庄浦明、刘毅然、曹流、贺亚玲、马少展等。晚餐、晚会十分热闹，让我感到，是向阳湖将我和他们的感情融汇到了一起。

人民出版社老“五七”战士及“向阳花”聚会

20050522

住在国家行政学院内，离颐和园近，便邀了同行进去一游，弥补了10多年来忙于采访京城文化人而对此名园无暇一顾的遗憾。

20050527

《武汉文史资料》第5期“向阳湖名人”栏目发表《楼适夷的“补课”》、《臧克家的“父爱”》。

咸宁高中两位老师送来《我们身边的向阳湖》(校本教材),请我作序。我为他们说干就干的精神所感动,毫不犹豫答应下来。谁叫向阳湖是我的“专利”呢?

20050528

《湖北档案》第5期“图说文化名人”栏目发表《萧乾:“深深地怀念咸宁向阳湖”》。

北京徐肖冰先生寄赠书《毛泽东之路》(长江文艺出版社2004年版)。

20050529

下午原土地局副局长王尚芳专门送来一叠《向阳湖文化名人百咏》的诗稿,请我“斧正”。我粗翻一遍,没料想他花了10个月时间研读了我编写的几本书。面对这位古稀老人,我今后想想人家这种精神,也不该有任何理由对自己的向阳湖研究稍有懈怠。

20050602

昨夜和金戈策划,6日是向阳湖文化研究会成立5周年,还得开个座谈会纪念一下,顺便调整一下“班子”。今晚初列了座谈会上的讲话稿提纲,以为5年来的工作还称得“卓有成效”,而且今后5年的工作也堪称“任重道远”。

北京郑士德先生寄赠书《中国图书发行史》(高等教育出版社2000年版)。

20050605

上午召集罗勇、金戈、郑光勇、王亲贤开了筹备会,明日向阳湖文化研究会成立 5 周年座谈会更名为“二届一次理事会”，增补田木、单长江、金戈为副会长，增补蔡骏、刘胜华、佘斯勇、朱国斌、王尚芳、李沁红、胡武生、胡卫平、甘泉、周小刚等 10 名理事。另外拟请市委宣传部长马世永担任名誉会长。马部长对向阳湖文化的认识高于市委其他的一些领导，请他挂名不是为了“打牌子”，而是为了今后相互切磋。

20050606

下午在本局会议室举行向阳湖文化研究会二届一次会议，议程如下：1. 主持人讲话，2. 会长作工作报告，3. 自由发言，4. 名誉会长讲话。会议开得很成功，唯一美中不足的是时间短了点。4 点开始，我作报告长达一个多小时，马部长讲话也有半小时。自由发言的人数便只有 4 人，不少人准备发言因没有时间而留有遗憾。会后与金戈商量，纪念此次活动还得准备出一期报纸。

向阳湖文化研究会二届一次理事会

20050607

北京林阳兄 1 日来信：“我曾看过您编写的《向阳湖文化人采风》等书，写得很好，也给我很大启发。/我是当年的‘小五七战士’，对咸宁干校有很深的感情。大约在 5 年前，我策划《童年的干校》这本书，就是写当年干校孩子的印象，给今天孩子们一个历史的回忆。/这本书涉及了全国六七所干校、作者有 9 人，现在都已年近 50 了。/前些天，当年 25 连的同学聚会，有 10 人，看到书，都感慨万千。寄上书，请指正。/另寄上一个书评，作者是中宣部一个官员。”

20050612

今日收到人民美术出版社报刊社总编林阳先生寄来的《童年的干

校》,此书由连环画出版社出版。林总是著名画家林锴先生的儿子,认识他还是通过省少儿社汪敏牵的线。电话里的朋友联系方便,我马上寄去我编的书报。这是向阳湖人的第二代在从事和我同样的事业,岂有不盯住不放之理?

20050613

咸安区委宣传部在重新布置"向阳湖文化展",具体交群艺馆万默承办。上午小万来,我对方案提出了一些修改意见,并建议他们和咸高联系,互相取长补短。下午,又抽空浏览了王尚芳的《向阳湖文化名人百咏》。身为政府官员,无论何时何地,都要保持一种"文化情怀"。

20050615

下午北京汪莹老人来电话,谈她的稿件事,并说今日她去美国加州看望女儿大约半年时间,特地告知新居电话,以便今后联系。汪在电话中嘱咐我虽然现在受到组织上重用,但向阳湖更是终生的事业,任何时候不要丢,更不能顾此失彼。我请她放心,就是当局长期间,也会"两不误"的。

20050616

西安市新闻出版局张广学 8 日来信:"你我有幸古城相会。但来去匆匆,招待不周,望海涵。/刚刚收到您的大作,很受感动,在工作之余,您还将大量的心血投入文学创作,并取得了非凡成就,作为同行,我们为你骄傲。作为同龄人,我自己感到惭愧。您的敬业精神、创作水平,以及对工作、生活的态度都是我学习的榜样。您的大作一定认真拜读。"

20050617

《武汉文史资料》第 6 期"向阳湖名人"栏目发表《冯雪峰遇"知音"》、《韦老太办"专案"》。

20050620

请通山熟人帮忙裱了几幅向阳湖文化人送的字画。一是秦岭云先生的《湖口候渡》，一是孟庆江先生之《屈子天问图》，一是单士元先生为我的书斋题写的“向阳轩”。效果都不错，回来便分别挂于书房等处，以便自己每日生活在向阳湖的氛围中。

20050621

今日在长江出版集团结识了新华数码公司董事长张立临，其父张洪达是原商务印书馆“五七”战士，后留在湖北工作，当过长江文艺出版社首任社长。晚上张董陪我访问其父，算是“初顾”，准备今后多多联系，尤其是张立临和“向阳花”们。

下午去长江出版集团教材中心，得赠书《二月河文集》（1－13，长江文艺出版社 1999 年版）。

北京王戎笙先生寄赠书《郭沫若书信书法辩伪》（兰州大学出版社 2005 年版）。

20050629

《湖北档案》第 6 期“图说文化名人”栏目发表《张光年：“咸宁向阳湖，长在记忆中”》。

20050630

今日到长江出版集团总经理王建辉办公室，得赠书《王建辉自选集》、《思想的背影》。又去副总经理兼湖北人民出版社社长刘道清处，一见面他就表示自己对干校文化有浓厚兴趣，并约我写一本《中国“五七”干校始末》，还问及我的“采风”和人民文学出版社签合同没有，如果愿意，他社愿意再版。我为自己调到出版局工作而庆幸。刘社长赠我《中国报刊图史》（李炎胜著，2005 年版）、《红色掌柜陈云》（2005 年版）、《邓小平的一个世纪》（2004 年版）、《和邓小平一起亲历历史》（2005 年版）。

2005 年

秋

20050701

北京涂光群先生寄赠书《五十年文坛亲历记》(上、下,辽宁教育出版社 2005 年版)。

20050704

市档案馆两人前来索要向阳湖资料,建议代为保存。我以手头工作忙,加之整理向阳湖资料不方便为由推辞,建议他们先在网上建一个园地,将《湖北档案》上我开的专栏利用起来再说。

20050712

商务印书馆的赠书到了市书店,计有《现代汉语词典》3000 册、《新华字典》1000 册、《汉语成语小词典》1000 册、《汉译世界学术名著丛书》和《商务印书馆文库》等。晚上我分别向杨总和于殿利副总打电话表示感谢。他们很谦虚,以为不足挂齿。但对我来说,却可说是"给足了面子"。

20050713

上午咸安区局毛局长来,谈及向阳湖申报"国保"单位事。尽管国家文物局专家组罗哲文等先生热情呼吁,从中周旋,但因政治原因最终放了下来。我听了感到遗憾,又以为正常,这并不影响我一如既往从事这项工作。

20050714

北京胡企林先生寄赠书《书林拾叶》(商务印书馆 2005 年版)，封面系沈鹏先生题字。

20050715

《武汉文史资料》第 7 期“向阳湖名人”栏目发表《傅振伦忙“爬格”》、《李长路写“心得”》。

20050716

今日在办公室加班一天，编辑整理新的一期《向阳湖文化报》稿件。头版重头稿两篇：王亲贤写的《争渡，争渡，直入藕花深处——向阳湖文化研究会二届一次理事会侧记》，郑光勇整理的马部长在会上的讲话。三版为咸宁高中学生作了一期专版，并刊登我为《我们身边的向阳湖》作的序。二版仍是“干校岁月”。四版因头版“侧记”转版占了大半版，并配上我绘制的《文化部咸宁“五七”干校机构分布图》，时间为 1969 年 3 月至 1974 年 12 月。

文化部咸宁“五七”干校机构分布图

向阳湖文化报

在咸宁市向阳湖文化研究会二届一次理事会上的讲话

一枝“向阳花”重返向阳湖

《向阳湖文化报》第 9 期

20050718

北京陈早春先生寄赠书《蔓草缀珠》(人民文学出版社 2005 年版)。

20050720

和金戈、亲贤、光勇一起编辑第 9 期《向阳湖文化报》,出版日期定在 7 月 1 日。争取明后天面世,这两天校对清样,总的感觉这一期信息量最大,尤其是首次公布我绘制的"干校分布图",估计会在社会上尤其是在"五七"战士中引起反响。上午和金戈谈及,他调侃道,一年出一期报纸,我这个总编辑从组稿到校对事必躬亲,他这个副总编辑只好袖手旁观。又说如果我任日报总编的话,会把编辑们累坏的。

20050721

土地局王尚芳老人来电话,告知严文井先生于昨日逝世的消息。我马上向严老夫人康志强发了唁电:"幽默大师严老的音容笑貌长存我心中。"同时还和《湖北日报》联系,写一篇回忆文章。

20050722

北京平野先生 18 日来信:"几十年来,你为咸宁的宣传做了很多工作,成绩卓著,令人钦佩。我在咸宁画的自然风景,本是贵地宝贵的历史资料。我的一生也只有这一次,为一个地方画下几百幅画,以前没有,今后也不会有。我过去为了让咸宁获得这批珍贵的历史风光资料,曾向你建议你们有关政府部门以最低价买下这批画,以及收购干校其他名人的有关资料,后来一定是你们政府不干吧,没有下文了。历史过去后,就不回来,如果你们当代政府不办这件事,对咸宁后世人说来,是个很大的无可挽回的损失。当然,我现在既成了名画家,这些画是不急卖掉的,但为了咸宁,我希望你们政府能花几千元钱,用十几个彩卷(后天成原画的蓝色),把二百幅风景、一百幅云乡咸宁拍下来,然后放大成 4 开。一套由你们保存,一套送给我。我不收报酬。这套画可题名为：‘金奖画家平野笔下的咸宁自然风光。’以后有全市的大活动，如招商、旅游等，可以开一次画展，每画配上镜框（不用玻璃），看起来很像样（原画太小，展览效果不好）。但不知此建议能否实现，为了咸宁，为了咸宁人，为了千百年以后的后代（让他们见到古咸宁的美丽的自然风光），请你务必尽力向有关方面争取。也许我画中的一些景色，如今已经消失，再过一百年，便会完全变样了，现代建筑将使它们永远成为过去，我想再一次给你们咸宁提供机会。我虽然可活百岁，但随着我的去世，这个机会便会永不再有的。”这正中下怀，准备下次进京一定办成此事。

20050723

与王亲贤、郑光勇、周小刚在办公室加班一天，寄各地文化人第9期《向阳湖文化报》1000份。

20050724

上午香港张初考先生打来长途，关切地问起我身兼重任，向阳湖文化事业是否受到影响。我答曰“有利的方面更多”，他才放心。是的，“五七”战士们都把我当作热心人，我反过来应该经常想想张先生这样的热心人……

20050726

上午去省新闻出版局，得赠书《杨度》（上、中、下，唐浩明著，文白对照本，长江文艺出版社2005年版），《人踪书影文丛》（第二辑1－6，湖北人民出版社2005年版）。

到省里办事，顺便去作协找了梁必文和高晓晖二兄，建议今年作协理事会市州发言，有关向阳湖文化的宣传应做一个安排。必文表示同意，晓晖还提出将在《湖北作家》上搞两版彩页，这也正是我所期望的。

20050729

《湖北日报》“东湖”副刊今日发了我怀念严文井先生的文章,题目由《幽默大师的风采》改为《严文井的幽默》,约 2000 字。一年在省报发一篇文章,应是自己今后的最低标准。

武汉唐瑾老师寄赠精装《中国出版史料》(1—5,湖北教育出版社 2004 年版)。

20050802

北京李昌荣老人 7 月 29 日来信:“刊有拙文《向阳花漫记》的报纸收到了,谢谢。/昨天马寄远同志给我打来电话,说她也收到了报纸,看到了《向阳花漫记》,我们俩又亲切地回忆起那段难忘的历史。严文井同志去世了,我这里有一份关于他的材料,不知对你有用不?一并寄上。老伴景山问你好。”

20050803

陪京、汉客人上九宫山,这在今年是第一次。晚饭后上街散步,遇到不少省、市、县领导。李市长陪省人大副主任赵文源,见面向赵介绍我说:“这是中国作家协会会员,向阳湖文化研究专家。”令我惊讶,因为李市长平时一些讲话,对向阳湖似乎是不感兴趣的。

20050804

北京王树舜先生 7 月 29 日来信:“我刚从山东回来不久,在那里呆了半个多月。昨收到寄来的报纸,谢谢。/从长篇报道中了解到您在会上发言的主要内容,开创事业之艰辛,今后任务的繁重,都令人肃然起敬。即以报纸中断一年多今又复出,也可窥见事业之维艰。/读到李昌荣、汪莹、孙一珍三位的文章,熟人熟事,倍感亲切。/由此想到我那两篇稿子,至今未见音讯,不知将作何处理?如不适刊用,甚望示知,以便另行处理。/‘参考消息’中刊出我回干校的消息,甚为不妥。我只是电影局的普通一兵,何来‘副局长’的官衔?这会在熟人中产生很坏的影响，让人以为我在招摇撞骗。因此，切望您能采取必要措施，在下期刊出重要更正，删去这则报道中的‘副局长’三字，以求挽回影响于万一。切盼，切盼！”

20050805

策划在咸宁人民广播电台开辟一个向阳湖文化宣传阵地，今日和台长商议好“向阳湖纪事”栏目，请金戈草拟了栏目导语，本月可以开播，预计一年左右。每期播一个人物，1500字。

20050806

北京陈漱渝先生7月31日来信：“文化报收到。祝贺你荣任出版局长、作协主席、向阳湖文化研究会会长。你年富力强，又加上天道酬勤，前途当不可限量。/在你和你的同仁的辛勤栽培下，向阳湖的文化之花将如霞似锦。”

20050807

山东自牧先生1日来信：“近日偶得《向阳湖文化报》一份，甚感兴趣，因为该报中收有许多册和向阳湖‘五七’干校相关的书，如《干校六记》、《牛棚日记》、《向阳日记》等，希望以后能读到其他和向阳湖有关的报道。附上拙编日记报二期，以作交流吧。”

20050808

北京张慈中先生之女张姗姗打来电话，告知后日启程，和父母女儿重返向阳湖，我表示热烈欢迎。过去请了张老多少回，这回终于了了一桩心愿，对张老更是如此。正好张姗姗和我局副局长老廖是昔时同学，我俩商量此次接待要周到一些，我还临时任命廖为“接待站站长”或“陪同团团长”。

20050811

北京张慈中先生率夫人余美珍、女儿张姗姗及外孙女张佳月、孙子张宇驰来咸。我请廖副局长前去汉口接站,并游览黄鹤楼。中餐安排在市工行,请研究会副会长罗勇买单,并安排在工行招待所住宿。下午首先参观向阳湖。奶牛场场部的文化展览最近更新,扩大了规模,上了一个档次,令我欣慰。张先生在题字时,我提醒他写下以前的题词:“水波竹影向阳湖,不是故乡似故乡。”毕竟是81岁的老人了!他女儿十分能干,是此行五人团的“总干事”。因她和老廖又有一段同学之谊,今日在咸安参观我交廖负责,后日去通山由我负责联系。为了让熟了长见识,我今天破例请他当随行摄影“记者”。他果然落落大方,和北京的两个“小朋友”一见如故。

作者和张慈中在向阳湖文化展览厅

20050812

参观了汀泗桥,看望了老朋友,晚上张先生全家应邀来我的“向阳轩”小坐。我将武汉出版社准备出“向阳湖文化丛书”计划说与他听,并提出再次请老人家设计封面。张老十分敏捷,说几本书用同一封面,只不过每本书换成不同色彩,我不由得拍案叫绝。

20050813

带客人上九宫山,吃住都托付张老之友何功甫(已故)之子何军。何现在是县委副书记,安排很周到。我倒有点遗憾,自己没能去咸安区任职。那样,于向阳湖文化的开发无疑会带来大大的便利。

20050814

上午张老一行参观闯王陵,下午又请他考察南鄂书城和市新华书店，并到我的办公室小坐。晚上送客人上火车离咸。张老十分风趣，说自己了了一桩心愿，女儿了了两桩心愿，还会了同学。张姗姗的女儿佳月十分伶俐，她是北京印刷学院大四学生，和熟了很谈得来，热情约熟了今后进京，一定上她家坐坐。

20050815

咸宁人民广播电台自上月起开辟《向阳湖纪事》专题节目，每周推出一个人物，计划播 3 年。这是我自加压力的一个举措。尽管武汉有两家杂志每月的稿子催得紧，但压力生动力，而且媒体不同，影响不一，我还得面面俱到。没办法，一切为了向阳湖。今日听了第二篇，感觉还不错。

20050816

上午参加市社科联一届六次全会，我在会上向社科联委婉提了一点建议，省级会上要打响向阳湖品牌，而我市上次推荐参加省社科联的代表主要是有钱的单位。这是“学术向金钱投降”，不利于咸宁社科走向全省乃至全国。

中国现代文学馆研究员许建辉 8 日来信：“我刚从日本回来，见到你寄来的报纸，通读一遍，尤其拜读了你的《祝贺与希望》，又一次为你的执着与坚韧所感动。由此突发一想：有无可能把你的向阳湖研究搬到北京，搞一个大型展览呢？以让更多的人知道；有那么一个年代，有那么一批文化人……/如果我的设想有可能得到你认可的话，我愿意出面向领导提出意向，估计是会得到支持的。刚回来，事很多，匆匆，盼你回复。”

20050817

北京李连仲兄 10 日来信：“工作顺利吧！特致问候。你寄来的‘向阳湖’小报，我都收到了。阅后引起了许多回忆和感慨。在那个岁月里，我们一批革命干部，特别是一些知名的老作家、学者，都成了‘革命'的对象,真是颠倒黑白。但是世界上的事物,总是要还原它的本来面目的,这是客观的存在,真理就是真理,谬误只能蒙骗人于一时,终究是站不住脚的。因此,我们作为一名革命者,唯物者,永远坚持'实事求是'这个真理。/早在前年,你让我写的 26 连的材料。我们专门召开了一次座谈会,进行了回忆,我当时用 26 连连长于志明同志的名义,写成一篇回忆文章,给你寄去,不知你收到与否?没有见到你的回音,也没有见到列在'向阳湖'小报上的反映。所以想询问一下你这位主编是怎样处理的?我想在文化部咸宁'五七'干校期间,不仅有它的阴暗的一面,还有它的有点收获的一面,现在文化部咸宁'五七'干校不也是成了咸宁地区的一个旅游点吗?凡对事物都要一分为二,任何事物都在发展的。因此,我在 26 连的回忆中,写了这样一段话:回忆 33 年前,在咸宁文化部'五七'干校一段的生活,大家感到虽然当了一年多的矿工,每天挖山不止,出大力、流大汗,生活很艰苦,由于经受了磨炼,也是有收获的——增强了吃苦耐劳的精神,锻炼了克服困难的意志,增进了与劳动人民的感情,培养了勇于开拓的能力。因此,也是难忘的。'不多说,盼望你的回音。"

20050823

香港凤凰卫视记者王卓慧打来电话,称想做一期《在"五七"干校的岁月里》的电视节目,时间 150 分钟。她在网上查了我的有关资料,希望得到我的支持。我第一表示感谢,第二积极配合,第三明日马上寄出有关书报。

20050824

北京单嘉筠大姐 20 日来信:"首先恭贺您高居局座之位,任重而道远,同时,更是在繁忙的工作之中了。我要敬上一句共勉的话,就是要注意身体的康健,否则无法完成工作任务及自己要干的事业。/闲言少叙,看到您寄来的《向阳湖文化报》,得知当年文化部干校的一些情况。具体到我父亲单士元，因我未能在当年与父亲同去，他老回京后又未及时梳理那段艰辛的经历，以致今日知之甚少。困惑的地方颇多，今日单老已病故7年了。7年来我虽在努力整理他老遗作，但对我最大的难题就是‘五七’干校的经历。比如，在报中图解故宫博物院是为7－8－9连队，但在我现印象中，单老是否担任了某连的连长或其他什么职务？等等诸多困惑，一直在心中不解。恳望今后的日子里，能有机缘得到李局的指教。”

20050825

又陪省委政研室副主任南金德等参观向阳湖，照例又是当向导又是当讲解员。奶牛场吴书记又和我“抬杠”，争议宣传向阳湖是他帮我、还是我帮他，仍然未能“统一思想”。客人总结说，李城外扩大了向阳湖的知名度，这一点是社会公认的。

20050830

《湖北档案》第8期“图说文化名人”栏目发表《严文井：“我的过去了的生命”》。

20050831

北京柴先生寄来我要的几本书——《楼适夷同志纪念集》、《黑白记忆——我的青春回忆录》、《林辰纪念集》，均为人文版图书，不料后者还收入我写的采访林辰先生的文章《咸宁，咸宁……》，是从《文艺报》上选入的，却至今没有通知我。我没有说要稿费的意思，却总结出一条经验，凡人文社有关人物类的书，收集越多越好。

20050904

晚上抽空在电脑上续写《向阳湖纪事》，自去年春完成30余篇后，中止时间竟达一年半，今晚拉出一篇《薛德震和杨瑾》，计划硬性规定至少一日一篇，坚持下去，不能中断，年内完成100篇。

沈阳《文艺争鸣》杂志社朱竞女士8月28日来信：“谢谢你寄来的

报纸，我都仔细阅读了，包括中缝。/其实，在前几年，你在人民文学出版社出的那两套‘向阳湖’的书，我都买了。我对你的研究很感兴趣，你在做着了不起的工作。历史会记着你的，你还历史一个真实，我们的后代也会感激你的。/做这些事很琐碎，在别人眼里，他们不知道这其中的辛苦，我采访过百名知识分子，听他们的心灵告白。所以我特别理解你做这项工作之意义，相信在以后的长河中，我们所做的事更会显出它的意义，向你致敬。”

20050907

下午马世永部长约我去看刚布置的“向阳湖文化展”，我放下其他事欣然前往，咸安的宣传部长和新闻出版局长也赶了去。马部长在留言簿上题词“思想得到净化，境界得到升华”，同时对展览提出了不少意见，如影星陈宝国属“小字辈”，不宜与文化大家们并列一块单独展板。他还建议向阳湖文化研究会应吸收咸安区的领导担任副会长或理事。

20050908

武汉江德勤先生今日发来电子邮件：“寄来的《向阳湖文化报》第9期已收到，谢谢！欣闻向阳湖文化研究会二届一次理事会召开，仅致贺忱！/研究会成立5年来，在你的精心谋划和全体同仁的共同努力下，各项研究工作正有条不紊地开展起来，并已获得广泛的社会关注，效果明显。咸宁是我们的故乡，值此中秋佳节来临之际，特向你和你的同事们为咸宁发展所付出的艰辛努力和取得的卓越成果，表示由衷的谢意和热烈的祝贺！祝向阳湖文化研究成果迭出，祝故乡咸宁更加繁荣昌盛!”

20050909

下午香港凤凰卫视另一位编辑杨理从北京打来长途，称向阳湖文化的专题请我大力协助。原想请我撰稿，考虑工作忙，拟请担任总策划。我表示理解和支持。杨编辑计划很紧，准备只用两个月时间，就在北京和咸宁拍摄完工。这种工作作风对我的向阳湖文化研究，也是一种鞭策。

20050910

山东自牧先生2日来信：“大札及《向阳湖文化报》8期、《向阳湖文化人采风》（上下）、《向阳情结——文化名人与咸宁》（上下）均收见，甚为感谢，谨回赠拙著《疏篱集》及《日记报》3期，以为感谢耳。/先生所选择的干校文化课题，一是独一无二，二是可挖掘的东西太多，相信你会独辟蹊径，走出自己的特色之路来的。以后如有可能，我们可以合编一卷《日记报·向阳湖日记》专号。你所采写的文化人，有些和我有过来往，故倍感亲切。”

20050912

凤凰卫视记者杨理今日从北京发来电子邮件：“写了一份简单的初步策划，请指正。/另外，邀请您担任总策划，主要是需要您在这几个方面给我们工作支持：1. 把握方向（具体就是审阅策划案，审阅主要对象采访提纲，审阅编辑提纲，审阅解说稿）；2. 协助采访联络。我们台稿费标准不高（具体多少我现在也说不出来，多半只是象征性的），参加这个工作我想也只能请您多考虑社会意义啰。/邀请您担任总策划的文件从深圳那边发，应该很快到。”

20050913

购《邓小平年谱（1975－1997）》（上、下，中央文献出版社2004年版）、《我经历的那些人和事》（李子云著，文汇出版社2005年版）、《人海栖迟》（白化文著，北京燕山出版社2005年版）、《中国古代服饰研究》（沈从文著，世纪出版集团、上海书店出版社2005年版）、《周汝昌梦解红楼梦》（漓江出版社2005年版）、《文明守望者》（文汇出版社2005年版）、《远去的背影》（汪东林著，当代中国出版社2005年版）。

20050914

下午市社科联卢主席上门，邀请我担任二届社科联兼职副主席，并说明我是文化界的代表，加之我在向阳湖文化研究上的影响，此职非我莫属。我感谢他的“抬举”，为了事业，也为了“就意思”，便表示同意。要知道，我不愿意干文联主席，而愿意兼职社科联副主席，这本身就让人不理解。

20050915

《武汉文史资料》第9期“向阳湖名人”栏目发表《单士元的“洒脱”》、《王利器的“乡情”》。

20050916

商务印书馆老总杨德炎组织“记者沙龙”18家媒体的记者明天到向阳湖参观。杨总为了慎重起见，今日从北京赶到咸宁，明日与从宜昌前来的记者团会合。下午我安排市书店的李沁红一起去天河机场接杨总，因为飞机晚点迟到了3个小时。晚餐喝了贺胜鸡汤，到温泉已是11点。市书店左总已在禄神大酒店等待，杨总满意，我也满意。

20050917

上午邀请马部长陪同杨总游了潜山百竹苑、市书店、南鄂书城、咸宁火车站、咸宁学院等。一路上杨总兴致很高，讲起许多干校故事。有两个值得一记。一是“文革”寄毛著不用贴邮票，“五七”战士为了省钱，书里面一般都夹带信件。二是画家许麟庐在干校时以湖当纸，以赶鸭鞭当笔，经常临空虚晃，对以后创作影响颇大……中午，杨

杨德炎率“记者沙龙”一行重访向阳湖

总组织请来的2005商务印书馆“记者沙龙”一行26人抵温泉。我在中餐后邀至局开了个座谈会，每人送了一套“向阳湖文化书系”及报纸。下午实地参观向阳湖后，我又和周小刚、李沁红一起送客人到省城，晚餐长江出版集团老总王建辉也赶来作陪。杨总一行明日早晨坐飞机回京过中秋。

20050918

杨总上午行前发来短信：“咸宁之行很愉快，大家留下了永久的记忆。大家很愉快、很兴奋，记者们对你的印象深刻。衷心感谢你和你的团队热情的接待。”此次“记者沙龙”共有京、沪、陕、粤18家媒体的记者参加，这在向阳湖文化的宣传史上少有。我自己动手写了消息，准备在《湖北日报》和《咸宁日报》发出。

20050920

由我作序、咸宁高中编辑的《我们身边的向阳湖》“阅读篇”和“探索篇”已出版。我下午去咸宁学院顺便去咸高带了好几套来，大16开，看上去很美。我以为咸高的老师实干精神可嘉，相比之下，咸宁学院的条件好些，但向阳湖文化研究所行动缓慢。晚餐酒席上，我委婉地对成果兄和单教授流露出埋怨之意。

20050921

《长江日报》两位记者找我推荐有是否可宣传的新闻人物，我马上想到蔡骏，立即联系，记者采访后也很感兴趣。对向阳湖文化做出贡献的人，我都要为之提供“机会”。上次《长江日报》是由于市委宣传部根据马世永部长意见推荐了我，并马上发了长篇报道。

20050925

下午杨总从北京打来长途，称凤凰卫视马上采访他，问我有何好的建议。我感谢杨总的信任，提出除了谈干校经历外，建议宣传一下向阳湖文化的意义和价值。前天，凤凰卫视杨理找我要采访对象和地址,我一口气联系了几十人,电话打了一个多小时。

20050926

考虑凤凰卫视10月下旬要来咸宁做节目,由我担任《在“五七”干校的日子里》(暂名)的总策划,得提前做准备。去广播局找有线台照顾安装数字电视,以便收看凤凰卫视。免费不说,中餐还被请去小酌。这就是在地方上人熟好办事的优势,假如现在调往外地,便得一切从头开始。

20050927

将杨德炎先生组织记者来咸考察的消息复印,配上照片分别寄给18家媒体的记者,并打了电话。今后要养成习惯,陪了客人要迅速建立关系并加强联系,不能人走线断,白白花了陪同的时间而已。外出采访回来也要迅速整理笔记,以免越积越多。

20050928

上午去市档案局参观“咸宁市文化名人作品展”。

下午去省作协商议《湖北作家》(秋季号)中间插页宣传向阳湖文化研究会事宜。高晓晖兄安排了两个彩页、两个页码的文字介绍。所谓友情,大约就是这样:主动配合,相互支持。

《湖北档案》第9期“图说文化名人”栏目发表《臧克家:“身离心不离,生死不相忘”》。

20050929

上午去武汉市局彭小华兄处交谈,他这几个月忙于局社分家,忙得不亦乐乎,今日才有时间和我会面,相谈甚欢,敲定了“向阳湖文化丛书”的出版事宜。

购《海上学人》和《复旦往事》,吴中杰著,均为广西师范大学出版社2005年版;又《退步集》(陈丹青著,广西师大出版社2005年版)、《品读湘西》(广东旅游出版社2003年版)、《青瓷碎片——名人老相册》

(张昌华著,中国文联出版社 2005 年版)、《中国大学人文启示录》(1—5,华中科技大学出版社 1996 年版)。

20050930

受彭小华兄提示,下午和凤凰卫视记者杨理通话,委婉地提出让我担任 5 集专题片总策划,应支付一定报酬并签约,因为凤凰台是商业台,而我辛苦干了 10 年向阳湖文化研究不容易。如此“义务劳动”,今后不宜提倡,现在是市场经济,也要“与时俱进”。

2005 年

20051001

北京张慈中先生 9 月 26 日来信:“信与报道见到,谢谢!/此次咸宁圆梦,承蒙热情关照,生活、访故、参观事事顺利,再一次向您道谢!/见报道,有两处不确切,可能是我平时说话口音和速度的关系,望更正。/1. 我不是《中国大百科全书》编审委员会委员,更正‘中国大百科全书出版社’……2.‘国徽’我没参加。更正‘送国外用的国徽标准印刷样,由张慈中负责印制质量并亲送周总理审签的’。/务请在原报刊上更正。”

20051002

今日一日两次陪客到向阳湖。上午恩施州徐局长带人到咸宁要看文化,我推荐的首选自然是向阳湖。下午长江出版集团老总王建辉携夫人来咸,专门也要看向阳湖。王总是学者型官员,他对向阳湖展览室题词:“向阳湖是做出版的人应来看看的地方。”晚上,在温泉,我便带他补充看看应看看的地方——我的“向阳轩”,让他欣赏了我珍藏的向阳湖名人字画,并看了专题片《向阳湖的守望者》。王总是地道的文化人,这点在湖北出版界,我俩颇多共同之处。

20051003

上午请来李书记陪王总,并一同来我局检查指导。我向李书记表示自己的感谢之言，因为他为我提供了平台，使我的交往和影响大为增加，向阳湖的关系也用到了极致。

20051004

下午与省作协高晓晖通话，《湖北作家》“秋季号”所需图片和文字已通过电子邮件传过去。高晓晖比我考虑还周到，两页彩插我原来考虑标题为“向阳湖文化研究会”，他则改成了“李城外和向阳湖”。

20051007

香港张初考先生9月16日来信：“现寄上《南方都市报》(2005年8月8日D叠)一张，报道收藏家刘宗秀以个人力量留‘文学’史实。有关内容谅于您也许有参考价值。/最新一期《向阳湖文化报》已收读，寄张诗剑的也已收到。先此申谢!”

20051009

《中华儿女》陈安钰兄约金戈写一篇宣传我和向阳湖文化的稿子，计划下期发表，我这次进京正好带去。不慌不忙的金戈上午才完稿，我审阅时也来不及多动，基本满意。《中华儿女》的规格高，宣传力度大，安排上去不容易。此期刊物由陈兄把关，终审把握也大。

20051010

到京第一天就拜访了3位向阳湖文化人。张慈中先生中餐热情留下小酌，并讨论了我主编“向阳湖文化丛书”的设计；佟韦先生为市里两位朋友留下墨宝；杨德炎先生热情邀请我在一德国餐厅小叙，因他过几天去韩国，特地还挤时间会一面。晚上回到会议住所——大兴校长大厦已近11点。

20051013

北京康健同志9日来信：“我是专搞民刊研究的康健，目前正在撰写‘民间读书报刊扫描’系列，已在《读书人》上陆续刊出。/贵刊的芳名早有所闻,但一直未曾见过芳容。今从'书间'上得知贵刊地址,故来函索阅,盼能多赐几期,以便全方位地宣传评介。"

20051014

北京孟繁六同志10日来信:"10月5日寄来照片和《湖北日报》、《咸宁日报》、《咸宁广播电视报》等出的《18家媒体聚焦向阳湖》的消息收到。/这次咸宁'五七'干校之行,感受较深,看到干校老照片,就如从时间隧道向回退缩40年,让人想起北京的'文化大革命',遍街的大字报,到处的口号等。回忆让人惆怅,回忆也使人感到亲切幸福。/从向阳湖返京后,我把所见所闻于老主编陈羽纶先生汇报。他夸您聪明能干,由您介绍文化名人在干校的那一段历史,正是此前人们关注最多的,也是很多人最不愿意回忆的人生悲哀的一段经历。这一段时间应该是中国各个行业的断档、停滞阶段。由您发掘名人在干校的往事,无疑会对后人研究中国'文革'期间,或说干校生活,有很大帮助作用。/希望您下次到北京,来《英语世界》指导。"

20051015

上午会议安排参观北京图书市场,初次光临作了一点小贡献,买了《中国美术家协会会员辞典》(人民美术出版社2004年版,大16开精装)和《中国书法家协会会员名鉴》(上、下,开明出版社2003年版,大16开精装),打的七五折,仍花了700多元。这两本书今后会经常翻翻,其中下放到向阳湖的画家、书法家,大都榜上有名。

20051017

《武汉文史资料》第10期"向阳湖名人"发表《吴雪排戏》、《陈羽纶读洋文》。

20051018

上班收到几封北京来信,最令人遗憾的是,北京朝阳区文化馆邀请参加第三次全国民间读书报刊研讨会,时间是14至16日,我正好在北京。如果早点收到通知，我一定会赶去参加的。网上搜索了一下，到会的还有“五七”战士文洁若、牛汉等先生。

20051020

下午去武汉市局彭小华兄处谈，他说武汉出版集团成立后困难多，竞争大，仍建议我留在咸宁搞向阳湖文化研究现实些。这和陈安钰兄的建议不谋而合，让我初步打消了调往武汉的念头。

20051021

上午陪中国印刷技术研究所李家祥重返向阳湖，他为我介绍了不少中华书局下放咸宁干校人员，其中在广西的不少，这让我很感兴趣。今明两年如有时间安排外出，我会重点选择厦门—广东—汕头—广西—长沙，把搞向阳湖文化研究和会友人两不误。

20051022

晚上在央视《大家》栏目看了采访故宫的杨新先生，之前还看了对耿宝昌、杨伯达、杜廼松三位先生的访谈，这是纪念故宫成立80周年的专辑。四位国宝我都采访过，说来已将近10年了。除了杜先生后来在京宴请过我一次外，我在首都都是因为时间紧未能重访。而今电视屏幕上再见，大有“故人重逢”之欣喜。

20051026

晚上在汉采访张洪达先生，请老人谈下放干校前后与陈翰伯先生的交往。几年没有为写文章而进行这样的采访了，谈得快意，尤其是通过此次采访，和张先生之子张立临建立起友谊。

20051027

晚上凤凰卫视台朱为民来电话，称我提出担任向阳湖专题总策划的报酬，他听杨理反映后，自己权限内作主，是否可以给5000元。我听后未表态，初步计划明日再谈，我明确向他表示不在乎多少，在乎他们对我十多年劳动的尊重,对一个专家价值的尊重。他向我解释,一个专题台里只投资十万元。谁相信呢?我付出的劳动是他的几十倍、几百倍,而他的报酬却大大超过我。这是我从事向阳湖文化研究以来第一次转变羞于谈钱的态度,不只讲奉献,也要讲回报。这也许会影响今后对外交往的态度。

20051028

晚上凤凰制片人朱为民两次打来电话,仍坚持己见,我也就没有商量的余地。该说的话都说了,这对我是一个教训:只讲对向阳湖的热情,事先没有一点经济头脑,把自己的资源无偿让出,让凤凰台占了主动。但我提醒朱:其一我担任专题总策划,是他主动找我而不是我找他,这不是一种恩赐;其二,他将请主持人陈晓楠来采访我,我既可答应,也可不感兴趣;其三,向阳湖我有专利,建议他在制作和播放时不要侵权,否则会引发官司。朱为民"抠门",舍不得在报酬上松口,只是企图在我对向阳湖文化人的感情上打动我,说北京被采访的对象们都在等着看凤凰卫视的节目呢!

20051029

今日和致婷商量,为了事业,为了友情,为了初次合作的愉快,不再和凤凰台为报酬的事斤斤计较。那样有悖初衷,我的姿态高一些,做些让步。退一步海阔天空,让朱导看着办吧,我还是相信我的真诚会感动他。

《湖北档案》第10期"图说文化名人"发表《沈从文:"独轮车虽小,不倒永向前"》。

20051030

晚上朱导来电话,得知我的态度后,十分感谢我的理解,表示今后还有合作的机会,但由于今天才统一意见,原定他们一行明日到咸的计划已经改期,大约推至下月中旬。这样也好,我正好去北京办事回来。而且今日得到消息，中国作协的杨匡满先生届时也将来咸，如果能安排在一起接待，也不失为两全其美。

20051102

北京杨匡满先生10月29日来信："对不起，问了许多人，都没有找到你电话号码，只好用原始办法：写信。/下月中湖北作协搞笔会，我建议会后去向阳湖走半天，已得到一些同志的响应。问题是：你届时是否在？是否可接待，当一下导游？"

20051104

早晨国家行政学院出版社韩聪接站，并带至学院安排住宿，中餐社长萧淮苏安排小酌，谈得畅快。留有遗憾的是常务副院长陈福今同志明日出国，原计划拜访，只得推迟至下次。

20051105

上午看望老署长宋木文，他当着我的办公室主任的面，照例热情夸奖了我一番。接着去文化部203宿舍院王树舜先生家，如愿借得他的一套日记和笔记，1969—1972年共10本，大喜过望。

下午至望京姚奎先生家，画家约我去取在向阳湖时的画作。不料其子姚庚生一枝节，阻拦父亲捐出，欲留着自己日后拍卖。我没有勉强，对姚庚这种只重钱不重情的年轻人无话可说。是他让他的父亲、一位对向阳湖怀有感情的老"五七"战士失了信。

20051106

下午"向阳花"蒋超请我小酌，作陪的有林阳和韩聪、娄虹、张辰五，和向阳湖人的第二代已经接上了线。今后来京，势必更忙的。

20051108

下午去画家平野先生新居，又一次大喜过望，他将200余幅咸宁干校旧作借我带回翻拍，以便收入书中。平野先生和夫人晚年幸福，

其居国外的女儿花了200万元为父母购买了新居。他的夫人每次对我都十分客气,主动请平野为我赠画、赠书。

晚餐,商务印书馆的杨总请我和《中华儿女》陈安钰小酌。陈兄带来新出的第11期杂志,上面发表了金戈的《李城外与向阳湖文化》。这是我的"事迹"首次在国家级有影响的刊物上亮相。

20051109

下午杨总给我的面子,在皇城食府宴请在中宣部学习的市委宣传部马部长。同时,我还建议他请来也曾下放咸宁干校的国家行政学院出版社萧社长,上次到咸宁的《英语世界》杂志社社长孟繁六也到了。酒席上大家谈的话题都是向阳湖。

20051110

晚上凤凰卫视朱为民打来电话,称向阳湖专题因故可能推迟到咸宁拍摄的时间,因为"文革"题材敏感,有必要稍稍避过风头。我表示理解,酒好不怕巷子深。迟早只要播出来,一定会有大反响的。

20051112

今日两大收获:一是上午在潘家园旧货市场,淘得"文革"商务一李姓干部揭批陈翰伯的材料原件,讨价还价,只花了20元钱成交;二是曲小侠、韩聪、叶芷、龙又晨、施亮等"向阳花"在沪江春满楼小酌。席间大家感谢我挖掘向阳湖文化,使得他们在京的同学才找机会相聚。

20051113

北京姚庚9日发来电子邮件:"我已经拍摄了父亲的几张咸宁宽幅水粉作品,你们先看一下现有效果和清晰度是否适合你们使用。如果需要更好效果,可回信告知,以便我再制另两张特宽幅作品。/同时,代我父母再次感谢你们为'文革'文化遗产的宣传、收集和保留作出了可贵的工作。"

20051114

上午收到杨德炎先生发来手机信息:“这次来京匆匆见面,你的执着精神令人感动,相信无论干什么都会成功。”

20051116

《武汉文史资料》第11期“向阳湖名人”栏目发表《田汉之子下放》、《萧三之子喂猪》。

20051119

中国作协全委、全国作协委员杨匡满今日重访向阳湖,一同前来的还有两位中国作协会员和社科院文学所研究员。我去潘湾高速公路口接站,然后引领参观了“向阳湖文化展”和王六嘴中国作协五连旧址。五连的遗址不如十四连的保护得好。杨先生住的房子已拆,令他十分遗憾。一路上我指出他从网上发来的一篇纪事文学,有三处笔误:1.咸宁干校是6000人,不是上万;2.冰心从咸宁转至沙洋,不是丹江;3.侯金镜从咸宁去逝时是51岁,不是49岁。路上金戈一道陪同,杨先生听我介绍后,建议金戈写好向阳湖文化系列小说。下午杨匡满等到我的“向阳轩”参观,并观看了《向阳湖的守望者》专题片。他还在我十几岁时购买的一本《战士与诗人郭小川》扉页上签名,并题了一句:“我们共同的向阳湖情结。”

杨匡满一行在向阳书屋

20051120

北京王树舜先生14日来信:“此次北京之行,想是成效显著,硕果累累,谨致祝贺!/林绍纲同志从他的一堆废旧材料里翻出了这本‘大事记’。我粗粗翻了一下,内容比记忆中我同杨匡满写的初稿要‘丰

富’多了,昏话也连篇累牍,不堪入目。作为材料,它或许可以提供一些事件的顺序,仅供参考吧。/这本材料今日另邮寄上。用后还请尽早退给我,以便归还林兄。另有一个要求:如果要复印这些材料的话,可否也寄给我一份?”

今天拉出一篇《郭小川:“一颗心似火,三寸笔如枪”》。

20051121

订2006年度报刊,899.04元。

20051124

今日至汉,看了四位朋友。一是李晓祥政委。老人快80岁了,10年前热情接受过我的采访,并提供了干校笔记本和不少干校老照片。二是《读书文摘》的童志刚,是他在《今日名流》当执行总编时,最先发了我写向阳湖文化人的稿子。其中周巍峙一篇还被《新华文摘》转载。三是金培良老师,他在1980年担任省进出口委员会英语口语培训班的老师,对我为人处世有不少启发。四是省政协的李德定,他是文史委老同志,对干校文化和我联系较多,合作融洽……

20051125

到荆门参加第7届全国文化管理研讨会暨首届“前事不忘后事之师学术讨论会”。原本没打算参加,见名单上有胡风先生之女张晓风等,而且我也忝列大会邀请专家。要对得起会长汪建德的抬举,何况又是一次会友的机会。同行有市文体局王卫和、何国强,博物馆黄大建等老朋友。三人都开玩笑说,将来“文广新”三合一,希望我主政。

20051126

今天大会开幕,意外发现特邀嘉宾中有人民出版社编审马连儒先生。我们又有多年不见,晚上上他的房间聊得很久。马先生相约,下次北京见面,他会为我的事业提供许多新的东西。如冰心老人在咸宁干校时回京,曾给他写过一封信。

20051128

社科联后日召开二大，布置我支持工作，要为研究会做两块展板，以便展览。时间紧张，匆忙找了照片，配了文字，晚上去极限广告公司加班到11点。主要分两部分：一块介绍研究会，一块介绍会长。极限的阮经理说，二者密不可分。

20051129

省政协文史委组织来咸宁考察古民居，其中有著名女作家方方，晚上我约她来“向阳轩”参观，并谈了对向阳湖文化的研究计划。

《湖北档案》第11期“图说文化名人”栏目发表《郭小川：“一颗心似火，三寸笔如枪”》。

20051130

上午，陪方方去向阳湖参观，她对下步如何开发提出了不少见解，主要是与市场对接，对我出版“向阳湖文化丛书”也提了不少高见，令我茅塞顿开。如介绍向阳湖的书要图文并茂，写作时就要考虑读者的口味，考虑书如何走向市场等等。然后又一起去长江出版集团和王建辉、宋丹娜会面。又见识了出版人和名作家的交往是如何进行的。

作者陪同方方参观向阳湖文化展

20051203

读了方方赠阅的《汉口沧桑往事》(湖北人民出版社2004年版)和《去庐山看老别墅》(湖北美术出版社2001年版)，很受启发，为我编“向阳湖老照片”之类的书有所借鉴，同时又感到压力。名作家毕竟是名作家，方方能把死材料用活，功力为我辈所不及，唯有步其后尘，尽快把手头的书先保质量出版才是。

20051205

北京林光先生1日来信:“2005年11月下旬寄去的《一次难忘的耕田比赛及其引发的思考》一文,近日作了一些修改。现寄去修订稿一件,请查收,并请将11月中旬寄去的原稿子予以销毁。/此次寄的文稿,如不合用,请掷还。”

20051206

上午到新成立的武汉出版集团公司,和彭小华老总敲定“向阳湖文化丛书”几本书的编排。他还应我之请,委派总编室主任邹德清作责编。回来就得抓紧时间一本一本地落实了。

下午去省教育出版社,得赠书《熊十力全集》(1—10,2001年版)、《国学举要》(1—8,2002年版)、《湖北地方古籍文献丛书》(1999年—2002年版)。后去省局宋副局长处,得赠书《狼图腾》(姜戎著,长江文艺出版社2005年版)。

20051209

汪建德先生从北京寄来中国文化管理学会[2005]3号文《关于李城外同志工作安排的通知》:“经三届三次常务理事会研究决定,湖北省咸宁市新闻出版局局长、向阳湖文化研究会会长、学会三届理事会理事李城外同志,负责以下工作:1.任学会副秘书长,负责向阳湖文化研究、干校文化研究的具体组织工作和学术活动;2.任筹备中的向阳湖文化专业委员会负责人(在向国家文化部、民政部申报时,出任向阳湖文化专业委员会主任委员)。”

20051210

上午与市直有关单位负责人一道,由市委组织在洪山宾馆参加省社科院与咸宁市全面合作签约仪式。市委田副书记在宣读有关文件时,提及向阳湖文化,可惜第一期合作项目又没有有关内容。好在我在会上与楚文化研究所的刘纪兴重逢，相约今后在此课题上下功夫。

20051215

《武汉文史资料》第12期“向阳湖名人”栏目发表《茅盾“发火”》、《薛德震“还乡”》。

20051216

市文代会二届一次会议今日开幕。我翻了一下文件，书记讲话、部长总结和文联主席的报告，竟无一字谈及向阳湖。文联负责人实在可笑，大约是因为向阳湖影响太大了吧。本不想参加此会，无奈文件中有一项，我代表文艺家协会发言，而且署上了“咸宁市作协执行主席”，顾全大局，还是上台作了简短讲话。在会上，谈了几句向阳湖文化的价值。

20051218

22日的《新闻信息报》提前出版，在15版“人物春秋”摘发了金戈的《李城外与向阳湖文化》一文。这是武汉出版社主办的报纸，也算是为今后我主编“向阳湖文化丛书”提前作了一个广告。

20051221

上午陪同全省打击盗版教材教辅、规范教学用书市场秩序现场会的代表参观向阳湖，引起客人们浓厚的兴趣，纷纷赞不绝口。尤其是襄樊和荆门的局长，盛赞我为咸宁办了一件大事，若干年后应为我立碑。我回答说，羞煞我也，今后要干的大事还多，向阳湖文化研究应该说才刚起步。

20051227

这两天在汉开会，顺便走访了3家单位。一是《湖北档案》编辑部，感谢一年来的关爱，明年将继续开设专栏。二是省社科院，请办公室主任刘纪兴代送四位院领导有关向阳湖的书报。三是省作协，向梁

必文介绍了咸宁文坛令人担忧的现状。

20051228

北京唐瑜先生寄赠书《二流堂纪事》(三联书店2005年版)。

《二流堂纪事》书影

20051229

《湖北档案》第12期“图说文化名人”栏目发表《李季:“希望将来北京见”》。

20051230

市政协文史会开会,讨论通过今年工作总结和明年工作安排。其中王亲贤专门补充了向阳湖文化研究的内容,我很满意。我叮嘱他今后要时时注意宣传向阳湖文化这个品牌。中国文化管理学会发展会员,我推荐了金戈、亲贤和光勇,这是研究会的三位“骨干分子”。

卷十三

2006 年

春

20060101

晚上和致婷闲聊，她提醒我新的一年，应开始考虑和武汉出版社商定的“向阳湖文化丛书”如何编排的事了——这个提醒正是时候。说来惭愧，去年忙于单位事务，写作仅仅维持了《武汉文史资料》和《湖北档案》两个专栏，自己心中有数。“向阳湖文化丛书”的任务重，要求也高，拖下去一是耽误时间，二是错过机会。这是新年第一天应警醒的。

20060102

中餐《咸宁学院学报》主编佘斯勇邀小酌，谈及今年第 1 期刊物“向阳湖专栏”的稿件，我推荐了两篇：一篇是王亲贤写的研究会二届一次会议侧记，一篇是金戈写的《李城外和“向阳湖文化”》。我始终认为，宣传向阳湖文化，大学是一块重要阵地。

20060103

北京林光先生去年 12 月 28 日来信：“有关陈翰伯先生的文章，你既已约请胡企林先生撰写，我不便参与。我认为胡先生跟随陈翰伯先生工作数十年，了解的情况比我深透，是上佳人选。/我可能另写几篇有关干校生活的文章，完成后当然要寄，请评阅。”

20060104

武汉曹之先生去年12月27日来信:“兹呈拙著一帧,以示谢意!祝向阳湖文化研究日益兴旺。如写新作,还盼辱赐。祝新年万事如意!”

20060105

今天率局办公室周主任和书店李副经理启程进京。此行任务有三:一是去总署市场监督局争取奖励基金到位;二是参加2006北京图书订货会;三是拜访向阳湖文化人。

20060106

到京仍住国家行政学院,接送方便,住宿经济,还有一点,找常务副院长陈福今方便。不料陈院长十分繁忙,下周一至三都参加全国科学大会。此次见面计划又落空了。

下午去人美社,林阳兄邀了几个“向阳花”小酌,第二代的“线”又在延伸……

20060107

商务印书馆杨总邀请晚上去和平饭店小酌,下午便乘陈安钰兄开的车来潘家园淘旧货。觅得一幅徐邦达先生抄写的半阙毛泽东词《沁园春·长沙》,怀疑是赝品,但又抱侥幸心理,反正只有60元,还是买了下来。又去中国文化管理学会汪建德家汇报了工作情况(我是副秘书长向会长汇报)。汪先生对向阳湖的前景十分看好,说这项事业发扬光大,得方方面面的支持。大家一起赴杨总的晚宴。杨德炎先生在酒桌上毫不掩饰地说,他喜欢我对事业的执着,前几年没被市里重用,是“资源的浪费”。我谢谢杨总的鼓励,表示今后无论处境如何,向阳湖这终生的事业不会变。

20060108

参观了今年北京图书订货会,场面不如天津全国书市。但融入气氛之中，还是感慨良多，书的品种越来越多，令人目不暇接。心里只是想，今后出书一定要讲分量，重质量，否则制造“文字垃圾”，于己无益，于事无补。

晚上吴桂凤老人和丈夫赵秉欣先生驾车前来行政学院住所看望，并邀小酌，令周小刚和李沁红两位年轻人感动万分。我受这种礼遇多，说这种事对我来说，也很平常。

20060110

下午率两位年轻人一道去看望张慈中先生，正好张姗姗也在家，大谈了一下她最近“跳槽”的经历，令人佩服。张姗姗挑战自我的人生态度值得学习。我请张老除为“向阳湖文化丛书”设计封面外，还为我制作一枚藏书票。

20060111

上午拜访全国文联主席周巍峙，周老已九旬，精神不如从前。我感谢他为“南鄂书城”题字，周老又为我们3人带去的画有他图像的纪念封签名留念。这对两位年轻人而言，是此次进京的最大收获了。

作者采访周巍峙

20060112

山东自牧先生去年12月28日来信：“春上新编《日记杂志·半月日谱》一册，请哂存。干校文化，是一枝奇葩，先生从事这一方面的研究，成绩卓著。明年的《日记杂志》，我计划选一组‘干校日记’刊登之，目前已从您寄来的书中复印出了两组，先生如方便，可再提供一二组，如果能配一篇‘干校日记’评析文章，当由先生为之为佳！《半月日影》(2006)计划由先生提供5月1日至15日日记加盟，如应诺，便这样定下来了，请示！”

20060117

《武汉文史资料》第 1 期“向阳湖名人”栏目发表《史树青献石锛》、《“五瓜先生”秦岭云》。

20060118

购《胡耀邦传》第一卷(人民出版社、中央党史出版社 2005 年版),第十二章“文革磨难”第四节为“发配黄湖”。

20060122

晚上在金叶体育馆看 2006“和谐咸宁”文艺晚会,令我高兴的是特邀主持人郭凯敏在串词中一开始,就提到了“文化部‘五七’干校向阳湖……”

20060123

崇阳杨桦先生 20 日来信:“向阳湖文化史,对于今后我们国家和社会的发展,很有研究的价值,我准备用心地读完你的这些访谈。/我想提一点建议,希望把向阳湖办成像庐山的白鹿书院那样。1. 建一个民族形式的博物馆;2. 多刻点石碑,把大家们题的词刻上,像白鹿书院搞几百块石碑;3. 在韦君宜、臧克家等人种菜、住过的地方立碑。像郭小川等人写向阳湖的诗均可刻成石碑;4. 争取企业界的资助,修点楼台、亭阁,把向阳湖办成文化旅游的圣地;5. 把向阳湖的中心地段绿化好、美化好。/山不在高,有仙则名。庐山风景好,人文景观却太少。向阳湖如果经过几代人的努力,一定会比庐山更具魅力,向阳湖定会走向世界。”

20060128

北京杨静远先生 23 日寄来贺卡:“收到贺卡和《南鄂晚报》报道,谢谢! 读后感到这是你十年辛苦的总结,在崎岖的路上不断跋涉,虽还未到达最终目的之地,但总在不断步步前进,对你执着的精神,深为感佩。祝新的一年有新的收获，健康愉快。”

北京罗哲文先生 23 日来信：“大函贺卡收到，兹将嘱写‘向阳湖老照片’的题字寄上，请指正。不知是出书还是展览，均可按需要大小放缩，字的大小笔划也可按需要安排。我提供的一些老照片待制作后寄上。您为这一段空前也可能是绝后的特殊文化史做出的贡献，将是永垂史册的，谢谢您。”

20060129

北京孟庆江先生 24 日来信：“因种种琐事打扰，现才将‘干校日记’的节选复印资料寄上，请查收。它是不连贯的，但基本上能看出干校生活和思想的真实。从历史的角度看这些东西，还是很‘过瘾’的，现在人很不理解当初的人的思想是怎么被‘改造’的。李鸿章说得对，‘一代人只能做一代人的事’，时代不同了，观念变了，连‘辞书’都得重写。过去批判资产阶级‘唯利是图’，现在宣传‘经济效益’；过去把‘挂羊头卖狗肉’当贬词，现在知道狗肉要比羊头贵；过去嘲讽赫鲁晓夫的‘土豆烧牛肉’的共产主义，现在我们的生活水准是可以说早就是共产主义了……我这些‘日记’，你就把它当做‘天方夜谭’来看吧。能悟出名堂来，就有价值，要不，就是废纸一堆！把它扔到垃圾里去就是了。/新春就到，我刚画完‘神六’，现在又开始画‘和谐颂’，迎接新春，祝你快乐！”

北京劳祖德先生 23 日来信：“来京承枉驾见访，以尊编大作四厚册相赠，感何如之！我是 1969 年到咸宁的，那年正是 50 岁，现在从书中见到您的相片和小传，方知道比我年轻 42 岁。也许我们早在咸宁见过面的，只是岁月重新改绘了您我的面貌，以致互相不能辨认，思之慨然。书中写到的人，有的无从再见，有的虽仍同在北京，亦或所居不远，但彼此都已不能出门相晤，无可奈何矣。顷接惠寄岁卡，无任感谢，敬以小笺报复谢，并颂吉祥康乐，阖第平安！”

20060130

北京蒋曙晨先生24日来信:"您很忙,既负责咸宁的新闻出版工作,还领导出版《向阳湖文化报》,真是太辛苦了。/近两年没有收到《向阳湖文化报》,是否还按期出版?老'五七'战士还常念到这个报纸,也想为它写点东西。"

北京文洁若先生25日来信:"别人的200元全退了,只留下您的,因为《萧乾影集》将于2010年出版,届时会收您与他的合影,还得等4年。我在给《名流》杂志写专栏。祝春节好!"

20060131

北京戴文葆先生寄来新作《射水纪闻》(河北教育出版社2005年版)。扉页题签云:"源于敬乡之诚,出于桑梓之情,拙作奉呈李城外同志指正。戴文葆敬赠。2006年正月二十日"。此书共18卷,"编外"收入《怅望向阳湖》一篇。这可是更让我感动的,我要向83岁高龄的戴老致敬,遥祝戴老健康长寿。

20060201

朱红平同学从武汉回温泉过年,今日邀我陪她和丈夫一起去向阳湖。我正好带上致婷和熟了,还有熟了的同学张璇同去。这是今年春节后第一次到向阳湖,挺有意义的。尤其是致婷第一次参观"向阳湖文化展",对我工作的意义又有新的认识。只是因时间关系,没有实地到连队旧址参观,留点遗憾下次再来。

20060205

今天省局人事处打来电话,上午局党组研究,呈报我为"全国新闻出版系统先进工作者"。这是由总署和人事部联合表彰的省部级劳模,全省仅4个指标,省局选中了我,是对我短短两年来工作的充分肯定。下午我和办公室主任去省局人事处拿表格,赵处长再三强调,材料要写出分量。

20060207

温中原校长闻立玮现在大连打工，回家过春节。老朋友了，今天邀在一起小酌。又叫了金戈、亲贤、光勇、胡卫平、李沁红等向阳湖文化研究会的同仁相聚。一举两得，也算是研究会新春“第一盅”。

20060209

上报总署的个人先进事迹材料，布置办公室主任写了个初稿，整体框架还不错。题目是《求实，认真，争创一流工作业绩》。分三个部分：一、开拓创新，敢为人先，不断树立行业权威；二、不尚空谈，注重实干，自觉当好人民公仆；三、亦政亦文，勤奋笔耕，着力打造文化品牌。共 2500 字。根据市里有关文件精神，正县级干部当省级以上劳模，要经常委会讨论通过。于是上午去找李明波书记汇报，他对我表示祝贺。分管的市委市政府领导也都同意。市委组织部周彩娟部长得知后，说了一句话暖人心：“你干得好，说明我这个组织部长选人选得准。”

20060212

《武汉文史资料》在催 3 月份的稿子“等米下锅”，我晚上抽空在电脑上拉出两篇：《范用的风范》和《司务长杨德炎》。真是“三日不做手生”，笔头一懒，“炒剩饭”，只是将过去的访谈重新组织一番，找不到一点灵感！

20060213

上午去田副书记办公室汇报工作，他肯定了我的工作并主动提出到我的“向阳轩”参观。这种“面子”，大概是宣传战线的局长少有的。

20060214

今天第一次到北京来咸宁挂职的市委副书记王龙江家中小坐，送去我编著的 8 本书。初次见面，和王副书记十分投缘，谈得愉快，而且他对咸宁文化尤其是向阳湖文化感兴趣。这使我感到庆幸，又在领导层中找到一位“知音”，无疑有利于向阳湖文化研究工作的展开。

20060215

广西甘棠惠先生4日来信：“在新的日子里，收到你的贺年卡，感到十分高兴，谨表谢忱，并给你拜个晚年！/这些年来，承蒙你多次联系，还委托在广西工作的同志来访问我，内心十分感激，也表明你和其他同志开发向阳湖文化潜力的决心和毅力，我十分赞赏。/由于我个人对干校、向阳湖有奇特（与众不同）的看法，所以，我虽然有许多感言，却没有写出来。这点，你多少也清楚。过去那些年，社会上几乎一边倒，把‘五七’干校，把向阳湖都看作是劳改或变相劳改基地，是迫害干部特别是知识分子的不堪回首的伤心地。我是不同意这类看法的，我认为应该一分为二。干校特别是向阳湖，不能彻底否定，它有一定的积极意义。现在湖北省把向阳湖列为文物单位（不是劳改遗址），这是正确的，也比较实事求是。在当代历史上，向阳湖应该是继桂林、昆明之后的文化名城，而且规模宏大，意义深远，远超桂林和昆明……/由于观点、评价不同，所以，我虽有准备，但还不想写这类文章（书）。从一分为二来看，干校（特别是向阳湖）有许多积极意义，是不能全部否定的。臧克家同志的诗集《忆向阳》被很多人恶骂，我却认为是难得的好作品，符合湖北省政府确定向阳湖为文物单位的精神。虽然两者并无联系，精神上是一种巧合。……另，以臧克家同志为例。60年代，我作为《文艺报》诗歌编辑（评论）去约稿。领导上交待，在臧家只能坐15分钟，因他身体不好，他参加全国人大会议，也只听一小时就离开。据说，平时每天只吃四两粮票的主食。但在向阳湖，臧克家同志每餐吃四个大馒头（每个一两以上）。在干校3年多，回来后活到95岁以上。如果有这样的‘劳改’地，今天我还要去。因为我可以活到99。”——我和甘联系了上十年，终于感动了他，回了信。他不写则已，一写密密麻麻整三页。谈了自己对“五七”干校的看法，他不同意将向阳湖看作“劳改地”，与我研究得出的结论大致相符，实属难得也。看来但求耕耘，莫问收获，在我今后的向阳湖文化研究中是仍应坚持的态度。长期坚持付出，总会有意想不到的回报。

20060216

《武汉文史资料》第2期“向阳湖名人”栏目发表《牛汉的“汗血斋”》、《陈早春“顶牛”》。

20060227

《湖北档案》第1—2期“图说文化名人”栏目发表《周巍峙：“身在向阳湖，心系周总理”》。

20060302

今日专程到湖北人民出版社找刘道清社长，办了几件事：一是商议他的约稿《中国“五七”干校始末》的出版，二是推荐成果兄的书稿《向阳湖畔的脚印》，三是代荐手下胡科长的爱人小张（湖大研究生）找工作，四是索要《萧乾全集》（1—7，2005年版）、《丁陈反党集团冤案始末》（李向东、王增如著，2006年版）等书。刘社长十分好打交道，相谈甚欢。

20060304

读了谷林先生的《答客问》（东方出版社2004年版）和《书边杂写》（辽宁教育出版社1995年版），方知他在咸宁干校写了日记。上次进京初次见面，没来得及看看日记，下回一定得“补课”。

20060305

开始整理手头向阳湖文化资料，计划从今日起开始实施手头的几项工程。一是继续办好《武汉文史资料》和《湖北档案》的向阳湖专栏。二是办好《楚天声屏报》和咸宁广播电台的专栏。三是编好将在武汉

出版社出版的“向阳湖文化丛书”。四是着手准备《中国“五七”干校始末》的写作。几管齐下,亦可同步进行。同时,还要见缝插针,及时读书“充电”。

20060307

晚餐咸宁学院文学院单长江和校报佘斯勇请我去小酌。席间单院长无意说起市文联主席老柯问他,凭什么聘李城外为咸宁学院兼职教授。言下之意,没有聘他不服气。单院长回答:“就凭人民文学出版社出了几本书,这是咸宁无人可比的。”老柯遂无话可说。

20060308

上午去咸安区局毛局长处小坐。他在北京收集了一些“文革”时期的宣传画,其中有“五七”指示的,还有“群丑图”、“百丑图”之类。过去只听说而未见过,于是翻拍下来,以便写作之用。毛还送了区文体局申报“向阳湖文化名人旧址”为国保单位的一套材料,也是颇为珍贵的。

20060314

印了8000张活页纸,边角上用的刘炳森先生手迹:“咸宁市向阳湖文化研究会”。计划开始写几本书和积累资料,将这批纸用完的话,估计向阳湖文化研究又是成果迭出。

20060315

到省城参加作协四届三次理事会,下午顺便去长江出版集团老总王建辉处小坐。谈及今后假如市里三局合并,安排得好仍留在咸宁,边干好本职工作边经营好向阳湖,如果安排不理想的话,可能会想调武汉。

20060316

上午在省作协理事会上作了15分钟的发言,题为《把向阳湖文化品牌打得更响》，效果很好。会后稿子被收了去，可能会在春季号《湖北作家》上发。

20060317

市社科联二届二次全委扩大会议今日召开，“向阳湖文化研究会”被评为2004—2005年度先进集体。金戈被评为先进个人，并代表学会在会上作了专题发言。与我昨日在省里的发言联系起来，可谓“一脉相承”。

20060318

今天开始同步准备《湖北档案》和《武汉文史资料》4月至8月的稿件。平时工作太忙，周末的大块时间得抓紧，基本上要做到“大门不出，二门不迈”。

20060319

一气在电脑上拉出5篇4—8月的专栏稿，计10000余字。可谓旗开得胜，看来非得给自己定任务。这是一年来最高产的一天。今后每日坚持写一二千字，应是可行的。

20060321

今天在一九五医院理疗科司有植兄书库翻“文革”资料，花了整整一天。老司已58岁，多年致力于收集“文革”资料，可能是鄂南最为丰富的。这为我写作提供了便利。他看我沉醉其间，甚至说，这些年的收藏仿佛是有意为我而作的，因为以前从来没有人利用它。我暗自感动，从而体会交朋友贵在平时。我和老司相交10余年，现在才得益于他的帮助，且是无私的。

20060322

下午市委王副书记专程来我局小坐，并应邀到我的“向阳轩”参观。之后我又专门去南鄂书城选购了一些官场小说，准备日后送他。

京城下派的领导好打交道,既然他把我当作可以相交的下级,我也就变被动为主动。

20060323

参加市修志动员会,我不由得记起自己搞向阳湖文化研究,最早就得益于从《咸宁市志》上发现的几十字的记载。一晃10多年过去了,我也从一个普通干部成长为市里的一名县级领导干部和文化界"知名人士"。

20060329

咸宁文坛最近比较热闹,《南鄂晚报》13日发表了通山夏八喜的长文《一篇帖子搅动通山文坛》。该报"今日关注"以百家争鸣栏目形式推出,然后竟连续发了八九篇,贯以"通山文学现象大家谈"之名,每日占了四分之三版。该栏目编辑有意炒作,17日便向我约了稿。我解释不感兴趣,何况新闻出版局长参与此论争不大妥当。尽管我知道夏八喜的文章提到"从通山这片土地走出来的知名作家李城外、金戈已成为通山人的骄傲"。我没有料想的是今天有位署名"温泉客"的文章《灯不拨不亮,鼓不敲不响——浅议咸宁市之文学》,其中直接对我进行点评:"李城外对向阳湖文化的整理,以及'文革'期间大批著名文化人下放向阳湖的记叙,的确做出了惊人之举和难以否定的功绩。李城外和他的那些文章应该归属到文史资料去(并列举了《辞海》对'文学'一词的解释)。"凭心而论,这种看法比较客观。这同时对我提了一个醒,自己笔下的向阳湖文学性还不够。我今后除写好文史类文章外,还应多创作文学作品,方称得上作家称号。看来,今后真的要"两耳不闻窗外事,一心只写向阳湖"了。

20060330

上午去通城的路上,《武汉文史资料》副主编殷小琴打来电话,称最近传达有关文件精神,对"文革"的东西加以限制。武汉市新闻出版局根据市委宣传部的意见,决定暂时中止刊物的“向阳湖名人”栏目。我听了虽不感到惊讶,但觉得好笑,这种“一刀切”的做法,实在不足为训。它停它的,我写我的,向阳湖文化今后就“待价而沽”吧。

《湖北档案》第3期“图说文化名人”栏目发表《陈白尘:“云梦泽确是值得回忆的”》。

20060331

下午去武汉出版集团与彭小华兄长谈,谈局里的工作,谈向阳湖文化。彭总也说今年控制有关“文革”的书籍,“向阳湖文化丛书”先编好,今后再出版和宣传为宜。我的时间也紧,正好有个“缓冲”。得彭兄赠书《武汉作家文丛》(1—10,武汉出版社2004年版)、《汉口租界志》(武汉出版社2003年版),16开精装。后逛古旧书店,购《伟大领袖和导师毛主席革命实践活动大事记》、《革命委员会好》、《战地新歌》等。

2006 年

夏

20060405

晚上拉出一篇千字文《一次成功的策划》。这是《咸宁日报》创刊40年的征文约稿,属不得不写的文章,因为它10年前开辟了“采风”和“情结”两个专栏,由此推出了向阳湖这一文化品牌。

20060412

今日去街上复印店,复印昨日从咸安档案馆借来的有关资料。自己也觉得好笑,今年是咸宁政坛大变革之年,也是文化体制改革之年,我无心恋政,仍钟情于文,秉性难改也。

20060413

《咸宁学院学报》第一期“向阳湖研究”栏目,刊发了我推荐的王亲贤和金戈的文章。这是公开发行的刊物集中宣传向阳湖文化内容最多、分量最重的一次。我上午去咸宁学院拿杂志时,对主编佘斯勇表示感谢。他仍表示将这个栏目办下去,还要争取在全国院校类杂志中得奖。编辑余朝辉也说,向阳湖文化在校内外的影响大,现在争取在校园内站稳阵地。我表示今后会积极为之约稿、组稿。

20060414

邀了金戈一同到长沙,叫了办公室主任周小刚随行,4人正好一个车子,司机李红波辛苦一点。此行名曰参观第十四届长沙书市,主要则为了寻访潇湘电影制片厂的原文化部老“五七”战士。晚餐由叶英歌私人买单，她出手大方，从家里拿来五粮液，难得的是还联系上十位老“五七”战士相聚。大家一致推举她为干校“长沙站站长”。梁家敏和腾锡绘夫妇和我电话或通信多年，今日终于一见。两人提供了一张老照片，和一盘 1998 年重游干校的光碟，还有两把保存了 30 多年的铁铲。刘景芳先生则提供了两个竹刻笔筒，他还说自己的女儿 1972 年在咸宁向阳湖出生，才取名刘宁。周森通先生的女儿同时出生，取名周宁。周还保存有不少干校老照片，答应日后寄来。

潇湘电影制片厂小聚

20060415

原打算带车去一趟汕头，看看那里的“文革博物馆”。但小刚和红波都说路途太远，我也就充分听取“群众意见”，改为去湘西凤凰。反正访沈从文先生旧居和墓地，也是很久的愿望。由于地图将未建成的高速提前搬上了地图，我们取道桃源方向去凤凰，而没有走张家界的好路，结果只需 6 小时的行程，竟花了 10 个小时，到目的地已是傍晚。晚上看了篝火晚会《凤凰神韵》。

凤凰沈从文墓地

20060416

上午参观凤凰古城，

直奔沈从文故居,里面有从咸宁干校带去的书架和单人床,但有一张旧照片的说明有误,湖北“丹江”写成了“月红”。我向管理人员指出,希望改正过来。然后和金戈二人去沈从文墓地拜谒,说向阳湖文化研究会会长和秘书长同时来到此地,颇有纪念意义。可惜由于时间关系,没来得及游览南长城,晚上回到温泉已经10点半了。

20060419

上午去湖北教育出版社,得赠书《长江文化研究文丛》、《中国文化世家》(2004年版)。

下午去武汉出版社,彭小华兄赠《潜在写作文丛》(1—10,2006年版)。

20060422

市电台招聘的张某办了个《都市传媒》,本来违规,不合手续,应属我局查处之列。他反倒到处打牌子,做广告,招揽大中学校学生投稿,发展到近日未和我通气,散发出一张传单,内云:著名作家、市新闻出版局局长李城外明日参加他组织的笔会,去干校旧址。我事先听温泉有的文学青年问及,然后才得到张某的邀请,于是狠狠地批评了他一顿。这种先斩后奏的行为,是不懂对人的起码尊重。我自然拒绝参加这次活动,随他自己去收场。晚上金戈来谈及此事,我说咸安这地方个别人办事不讲规矩,今后打交道要慎之又慎。

20060429

《湖北档案》第4期“图说文化名人”发表《周汝昌:“红楼非梦,向阳无湖”》。

北京平野先生22日来信:“我最近回想一些往事。过去我们处于国家垄断时代,自己年轻,在职,与自己同辈的朋友们也都在工作岗位上。因此,只要自己努力,总可取得成功。因此从50年代开始,我在各个美术出版社,出版了一批美术译著。改革开放后,我国进入市场经济时代。由于我的那些书，都是经过市场考验的，受读者欢迎。在市场经济时代，有些出版社就主动要出版我那些书。因此，我的一些译书又进入新的市场。可是由于垄断时代一去不复返，而与我同时代的一些朋友又都与我一起先后离开工作岗位。所以，在离休后所写的著作，就难以找到出版单位了。其中计有：1. 我的美术文集（约 7 万字，有附图）；2. 我的欧游美术日记（约 7 万字，有附图）；3. 我的生平备忘录（约 7 万字，加我自己的绘画作品）。由于你是我的忘年之交，对我热情，因此，我想，也许你有可能在适当情况下，设法把我晚年自己的著作找出版社出版……”

20060430

早上 7 点半从温泉出发，开始赴苏、浙、闽、粤，考察文化体制改革。原计划下午 6 点左右到苏州，因堵车耽误了时间，害得苏州新闻出版局局长汤钰林等了两个多小时，晚上在东吴饭店住下后，叫来熟了和我同住夜话。王尧兄及季进、黄晓辉二位老师等闻迅来看我，我感谢他们对熟了的关心和关照。此行已是我第三次到苏州。王尧兄卸任苏大党委组织部长一职，又返任苏大文学院院长。我估计是为了他的学术研究，对他这种选择表示钦佩。

20060501

今天到杭州，途经浙江乌镇，访茅盾故居，忽然产生写一组“文化名人故乡行”的念头。如前几年去了绍兴鲁迅故居、潜江曹禺故居，前些时去了沈从文故居，这次又要访冯雪峰故居、冰心故居。今后还可能去郭沫若、巴金的故乡……

购《回望雪峰——第三届冯雪峰学术研讨会论文集》（上海文艺出版社 2005 年版）。

20060502

下午至义乌市，径直去神坛村冯雪峰故居参观，并拜谒朱镕基题

字的冯雪峰墓，晚餐就在赤岸镇三里红农家餐馆小酌。店主是冯雪峰故居管理员冯雪峰之侄冯潮忠，十分热情，送了我有关冯雪峰的资料和光碟，我还和他的堂哥、冯雪峰之子冯夏熊通了电话。

作者拜谒冯雪峰墓

20060503

又马不停蹄赶到温州，参观这里的印刷企业。和昨日到杭州考察文化体制改革一样，是我们此行的主要任务。“副业”便是游览著名景点和访向阳湖有关名人故居。温州毕竟是个商业城市，永远不会成为我心中的“圣地”。

20060505

上午赶到长乐市冰心文学馆，这里还展览出冰心在向阳湖干校劳动时用过的箱子，好像是从国外带回的，于是拍了照片。还购买了不少资料。如《冰心，爱是一切》(大象出版社 2003 年版)、《冰心：非文本解读》(王炳根著，海峡文艺出版社 2003 年版)、《冰心玫瑰》(海峡文艺出版社 2000 年版)、《冰心与吴文藻》(王炳根著，安徽人民出版社 1999 年版)。下午满载爱心赶到厦门，这是我第一次到福建。

冰心研究会和冰心文学馆外景

20060506

在厦门度过了愉快的一天。上午游鼓浪屿,下午去集美了解陈家庚,去厦大参观鲁迅纪念馆。晚餐厦门市新闻出版局局长于浩宴请小酌,并邀来《厦门通俗文艺》主编曾纪鑫陪同。曾兄是公安人,对向阳湖文化素来感兴趣,是我通信多年一直未谋面的朋友,晚上热情邀请我上他家闲聊。他从武汉调来已经几年,初步站稳了脚跟。我很有点羡慕他没有"居不大易"之慨。自己总是口头上说想离开温泉,而始终不见行动。

20060507

上午终于来到心仪已久的汕头澄海塔山,这里建起了第一座国内"文革博物馆"。运气好得很,"塔园"的设计者彭启安在场,他的助手沈观齐热情介绍我的情况和来意。彭马上一见如故,盛情留我小酌。我送给博物馆有关向阳湖的书报及纪念封,并表示今后要向彭学习,加强联系。真是山外有山,天外有天,比起汕头的硬件建设,我在咸宁的工作差远了。巧得很,今天正是5月7日,正是毛主席"五七"指示发表的纪念日。回到温泉如果有时间,也许会写一篇《汕头"文革博物馆"考察记》?

作者考察汕头"文革博物馆"

购《塔园流踪》、《月是异乡明》(沈野著,台北独家出版社 2003 年版)、《文革历劫记》(王逸之著,香港艺苑出版社 2002 年版)。

20060508

坐了10多个小时的车,晚上返温泉。此行为期9天,途经6省,考察的任务顺利完成。最大的收获是看了汕头"文革博物馆",对我从事向阳湖文化的研究启发良多。幸亏自己有点小权,可以按照自己的意愿出游,为一生的事业慢慢积累“财富”。

20060512

《南鄂晚报》办记者培训班,我局帮助请了《湖北日报》审读专家吴志根等人。晚上陪几位老师吃饭时,才认识到吴老师这位联系多年却一直未曾谋面的“五七”战士。他“文革”期间从故宫下放向阳湖,后为解决两地分居问题没回北京,而留在湖北。吴老师照例对我挖掘向阳湖文化的功绩大加赞扬,而我感兴趣的则是他手头的陈翰伯在干校的照片,及吴在向阳湖和夫人的通信。计划下次到汉上门拜访,并相约去看一下李晓祥政委。

20060515

下午去李兵市长办公室汇报工作。他对我局的工作表示满意,还说“谁说文人不能当官”?我趁机也对他提了一点意见,政府市长总不能对向阳湖文化不重视。他解释说咸宁经济条件所限。我举了汕头的例子,他说我们学不来。

20060516

上午到向阳湖镇调研,请了市扶贫办毛主任一同去现场办公,帮助解决具体问题。顺便又去奶牛场看“向阳湖文化展”,碰巧市委党校几位副校长组织县级班学员也在这里参观,其中不少是我的熟人,都戏称这里是我事业的“发源地”和“根据地”。

20060521

成果兄晚上打电话来,言及长江文艺出版社的退稿《向阳湖畔的脚印》,其实我和编辑的意见一致,以为深度不够。但过去当面不好说,只是以鼓励为主。毕竟在咸宁沉下来研究向阳湖文化出了专著的,除了我就是他。下一步,我更要注重自己专著的质量了。

20060527

下午召集金戈、亲贤、光勇商量,马上就到6月6日研究会6周年,是否出报纸,是否开座谈会。研究会坚持至今,主要是我们4人在支撑报纸,开展联络。晚餐小酌时,我特地提出,感谢大家的“义务劳动”。得到的回复是应感谢我,要谈“义务劳动”、无私奉献,是我一直在带头。

20060528

《湖北档案》第5期“图说文化名人”发表《绿原:“周总理批示‘不能以邻为壑’”》。

20060602

陪省法制办的王桂华兄到通山,他是云石兄在咸宁师专读书时的同学,对向阳湖文化价值的认识很高。每每交谈,如知音重逢。此行一路上,他又在赞不绝口:“你在咸宁历史上已留下了一笔,这是胜过任何一位市局的局长的。”

20060604

向阳湖文化研究会后天就是6周年,2006年6月6日,四个六连在一起,实在难得。今日提前邀请罗勇、金戈两位副会长及亲贤、光勇、小刚、胡卫平几位理事小聚庆贺。我心里明白,学会的存在关键在于这几位“守望者”的追随。

20060606

市档案馆负责方志的几个人上午来找我,约我为《咸宁市志》(新版)“文化篇”中的“向阳湖文化”专章撰稿。我义不容辞,满口应承下来。

今日又恰好向阳湖文化研究会成立6周年纪念,没有开座谈会,便找了几个理事小酌。有副会长金戈及亲贤、光勇、杜枫林、王玫、李沁红、胡卫平、周小刚,十分热闹。我还分别向北京、武汉和温泉的友人发了短信:“06 年 06 月 06 日,咸宁市向阳湖文化研究会成立 6 周年,是个六六大顺的日子,在这千年等一回之际,祝幸福吉祥,一顺百顺。”随即收到的回复有北京杨德炎:“太好了,纪念日在这么个好日子,祝贺祝贺。”韩聪:“原来觉得 3 个 6 就已经很巧了,4 个 6 连在一起,就真的没有这么幸运了。”武汉高晓晖:“愿大顺之运,永远属于你。”同城的金戈赴宴前发来的最精彩:“李会长,同喜同贺同祝福!你写也向阳,说也向阳,生活向阳,工作向阳,福运亦向阳,向阳因你而精彩,你因向阳永向阳。秘书长于纪念日致辞。”

20060607

上月的今日到汕头的“文革博物馆”参观,本来计划赶写一篇游记的,因忙便搁下。昨日分别和汕头的彭启安和沈观齐二先生通电话,得知他们对我留下的书报很感兴趣。又交流了一月来“文革博物馆”的信息,今日我又补寄去有关向阳湖的资料。这根线今后将长连不断。

20060608

北京《新文学史料》徐广琴今日发来电子邮件:“近来忙吗?/寄来的几篇稿子,领导看了,认为可用。都是九五、九六年的访谈,你能不能抽时间给写一个简要说明,就是类似于按语那种,对采访的北京什么人作一交代。寄来的共 4 篇,有牛汉、绿原、舒芜、周汝昌。/刊物用,也要等明年了。周期长,很不好意思。”

20060609

上午金戈来谈,我建议从长计议,向阳湖文化研究会的法人代表,由他接我的手。他怕担当不起,我鼓励他走在前面,我幕后指挥,照样不会误工作,而且效果可能更好些。因为我身为政府部门负责人,按政策规定不宜兼社会团体的法人。金戈这才表示同意,朋友就是朋友，一切理解万岁。

20060612

到新疆参观第16届全国书市，先经西安，又去看了兵马俑，刚好隔一年时间。去年参加天津书市，绕道来的西安，太辛苦，比不得坐火车来。下午乘飞机抵敦煌，更是轻松快捷。立马去了书店，购得《重修敦煌县志》（甘肃人民出版社2002年版）和《敦煌学大辞典》（季羡林主编，上海辞书出版社1998年版），聊备他日闲翻，对我研究的向阳湖文化亦可作比较、提示。

20060616

在新疆看哈纳斯的景点，大都是自然景观。虽然还去了中国与哈萨克斯坦的交界处，但我还是后悔，此行的选择不应是北疆，而应是喀什或伊犁。有种说法，没到喀什等于没到新疆，而伊犁则是作家王蒙先生的"流放"之地。但考虑到陪同我来的市新华书店的华副总经理，过去已到过南疆，这次是专门为陪我而来的，便没有提出来，毕竟要考虑别人的感受。

20060618

返回乌鲁木齐，此次从乌市到布尔津是"拼团"，我们这一行还有江苏、河北、山东的旅客。如江苏常州的张淼同学，刚参加完高考，母亲陪她出来散心。她的成绩一直很好，估计上名牌大学没问题。在长途大巴上，我和她聊天时顺便宣传向阳湖文化，她也说对"文革"文学感兴趣。我欢迎她今后以此为研究方向，小张淼看了我办的报纸，感慨地说："你好厉害呀！"

20060624

又有20多天没读书，今天一气看了《王蒙自传》的第一部《半生多事》（花城出版社2006年版）和他的新著《苏联祭》（作家出版社2006年版）。王蒙先生是我采访过的大家，他的《我的人生哲学》和《尴尬风流》近两年都拜读过。他的父亲王锦第曾下放咸宁干校,之所以引起向阳湖文化研究者的关注,是“老子沾了儿子的光”。如果说“文革”中我读得多的是浩然,“文革”后最爱的作家便是王蒙。

收厦门曾纪鑫寄赠书《永远的驿站》(东方出版中心 2006 年版)。

20060629

致婷同事周玉香的儿子李杰今年可望上中央美院,文化课和基础课分都不错,但心中还不踏实,托我找北京的熟人。我马上想到人美社的副总编林阳,正好他的弟弟林彤就在央美教书。我上午打电话时才听说他的父亲林锴先生已于上月 24 日去世了,我意识到自己手头的工作量越来越大,时间越来越紧。

20060630

《湖北档案》第 6 期“图说文化名人”发表《牛汉:“向阳湖哺育过我的诗”》。

2006 年

秋

20060704

北京韩聪发来一则信息:“你一直没有约上陈福今,现在他退下来了。”我回复道:“谢谢你的消息,我在研究向阳湖文化的过程中,遇到这种遗憾太多了。好在有韩姐等大批‘向阳花’还可保持长期联系。”

20060705

林阳的弟弟林彤今天专门从北京打来电话,告诉李杰已被央美录取的消息,并说是“第一时间”。我向周玉香表示祝贺,艺术类的学生上了央美等于上了清华、北大。何况今后在央美,向阳湖的关系还可以延伸,如著名画家张立辰先生就是那里的名教授。

20060706

上午参加加快咸宁经济发展座谈会,市直副县级以上干部参加,规模很大。会议中心座无虚席,新任市委书记许克振作了两个小时的长篇报告。其中谈到发展第三产业、培植新的经济增长点时,强调发展旅游业要利用优势和目前形成的基础,重点打造温泉休闲、九宫避暑、陆水泛舟、赤壁怀古四大旅游景点,以及一些颇具开发价值的古民居、向阳湖文化村、北伐战争遗址等历史、人文和生态景观——许书记对向阳湖的重视,自然引起我的好感。这和李市长在不同场合对向阳湖的态度大相径庭。单凭这一点,我今后得多接近许书记,力争在咸宁掀起新一轮“向阳湖热”。

20060707

省委宣传部文艺处处长罗丹青打电话来,要我去商议进京找一些文化名人,为湖北文化的宣传做一些事。我迅速赶去,谈得投机。但也意识到,由于经费的紧张,开展这项工作的难度仍不小,何况我是以文化抢救为指导思想的。有些外界的临时任务说不定会分散精力。

20060714

今天去省局王副局长处汇报思想,他读过我送去的书,鼓励我说,光凭我一人把向阳湖闹出了全国影响,在今后文化体制改革三局合一的竞争中,也是有实力的。

20060721

上午去省政协文史委,意外碰见湖北日报社原社长周年丰。他还是鼓励我挖掘向阳湖文化,并热情向我推荐多读李国文先生的文章。中餐文史委胡嘉猷主任请我小酌,对我在向阳湖文化研究上的贡献仍然赞赏有加。这两位年长的领导,过去都是我市许书记的领导,他们如果多到咸宁向许书记宣传向阳湖文化,定会更有利于这项事业的。

20060723

上午去许书记在潜山宾馆桂花园的住处汇报工作和思想。这是他上任两个多月来的第一次,因为平时在办公室排队的人太多,插不上队。于是和江秘书联系抽周末的空闲,这样还好些,显得更随意。我首先送上自己主编的 4 本文史资料和人文社出版的 4 本书。许书记的第一反应是:“你如果专门从事写作,或许比当个局长更好些,这样免得分散精力。”他又关切地问起我与北京的部门及部长、司局长们的关系,说应该想想点子,吸引人家支持咸宁的发展。我解释说,这么多年来,我只是从文化上作了不少文章。

20060728

《湖北档案》第7期“图说文化名人”发表《舒芜：“梦中惯听杜鹃声”》。

20060729

省局图书处长胡伟邀了同学、省委组织部副部长兼老干局局长翟天山等带家属及子女组成“亲友团”，来咸度周末，昨晚到达，我安排住在工行招待所。天山是通山横石生长的，和我同年同月，一见如故，对向阳湖文化一拍即合，感慨我已打造出一块文化品牌。

20060730

上午陪客人参观向阳湖，中餐市委许书记及周部长宴请天山一行，我一同作陪。席间天山向许书记盛赞向阳湖文化的价值。许书记说看了我写的几本书，非常感兴趣，指示我继续在这上面作好文章。

20060801

将给罗勇《田园牧歌》写的序定稿，题名《隔行不隔山》。因北京陈安钰兄也写有一序，我便另辟蹊径，没有重复谈诗，而是换了一个角度，谈向阳湖文化研究会成立后我们的交往，以谈友情为重头，从网上发给金戈提意见，他盛赞不已。而我则老实坦白，因为再三推脱不掉，此乃“情面之作”而已。

20060806

上午在金桂湖陪长江文艺出版社方总游湖，下午又游览向阳湖，前者是新节目，后者是陪客的“保留节目”。有人读书是百读不厌，我则对向阳湖是百看不厌。因为只要有一个新游客首次认识了向阳湖，我的义务宣传便会带来日后可能意想不到的收获。

20060807

北京王素老师接到我索书的电话，马上寄来一本厚厚的《话说姜维朴》(江西美术出版社 2006 年版)。晚上一口气读完这部八旬老人的著作,小有收获。今后自己凡得赠书,应立即浏览一遍,免得时间一长成了摆设,对不起赠书人。

20060809

晚餐市新华书店请我去陪省出版集团副总经理宋丹娜。席间她听旁人和我介绍向阳湖文化,很感兴趣,主动提出,像我这种优势,应到省出版集团挂职锻炼,并约我抽个时间详细谈谈。尽管这种酒席上的话当不得真,但即使调不成,今后加强一下联系,对我局的工作也会不无益处。

20060813

出差回来翻阅积累未看的报纸,从《中国文化报》和《中国艺术报》上得知,书法家谢冰岩先生已于上月末逝世,享年 98 岁。于是调整投稿顺序,将第 8 期《湖北档案》的专栏稿改为《谢冰岩:“彼时多苦,今日咸宁”》,以示纪念。

20060818

中餐在阳光酒店参加李杰考取央美的“金榜题名宴”。李杰和他的老师汪京元在宴会的讲话中,都对我的帮助表示感谢。喝酒时,我实实在在地说,向阳湖的关系都是举手之劳,这些资源如不发挥作用,也白白浪费了。

20060822

上午市委许书记等领导来我局调研,下午召开座谈会,让广电、文化、新闻出版三家汇报。晚餐正好省局王副局长来咸,又一同小酌。尽管和新领导的接触越来越多,但我的感觉,今后自己的出路与其在咸当一个局长,还不如调省城工作自在。在温泉已 16 年,这里的向阳湖使我声名远播,但这里的环境和不尽如人意的地方也不少,换一个环境,也许会从一个新的高度来认识向阳湖。

20060825

王副局长此次咸宁之行下午结束,几天来,市里领导作陪的不少。王对我的周到安排是满意的,而我对自己倒有点不满意了。假如当个局长同其他局长一样,完全为了保自己的位置而忽视了自身的价值,李城外就不是李城外了。

20060826

来省里参加文化体制改革培训班。晚饭后和武汉市局彭局长聊天,他帮我分析了现状:我目前在咸宁不管三局合并与否,当局长还是当书记,都比调省里强。彭兄长期以来以朋友的身份关心我,如此一说,我的心态好多了,调武汉还是留咸宁,顺其自然。

20060830

《湖北档案》第8期"图说文化名人"发表《谢冰岩:"彼时多苦,今日咸宁"》。

20060901

今日市新华书店赠精装《江泽民文选》(1—3,人民出版社2006年版)。

20060902

武汉吴志根先生8月28日来信:"送上《向阳杂忆》一稿,请斧正并刊用。/几十年前身体和心灵上受过的创伤,本不想再去揭旧伤疤。虑及你的嘱咐:除了提供向阳湖'五七'干校的资料外,最好能写些回忆文章。于是,我利用去北京休假半月的机会,写下这篇《向阳杂忆》。篇末关于李琦同志的题词,记忆不准确。你那里有他的手稿,请按手稿改正。/今年是'文化大革命'爆发40周年,让年轻人看看我们这些过来人的回忆文章,对他们正确认识'文化大革命',吸取历史的经验教训,也许是有帮助的。这也是我放弃休息,写下这篇拙作的动机之一。/祝向阳湖文化事业更加兴旺发达。”

20060903

连续两天闭门不出,读《沈从文全集》中1966－1986年的书信,读得如痴如醉,欲罢不能。尤其是在双溪的几十封书信,提醒我今后仅就此便可能作一篇大文章的。

20060904

接着读完《沈从文全集》第27卷《集外文存》,其中《曲折十七年》对沈从文下放咸宁双溪写得最详细,可以和书信互为参照。我已有一种预感,今后的向阳湖研究,即便像沈老研究文物一样,一个专题一个专题地做,也得像他一样做到退休后20年……

《沈从文全集》书影

20060912

下午文体局王局长邀谈向阳湖事宜。事由是咸安区政府办郭西伟给市委许书记写了一篇《咸宁建中国文化名人公园前景美好》,许书记签批:“请世永同志研究其可行性及意见。”马部长批转文体局,要求按许书记意见找郭调查一下,征求有关人士意见后回复他。今天到会的有不少市直文化界的朋友,我在发言中介绍了向阳湖文化研究中十多年来“软件”的收获。对投资搞“硬件”建设,持中立态度。

20060914

上午去向阳湖镇调研社会治安综合治理情况,碰巧刘副书记也在那里调研。中餐时咸安区的同志都知道我的“向阳湖情结”,连刘书记的秘书小聂都说,新闻出版局把包保联系点从通城沙堆转到向阳湖,

“适得其所”。

20060915

下午,市委新上任的副秘书长周青松应邀来我处谈向阳湖文化。他现在是华中师大政治学院在读博士生,他写了一篇论文《干校是“文革”大背景下的必然产物》,此文系其硕士学位答辩论文。我为咸宁又多了一位研究“干校文化”的知音而高兴。小周也可谓秘书中的佼佼者,至少目前读到博士学位,秘书中绝无仅有。在咸宁政坛,将市委书记的秘书优势发挥到极致的,我算一个,他也算一个,当然还有其他人。但我俩的类型也许更接近一些。

20060923

上午与致婷一同参加市科学技术大会,我是例行公事,她却是被授奖人员。致婷主持的课题获市科技成果一等奖,奖金 10000 元。会上,市委许克振书记亲自为她颁奖。会下,我的不少熟人对我也表示祝贺。回家我调侃她:“距离在拉大,我得再努力”。

20060926

应邀参加第 10 届赤壁文化节暨赤壁建市 20 周年庆典。我的意外收获是,和来赤壁的省作协梁必文、熊召政二兄一起游览了赤壁古战场。熊乃当今湖北文坛明星式的人物,他也知道我是研究向阳湖文化的,但正式交往还是第一次。

20060928

《湖北档案》第 9 期“图说文化名人”发表《陈羽纶:“我从不怨天尤人”》。

2006 年

20061006

中秋节收到不少短信,也发出不少,其中收到杨德炎先生的值得一记:"我在法兰克福书展与人美社副总林阳(向阳花)在一起,正谈到你和咸宁。收到短信特别高兴,祝全家节日快乐。"我立即又回了一则:"请代问林总好,欢迎他步您的后尘,重返向阳湖。"

20061007

收到林阳兄回复的信息,竟是一首短诗:"中秋月正明,域外雨沾沾。身有他乡伴,心存祖国情。亲朋均可好,福运灿若星。切切执鸿羽,殷殷意已平。"我立即回了一首:"明月几时有,林兄诗意浓。干校路已远,向阳花正红。"

20061010

上午去湖北人民出版社,得赠书《闻一多全集》(1－12)。刘道清社长书柜里有两套,一种 1993 年版,一种近年新版。他问我要哪一种,我选择了前者,更具收藏价值。

20061018

上午去省烟草公司谢伯卿兄处,省政府法制办王桂华兄也一起来闲聊。三人都是当秘书出身,有不少共同语言。难得的是二位都是云石兄的同学,都主动提出今后找关系在资金上帮助我局或向阳湖文化研究会的忙。且两人都认为我在政坛和文坛之间，最终选择后者，无疑是正确的。

20061021

上午陪王桂华兄至向阳湖参观，下午又邀了市政协张副主席一同来我的“向阳轩”访问。王说自己对向阳湖的了解又加深了一层。近些年王兄时不时或书信或面谈，对我研究向阳湖不断“打气”，认定对咸宁的贡献必不亚于身边许多官场人物。我深以为知己。

20061023

上午去长江出版集团与总编辑周百义谈向阳湖，他也指出，我研究“干校文化”不应局限于咸宁，要放眼于全国的干校，这样才能深入地开展下去。周在长江文艺出版社主政时，颇有策划意识和创新意识。而这正是我所缺乏的，今后应多向这些行家请教。

下午去武汉出版社，得赠书《武汉通史》(1－10,2006 年版)。至此，加上家中已藏如人民版《世界通史》(1－6)和《中国通史》(1－10)，华中师范大学出版社《湖北通史》(1－8)，“通史无缺”矣。

20061025

市档案局程局长下午上门来访，请求我将向阳湖的一些珍贵资料交档案局代为保管，为他们向国家档案局申报向阳湖抢救项目出力。我出于事业的考虑，只答应申报项目期间交之代管一部分。毕竟这是我十几年的心血，何况近年编书写作，随时要用。

20061027

今天上午连续参加了两个会：一是中部文博会，咸宁厅有“南鄂书城”和“向阳湖文化村”的栏目展出，我拍了照片保存下来；二是华中图书交易会，省局的狄处长领我参观时，认识了三新书业有限公司的宋总。据说他们经营全国 400 多家出版社的书，这对我无疑是发现一“新大陆”，今后淘书，无疑又多了一“黄金洞”也。

20061029

上午咸宁学院04级中文系孙娜娜等三位女生受单院长之荐,前来访我。孙云,学院成立了向阳湖文化课题组,共5人。她们慕名而来,请教了一些问题。我为她们播放了专题片《向阳湖的守望者》和《大学里的"向阳湖热"》,算是变相答问。其中一位涂小青向我大胆提问,在校园里如何搞向阳湖文化研究?我指点说,老师"命题作文"选角度是一方面,关键还是要自己多读书,凭兴趣自己选题,这样方可收到事半功倍之效。

20061104

云石兄来温泉,我乔迁新居两年多了,他还是第一次上门,同行的人还不相信。我调侃道:"这才是真实的李云石。"中餐时我邀了孟绪龙作陪,他边喝酒边说道,云石的诗词功底为他所远不及,他心服口服。但老孟又说,我在温泉无疑是成功人士,官也做了,名也有了,家庭又十分幸福,而且向阳湖研究前景美好。

20061107

咸宁学院文学院院长单长江约我一起去湖南理工学院中文系,拜访《文坛文革十年史略》一书作者谭解文。谭教授却抓住机会,要我为02级学生讲讲向阳湖。却之不恭,机会又难得,下午到了岳阳,晚上便去学院讲了两小时。题目是《向阳湖与"文革"时期的文化名人》,由于是多媒体讲课,我没做多少准备,只是将过去的讲稿稍作改动,结果自己感到效

作者在湖南理工学院讲学

果不十分理想。一没有和学生互动,二没有掌握好时间。可以弥补不足的是,我向听课的100多名学生发了《向阳湖文化报》及书系。但这次毕竟是出省到高校讲学,谭教授在总结时,要求学生们学习我的敬业精神,并热情相约今后常来常往。

20061108

上午在岳阳市新闻出版局局长杨孟芳的陪同下参观岳阳楼,并去汨罗县拜谒了屈子祠。那里的碑林建得有规模,可惜印成的册子已没有存书。杨局长是位诗人,中国作协会员,与晚餐陪我小酌的学院党委副书记余三定一样,都是我的"同志"。岳阳一地就有10多个国家级作协会员,堪称湖南的"岳家军",可见这里的文化氛围比咸宁强多了。

20061109

在武汉工作的"向阳花"张立临今日来咸,我陪他寻访了咸高旧址及向阳湖。见我全程陪同,张总讲客气话说不必要,我则说凡是向阳湖的事,我尽量都摆在第一位。晚餐在向阳湖镇小酌时,我还调侃道,今后如果有可能的话,还想在向阳湖买房供退休后住,将来把骨灰也洒在向阳湖。因为在鄂南,甚至在北京,恐怕没有一个人的"向阳湖情结"比我深。在座的市新华书店几位副经理,都理解我对向阳湖的深情,建议我今后通过招商引资,在这里建一座"城外山庄"。

20061111

南京师大学生张淼今日发来电子邮件:"您寄来的书我已经收到了,很感谢您对我的关心。希望能和您保持联系,今后有什么专业问题,定会向您请教。"

20061113

广西柯涛先生7日来信:"寄来的4本书已收到,我感到十分高兴!你作了一件有益于国家和人民的大好事。对于'文化大革命'中文化部干校的研究和文化名人的磨难和遭遇的追思,是值得人们认真吸取教训的。'前事不忘,后事之师',对于建设'和谐'的经济社会有着重要作用。我再次谢谢你和你的团队为建设我国民主政治和和谐社会所做的具有历史意义的工作,望你们继续努力,联络更多的文化部干校的文化名人以及他们的后代,写出更多的思想内涵更深的回忆录、杂文、散文以及诗歌,我预祝你和你的团队取得更大的成功。/我深深地眷恋着咸宁向阳湖畔的父老乡亲,在我被隔离审查'五一六'分子的最艰难时期,他们尽可能地保护我、关爱我,他们那种纯朴善良的心,永远值得我在心中珍藏。我真想回到向阳湖畔,回到乡亲们中,如有可能和机会的话,我真想同咸宁学院的师生们交流我的学术研究和人生感悟,以报答咸宁的父老乡亲。"

南京陈虹同志今日发来电子邮件:"信及杂志均收到,谢谢。《缄口日记》只是将《牛棚日记》和《听梯楼日记》合并在一起,没有新的内容,故未寄给你,见谅。/人民网上有关于北京东总布胡同作家协会宿舍被拆的帖子,那里住的人基本上都在咸宁待过,可一阅。此事真气人,居然是'桥牌俱乐部'所为。"

下午去湖北美术出版社,得赠书《继宁山水》(2006年版)。

20061116

今日专程第一次去三新书业淘书,收获大大的,满载而归。尤其是《年方九十——周巍峙文集》(1-5,中国文联出版社2006年版)和《舒芜集》(1-8,河北人民出版社2001年版),以及《沈从文研究资料》(上、下,天津人民出版社2006年版),都是近年刻意寻找的,终于如愿。此地今后当不定期光顾。

《年方九十——周巍峙文集》书影

20061117

山东画报出版社苏海坡先生10日来信:“感谢惠赠的四书一报!/心里悲悯那个时期的知识分子,也就特别留心这方面的资料。读后,感觉很有兴致。您的开掘之功,不需我讲,我却想对您表示感谢!这大约不单是我个人的心声。/然而,总有一种不过瘾的感觉。望一眼窗外的高楼和英雄山上的纪念碑,沉思一下,大约是心有未尽之意:一、四册书,虽是人民文学出版社出版,装帧设计却没有感觉出来,有些遗憾。形式上,加入大量彼时的照片可能会好些;内容或说着意点放在苦难、反思上也许更过瘾——相对于目前封面上的竹、松和田园写生图。二、单篇的访谈结束后仍嫌不过瘾,出一本综合性纪实的书,比如名之为《向阳湖纪事》,要不叫《风雨向阳湖——那个时代的群像》?——也许是向阳湖文化研究的深入阶段。此书成稿,我愿意在我社出版。不知您意下如何?有无时间?现寄上一本我社图书,请指正。”

20061119

《新文学史料》编辑徐广琴今日发来电邮,通知明年第一期用稿一组。

20061120

订2007年度报刊,计1090.44元。

20061122

市档案局将向阳湖资料的收集申报国家档案局项目,程局长多次请我支持,今日特地约她至省新华书店仓库选购有关向阳湖文化人的著作。档案馆杜枫林是向阳湖文化研究会的理事,和我是老熟人,今日也一同来了,我安排市新华书店的李沁红陪她们选书。小李既是向阳湖文化研究会的理事,又是市政协文史委员,而程又兼任了文史委的副主任。我高兴地看到,她们都在为向阳湖的事业作贡献。

20061125

将新购8卷《舒芜集》粗翻一遍,发现不少有价值的篇目可充实向阳湖文化研究。由此深感明年编著"向阳湖文化丛书"尚有大量工作要做。一面大量收集有关书籍,一面着手"丛书"的编写。

20061126

读完红学泰斗周汝昌的自传和有关他的一本传记,又积累了不少素材,产生了一个新的想法:读书越多,编书的时间就应越往后推。因为新发现的有关向阳湖资料太多了,随时都可充实"丛书"。

20061129

《湖北档案》第11期"图说文化名人"发表《王世襄:"昂首犹作花,誓结丰硕子"》。

购《黄源、楼适夷通信集》(上、下,浙江人民出版社2006年版),《绍良文集》(上、中、下,北京古籍出版社2005年版),《清林书话文库》(1－12,傅璇琮、徐雁主编,河北教育出版社2005年版),《彀外谈屑——近五十年见闻摭忆》(赵珩著,三联书店2006年版),《战士·学者·诗人——臧克家先生百年诞辰纪念文集》(山东大学出版社2005年版,16开精装),《吴祖光日记(1954－1957)》、《早春三年日记》(贾植芳著)、《我的复旦四年(1955－1958)》(徐成淼著)均为大象出版社2005年版,《郑振铎日记全编》(山西古籍出版社2006年版)。

20061130

下午听省局人事处的同志说,我报全国新闻出版系统先进个人的事,由于当局长时间不满5年,被总署人事司压了下来,可能最终难以如愿……我原以为省里公示都通过了,照说是没问题的。尤其让我感动的是,省局领导对我关心备至。总署最后建议省局另外找一个人选,邱局长却坚持报我,说宁可浪费一个指标。今天向北京杨德炎先生挂了电话,麻烦他便中过问一下,也许能亡羊补牢。

20061201

杨德炎先生上午专程为我的事去总署人事司询问，找到人事司孙司长和有关处长，得到的答复是早点来就好了，《中国新闻出版报》今日已公布公示名单。杨总打来电话不无遗憾地说："只好等五年以后再努力了。"他说实在可惜，因为评上的话，对今后的向阳湖研究乃至调动晋升都有利。我后悔自己太自信了，以至拖了几天，错过了"历史的机遇"。致婷的心态倒好，劝我说本来年限就是个硬杠杠。可我大意的是，如果早点做工作，政协干文史编书的几年，也许能归入从事新闻出版工作一类，但现在说什么都迟了。我只有安慰自己，中国申奥第一次都没有成功哩！

20061209

上午严文井先生长女严欣久从北京打来电话，问及她刚编出的父亲的纪念集《他仍在路上》收到否。我感谢她工作的细致，该书 10 月份由人民文学出版社出版，里面收入拙文《亦庄亦谐侃向阳——老作家严文井访谈录》，严欣久大姐更正了其中的一处笔误。

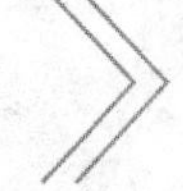

20061210

《新文学史料》编辑徐广琴兄通过电子邮件和我联系多次，已定好明年第 1 期发表我的几篇访谈向阳湖文化名人的文章，安排在"口述历史"栏目。我挑了中国作协和人文社的"五七"战士 10 余人，供他选择，并按要求配发了一些照片。

20061211

武汉经济协作区文史联谊会第 13 次会议在咸宁召开。市政协张副主席采纳我的意见，参观点之一选了"向阳湖文化名人旧址"。我今日又选了 100 份《向阳湖文化报》送到会场发给与会代表，顺便拜访到会的省政协文史委胡主任。胡主任说，昨日许克振书记来陪他吃饭、座谈，他"隆重"介绍了我对地方文史工作的贡献。

20061212

上午应邀陪同三省政协文史委的代表近百人参观向阳湖,并在向阳湖文化展览室手提话筒当起讲解员。事后连自己都感到滑稽,但更感到快意。我想起沈从文先生在中国历史博物馆当了几十年的讲解员,今后只要有机会,我都会自觉当好向阳湖的"导游"。

20061218

天津市客人考察向阳湖

天津市博物馆党委书记、研究员陈克,静海县委常委、宣传部长高仲恒及文化局、新闻出版局、文联负责人邵世凌一行5人组团专程来我市考察向阳湖。邵局长是我前年参加天津书市在静海认识的朋友,今天他特地为我带来一本《静海县志》(天津社会科学院出版社1995年版)和有关团泊洼的资料,他们准备借鉴我市经验开发干校资源。我陪同参观了"向阳湖文化展",并邀请来"向阳轩"观看了有关电视片,送了一些资料。我对邵局长玩笑道,今后我研究团泊洼干校可能比他更深些,更有成果些,希望他下点功夫,不要被我比下去。邵说回去得写一篇文章,题目就叫《文化的挑战》。我又对高部长建议,静海文化界应思考这样一个问题:文化名人扩大了团泊洼的知名度,当地应为文化名人作些什么?对在世的华君武、丁聪等文化名流要抓紧抢救,再不抢救就晚了!

20061223

又在家看了一整天光碟,如电视系列片《老三届》,对我的向阳湖文化研究有一些启示,也体会到我的"干校文化"研究与"知青文学"相比较，才刚刚起步，就像“社会主义初级阶段”。

20061224

上午市委许书记和组织部周部长陪同中央考察组一行8人到向阳湖参观。领队的是中共中央委员、国家行政学院原党委书记、常务副院长陈福今，随行的有全国妇联副主席刘雅芝、中组部三局局长赵凡、省委组织部部长潘立刚等。陈于1969年9月至1971年10月下放向阳湖，曾任一大队四连连长。他参观向阳湖文化展后，签名留念，又专程找到胡黄张村，并寻访红旗桥。中餐在山水人家土菜馆小酌。陈院长充分肯定了我所作向阳湖文化研究工作，表扬我为历史办了一件大好事。今日机会也好，我一路上向许书记大谈了一通向阳湖。

作者陪同陈福今重返向阳湖

20061225

上午列席市委二届六次会议，许书记在会上高兴地提及昨日陪陈福今同志的事。我估计此次党代会报告中提“向阳湖文化”是肯定的了。说来可喜也可悲，10多年来咸宁换了几任书记，一个热一个冷，忽冷忽热。好在自己一直咬定青山不放松，才渐渐有了一定气候。

20061226

下午去马世永部长办公室，汇报许书记陪陈福今同志的经过。许书记还向我提出进京开向阳湖文化人座谈会的联络任务，我计划元旦后去打打前站。马部长自然表示支持。而我担心的是市党代会换届后，他如果不再担任宣传部长，再找一个可如此随意谈向阳湖文化的领导,恐怕不容易。

20061227

今日购得《中国文学编年史》第18卷“当代卷”,湖南人民出版社2006年9月版,其中“1969年编”重点介绍了文化部咸宁“五七”干校,并引用了我的《咸宁有一座“文化金矿”》一文。我自然欢欣无比。向阳湖文化品牌终于上了中国文学史册!这个好消息不亚于陈福今同志来咸,可以说是今年对向阳湖文化研究工作的圆满总结。敏感一点,在媒体上借题发挥宣传一下,势必引起文化界对向阳湖文化的进一步关注。

《中国文学编年史》“当代卷”书影

今日还购得《三馀诗词选》(沈鹏著,北京图书馆出版社2005年版)、《再思录》(巴金著,广西师范大学出版社2004年版)、《那些人那些事》(谢蔚明著,上海远东出版社2006年版)、《中国当代作家面面观》(华东师范大学出版社2006年版)、《百年冷暖,中国知识分子生存状况》(马嘶著,北京图书馆出版社2003年版)、《臧克家论稿》(刘增人、刘泉著,中华书局2006年版)、《编辑艺术》(杨牧之著,中华书局2006年版)、《尘封的记忆——茅盾友朋书札》《吟赏风流》(范曾著,华东师范大学出版社2006年版)、《王蒙新世纪讲稿》(上海文艺出版社2005年版)、《访问上海文化名人》(赵兰英著,上海人民出版社2006年版)、《当代历史问题札记》(罗平汉著,广西师范大学出版社2003年版)。

20061228

《湖北档案》第 12 期“图说文化名人”发表《史树青:“我们还有一线光明”》。

20061230

岳阳市新闻出版局杨孟芳局长回访温泉,上月初他陪我去了汨罗屈子祠,我这次陪他去向阳湖。他是位诗人,我给他施加“压力”,建议他回去写写向阳湖的诗作,才对得起此次咸宁之行。

20061231

《咸宁日报》今日头版较为醒目地刊登了甘泉写的消息稿《向阳湖文化品牌载入中国文学史》。尽管有所删节,但党报的影响毕竟不一样。编辑比较保守的是,将文中对我的称呼“向阳湖文化研究专家”改成了“研究者”。

卷十四

2007年

春

20070102

和《咸宁日报》社朱封金联系,计划在“咸宁新闻网”文化频道开辟“向阳湖文化专栏”。我初拟了8个子栏目:1.研究会动态;2.口述历史;3.文化人采风;4.向阳湖纪事;5.向阳湖老照片;6.向阳湖诗草;7.向阳湖论坛;8.向阳湖人物志。原来蔡骏办的艺术时空网站已停止了一年,我得开辟宣传向阳湖的“网上新战场”。

20070103

中午,罗勇和金戈邀我小酌,我临时提议叫来王亲贤和郑光勇,算是研究会骨干的新年第一次聚会。刚好我明天去北京联系座谈会事宜,也算是“饯行”。晚上金戈又来谈了一个多小时,我说,研究会去年底喜事多,今年预计更多喜事。

20070105

早上“向阳花”韩聪来火车站接站。上午我和办公室主任周小刚到国家行政学院招待所住了下来,然后去出版社找萧淮苏社长,他马上联系上老院长陈福今。正好陈在办公室,于是萧社长陪我一同前去座谈。陈院长看了我带给他重访向阳湖的照片,兴趣浓厚,和萧说起重返咸宁干校的经过。原来他作为中央考察组组长在湖北考察班子一个月，最后一天才提出重返咸宁。陈院长请我转达对市委许书记、组织部周部长的问候，又高度评价了向阳湖文化研究的价值，说这是我对干校人的贡献，对历史的贡献。谈了近半小时并合影留念。中餐萧社长叫韩聪安排“接风”，参加者还有前来看我的《中华儿女》陈安钰兄。

下午去文化部原图书司司长杜克先生家，拜访他的遗孀康振枫，如愿得到印刷考究的《文化大革命博物馆》（杨克林编著，香港东方出版社有限公司和天地图书有限公司 1995 年联合出版，大 16 开精装上下册）。杜先生生前来咸宁时，向我提及家藏此书，夫人今日慷慨相赠，还提供了几张干校老照片。这无疑是此次北京之行的重要收获之一。

20070106

上午拜访张慈中先生，他的女儿张姗姗赶来，并请我们小酌。张老 80 多岁还是那样浑身是劲，令我感佩。他谈了为巴金《随想录》设计封面的经过，又讲了“向阳湖文化丛书”的设计思路。更令我感到高兴的是，他的装帧设计新著收入了人文版“向阳湖文化书系”4 本书的封面和我过去对他的专访。

下午去人美总社林阳家，他作为“向阳花”的代表，提出我身在宝山要惜宝，今后对向阳湖文化资源不要轻易“拍买”，应待价而沽。因为随着时间的推移，这份全国独一无二的资源价值会日益显现，而我作为向阳湖文化研究的“祖宗”，是无论任何后来者都无法跨越的。我心里接受此说，却笑道：“请林总不要‘忽悠’我。”因为刚才我谈及由于林阳身为副总编辑，尤其是编辑出版了《童年的干校》一书，可以说是向阳湖文化人第二代中的佼佼者，对向阳湖文化也作出了一定贡献，是我今后须常联系的“人物”。林调侃我，别“忽悠他”。我们又一起探讨，终于达成共识，认为此二字应不分褒贬，是个中性词。

20070107

上午,吴桂凤主任和她的老伴赵秉欣专程前来看我并请我上街小酌。吴讲了中国作协去年底大会的一些内幕,大家对是王蒙当主席和还是铁凝当主席有些议论。我请她带去一些土特产,代为看望已故张光年先生的夫人黄叶绿。

下午,干校十三连的十几位“向阳花”在张姗姗、韩聪的召集下座谈,特邀我参加。我感谢她们的盛情,她们反倒感谢我,说因为我的到来才有了今日聚会的“由头”。有的人30多年没见面了,他们中有臧老的女儿郑苏伊,薛德震先生的二位千金薛阳和薛锦,张姗姗和弟弟张辰五以及张红、吴一红等。

十三连“向阳花”小聚

夜逛书店,购《周绍良友朋书札》(北京图书馆出版社2006年版),16开本精装。

20070108

上午拜访罗哲文先生,和他有10多年没有见面了。老专家依然显得年轻,不像80多岁的老人,依然对我鼓励有加,称我为“干校人的功臣”。接着又引我去对门于坚先生家小坐,还介绍我去国家文物局老干处找干校下放人员名单。随即我去了那里,由于罗老的介绍,挺顺利,但接着去文化部老干局却不尽如人意。办事的人弄清了向阳湖干校“五七”战士的名单和电话,但请示一个叫张礼萌的局长后,却以不便打扰老同志为由,不同意提供。我有点扫兴,但也没有为难人家。中餐与图书司司长张旭闲聊,却有所获。他父亲曾下放咸宁,是故宫的“五七”战士。

下午看望新闻出版署老署长宋木文，他是我近年进京必看望的领导之一，每次都受到热情接待，再三勉励。后去商务印书馆杨德炎先生处，更是“宾至如归”。杨总送我一套钱钟书手稿集《容安馆札记》三卷，16开精装。杨总说，此乃商务贴钱出版之品牌书。我“老实坦白”，上次就见他书橱中摆放着这三方“文化砖”，这也是我蓄谋已久想得到的礼物。之前去中国出版集团认识了万萍，她是在咸安长大的，后考入清华，从中图调入集团。今天的遗憾是，总裁杨牧之开会没有在家，只得另找机会拜访。进京前曾和他电话联系，他表示热烈欢迎。算来出版界的名人只有他和杨德炎在位，但也都年过花甲，都快退休了。

今天在涵芬楼书店购得《中央文史研究馆馆员传略》（中华书局2001年版），启功主编。内有10余名向阳湖文化人的小传，其中我采访过的就有萧乾、许麟庐、卢光照、朱家溍、王世襄、蒋路、张世简、杜乃松，未曾谋面的有冯忠莲、程毅中等。

20070110

上午拜访中国人事出版社总编室主任殷崇文，他大我10岁，书信、电话联系已多年，可谓心仪已久。今日谋面，一见如故，殷谈了不少他父母在十四连的情况。我又约来施亮，施带来他新著的一部长篇小说分赠我俩。殷又推荐我结识现代出版社副总编陈红，她是十六连的“向阳花”。下午电话联系上了，感觉十分投缘，可惜时间太紧，见面只好等下回。总的来说，这次进京，联系了不少熟人和新朋友，对今后市里如果来京开座谈会请些什么人，我已心中有数。

20070111

在崇文书城购《“三反”运动研究》和《“五反”运动研究》，系教育部“211工程”项目，均为中共党史出版社2006年版，由中国人民大学中共党史系组织编写。“向阳湖文化研究”也是中共党史的一部分，何时能进这一系列？

20070112

市党代会今日报到，这是我第一次出席党的代表大会。尽管只是一名普通代表，而且自己也清楚只有选举任务没有被选举的可能，心态更好，因自己的奋斗目标毕竟是在向阳湖文化研究上取得成就，而不是在官场。

20070113

上午党代会报告中，市委许书记谈成绩时讲到新闻出版事业不断发展，谈发展时讲到向阳湖文化，这使我很兴奋。我在下午的分组讨论中积极发言，讲了两点，一是抓好印刷城的建设，二是把向阳湖文化的文章做好。

20070115

上午党代会胜利闭幕，市委委员、候补委员、市纪委委员等额选举，我在候选人名下全部打的圈圈，之后又暗笑自己没有一点“独立思考”，也许是“党性高于一切”吧。反正我的心中向阳湖占主导地位，无意于官场上别人的升迁。

20070119

收北京王以铸先生寄来书法手迹一帧，所取内容系我的“命题作文”——他忆咸宁干校写的旧作《记赴花纹途中》。

又，汕头市沈观齐先生寄来一本澄海塔园“文革博物馆”资料集之一“反思文革四十年”。

20070122

北京罗哲文先生15日来信：“十分感谢你对向阳湖文化留下不朽的功绩和华章，遵嘱写了四幅题字，匆匆写成，寄上请指教。如可用，尺寸大小上均可缩放，字的大小笔画也可按需要调整。拙作小诗，以后再书写寄请指教。/匆匆，并祝新年、春节两安！”四幅题字是“向阳湖文化名人旧址”和“向阳湖诗草”，为向阳湖文化研究会名誉会长马世永题写的书房匾“世永书屋”和“马不停蹄斋”。

20070124

上午去许书记办公室，汇报了北京之行联络向阳湖文化人的情况。他表示满意，并嘱咐今后要加强同他们的交往。许书记还预约3月份“两会”期间，在北京争取抽时间和有关向阳湖文化名人见个面。我庆幸自己有预见，知道他的作风雷厉风行，工作需走在前面，否则一旦临时有安排会措手不及。何况是为向阳湖的事，争取领导支持在任何时候都是必需的。

20070125

今日到省作协，高晓晖在《湖北作家》春季号上发表了我为王常清、廖拾英合著《阳光与树》写的序言，及我赴湖南理工大学宣讲向阳湖文化的消息，心情自然畅快无比。晚餐被留下小酌，喝酒稍稍超了点量。

20070126

上午一觉醒来已是8点多钟，这是多年来从未有过的事。正好上午全省新闻局长会表彰先进，我局是先进集体，我本人是先进个人，连忙直奔会场，正赶上宣读省局和省人事厅联合表彰决定，总算没耽误上台领奖。回到座位，瞥见省局人事处赵处长稍含责备的眼光。他以往读过我赠送的“向阳湖文化书系”，但愿能理解我这个“文人局长”的一时疏忽。

20070201

上午市委组织部考察组来我局考察班子，我代表局党组作了一小时的述职报告(2004—2006)，谈到自己个人的部分，总结了3点：时刻保持清醒的政治头脑、时刻保持旺盛的工作热情、时刻保持独立的文化品格。最后一条重点谈的宣传向阳湖文化，其中云：“多年来，我爱岗敬业，做好本职工作。8 小时以外勤奋笔耕，从不打麻将，不搞高消费，以打响咸宁文化品牌为己任，专心从事向阳湖文化研究，先后在《人民政协报》、《武汉文史资料》、《湖北档案》等京汉报刊开辟专栏，3 年时间共发表文章 100 余篇。我还多次陪同北京、天津、湖南等全国各地领导、专家和文化名人考察向阳湖，并赴外省讲学，扩大了咸宁的对外影响。新近出版的《中国文学编年史——当代卷》重点介绍了文化部咸宁'五七'干校，市委书记许克振在市第三次党代会报告中专门强调挖掘向阳湖文化资源。《中华儿女》、《湖北作家》、《长江日报》等京汉媒体均发表长篇报道，宣传我研究向阳湖文化的事迹。”

20070202

忙完了一件大事，心情放松一下，到汉搬回一套《中国文学编年史》(1—17 卷，湖南人民出版社 2006 年版)，16 开精装。又，《感言老照片》(山东画报出版社 2006 年版)及《向阳日记：诗人干校蒙难纪实》(上海远东出版社 2004 年版)。我唯有与书作伴，才能忘记工作中的一些烦恼。

20070204

花了一整天写贺卡，北京及各地的对象精选一下，也有 200 余份。去年没出《向阳湖文化报》，和友人们来不及联系，现在正好弥补一下。

20070205

中央文史馆馆员程毅中先生日前来信：“承惠赐'向阳湖采风'等大著，不胜感谢，读了又怀念起当年'五七'干校的生活，感慨系之。/经你的苦心经营，为咸宁文化的建设及'文化大革命'历史的见证，作出了重大贡献。有机会也想来故地访问一番，专此致谢，并祝新春快乐，诸事成遂。”

20070210

刘三多老师在昨日《湖北日报》“东湖”副刊上发表《我为名人画肖

像》一文，配发了为萧乾、冰心、周巍峙画的素描，均是根据我的摄影照片为蓝本的，但文中只字不提。他虽是老朋友，但这点上还是属于“侵权”，适当时候有必要向他说明一下。

20070212

上午在崇文书城购《沈从文家书》(上、下，江苏教育出版社 2005 年版)。又，《名家书札趣谈》《张闻天传》(当代中国出版社 2006 年版)、《文人遭遇皇帝》(中国文联出版社 2007 年版)。尤其是《吴宓日记续编》(1－10，三联书店 2006 年版)值得一读，前编《吴宓日记》也是今后要补购的。

20070213

南京陈虹教授 9 日来信：“今年 11 月份我将与妹妹及严欣久一起来向阳湖，届时有空陪我们吗？”

北京孟庆江先生 9 日来信：“谢谢你的新年贺卡。我今年已是‘古稀’之年，开始总结、整理自己一生中走过的历程，‘干校’一段是重点的一笔。真想有机会去咸宁看看。当时干校派我到湖北军区辅导美术达半年之久，至今我仍不忘记那一批‘小战士’，也无法联系了。如真有可能，我也非找到他们不可！我现在仍忙。即祝春节快乐，阖家幸福！”

20020214

河南王金魁同志 8 日来信：“好久没有您的消息，心中十分牵念。不知先生的向阳湖文化研究又有了什么进展。记得去年在《人民政协报》上拜读到您的专栏，当时就想写信，然而事忙拖至今日，歉意之极。/岁月流失，一个个文化学人远离我们而去，不仅让人神伤和心痛。亏得先生眼光独到，抢救及时，否则，这珍贵的文化史料将永不可得也。”

20070215

北京"向阳花"吴一红发来一电子邮件:"祝你猪年顺意,研究工作有进展、有深度,出版工作有拓展、有收获!/谢谢你,如果没有你,向阳湖就会成为被人们被历史遗忘的湖泊,1969年到1974年就成为文化人空白的岁月。有机会我会寻找一些对你有用的材料的。"

20070216

北京郑苏伊同志9日来信:"祝你在新的一年里,事业兴旺,诸事顺遂,阖府安康!/上次聚会很愉快,希望下次能再聚。你们拍的照片能在便时给我发到邮箱里吗?"

20070217

除夕开始发短信贺年,为了省时间,草拟了两句"阖家咸宁,天天向阳",发往全国各地及温泉的领导和朋友们。天门作协主席李国胜收到后回复:"老兄的贺词可评为全国最佳,好极,好极!"

20070218

初一收到的最佳短信,有温泉文友徐全利之"咸宁有向阳,向阳耀城外";武汉作家刘醒龙之"我在赣南小城,愿此地如雪梨花、灿烂桃花、滚滚春雷与激扬的太阳雨,带给你新艳的纯美、喜悦与激越"。

20070222

今天浏览了一遍从北京带回的《文化大革命博物馆》两大卷,为向阳湖立传的责任感和使命感进一步增强,遂继续抓紧"向阳湖文化丛书"的编写,并为将来写《中国"五七"干校始末》和章回体小说《向阳湖演义》作准备。

20070223

照旧关门读了一天书,有赵珩之《彀外谭屑》和白化文之《人海栖迟》。收集摘录有关向阳湖书系的资料,提醒自己,不怕慢就怕站,要始终处于“临战状态”，每月得定任务。

20070224

今天读《我的书房》与《我的书缘》（分别为岳麓出版社 2005 年和 2006 年版），“书缘”中止庵的文章提及他与谷林先生的交往，方知谷林几十年的日记全部转赠给了他。我于 2006 年元月上门采访老先生时，曾提及这批日记，看来得和止庵先生取得联系，将涉及干校的一部分复印过来，作为史料珍藏。下午便打电话给武汉黄成勇君，劳他牵个线。新结识一批书友，乃是今年一大乐事和要事。

20070226

熟了今日返校，上午和致婷送至汉口，他下车乘火车赴沪、苏。中餐在武汉出版社小酌，彭小华兄热情接待，并送了一套《何祚欢文集》（1—8 集）。翻了何的自传，才知他也下放过“五七”干校。

在崇文书城，购《赵守俨文存》（中华书局 1998 年版），《世纪知交：巴金与冰心》（团结出版社 1999 年版）及邓伟《八年》（上、中、下，中国旅游出版社 2004 年版）。

20070227

市政协会上午开幕，下午分组讨论。我发言时强调，政协文史工作要打品牌，工作要讲规划性、连续性，并举例说向阳湖是市政协文史工作多年来的一张牌，遗憾的是这次会上所有文字材料一句也没有提。市党代会许书记的报告都讲了向阳湖文化，而政协的同志却轻易地忘记了。

20070302

上午政协分组讨论会上，我对市里重视人才不够有点非议，因不便提自己与向阳湖文化，我以刘三多为例。他现在去了武汉，对鄂南而言，堪称“一道风景的消失”。

20070305

购《半九别集》（绿原著，宁夏人民出版社 2007 年版）、《傅雷文集》（书信集，当代世界出版社 2006 年版）、《文革瓷壶》（团结出版社 2006 年版）《述学谭往——追忆在〈光明日报〉十年》（穆欣著，东方出版社 2006 年版）。

20070308

又寄出 6 套书分赠给各地的朋友，有的是向阳湖人的子弟，如赵守俨先生之子、北京燕山出版社总编辑赵珩，有的是来信索书的，有的则是主动想结交的书友，如北京止庵、浙江嘉兴范笑我、湖南长沙肖金鉴。看来我还是多沉湎于书的世界，才会暂时忘记机关的一些烦心的事情。这不是“逃避”，而是“独立”。

20070309

和北京《新文学史料》编辑徐广琴兄通了电话，今年第 1 期刊物已隆重推出我的一组“口述历史”采访文章，写的 5 位名人，即绿原、牛汉、舒芜、周汝昌、臧克家，等于搞了一个“向阳湖文化专辑”。没想到的是，安排的是本期头条，其意义不在于仅仅上了京城名刊，而在于这束“集束炸弹”在文坛上会引起更多人瞩目向阳湖文化。

《新文学史料》2007 年第 1 期

20070315

《咸宁学院报》四版头条发表了人文学院 04 级孙娜娜文《向阳湖文化的传播者——访咸宁文化名人李城外》，并配发了记者拍摄的彩照。

20070318

好长时间没写文章了，《湖北档案》第 3 期的专栏稿交卷迫在眉睫，晚上又赶紧拉出一篇写朱家溍先生的文章，下周得赶紧发出去。

20070320

购《天堂实验：人民公社运动始末》（中共中央党校出版社 2006 年版）、《回忆中华书局》（中华书局 1987 年版）、《吴晗画传》（团结出版社 2004 年版）。尤其是向阳湖“五七”战士劳祖德（谷林）整理的《郑孝胥日记》（1－5，中国国家博物馆编，中华书局 2005 年 2 版），早想收藏。

20070323

昨天下午和今天上午分别通知向阳湖镇甘棠中学和通山图书馆来车，搬运我从省几家出版社“争取”捐赠来的图书。为前者服务是因为“向阳湖情结”，后者是“家乡情结”。

20070326

香港老“五七”战士张初考先生来信，有一段风趣得很，令我感动：“10 多年来，你荣调多种高职，位也升了多级，你家宝贝李熟了，不仅‘熟了’，而且红了吧！他大学毕业后，高就何处，常会念及。”

20070330

今天去湖北人民出版社社长刘道清那里小坐，刘讲起《读书文摘》，说执行总编童志刚将选点定在反右和“文革”上是错误的，此乃敏感之话题，一旦被盯上，杂志就离死期不远了。话说回来，刘对干校的选题仍是有眼光的，他深信我写《中国“五七”干校始末》，会很好地把握分寸。

下午去刘绍熙书记家小坐，带点新茶去看他。刘书记获悉我的向阳湖文化研究有新的进展，但任务重，建议我学学王任重当年当书记，把担子压在副职身上，自己潇洒一点，多写点文章。

收《三联贵阳联谊通讯》2007年第1期，该期分别开设悼念许觉民和尤开元二先生的专集，后者系中国韬奋出版奖获得者、人民出版社资深编审，于2006年10月11日逝世，享年81岁。

20070331

成园弟从鄂州来，晚上深谈良久。他说我的当务之急还是尽量减少应酬。“多写向阳湖，专写向阳湖”，当局长毕竟是暂时的。

2007 年

夏

20070402

上午，市档案局派人来联系收藏向阳湖资料事宜，我将 1995—1998 年间采访北京向阳湖文化人录像资料光碟 26 盘借出，供他们复制存档。

20070403

下午到鄂州，市文体局长夏建国陪我去图书馆，其地方文献部几年前收藏过我编著的“向阳湖文化书系”，管理员夏玲华在网上和我联系过，索要小传。意想不到的是，他们出版了一本《鄂州著作人传》(鄂州地方文献书目提要，中国文联出版社 2006 年版)，收录了 600 多名鄂州和外籍写鄂州的著作名人及著作简介，其中有我的小传及编著的内容提要。

20070404

《咸宁日报》今日头版刊发甘泉、周小刚消息稿《京城名刊推出向阳湖文化专辑》。日前《南鄂晚报》亦刊出同题消息。

20070405

上午去省局办公室，得赠书《第十六届全国书市：记忆与收藏》(新疆美术摄影出版社、新疆电子音像出版社 2006 年版)，回来又收到浙江嘉兴范笑我赠书《笑我贩书》(江苏文艺出版社 2002 年版)。该书系

“凤凰台丛书”之一种,简介云:“一位爱书、淘书、卖书人的心路历程,洞察书香世界的书界百相,具有鲜明的人文色彩和珍贵的史料价值。”此言不虚,书中含不少向阳湖文化人信息,如冰心、唐兰、萧乾、文洁若、范用、徐邦达、周巍峙等。萧乾先生于1996年12月15日写的一篇《一个门面的“文化交流中心”——遥记嘉兴秀州书局》,是为代序。

20070406

上午与金戈送北京陈安钰兄至汉,他晚上乘火车返京。一路上陈兄说,我现在之所以开专栏发稿容易,是因为向阳湖文化研究已逐渐形成气候,而且本人既有专家的身份,又有新闻出版局局长和版权局长的身份。

顺便为崇阳县重印同治年间县志去崇文书局联系出版事宜,进电梯上20楼,进门又见墙上“崇文书局成立于清同治1867年”的字样。忽然想起商务印书馆成立于1897年,却道是“中国现代出版业从这里起步”,此则广告词值得置疑。中餐小酌时,我向崇文书局负责人李尔钢、邹华清谈了自己的想法,并计划适时撰文。

20070407

市中心医院党委书记王勇民打来电话,称他带领本单位团员青年30余人,上午前去参观了向阳湖文化名人旧址。

忽然想到调整一下武汉出版社《向阳湖文化丛书》,拟分7本,即《话说向阳湖——京城文化名人访谈录》、《向阳湖纪事——咸宁五七干校回忆录》(上、下)、《向阳湖诗草》、《向阳湖文化研究》、《城外的向阳湖》(上、下)。还是请张慈中先生设计同一种封面,分赤橙黄绿青蓝紫七种颜色。《城外的向阳湖》系1994年以来的日记摘抄,是从向阳湖文化研究中“独立”出来的。

20070408

说干就干,开始整理《城外的向阳湖》,这项工程任务颇重,大约有

60 万字左右，准备花两个月时间搞定，也是对自己 10 多年来研究向阳湖文化的一次“大阅兵”。

20070409

北京施亮兄寄来新出版的中短篇小说集《南子的诱惑》(中华书局 2007 年版)，他大约是“向阳花”中出文学作品最多的一位。同时，人民出版社发行部“向阳花”张红寄来砖头一般厚实的《当代中国编年史(1949.10—2004.10)》和人民文学出版社新近出版的《在朝内 166 号与前辈魂灵相遇》，都是我开列书单索要的。后者为王培元著，写的 13 位文化名人就有 10 人下放向阳湖，计有冯雪峰、林辰、蒋路、牛汉、舒芜、韦君宜、严文井、绿原、孟超、楼适夷。

《在朝内 166 号与前辈魂灵相遇》书影

上午，市档案局钱立新、龚清华二人来，借去向阳湖文化名人题词(原件)23 幅，书信(原件)14 札，作为档案寄存，为的是迎接省档案局检查，准备向上申报向阳湖项目。他们向我致谢，我说是相互支持，是“双赢”。

晚餐陪省教育出版社邱菊生社长，他听说我的书有省人民出版社约写和武汉出版社约写，向我建议，向阳湖的书今后也可交他们教育社出。

20070410

下午，市委副秘书长周青松打来电话，说自己的一篇谈“文革”中知识分子的文章不宜在公开刊物上发，因我曾和他商量过，推荐《咸宁学院学报》向阳湖文化栏目发。我建议他修改一下，今后可收入我编的有关书籍中。

20070412

下午至武汉出版社总编室,得赠新出版《绿原文集》(1－6)。“出版说明”云:“绿原先生出生于湖北省黄陂县(现武汉市黄陂区),年轻时曾在武汉工作和生活过,然后从武汉走向中国和世界。作为他家乡的出版社,我们乐于出版这套《绿原文集》……相信本文集的出版既能给读者提供一个有独特创作风格和珍贵价值的文本,又能积极推动对这位中国现代著名诗人、作家、翻译家、出版工作者的研究。”——信哉斯言! 至少我们向阳湖研究会同仁将受益多多。

《绿原文集》书影

今日又购得《朱德年谱》(上、中、下,中央文献出版社 2006 年版)《中国电影研究资料》(上、中、下,文化艺术出版社 2006 年版)《康生与“赵健民冤案”》(人民出版社 1999 年版)《我所亲历的“胡风案”》(中共党史出版社 2007 年版)《八十年代访谈录》(三联书店 2006 年版)。尤为难得的是,找到了“向阳湖人”范用著《叶雨书衣》和米景扬著《荣宝瑰梦》,分别为三联书店和北京出版社 2007 年版。

20070415

好久没和中国现代文学馆周明先生联系了,今日拨通电话,请他为《城外的向阳湖》题写书名。之所以定他,一来他是我加入中国作协的介绍人,二来 10 多年了,他对我挖掘向阳湖文化的鼓励多多,三来他是中国文坛和名人握手最多的名人,而我则是咸宁和文化名人接触最多的普通人。周先生一听书名,十分感兴趣,连声说:“好,好! 恰如其分,一语双关!”他答应写上横竖各一幅,近期便可寄来。

20070416

下午，市档案局钱立新和王屹来，称省局局长近日来咸检查向阳湖档案申报国家档案馆抢救项目事宜，希望我再提供一些值得一看的档案。为了支持这一项目，我同意再次借用。又花时间找出 8 本文化名人签名册，121 张向阳湖老照片，396 张采访向阳湖文化名人的照片合影，连我办公室留存的两块向阳湖文化展板，也叫小钱一起搬了过去，但愿他们此次能够申报成功。

20070418

局党组成员老陈提供一个信息，咸安区扶贫办原主任周华家藏有珍贵向阳湖资料。陈见过一些干校岁月当地人编的油印诗册，吸引我今天兴冲冲上门前去“观摩”。却不料原来是《向阳湖诗选》，我早已藏有几种不同版本，自然是扫兴而返。

20070419

上午市新华书店副总经理李沁红来办公室，她最近得到消息，调省店的事定了下来。我向她表示祝贺，但又开玩笑说，她担任的向阳湖文化研究会理事可以不免，即使到了省里，也不能忘记为这项工作再作贡献。

20070420

市档案局龚清华下午来，说前天省局石山局长来检查档案工作，对我提供的向阳湖资料很感兴趣，连声说：“有价值，有价值!”遗憾的是程局长没有想到通知我去见一面。如果她考虑周到一点的话，我会进一步游说，为档案局争取项目再助一臂之力。

20070423

下午，与市新华书店即将新上任的总经理华先应率团赴重庆参加第 17 届全国书市。我除此之外，另有两个计划，在重庆寻访沙坪公园内红卫兵墓群,在成都拜访巴蜀书社原社长黄葵。

20070424

上午抵重庆,下午参观渣滓洞、白公馆。总的感觉,这座城市与一部小说的关系太大了!《红岩》的出版,使红岩成为重庆市最为响亮的文化品牌。如这座城市的文学刊物便命名为《红岩》,渣滓洞成为外地游人到重庆必到此一游的景点。景点出售的《重塑红岩魂》,更是详尽地述说了红岩的系列效应——由此,我自然免不了想起咸宁的向阳湖,向阳湖文化的开发……

20070425

上午在全国书市上特地去商务印书馆展台,碰见总经理杨德炎先生,他关切地问我今后有没有调到武汉工作的可能,我说自己割舍不下向阳湖,不会刻意追求往上调。又去武汉出版社展台,会了彭小华兄。我谈了自己正在编《城外的向阳湖》,又讨论了该书的版式等。今天在渝和两位老总的会晤,十分难得,自然都合了影。

作者在全国书市与杨德炎合影

作者在全国书市与彭小华合影

出展馆大门,又意外地碰见北京的一位十四连“向阳花”——曲六乙先生之女曲小侠。不免感叹,人生真是充满巧遇。她于 2004 年国庆节重返咸宁,又两年有半了。

下午,专程去沙坪考察红卫兵墓群,市新华书店李沁红、崇阳店饶超群、通山店翟拥军陪同。照了一组照片，留作他日之用。接着逛重庆书城，购得《沈从文全集》(1—17，北岳文艺出版社 2002 年版)。

20070426

下午到成都，晚上如约拜访黄葵先生，他大人李孝佩也在家中。李是小儿科医生，祖籍咸安区贺胜桥。黄先生已 71 岁，看上去却是“减去 10 岁”的样子。我们已通信联络 10 多年，今日终于如愿会面。黄先生找出几本畅销书(如《长征》)送我，还将臧克家先生多年前送给他和夫人的一幅墨迹转赠，内容是“忆向阳二首”。今晚可谓乘兴而来，满意而归也。回宾馆和同室住的湖北省社科院《江汉论坛》杂志社副主编陈金清(赤壁人)谈起今日之收获，陈大为感动，和我商议今后合作，在省社科院的杂志上推介向阳湖文化。

20070428

晚上，逛西南书城，购精装本《剑桥中华人民共和国史》(上、下，美国人 R·麦克法夸尔、费正清编著，中国社会科学出版社 2007 年版)及《非常岁月——邓小平在江西新建的日子》(文化艺术出版社 2007 年版)、《音谷谈往录》(中华书局 2007 年版)、《旧痕新影说文人》(中华书局 2007 年版)、《当年事》(文化艺术出版社 2005 年版)。

20070501

成园弟从鄂州来，我留下他多呆几日，帮我整理打印文稿《城外的向阳湖》，下午便完成了 1994 年日记的整理。他说我现在不能满足现状，要追求更高的境界，不光是自己研究向阳湖，目标应是将来有人研究我。

20070502

又埋头苦干了一天，从早到晚连续 14 个小时，我念日记，成园弟打印。今天速度加快，大约打了 2 万多字。

20070506

成园弟“五一”长假一直在帮我整理打印文稿,我念他打,速度可观。已打印10多万字,而且一起交流也难得。他看好《城外的向阳湖》的价值,以为不亚于我过去的专著。

20070507

下午和晚上,请市档案局龚清华来帮忙打印文稿,和成园弟一样,平均一小时2000字,又打了16000字。我和小龚原是市委政研室宿舍对门邻居,之后,他考公务员以全市第一名成绩进了档案局。我感谢他,他反倒说,能帮助我打印向阳湖资料既是档案局工作的一部分,也是他个人的幸运。

20070508

“五一”长假刚过,今天上班,便遇上几件舒心之事。一是北京阎纲先生寄来《中国作家协会在干校》(作家出版社2006年版)一书8本,我打电话去致谢,阎先生说此书是必送我的,我说书中有些文章我还会选入《向阳湖纪事》一书中;二是周明先生寄来题字,可惜将“城外的向阳湖”误作“城外看向阳湖”,不过估计“罚”他重写是没问题的;三是重庆书城寄来一批邮购的书,均值得查阅和收藏,如《重塑红岩魂》(重庆出版社2003年版)、《口述历史》第四辑(中国社会科学出版社2006年版)、《朱家溍的文博生活》(文物出版社2006年版)及邵燕祥《奥斯维辛之后》(宁夏人民出版社2007年版)、《2006年中国文坛纪事》(文化艺术出版社2007年版)、《大锅饭——公共食堂始末》(广西人民出版社2001年版)、《世界是平的——21世纪简史》([美]托马斯·弗里德曼著,湖南科技出版社2006年版)等。

20070509

甘泉晚上来帮助打印文稿。档案局小龚主打,但他有事时为了赶时间,计划内的任务需完成,于是找了两名“替补队员”。甘泉之外,胡卫平今日说她丈夫张磊打字速度快，忙不过来时亦可随时通知他来。张磊最近考上博士，文化档次高，边打字也许还可探讨“文革”和干校话题。

20070510

李李昨日结婚，熟了特地请假回来“赶场子”祝贺堂姐。下午送他去汉搭火车返苏州，途中儿子和我谈起对《城外的向阳湖》的看法，使我感觉毕竟是大学生，思维日趋成熟。今后再不可将他视为“小朋友”，而应作“好朋友”相待了。

20070511

长江文艺出版社黄成勇来温泉，中餐陪他小酌时，我谈及自己的“向阳湖文化丛书”。他建议出版后要策划好，应在京城搞个新闻发布会，请下放向阳湖的老先生们参加。我说这是一定的，又谈及《城外的向阳湖》中有几则关于他的记载，感谢他为我牵线认识新的书友。

20070512

上午甘泉来帮助打印文稿，因小龚今日单位有事，向我“请假”。甘泉的打字速度虽然不如龚，但也适当完成了自己的定额（每日不管字数多少不能闲过）。我虽然身为他的领导，但毕竟占用了人家的休息时间，也算“剥削”？

20070513

小龚今天来打印文稿，自觉按时“上班”，忙了一整天苦干12个小时，晚上11点多才返。他建议由笔记本打改用台式机打，效率大大提高。我“口述”他“记录”，又完成了将近一年时间的日记整理。

20070514

今日小龚又来续打文稿，告诉我说这几天白天打《城外的向阳湖》，晚上做梦也想的是向阳湖。我说自己过去多次有这种体会，非常能理解。看来又可招收一个“徒弟”。

20070515

小龚今日打印文稿时说自己有幸,了解了许多向阳湖人的“内幕”,也知道了我这么多年的艰辛。他越来越意识到我一个人树起了一张文化品牌,决不是夸大其词。他感慨道,平时从来都是听说名人怎样难接触,而我和名人交往却是家常便饭。

北京周明先生今日接了我的电话,听说“城外的向阳湖”题字有误,马上爽快地说重写一幅寄来。

20070516

下午、晚上张磊来帮助打印文稿,他说自己考武大文学博士在等通知。面试时,导师樊星问他今后的选题是什么,他的回答是向阳湖文化。我表示一定大力支持。因导师怀疑他资料不足,殊不知在咸宁认识我,便会走进一座小型图书馆。

20070517

今天召开市党代会,致婷作为一线模范代表也参加,于是我们第一次在高规格会议上相聚。且座位安排她正好在我后面,分组也在一起,免不了被熟人开玩笑:“李向阳,你一家占了两票!”

小龚近日来打印文稿,越打越入迷,甚至遗憾他有事时我另找了人来“替补”,以至没有将一个完整的故事连续读下来(他将我的日记比喻为电视连续剧)。晚上他还说,自己今后可能写一篇文章介绍和我的缘分:一是政研室和我做邻居的日子,二是这次帮助我打印文稿的日子。

20070518

张磊来打印文稿,《城外的向阳湖》已到2002年部分,其中还有他的博导樊星写给我谈干校文化的信。我盼小张选向阳湖文化研究做主攻方向,不要再变。因为我的“资源优势”如此丰富,没有人充分利用太可惜了。

20070519

小龚来打印文稿一天，又是连续十几个小时，和我一样乐此不疲。他一边打字一边了解向阳湖，熟悉向阳湖，自信今后是市档案局这方面的专家。我鼓励他钻进去，一举两得，这也是他局的本职工作。小龚很幽默，说沾我的光，一起留名。

20070520

小龚按时来"上班"，如同昨日忙了一整天。他还帮我预测《城外的向阳湖》完成的最后期限，可能下周要提前。经过这段时间的接触，感觉他是干实事的人，可以带一带。

20070521

省委宣传部长张昌尔来咸调研，市里通知宣传战线主要负责人参加座谈，并准备汇报。我原计划有时间发言的话，讲讲向阳湖，可惜领导提前作总结。但张部长提出要总结向阳湖文化站办实体的经验，尽管没有讲向阳湖的干校文化。

20070522

市邮局副局长陈秋娥打来电话，说邮协明天有个会请我参加。有好几年没有联系了，她谈及《中国向阳湖文化名人风采》纪念封第一组，我提出有可能的话可再度合作，推出第二组、第三组。

20070524

收《新文学史料》的稿费500元。

购《中国黄埔军校》(解放军出版社2007年版)，作者陈宇研究黄埔军校历史历时20余年，终于"修成正果"，完成此44万余字的著作，值得收藏，更值得今后写"五七"干校史借鉴。

20070526

小龚上午来打印文稿，一人突击打信件，以便插入《城外的向阳湖》。下午又叫来张磊帮忙。于是家中两台电脑齐上阵,我兼顾两头,于两间房来回跑。致婷下班回来见状大吃一惊,说我家像打仗,摆开了“两个战场”。

20070527

小龚上午来,一直忙到晚上11点才回,终于完成了《城外的向阳湖》全部文稿的打印(截至2006年12月),比预期的时间提前了一星期。自5月1日阿园来帮忙起,一个月内基本上围绕这件事而放弃其他,一鼓作气打了50多万字(加上还要整理添加的,约60万字)。也就是说,我读了一遍自己10多年的日记,回顾了10多年走过的路,总算松了口气。

20070528

上午主持局务会,安排好下两周的工作,下午便开始校对《城外的向阳湖》,因“口述”的打印稿赶速度难免出错,正好边校对边整理。准备利用上班和晚上时间,本周内完成14年日记校对工作。据自己的经验,定任务,限时间,一鼓作气是提高效率的好办法。

20070529

成都黄葵先生23日来信:“前时光临寒舍,聆听教训,观看光碟,受益良多,感触很深。只恨时间仓促,未及细谈,未能奉陪游历尽地主之谊,深以为憾,愧对乡亲,罪过罪过。祈能鉴宥!/你嘱咐让李医生写回忆录,让我当秘书,理应从命,因近时书稿任务又多又急,日夜加班,不得闲暇,今日上午交出一部急件。赶紧抓紧时间当秘书,代笔为孝佩写了篇《白衣向阳忆》,匆匆写就,未加修订润饰,呈上祈望斧正。/李孝佩三帧旧照奉上,供参考。另从旧书中偶然翻出一张食堂旧饭票,似非向阳干校但为干校亦可参考。今呈上,请收。/作为干校人,再次感谢你为我建立‘家园’;作为咸宁女婿,感谢故乡人的关怀!/孝佩嘱笔问候嫂夫人。”附文稿《白衣向阳忆》,3300字。

20070530

上午与北京吴桂凤主任通话，告知武汉李晓祥政委想和她联系。吴叫我将李政委的电话给她，她会马上与之通话。还顺便提及《中国作家协会在干校》一书，吴说书出来后受到“五七战士”欢迎和高度评价。但不知何故，还有一部分存书已不让发，因此一般书店见不着了。

黄葵先生今日打来电话，我感谢他的热情，对李医生的稿件我已安排人打印好，准备推荐报纸发表后再收入《向阳湖纪事》一书。因作者是医生，所写内容以前干校人均未涉及，加之李医生是咸宁人，恐怕也是6000多名干校人中的唯一。

20070531

上午浙江嘉兴范笑我兄打来电话，称多次联系，因我太忙，今日才赶上交谈。他看了我的赠书，感到向阳湖文化的价值深厚。我则提及《笑我贩书》中，有不少人是下放咸宁的“五七”战士，因此感谢他。因都是性情中人，我对他身为一介布衣，一个人创造一个文化品牌而表示钦佩，表示今后将加强联系，相互鼓励。又因都是“过来人”，我由衷地说，他无职无权，较之于我身兼数职，却在文化事业上干出点影响，更显得不容易。

20070601

市文体局王局长下午派人送来一份《中国文化部文化馆项目计划书》，请我“阅改赐教”。我浏览了一下，其项目“理念目标”为：“研读当代文化宝库，打造向阳湖文化品牌，提升咸宁在中国文化史上独一无二的历史地位，提升咸宁在建设中国先进文化中不可替代的人文形象。从文化的视角，进一步把咸宁推向全国，推向世界，推向未来。建成国际文化交流与世界文化历史的完美结合，拥有图书馆用途，又具博物馆功能的中国文化部向阳湖文化馆。”策划者为“咸宁信达会计师事务有限责任公司”，我不知道它和文体局属何关系，仍觉其精神可嘉。但看文中提及下放向阳湖的文化名人包括曹禺和王蒙,就知道是外行所为,起码没有认真研读向阳湖文化。

20070602

“咸宁吧”上有人贴出“咸宁作家谁最牛”,议论“南鄂奥斯卡文学提名奖”(即咸宁文学奖),我自然成了被调侃的对象之一,并在纪实类排名第一,向阳湖文化书系被说成“最有价值图书奖”。还有一帖为:“李城外为向阳湖文化奔波,谁能这么执着?应该也是最牛的吧?”又有一帖为:“李城外采访过原文化部下放‘五七’干校的文化名人,整理了一些名人在咸宁的历史资料,不过他好像每次上京都是以市委宣传部名义(此兄想当然,我从未打过市委宣传部的牌子),总感觉他的官方色彩太浓。”另有帖子,如“李城外成就了向阳湖”,“李城外是伤痕文学的集大成者”。

20070603

下午北京丁宁先生打来电话,称春节收到我的贺卡,因为忙,一直未复,今日特地聊聊。她说问了周明才知道我的手机号,我感谢她专门打来电话问候,谢谢老作家的鼓励。丁老说《中国作家协会在干校》一书的出版也有我的一份功劳,如不少稿子是我当年和作者约的,我总是一个人忙乎,北京的“五七”战士们都很感激,她尤其过意不去。但我的勤奋感动了她,“五七”干校文化得力于我的潜心开发,当年的我年轻,现在也人到中年,成了“专家”。

金戈下午来谈,我送了他一本《中国作家协会在干校》,并布置他下周在报上发一期“向阳湖文化专版”,登一则书讯和阎纲先生等写的前言,附一篇成都李孝佩新寄来的《白衣向阳忆》。因为6月6日是向阳湖文化研究会成立的纪念日,不开会,不出会刊,但无论如何还得有所“表示”,让读者知道我们的工作仍在进行中。

20070604

"咸宁吧"又贴出新的帖子"欣闻咸宁文学奖颁布后的议论",有人为我未参与评奖而鸣不平,称我为"咸宁文艺大侠"之一,说我的向阳湖文化随笔朴实真挚,细读更有余味。但也有人挖苦我的文章让人不忍卒读,浅薄得像小学生作文。对这种浅薄的人,只得一笑了之。

成都黄葵先生下午来电话,称他女儿也写了一篇回忆干校的文章,不日寄来,我自然表示欢迎。算来"五七"战士来稿中,还有北京的涂光群先生也是自己、夫人和女儿均动笔撰文,支持我的工作的。

20070605

下午设宴邀研究会同仁小酌,庆贺本会成立 7 周年。金戈今日在《楚天声屏报》上安排了一期"纪念专刊",明天出报。本会理事胡武生考上了湖大的研究生,正好一起祝贺,王亲贤、郑光勇、王玫、胡卫平、周小刚都到了,还是去年 6 周年小酌的一班人。罗勇因陪客未到,发来短信祝贺。是一首顺口溜:"向阳文化一枝花,风吹雨打香天下;小川雪峰呈巍峙,冰心从文吟克家。"

20070606

省局局长张儒芝新上任第一次到市州调研就来咸宁,副局长王光泰等陪同,市委宣传部长陈树林全程作陪。中餐在通山县,市委书记许克振等陪,席间谈及文化,许书记说我的视角应触及九宫山的道教文化,而向阳湖则拿在手上不要丢。我解释说向阳湖一块我都忙不过来,是"主业",无暇他顾。

研究会成立 7 周年,北京周明先生寄来补写的《城外的向阳湖》一书题字;《咸宁日报》发表了《中国作家协会在干校》面世的消息。

20070607

红波调市委办小车队工作,今日正式来局提档案,通过人事局办手续,我对他表示祝贺。为我服务了几年,这个结局也令人高兴。他说市委办要求他明天捐书,找"娘家"出版局帮忙。我也为他撑面子,让书店存放的出版社赠书腾出两大捆送去,因那边也是我的"娘家"。红波问我还有什么话要嘱咐他的,我不假思索,脱口而出:"市委办衙门大,联络广,有机会别忘了向领导和客人宣传向阳湖。"

20070608

中国作协老同志汪莹打来电话,称最近阎纲先生到她家,带去《中国作家协会在干校》一书,她首先想到应寄给我,阎纲说已办,她才放心。汪莹说北京的"五七"战士都对此书感兴趣,一致认为写"文革"的书多,写干校的尚少,因此,我目前的工作显得更有必要,希望我继续努力,自己认为正确的事绝对要坚持,即使遇到阻力也没有必要怕,要学习阎纲无所畏惧的精神,要永远面对现实。我请老人放心,因为这么多年来我一直就是这样做的。

20070609

上午又专程去武汉选书,购《中国文学史书目提要》(上、下,大象出版社 2004 年版)和"文艺风云书系"(1—11,河南大学出版社 2004 年版)等。今年系编写"向阳湖文化丛书"的冲刺阶段,手头的参考书越多越好。购书的投入也应破例,只要有参考价值,先买回来再说。

20070610

着手续编《向阳湖年谱》和《向阳湖人物志》。今天又是一天足不出户,通读一遍昨日新购《中国当代新诗编年史(1966—1976)》(刘福春著),乃"文艺风云书系"之一种,摘录了"文革"十年有关干校及干校人的资料,其中有好几处引用了我编著的"向阳湖文化书系"。看来我过去为它们写的广告词"研究文革史必不可少的参考书",不为过誉也。

20070611

成都黄葵先生 4 日来信:"电话中已禀告,小女在我的鼓励下,写了一篇回忆录《小花向阳记》，今奉上，供你们参考。我忙于为人做嫁衣裳，人至夕阳，尚有余晖，亦算万幸。许嘉璐兄再三嘱咐要我为《今注廿四史》做点贡献，作为向阳人，只能尽力而为。/向阳湖文化开掘，兄等功高德重，'五七'战士们感谢你为我们建造了一座精神家园。/孝佩嘱笔问候万大夫。欢迎莅蓉！"

20070612

没有注意劳逸结合，大约一个月来突击赶书稿，坐的时间太长，导致腰椎间盘突出，左腿发麻几日，反应明显。昨日去医院做了磁共振，今日到一九五理疗科找司有植主任理疗……记得10年前赶写向阳湖书稿时也曾累病一回，看来今年下半年还得悠着点儿，否则得不偿失。比如做几日理疗，每天下午得躺在病床上做几小时牵引，算时间账也划不来，何况还打乱了其他计划。

20070613

下午在医院与有植兄聊天，他又说起干校期间，他作为军医去向阳湖劳动几个月的往事和见闻。比如周总理关心向阳湖，拨款支持向阳湖干校，光电泵等就解决了136万元，等等。我建议他写出来，即使不能发表，也为我今后创作提供一些素材。

20070614

上午去市图书馆，该馆去年搬到原市法院退出的旧办公楼后，我还是第一次光顾，藏书室显得十分萧条，电子阅览室倒有新气象。我请管理员小舒打开"全国图书共享共存"网页，查阅了有关向阳湖、干校和李城外，发现果然十分方便快捷，计划抽时间再来拷一些资料，然后带回打印，以备编书、写书之需。

20070615

通山一中77届同学会在通山几个热心同学的筹备下，今明两日举行，今天下午报到，明天上午开始联欢。我因手头事忙，计划明早赶去就行。晚上又校对了一年的《城外的向阳湖》,时间便要这样能省一天是一天。

20070616

上午赶到通山,我们77届高中毕业3个班的同学160多人到了120多人,场面还真不小。组织者请来了3个班的班主任——钱治沛、吴远教、陈红老师。上午的大会由胡智斌主持,我向几位老师赠送电子版图书后作了发言,感谢筹备组同学的辛勤劳动,感谢几位老师的到场。几十年来,我有一个明显感觉,老师对学生的情最真,同学之间的情最纯。顺便我还向老师和同学们赠送我编著的向阳湖书籍。晚上在凤池山庄宾馆联欢过后,我和几个同学才返回温泉。

20070617

全国政协文史委副主任刘济民今日专程来咸宁参观向阳湖,市政协邀我作陪。省政协陪同前来的有:胡嘉猷、张绪根、李德定,市政协有张昌武、胡启旭等。我邀了金戈同行,叫他报道一下。在向阳湖文化展览室,刘主任兴致很高,称赞我办了一件大事,我宣传向阳湖文化名人,自己也成了名人。他又说,向阳湖干校的价值为其他任何干校所不及,他自己于1969年4月至1970年春在江西永修县周田镇的农垦部"五七"干校劳动锻炼,因此对向阳湖是慕名而来,并在留言簿上写下"向阳有情,恩德无尽"八个字。中餐在桂花园小酌时,他对秘书王文运说,要请《人民政协报》的记者来采访我,要邀请文史委王蒙主任来向阳湖一游。刘主任还对市政协的同志说,文史工作要打品牌,提咸宁向阳湖,

作者陪同刘济民(右一)考察向阳湖

必提李城外。

20070618

下午与浙江范笑我兄通话，指出他博客中提及的向阳湖文化名人包括牧惠，是他的误读，建议改过来。又向他索要《秀州书局简讯》，方知他已调离该书局，回嘉兴图书馆。原书局与市书店合并。一个文化名城的文化品牌竟这样轻易的丢掉了，实在可惜。笑我兄说自己把公家的事当私人的事干，这话引起了我强烈共鸣。我鼓励他坚守阵地，时刻想到有全国各地关注的目光。

20070619

金戈写了刘济民一行考察向阳湖的消息，明天见报。我下午去他那里小坐，他们报社的胡武生下月去湖大读研究生。我对小胡说，他在大学里莫忘了宣传向阳湖文化，他的理事职务是永久的。

20070620

接到省局通知，下周赴澳大利亚、新西兰考察。今日便提前准备好《湖北档案》第 7 期的专栏稿，题为《王蒙："牢记文化人的足迹"》，提前发出，免得月初编辑催稿。

20070621

下午与《咸宁日报》社朱封金联系，咸宁新闻网开办的向阳湖文化网出了故障，网页打不开。让我自己添加内容，更是没时间，计划出国回来后抽出专门时间添加一批内容。既然有个阵地，不能成为摆设。

20070622

今日和一九五医院有植兄约好去汉口旧书市淘书，购得几张武汉市"五七"干校和咸宁地区"五七"干校食堂菜票，2 元一张，毫不还价买了来；另有一本《武汉市革命委员会"五七"干校蒲圻大队工作手册》，可惜是个空的，没有任何记载，但还是花 8 元钱买回。

上午去新华长江数码公司张立临处，他父亲张洪达正好也在老干部室活动，我便送上有关向阳湖的资料，如《楚天声屏报》发表的李孝佩医生文。张先生夫人傅再秋也在干校医务室干过，"向阳花"张立临得知我在整理《城外的向阳湖》，提出今后要不断保持联系。

20070623

中晚餐都被温泉的几位中学同学邀去小酌，我们这届77级通山一中的高中毕业生都没怎么读书，但时至今日，连同学们都说，幸亏我没考上大学，不然向阳湖没人"发现"了。

20070624

晚上，熟了从苏州和我通话，谈到自己计划明年考研，并以大人的口吻谈到我研究的向阳湖。我私下倒是想，如果他考研的选择方向是"文革"史研究就好了，可惜如今的年轻人大概不会那么"乖"。

20070625

上午主持局务会，布置了下两周的工作。下午赶到省局，参加以省印刷协会名义组织的赴澳大利亚、新西兰考察团。此行由邱局长带队，团员有省局印刷处长程世荣，市州局负责人分别来自咸宁、黄石、黄冈、宜昌、随州，一行共8人。崇文旅行社向大家交代出国事宜时，问谁会点英语，我老实回答学过，不料想立即被提议为大家服务。邱局长和来送行的王副局长便任命程处长为团长，我为副团长，而邱则改为顾问。晚上我和程团长商量，返程后邀请省文史馆长朱启耕游一趟向阳湖。

20070626

飞机上午抵香港，晚上才动身转往悉尼。在港得花上10小时，但又不能出机场，否则我会抽空拜访一下张初考先生及张诗剑、王一桃先生的。于是逛机场书摊，破费买了几本珍品书：一是《文化大革命：历史真相和集体记忆》(上、下，香港田园书屋2007年版)，宋永毅主编。这是一本近百万字的论文集，系 2006 年在纽约召开的“文化大革命”40 周年的国际研讨会成果结晶。据介绍，这是“文革”结束后最大最成功的一次“文革”国际研讨会。二是《我的文化大革命》(牛津大学出版社 2006 年版)，黄庆云著，是作者“文革”中 3 年干校生活的实录。三是《唐达成文坛风雨五十年》(香港明镜出版社 2007 年版)，陈为人著，传主为四届中国作协党组书记唐达成。四本书共花了近 400 元，这是计划外的开支，但有收藏研读之必要也。

20070627

“八仙过海”，飞往悉尼。候机飞布鲁斯班前，读完《我的文化大革命》，作者是著名儿童文学家，“文革”中下放作协广东分会英德县横石塘镇干校。她在前言写道：“……等待复等待，现在连文化大革命博物馆的建议者巴金也逝世了，他所期待的博物馆也许随风而逝了，我不能等到它放下第一块石头的那一天，只好将那三年的回忆再讲述出来。当人们回顾那一段惨痛的日子时，这些回忆会成为细碎的砖瓦。放到人们想念的博物馆里面，起到凝聚教训、启迪反思的一点点作用，那我就感到满足了。”全书分六个章节，使我联想到杨绛先生的《干校六记》。虽然都不是在向阳湖，但干校生活大同小异。我又联想到杨静远的《炼人学校》和韦君宜有关干校的作品，看来写干校文学题材似乎以女作家为多。我等从繁重的公务中抽出身来，也许会以干校人的经历为素材创作一部《干校日记》!

20070628

晚上，粗翻了《唐达成文坛风雨五十年》，了解了不少文坛内幕。邵燕祥称“这部传记里唐达成的悲剧给中国当代知识界提供了一面鉴往知来的历史之明镜”；丁东称“本书是当今大陆作家传记中少有的上乘之作!”谢泳曰：“本书作者以记录时代为己任，客观真实地记录了唐达成在政治漩涡中的经历，涉及人物众多，记录细节生动，对研究当代思想史和文学史都有参考价值。”书中所列相关主要人物,我采访过的向阳湖文化人就有:牛汉、冰心、张光年、杨子敏、涂光群、谢永旺……

20070629

仍住黄金海岸,晚上翻阅随身带来的澳大利亚地图。其中云,澳大利亚最早是土著人的居住地,他们主要散居在沿海和内陆自然条件较好的地带,17 世纪开始有西班牙人、荷兰人到达部分海岸外航行。1770 年英国航海家库克来此,并声称大陆东部海岸由英国占领。1788 年,英国遣送首批流放犯到此,1 月 26 日在悉尼湾建立了第一个殖民地。这个日子就成为澳大利亚的国庆日。原来澳洲最初是“流放者的土地”,他们国家对此并不讳言,而我国对流放文化人的干校却有所忌讳……

20070630

今日游大堡礁,晚上住凯恩斯。闲得无事,发了一则短信给北京的韩聪:“我在澳洲,不知‘向阳花’有没有在墨尔本或悉尼的,还有新西兰的奥克兰,请帮忙打听一下……”我想如果有“向阳花”在澳洲,一定抽空一晤。

2007 年

秋

20070701

今天是香港回归十周年纪念日，我牵挂的是香港凤凰卫视制作的向阳湖专题已拖了一年，尚未定下播出时间，但愿尽快能有佳音传来。

晚上在墨尔本“城市之门”住下后，去邱局长和程处长房间谈文史和向阳湖，得到共鸣。程还一个劲儿地鼓吹向阳湖将来的价值，叫我要敏感，现在要注意录像资料的积累。要舍得花本钱，否则今后花钱也买不到。他还主动提出，今后将建议他的战友朱启耕聘任我为省文史馆馆员，这倒是我感兴趣的，可以从侧面证明向阳湖文化的价值。

20070702

下午正在索福林参观，这里的博物馆展示了 1851 年发现黄金后巴拉瑞特头 10 年的辉煌岁月。没想到突然接到南京来的电话，原来陈虹大姐 7 月到汉参加“七七”事变纪念活动，计划顺便到向阳湖，寻访父亲陈白尘的足迹。她还约了北京的严文井先生之女严欣久，我立即表示欢迎。晚上在悉尼住下后，又回了一则短信：“我计划 8 日抵汉后，接你和严一同到咸宁，去向阳湖寻访两位令尊大人的旧居，并参观干校文化展。请来咸时将陈老在干校时的一整套旧日记本带来，我复印一下，以便将来展览和做资料……”

韩聪发来短信，没有打听到有“向阳花”在澳洲。我又发出一条：

“请打听一下向阳湖文化书系责任编辑柴志湘先生家电话,问他的孩子是否在悉尼……”

20070703

今日参观了悉尼的标志性建筑——歌剧院。我以为它不仅是悉尼的象征,可以说是澳大利亚在世人心目中最深刻的印象。歌剧院于1973年建成,正是咸宁向阳湖干校的后期。想当年澳洲文化艺术正走向世界,而我国的“文革”导致文艺百花园一片沉寂。

作者在澳大利亚悉尼

20070704

晚上到了新西兰奥克兰。除给家人报平安外,发了一则短信给向阳湖研究会的理事,致以异国的问候,也暗自祝愿我们的向阳湖事业如这个国家的“蓝天、白云、绿草”一样吸引人。据资料介绍,新西兰是世界上地热资源最丰富的国家之一,罗托鲁阿——陶波地热区有太平洋“温泉奇境”之称,我自然想到自己居住的小城温泉。巧得很,明日将要去温泉参观,但此温泉不是彼温泉。彼温泉与此温泉更是不可比拟,咸宁的品牌为何总是打不响呢?

20070705

今天参观了罗托鲁阿毛利人文化村。这种世界闻名的旅游景点我无心观赏,想到的是我们鄂南的向阳湖文化村,虽然早在十年前就搭起了架子,但上档次、造大影响恐怕还遥遥无期。

20070706

上午返奥克兰,明日飞往悉尼,再赴上海,此次出国考察圆满结束。两个国家都没有去首都,是一点遗憾。我倒是破例每晚读点书,断断续续把在香港买的《文化大革命:历史真相和集体记忆》两大册浏览了一下,对向阳湖文化研究有了一些新的思考。算来此行也是旅途中读书最多的一次了。

20070707

刚到上海就和罗勇打电话，布置明日安排陈虹和严欣久在工行招待所住宿，罗满口答应。我初步计划此次安排尽量要周到，除参观向阳湖外，陪她们去看看闯王陵、咸宁学院，并抓住机会造造声势。报纸宣传以外，叫电视台争取也做一期专题。

20070708

昨晚子夜才在宾馆安顿下来，上午便去银湖宾馆接陈虹和严欣久两位大姐到咸宁。严大姐是早晨从北京赶到的，陈大姐还邀了南京师大历史系青年教授郑忠同行。到了温泉，先参观了我的向阳轩，我请两位大姐分别在《陈白尘文集》和《严文井文集》上题签纪念。陈大姐如约带来1969－1972年“牛棚日记”手抄本，供我复印珍藏。下午便去了闯王陵，晚上返回温泉时，罗勇和金戈已在等候。向阳湖文化研究队伍的“铁哥儿们”在精不在多。

20070709

出差半月未回，上午安排好单位有关事宜，京宁客人和我请来的报社电视台记者到我局集中，罗勇专门请假，并带了一部车。我们一行十人径直赴向阳湖文化名人旧址参观。在向阳湖文化展览室，陈虹留言：“替父辈感谢你们。”严欣久写下：“追寻父辈们留下的足迹，感慨万千，感谢你们为干校文化做了件极有意义的事。”严大姐忙着在室内室外到处拍照。陈大姐则动了感情，泪流满面，一边还接受咸宁电视台记者的采访。

接着，先后到鲁家湾、钟家湾和韩家湾等中国作协连队住处访问房东，陈大姐寻找《云梦断忆》“忆房东”一文中提到的贾大爷的后代；严大姐则到处问老乡记不记得他父亲的住处，都未能如愿。最后找到十四连旧址陈白尘先生曾暂住的房子，还有房东在住，大门上方挂了

作者陪同陈虹、严欣久(左)寻访向阳湖

“中国著名剧作家陈白尘旧居”的牌子,我们一起留影后返程。

下午电视台记者陈朝晖、樊栋、严峻在市工行宿舍区院内的广场上拍摄专题,采访陈、严两位大姐。陈大姐主讲,谈得很成功。电视台拟做两期节目,在《今日话题》播出。

晚上,金戈又陪两位客人来我的向阳轩,观看有关向阳湖录像资料。致婷正好在家,两位大姐都提及看了我写的有关文章,感谢妻子对我事业的支持。

20070710

上午咸宁学院文学院院长、向阳湖文化研究会副会长单长江教授邀请陈虹教授等至咸宁学院座谈,学院副院长吴基良参加。陈虹谈了向阳湖文化的价值和影响,建议学院加大这方面的研究力度。中餐后,客人离咸,我对此行的安排是较为满意的。今日《咸宁日报》和《南鄂晚报》都在头版报道了陈、严的咸宁之行。

下午陈虹和随行的郑忠去天河机场返宁,我陪严欣久至长江出版集团海豚传媒徐鲁处小坐。徐兄编过《严文井文集》(1—4),此次见面便是盼望已久的事了。闲聊时,严大姐谈及自己正在为写父亲的传记做准备。晚餐小酌时,徐兄还叫来长江文艺出版社的黄成勇作陪,大家都以为,编辑严文井先生的著作之补编非常有必要,更有出版的意义。

20070711

北京宋木文先生寄来厚厚的两本赠书《亲历出版 30 年——新时

期出版纪事与思考》(上、下,商务印书馆 2007 年版),我马上挂通电话向宋老表示感谢。读了首篇《“文革”中出版工作的恢复与反复》,就有涉及咸宁干校和向阳湖文化人的内容,如介绍原文化部副部长徐光霄时说:“(徐光霄)从文化部‘五七’干校返京……担任国务院出版口领导小组组长。/徐光霄一班人遵照周总理指示精神,将人民出版社、人民文学出版社、商务印书馆、中华书局、人民美术出版社、人民音乐出版社以及新华书店总店等单位在湖北咸宁文化部‘五七’干校劳动的干部陆续调回北京,恢复这些重要出版单位的工作,重新启用一批曾被以‘走资派’等罪名打倒的领导干部担任各直属单位的领导职务……”

宋木文《亲历出版30年》书影

湖南师范大学历史文化学院中国近现代史专业博士生张绍春来信:“上个月,我到黑龙江调查全国第一所‘五七’干校——柳河‘五七’干校的办学情况时,见到了该校原党委副书记、革委会主任战凤翰老先生。战老退休前为黑龙江省社科院纪委书记,今年已 74 岁,他经历了 1968 年 5 月 7 日柳河‘五七’干校诞生到 1979 年停办的全过程。前年他的专著《柳河五七干校纪事》出版。这本书写得很好,文笔流畅,史料翔实且珍贵。我向他谈了你在‘五七’干校研究和创作上很有成就,影响很大。他和我都对你的工作很感兴趣,都对你推动向阳湖文化村的建设表示由衷的敬佩,同时我俩也对柳河干校原貌不复存在而扼腕长叹。在离开黑龙江之际,战老特意嘱托我将他的专著赠送给你,并希望我们这些从事‘五七’干校研究和创作的人员能经常保持联系,以便将来形成一支专门的‘五七’干校研究和创作队伍,将‘五七’干校研究和创作提高到一个新的高度。”

20070712

《南鄂晚报》记者镇强写了一篇长稿《向阳湖,追寻文学大师的足迹》,详细记载了陈虹、严欣久的向阳湖之行,明日见报,估计要发一整版。我收到电邮后自然抓紧时间修改,以便不耽误发稿。晚上同小镇联系,他说如配发四幅照片,宣传效果会更好。这次的周密安排使我想起以前的几次北京来客,如"向阳花"、张慈中先生一家、杨匡满先生等来咸,都没有这样的报道力度。今后当不放过每次对向阳湖文化大力宣传的机会,一则造势,二则为研究积累资料也。

20070713

上午去财政局高群兄处,他说向阳湖文化研究应向政府提出组织专班,拨出专项资金,不能老是靠我凭面子到处"化缘"。高兄的意见很好,可惜目前咸宁市委、市政府领导层有待进一步提高认识。幸亏十多年前初创阶段的基础打得好,现在领导支持与否对向阳湖文化的价值影响不大。只不过是成绩的多和少,收获的大与小罢了。

20070714

严欣久大姐发来电子邮件,对此次盛情接待表示感谢。我则以为这是对严老、陈老表示敬意应做的"分内"之事。她还将我有关向阳湖文化的资料和一斤茶叶转送给近邻任继愈老,据说任老感叹,可惜他们下放的河南息县干校所在地没有我这样的人。

20070715

今日将陈虹大姐带来的1969年7月至1972年底的日记复印本对照已出版的《缄口日记》看了一遍,有不少新的发现。如陈老的手抄本与已出版的版本时有出入,有的两篇或几篇合成一篇,有的还有陈虹临时模仿父亲口气加的话。如果是我整理,不会如此处理。起码每日的内容不能更换,这样日记才算得"信史"。

20070716

读日记上了瘾,接着又找出复印珍藏的王树舜先生在干校的笔记和日记翻看,感到价值并不逊于陈白尘先生的《牛棚日记》。如果今后整理出版,可命名为《一个普通“五七”战士的日记》。当然,先充分用足其中的素材为好。第一步,对编《向阳湖年谱》大有裨益:中国作家协会干校岁月的人与事一目了然,一个普通人的家庭生活一目了然。

20070717

今日与湖北大学胡忆肖教授通话,为他和严欣久大姐联系牵线搭桥。胡先生称严文井老为恩师,在严老生前联系多多,手头有些书信和题词,对严欣久为父亲写传是会有帮助的。

20070718

下午与北京止庵先生通话,询问劳祖德先生干校日记事,介绍自己想复印整理。止庵先生表示理解和支持,相约今后北京见面再说。又说因年代久远,日记本纸张禁不起翻阅。我道,反正是抢救史料,总是有办法的。

20070719

上午约李专来谈咸宁文坛事,对他读了一段写好而不便发的短信:“不应只是节日里道声祝福,但愿平时为人处事对得起良心,对得起朋友。咸宁文坛虚假繁荣,现状令人失望,是谁造成的?大家心知肚明。而你表面上看来得到了很多,市文联副主席啦,省作协表彰啦,咸宁文学奖啦,想到过失去了什么吗?本来你的文章还是值得称道的,可惜禁不住某些人名与利的诱惑,恐为人诟病。时间会证明的。你是个明白人,你身边的文友谁磊落正派,谁不讲德行;谁赢得了历史,谁浪得了虚名,心中应有一杆秤!”——李专于端午节发来一则祝贺短信,我一直未复。今日对他讲及原因,又给他看了一则《城外的向阳湖》日记,其中提及 1994 年某日与他初谈向阳湖的往事。可惜时光不再,感觉不再,尽管向阳湖文化的影响已大大超出当年所料。

20070720

下午去市档案局,程局长说向阳湖的项目省局已定下来上报北京,估计要下拨7万元经费。她感谢我的支持,并建议今后多合作,将我手头的向阳湖资料全部录入电脑,进行数字化管理,查找方便,保存更方便。我虽口头答应,但还有个过程。一切都得等我这套"向阳湖文化丛书"出版后再说,因为我也要图编书方便。

20070721

咸宁学院新闻网十天前发了一则短消息《情牵向阳湖——陈白尘之女、严文井之女造访我校》,我今日下载作为资料保存,其中配发的多幅照片尤为珍贵。陈虹昨日在电子信箱给我发了一稿《我在寻找……》,附信云:"回到南京后,如鲠在喉,不吐不快,写了一篇散文,共5000字。可能长了点,但实在是收不住,要说的话太多了。发给你,请斧正。如果能够发表,请代为推荐。我实在是搞不清现在哪些刊物愿意发此类文章,你是内行,谢谢!"——我已和金戈联系,下周在《楚天声屏报》整版推出。

20070722

下午看凤凰卫视"文化大观园"王鲁湘采访著名画家许麟庐及夫人。对许老,我曾在10多年前的一次中央文史馆馆员的中秋聚会上见过一面,并写过一篇专访。遗憾的是以后多次联系上门拜访,都说他不在家,住在郊区,一忙也就作罢。今后进京,有机会还是得补上这一遗憾。

20070723

上午,福建长乐冰心文学馆馆长王炳根来电话,称今年11月中旬将和日本学者秋野先生寻访向阳湖。我说自己去年5月初到过冰心文学馆,可惜与之擦肩而过,热忱欢迎他陪同日本学者来咸考察。王称自己将开车来，可能接着还将去沙洋干校，这大约是一趟“寻找冰心先生的足迹”之旅。

20070724

又到武汉书店选书。购得《丁玲全集》(1—12，河北人民出版社2001年版)和《何其芳全集》(1—8，河北人民出版社2000年版)等精品书，十分惬意。另有《中国共产党的知识分子理论与政策研究》(中共党史出版社2005年版)，系国家社科基金项目，可供研读。上午和武汉出版社彭小华兄通话，他还在催“向阳湖文化丛书”编写的进度，这是下半年的首要任务，其次是大量读已藏的干校文化参考书。

20070725

陈虹之文经我推荐，《南鄂晚报》今天率先整版推出，效果很好，还配发了一张作者在向阳湖考察的照片。同时咸宁电视台制作的专题《寻找父辈的足迹》(上)今晚播出，专题由我策划，市新闻出版局、向阳湖文化研究会协助拍摄，明晚播出下集。此次宣传可谓图文并茂，有声有色。

20070726

下午去电视台审片，由于昨日专题的字幕打错了一个字(“心得”写成“心德”)，我今日便赶在下集播出前审一下，又发现几个错字，及时纠正过来。因这期节目不仅光碟要多寄几份出去，研究会作为资料保存也是永久的，不可马虎。晚上还通知了研究会的几位副会长观看。

20070727

打开武汉友人黄成勇的博客“行到城楼酒方醒”，本月10日的一则记载云：“咸宁市新闻出版局的局长李城外多年倾心研究向阳湖文化，使‘文革’期间文化部的‘五七’干校所在地向阳湖名声大噪，天下知闻。我有李城外特赠的《向阳湖文化人采风》上下册、《向阳情结》上

下册及相关资料数种,体现出他多年收集整理、挖掘和保存史料的艰辛努力、良苦用心。上述有书名的两部书都是人民文学出版社于上世纪的 1997 年出版。最近听说武汉出版社意欲出版多部李著、李编,其中据我所知一部《城外的向阳湖》,是最让人瞩目的。当年文化部下放干校有 6000 人之多,其中在中国数得上的功成名就作家、学者有一大批。这些作家、学者中又有许多健在的被李城外采访过,或留下珍贵的影视资料、或留下墨宝手迹。可以说,李城外拥有一个不可小觑的文化专藏。/他也与许多当年干校的当事者的后代结下了友谊,这些人来咸宁追寻缅怀瞻仰上辈的足迹,多半是会找李城外的。已故湖北籍儿童文学作家严文井先生的女儿严欣久到咸宁,由李城外接待并陪送到武汉乘车返京……”

20070728

《咸宁日报》“文艺副刊”今日发表一首《沁园春 · 咸宁礼赞》,其中有“向阳墨客,锦绣华章”句,注释云:“向阳湖‘五七’干校 6000 文化名人曾在此劳动”,此处“文化名人”应为“文化人”,此错误 10 多年来不少文章出现过,但《咸宁日报》不应再出现。说明编辑素质亟待提高。

20070729

边读李国文新评《三国演义》,边看电视连续剧《三国演义》的光碟,计划一鼓作气看完,再续“向阳湖文化丛书”计划的工作。将来《向阳湖演义》亦是必写的。但越是读经典、看经典、品经典,越是不敢轻易动笔了!

20070730

上午参加市政府三次全体会议,和旅游局新任局长杭莺坐在同桌。我说前些时电视台播放的她谈旅游的专题讲得不错,惟一的遗憾是没有谈到向阳湖。她马上找出一份全市旅游发展规划,指出向阳湖的内容给我看,我才不再责怪了。

20070731

下午到省社科院《江汉论坛》编辑部陈金清处，他谈及在刊物上搞向阳湖专栏的策划，以为现在时机尚不十分成熟，因此属重大题材，要向上报选题，而现在涉及“文革”属敏感领域。我说缓一步也行，可先发单篇文章打基础，适时我也许会写篇理论文章投稿的。

20070801

上午与武汉出版社彭小华兄谈“向阳湖文化丛书”，他敦促我抓紧编写，争取近年推出，在北京搞个首发式。彭指定的责编邹德清和我商量，此套丛书可定位为“全国第一套研究干校文化的丛书”。

20070802

晚餐市书店华经理请我和几位书法家小酌。席间有人提出，我应策划将向阳湖名人作品请书法家书之，结集出版。这个想法我早有过，但目前精力有限，无暇顾及。

20070803

第8期《湖北档案》专栏稿又要交卷了，本期人物推出任继愈先生。计划后几期人物依次写曹禺、杨绛、沈鹏等几位大家及老舍之子舒乙。

20070804

今日46岁生日，又是我正式到新闻出版局上任3周年。虽是周末，还是特地去办公室办公。静静回想了千余天的工作历程，和在政协的几年相比，虽然忙些，但在向阳湖文化研究上取得的成绩可谓有了新的飞跃。这是一个必然的过程导致的必然结果。我对向阳湖文化今后将产生更大的影响充满信心。

20070805

随州市新闻出版局任民来温泉，他向同行介绍我，既是局长又是作家。我自然免不了向客人推介向阳湖文化。中餐小酌时，我了解到随州经济发达，用于曾侯乙墓文化开发的投资巨大，联想到咸宁之于向阳湖文化投资之少，不由得发出一声叹息。

20070806

市政协文史委副主任王亲贤来，称省政协打来电话，全国政协搞一个展览，要我提供有关向阳湖的照片。我选了一张刘济民先生一行来咸参观向阳湖的照片，并嘱咐亲贤，人在政协，时刻不要忘记向阳湖文化的宣传。自我离开政协后，这一工作实际在“降温”。

20070807

今日去新任市长黄楚平办公室小坐。他到咸宁几个月了，我身为一局之长，才第一次与之“面对面”，并送去了几本书。他主动提及今日武汉市政协主席叶金生来咸，还专门提到想看看向阳湖。

上午哈尔滨市战凤翰先生打来电话，称他听湖南张绍春博士介绍我对向阳湖文化的研究卓有成绩，很愿意和我交流。我已通读过他转赠的《柳河“五七”干校纪事》（作家出版社 2005 年版），自然心仪，相约适时将前去拜访。他说明年是柳河干校 40 周年，纪念活动正在筹备，但柳河当地对干校的认识远不如咸宁，应学习向阳湖的做法恢复原貌。战老对我的研究表示支持和祝贺，以为这是对文化事业的一大贡献。他一生最值得回味的就是干校，因此留下写柳河一书，作为历史资料供后人研究。我十分感动，盛邀他便中来向阳湖一游。

20070808

上午惠姐带她的美国老师傅雪峰及武大教授桂胜等同学来温泉，并向他们介绍向阳湖，中餐后客人应邀来向阳轩小坐。我对惠姐的热情感到高兴，但更可惜她身入商海。如果还在教英语，现在应是可以将向阳湖向国外推介了。

20070809

下午去市委书记许克振办公室汇报工作，顺便谈到向阳湖文化的宣传。他还是谈到加强与北京文化人及子女的联系。我说基础工作这些年已打得坚实，但据我观察，市委、市政府真正把向阳湖拿在手上作为品牌打，还有待时日。

20070810

今日和金戈谈起研究会工作，我说他这个副会长兼秘书长应主动一些，不能总是会长安排什么做什么，应多出主意。他分辩道，会长的工作太深入，他无法走在我前面考虑向阳湖。这也是实情，事必躬亲，自然会影响他人的积极性。

20070811

上午参加市里组织的"咸宁发展论坛"讲座，听武大齐子鹏教授讲咸宁旅游路径发展与选择。遗憾两个多小时的报告只字未提向阳湖。我以为他对咸宁旅游的研究至少是不全面的。

20070812

致婷今日生日，熟了照例像 4 日一样，发来了祝贺的信息。妻子和儿子都是我研究向阳湖文化的积极支持者。有妻子的牵手和儿子带来的希望，我的事业一定会蒸蒸日上。

20070813

到汉参加省作协四届六次会，推荐省作协新的领导班子。省委组织部和宣传部还派人一个个谈话。我推荐的主席是方方，党组书记、常务副主席是黄运全。中餐时我到省作协领导席敬酒，将到龄退下来的段副主席私下对我说，省作协副主席要在市州中产生一名人选，谈话时他推荐了我，只因为向阳湖文化的影响大。段兄如此抬举，我始料不及。不管结果如何，我只能是一如既往，努力把向阳湖品牌越打越响。

购《王稼祥传》（当代中国出版社 2006 年版）、《董必武年谱》（中央文献出版社 2007 年版）、《李德生在动乱岁月》（中央文献出版社 2007 年版）。

20070814

下午，市档案局程局长带队来我局检查档案工作。晚餐时谈及向阳湖档案的归属，程建议全部交市局代为保管，我仍然只愿拿出一部分。因为手头时时要用有关资料，所站的角度不同，考虑问题的方式自然不一样。

20070815

下午陪《中国新闻出版报》副总编辑姚一宪、记者晋雅芬、省局图书处副处长周凤荣参观向阳湖。晚上住武汉梨园大酒店，又和姚总大谈“五七”干校史料的挖掘。他说等“向阳湖文化丛书”出齐后，《中国新闻出版报》将做重点宣传。

作者陪同《中国新闻出版报》记者参观向阳湖

20070816

参加全省新闻出版发展产业工作会，下午我作了典型发言，不少新朋友也因此认识了我。晚上去北京长江新世纪文化传媒有限公司（北京图书中心）负责人黎波房间坐，谈到向阳湖文化图书的宣传策划，他提出不少“高招”，如老照片可先在武汉出版社出版丛书中作插图出，然后交山东画报出版社重新包装重头出，重点作品最好交北京的出版社出，等等。

20070817

下午去省旅游局副局长胡礼鸣办公室小坐，她也谈及去咸宁时考虑向阳湖文化的旅游开发，我请她今后多关注这一块的宣传。胡对我10多年坚守这块阵地表示充分理解，并说我现在出版局业余从事这项事业再好不过了。其实我心里明白，虽是“业余”，我却是当作“主业”来做的。

20070818

还有半个月时间就要上省委党校进修，为期3个月，正好赶紧编写“向阳湖文化丛书”。为了提高效率抢速度，现在就得将容易编的书稿先交人打印，如《向阳湖诗草》、《向阳湖纪事》等。今天理了一下，工作量不小，关键是得一本一本地完成，定额定时，方能保证早日全部交稿、出书。

20070819

今日理好《向阳湖诗草》的全部稿件，分甲、乙两编。前者为“名家专辑及补编”，后者为“《向阳湖诗选》全编”，即油印本。稍稍突击一下，一部书稿便粗具规模。这也得益于平时资料的积累，书到用时便不恨少。

《在“五七干校”的日子》书影

20070820

市书店门市部主任余传佐受我委托，帮助留心干校、“文革”的书籍。今日送来一本《在“五七干校”的日子》(中共党史出版社2007年7月版)，洋洋41万字。这部多人集收入了31位作者的回忆文章，涉及全国多个干校。其中以咸宁干校占的比例最大,计有萧乾、舒芜、陈早春、崔道怡、杨静远等名家力作,约占全书六分之一篇幅,亦说明向阳湖在全国干校独占鳌头的地位。附录有一篇中共党史研究室郑谦的文章——“五七干校始末”颇有分量,他日应主动请教之。

20070821

今天寄出有关向阳湖书报给北京和全国各地,对象包括中央党史研究室郑谦、张化,黑龙江省社科院战凤翰等。近几年埋头个人的书斋研究,与外界交流不够,从现在起应弥补这一缺陷。反过来,自会推动向阳湖文化研究的深入。

20070822

到赤壁市调研,陪同我的副市长刘智毅是友人又是诗人,席间总不忘向旁人介绍我的向阳湖文化研究,云鄂南作家将来载入历史者,恐怕唯我一人耳。

20070823

参加全市文化体制改革座谈会,碰见市电台记者蔡璐,她请我抽个时间为“名人坊”栏目做一期节目。我初步答应下来,但时间最好定在 12 月,那时我已从省委党校学习归来,才有空闲。我又找到电台汪台长建议他适时重播向阳湖专题,并说一个电台如没有高品位的栏目,无疑是个缺憾。

20070824

下午咸安区档案局吴副局长陪同咸安老文化人周鸿雁来我局,请我为《咸安区志》写向阳湖文化的篇目,我自然又是满口答应。周先生今年 71 岁,1992 年就进京采访过臧克家、王子野等人,后在市志办工作,主编市志。近年来和我有不少联系,写过几封信给我,我也向他送过一些书,今天初次见面,大有故知相逢之感。他着手搞向阳湖文化比我起步早,但我后来居上,自然可作“忘年交”。

20070825

《向阳湖诗草》的打印稿请郑光勇和王亲贤帮助校对，两位小兄弟相当负责，还是一如既往地认真完成。我打算将“向阳湖文化丛书”的文稿都请他俩看一看，还有金戈。我自己则抽时间统稿。

20070826

下周便要去省委党校报到，今日去办公室加班，得把《湖北档案》专栏稿提前赶出来。今年的“图说文化名人”稿分量会越来越重。

20070827

晚饭后上街散步，碰见市政协秘书长胡启旭，他谈及自己的女儿在华中师大读书，听教授说起咸宁有个搞向阳湖文化研究的李城外。女儿便调侃他：“看人家多有成就，出了咸宁谁知道你？”我“安慰”昔日的老班长：“你女儿的话片面，每个人的价值不同，你应该说你当年是秘书长，李城外是副秘书长。”

20070828

在汉购《我是一个工农兵学员》(福建人民出版社 2006 年版)，此书副标题为“泛政治化教育中的受教育者”。作者李江源是位博士，现为四川师范大学教育科学院教授。他对“文革”中的一种社会现象进行专题研究，洋洋洒洒写了近百万字的文章，我是自愧不如的。今后写《中国“五七”干校始末》，需学习这种精神。

20070829

出差到通城，上门拜访从县政协主席岗位上退下来的黎时忠。他是一位亦官亦文的老朋友，在职时曾提出“近期看经济，中期看教育，长远看文化”之见，退休后又在编写《通城县“文革”大事记》，其收集的“文革”资料之多也算得全县之最。老黎对我的向阳湖文化研究也是情有独钟，曾写来长信谈自己的见解，颇有见地。我只是可惜咸宁像他这样关心向阳湖文化的人并不算多。

20070830

南京陈虹大姐前日发来电子邮件:“《我在寻找》仅有5000字,我认为有些地方没有说清楚,于是又扩充成了7000字的《这里曾经是文化部‘五七’干校》,找了一些人看了,都说很感人,于是寄给了李小林。不曾想她的意见是,不要仅仅写自己的父亲,要扩大到整个干校。当时我就说,这不是我的任务,而是李城外的任务,其他人的材料都是他搞来的,我不能窃取。但她的意见,不是写干校史,而是将这一题目做大,提高。这可真难死我了,想打退堂鼓,又想接受挑战。反正稿子要到明年才得发,就慢慢磨吧。/《这里曾经是文化部‘五七’干校》舍不得放弃,托人交给江苏作协的《雨花》,不曾想主编很快便打电话来,他们要了!——这样的题材到哪找去?但他们胆小,要看看十七大召开后有什么动向,因此明年1月号才能发,怕是还要作些删改。我将此文发给你,请提宝贵意见。我想咱们的目的就是一个——多多宣传你们的工作。”

20070831

上午和北京严欣久大姐通话,她也准备写点什么,并说光碟收到,并复制了一份给她叔叔。她嘱咐我寄上她父亲的几幅题词,并请我代购一套《郭小川全集》,我自然都十分乐意办。

20070901

明天上省委党校报到,开始为期3个月的进修。今日去办公室加班,赶出《湖北档案》第9期的专栏稿,写的人物是杨绛,趁她在世时发出来。杨先生可以说是发掘干校文化的“祖师婆”。

20070902

今天来省委党校,安排在进修3班学习,住兴华楼805室。同室学员为襄樊的郭明强,聊天时得知其爱人在档案局工作,我便自然提及《湖北档案》上开的“图说文化名人”专栏，顺便送了郭一套向阳湖文化书系。他还谈到朱镕基总理“文革”时曾下放襄樊市襄阳县黄集镇，可惜市里没人重视宣传这点，“资源”白白地浪费了。

20070903

晚上，班上的组织委员徐金禾老师来找我，要我当班干部。称我年轻，人潇洒，名字也响，又是单位的“一把手”。我没有飘飘然，婉言推脱，送了他一套“向阳湖文化书系”。言外之意是，我要编书、写书，确实没有时间“打杂”。

20070904

下午去校图书馆办了借书证，借了4本书，一是《宋云彬杂文选》(三联书店2005年版)，二是吴泰昌之《艺文轶话》(安徽人民出版社1981年版)，两位都是下放咸宁的“五七”战士，书中都提及咸宁干校的人和事。另外两本为中共党史资料(有关“文革”部分)。给自己提个醒：学习3个月，每日读书仍要涉及向阳湖，记事也不要漏掉向阳湖。

20070905

党校碰见省政协副秘书长祝新铭。他谈到上月陪全国政协文史委副主任刘济民，刘在一个会上盛赞全国文史界3个人，辽宁的赵杰(研究张学良)，天津方兆麟(口述历史)，湖北的李城外，一人打响一个品牌。祝是我在政协工作时认识的老朋友，多年不见，一见依旧，让我切身感受到在政协工作的几年，还是既有失又有得的。

20070906

下午上多媒体课，因基础的东西早已掌握，便一人私下搜索向阳湖文化资料，意外发现陈迩冬先生在咸宁干校写过多首旧体诗，如《绝句四首》、《壬子春词》等，马上抄录下来，准备增入正在打印的《向阳湖诗草》中。还计划按网上提供的地址早日邮购线装本《陈迩冬诗词》。

20070907

下午返温泉,收通城黎时忠先生信:"你搞向阳湖文化,为咸宁做出了重大贡献,再次祝贺。如继续出向阳湖的书,请将我写的'打捞向阳湖'收入其中,因此诗多家刊物发表过。今后如有可能到向阳湖一趟,我可写出多篇向阳湖的诗作……关于你要的文革'五七'干校传单,我整整找了两天,实在没有发现,如今后找出,我将随时给你复印寄来。"

20070908

上午去办公室听分管机关的同志汇报一周局务,他在工作之外建议,我在党校学习,时间充裕,得加紧计划将自己编写的书完成。难得这份理解。

20070909

胡卫平的爱人张磊去武大读博,今日报到,搭我的"顺风车"至汉。我正好拜访一下他的导师樊星,晚餐小酌时自然谈到向阳湖文化。我建议张磊读博期间以此为研究课题,樊星表示赞成和支持,并邀请我适时到武大讲学。

20070910

党校今日下午第一次党日活动,我向全班每位同学赠送了自己的著作,让各市州的同学对向阳湖有所了解,这也是最好的自我介绍。我在发言时还坦率地说,上党校主要是看重3个月相对集中的时间,因此在上交的学习计划中云:"完成党校课程的同时,抓紧编写'向阳湖文化丛书'。"

20070911

晚上和省作协方方通话,她即将走马上任下届主席,我建议她上任后继续重视向阳湖文化的宣传,她说这是义不容辞的。放下电话,我对同寝室的老郭说，方方的性格直率，我与之打交道感到轻松；我也爱读她的小说，她是湖北小说界的旗帜之一。但我并不仰视她，每个作家都有自己的一方天地，我的干校文化研究也是她所不及的。

20070912

今天上多媒体课时，搜索向阳湖资料，意外发现咸宁有一个“都市传媒”网站，里面专门开辟了向阳湖专题。遗憾的是主持人水准不高，将“向阳情结”写成“向阳情节”却浑然不知，让我感到刺眼。

20070913

晚餐后和咸宁市供销社张主任去中山公园散步，他竟然提出自己长期以来的几个疑问：“你是怎样发现向阳湖的？为什么要挖掘向阳湖？咸宁市对向阳湖的重视程度为什么越来越轻了？”我对同学的提问一一作答，而且对文学圈外的人有这类疑问感到欣慰。

20070914

回到温泉，收到龚清华通过电邮传过来的《城外的向阳湖》1997年度修改稿，心存感激。正是这些默默无闻的支持者是我事业的支撑之一，我不能心安理得。

20070915

咸宁学院人文学院单长江兄打来电话，云学院已办好聘我为兼职教授的手续，并决定将向阳湖文化作为学院的文化品牌、“亮点”继续打响，因此今后还需我继续支持。我责无旁贷，下午便将他所要的上面检查所需的书报及时赠送。

20070916

10日《中国新闻出版报》第6版“印刷包装”栏发表记者晋雅芬采访我的长篇报道，题为《咸宁“三优化”，繁荣鄂南印刷业》，约2700字，标题十分醒目，占的篇幅也较大，近半个版。下午去办公室和局里的

同志谈及这种力度大的宣传很难得,对提升我局的形象也很有帮助。但说心里话,我更愿意她宣传的是向阳湖文化。

20070917

上午去长江文艺出版社,黄成勇留我小酌,邀来徐鲁作陪。席间两人笑我逢人必谈向阳湖,我“老实坦白”这是10多年长期积累形成的习惯,恐今生今世再难改也。

20070918

下午去党校图书馆,意外认识管理员林娜,她曾随父母下放蒲圻“五七”干校。答应今后多联系,或者采访她父亲(湖北教育出版社第一任社长),或自己撰写回忆文章。她自己在干校还记了一些日记,也许有些价值,他日当索取拜读之。

20070919

今日袁平方来访,10多年前我写过他的父亲袁同兴,那篇《寻找〈人民日报〉的摇篮》先后在《今日名流》和《人民政协报》发表过。老先生已于去年病逝,但《人民日报》的前身是《抗敌报》似乎仍没有得到官方认可。袁平方一方面感谢我为他办了一件大好事,一方面又建议我再写相关文章,争取官方认可《抗敌报》的价值。我解释说精力不够,现在和今后的时间只允许我写向阳湖了。

20070920

到湖北饭店参加省作协四届七次理事会,会后,有好几位老熟人都为我鸣不平,以为下届副主席从市州选一名,以我为合适人选。组织上考察两次找他们谈话,均是推荐的我,理由是研究向阳湖文化在全国有影响,系中国作协会员,行政级别也合适。不料最终被一匹“黑马”取代,深以为憾!湖北从市州产生的省作协副主席既不是中国作协会员,又不是上届理事,目前更没有影响,不少理事还在打听此君是谁,估计全国少有,真乃笑话一桩,不禁让人深恐会引起不好的导向,把“走门子”作风引入作协。

20070921

今日省作协第五次代表大会开幕。会议规格很高，中共中央政治局委员、省委书记俞正声等领导出席。会后合影时，我还有幸单独与俞书记合影。更令我高兴的是，大会工作报告《团结奋进、开拓创新，为推动湖北文学大发展大繁荣而奋斗》第三部分“今后五年的工作”提及实施“文学湖北”工程，彰显湖北文学特色，强调大力开发“咸宁向阳湖文学”等文化资源，增强湖北文学的品牌效应。下午在讨论时我发了言，表示今后肩上的担子重，应自觉身体力行，力争下次省作协会上拿出实实在在的成果。

20070922

这两日咸宁来参会的代表有几位先后来到我的住处，对市作协主事者在会议讨论时妄断“咸宁没有作品，没有作家”，表示强烈不满。他自己没有出成绩，却对别人的成绩视而不见，比如说刘明恒的小说上《小说选刊》头条，比如向阳湖文化的对外影响。我瞧不起此兄的人品，今后也不准备再与之多交往，听朋友的劝，一心研究向阳湖，不管其他。此次会上当选省作协委员会委员，今后最多参加省里的会议，市作协的会尽量回避吧，眼不见心不烦。

20070923

下午与咸宁学院文学院院长单长江谈，他给了我一份咸宁学院外聘教授协议书，续聘期为两年，条件比上次优越。单兄解释道，学院以向阳湖文化研究为品牌，是想借助我的力量……

20070924

夜餐，武汉市新闻出版局局长、武汉出版集团老总彭小华邀我和也在党校学习的省局图书处长胡伟小酌，席间彭兄自然向大家谈起我和向阳湖。他调侃道，我对向阳湖太投入太痴迷，他的意见是不可太过,太看重,凡事应适可而止。我对此保留个人意见,但仍感谢他对向阳湖的关注和对我本人的支持,表示要珍惜党校几个月的时间,抓紧编好“向阳湖文化丛书”,力争如期出版。

20070925

市委常委、副市长李亚华选在今日中秋节来党校,请我们咸宁的学员小酌,自有特别的意义。他向大家祝福中秋后也谈到向阳湖文化,说他从赤壁调温泉来后,亦认为向阳湖文化是每个领导干部应有所了解的。毕竟是市领导中学历最高的“少壮派”,此话中听,讲得到位。

20070926

今日省委党校图书馆林娜老师找出一本她下放蒲圻羊楼洞干校时的同学日记送给我,时间为1971年10月至1972年5月。我粗翻了一下,对了解一般干校子弟当年生活、学习、劳动和思想状况有所帮助。遗憾的是,林娜本人的日记尚未找到,我仍拭目以待。

20070927

抽空校对1999—2000年《城外的向阳湖》的书稿,思绪又自然回到从前,那时为“向阳湖文化书系”出齐,颇有点“拼命三郎”的干劲。转眼七八年时间过去,又开始“向阳湖文化丛书”的编写,这是“第二次冲刺”,需再次拿出当年的劲头来。

20070928

中餐省局副局长王光泰、纪检组长马莉来党校邀省局学员和我小酌。王局长对我较为关心,说自己和市委许书记虽然私交很好,但为我说话需到关键时候。比如许书记曾对他说,我是个文人,当局长可惜了。他马上纠正说,局长也干得不错,把许脑海中我只能写向阳湖的印象扭转过来了。

20070929

收黑龙江战凤翰先生 20 日来信:“感谢你在百忙中寄来如此宝贵而丰富的材料,读了深受启发和鼓舞。/我自撰写《柳河‘五七’干校纪事》时,曾由衷期盼‘五七’干校这一历史现象必将引起更多的研究成果问世,必将会做出更为深刻而科学的评判。不料,贵市向阳湖文化研究会却早已做了多年的开发与研究,我能在有生之年亲眼看到这可贵的发端,甚感欣慰之至。几位曾经在柳河工作、生活过的老同志,得知此信也都兴奋不已。/研究会提出要向深度和广度发掘,向研究全国‘五七’干校延伸,要写正史,不写野史,总结经验,启迪后人,坚持实事求是,着重精神挖掘,等等,都是极有见地的指导思想。作为一种事业,相信贵会一定能取得更大的成就。/谢谢你对‘五七’干校这样一个重大历史课题而不辞劳苦、矢志不渝地进行开发研究所作的努力和贡献,祝贺你为此而取得可喜的成绩。”

20070930

已故陈迩冬先生之女婿郭隽杰从北京寄来《陈迩冬诗词》(系澳门学人出版社 2006 年 11 月出版),宣纸印刷的线装本,弥足珍贵。我马上复印其中写于咸宁的 20 余首诗,增加到《向阳湖诗草》甲编中,定会为全书增色不少。如《绝句四首》值得反复吟哦:“客里逢辰不自哀,此心已死此身衰,向阳湖水春波绿,曾见苍髯照影来。/未戴南冠作楚囚,大江东去水悠悠。此近坡公远谪地,嘉鱼对岸是黄州。/老子六旬尚黑头,何需日夕见江鸥。帝鹃似解凭栏意,莫是京华十二楼。/任凭人唱蔡中郎,历史舞台我退场。身后是非浑不管,已知正道是沧桑。”——郭先生与我素不相识,我打听到他的电话后,说明

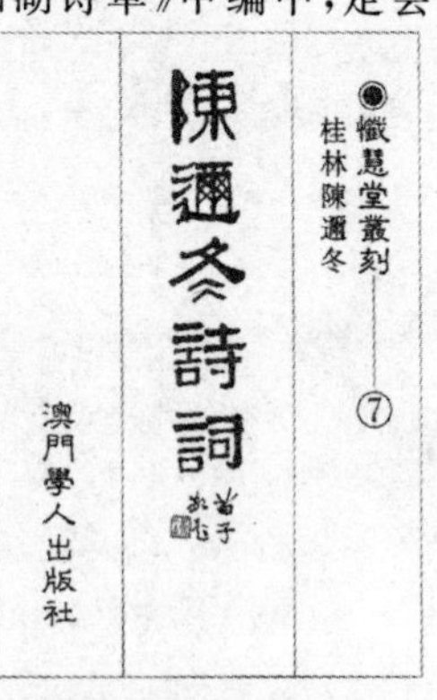

《陈迩冬诗词》扉页

意图,马上得到支持。但对此也不应心安理得,抽空应及时去信致谢,并回赠我的著作。

2007 年

20071001

人民出版社的客人今日到汉，既有原副总编辑林言椒、中青人出版社总编辑林栋父子，中国大百科出版社编辑张辰五、中国旅行社石小群及“向阳花”杨志丽、吴一红、韩聪、叶芷(后二位 3 年前国庆节来过)，人民出版社原总编辑张惠卿之子张勤、张俭兄弟也特地从上海赶到。早晨廖副局长前去接站，今天游了汀泗和咸高，下午到温泉。我原计划客人的食住行我们全包，还是请罗勇副会长安排在工行招待所住。不料客人到后，自己提出换地方住，自己掏钱，以便洗温泉，只好主随客便。晚餐安排罗买单，宴请了京、沪客人。

20071002

上午陪客人至向阳湖参观，我叫电视台和《南鄂晚报》都派了记者，并约了金戈同行，罗勇也派了车，还带上工行的几位“美眉”一同前去向阳湖“受教育”。在向阳湖文化名人旧址，林言椒先生先后指出大门旁石碑背后的介绍文字有几处错误，以及向阳湖文化展览室内介绍文字中的明显错别字。其实我早就发现，并多次要求区文化局早点改过来。而他们就是不动，拖至如今，在北京老“五七”战士面前丢人现眼，真是想想都令人气短！

好在中午遇上一意外的惊喜，北京又一批“向阳花”自发来咸寻找昔日的足迹,与我等巧遇。原来是原红旗越剧团的子弟们,我马上送去车上随带的有关资料,并告知联络方式。下午他们去刘家湾和咸高寻找旧时踪迹后,到温泉马上打电话要我帮助联系住宿。此行共8位"向阳花",连同家属子女共10余人,自带了从武汉借的一部旅游车。来的都是朋友,晚餐我安排请了两桌,还请他们到局里座谈两小时,又有意外收获。红旗越剧团正是我了解20多个连队中最陌生的一个连队,正好弥补,为今后联系提供了平台。"向阳花"们七嘴八舌谈了不少往事,但最令人感动的还是一句:"此行是替父母们还愿。"他们中有原团长夏革非的女儿王丹池,有夏建平、夏秋萍兄妹,邓旭东、邓旭南兄弟,李未韵,张锡瑾,后者现在美国一家公司,算得上漂洋过海来怀旧的。

红旗越剧团"向阳花"重返咸宁

20071003

人民出版社客人今日到九宫山和闯王陵,明日去赤壁和陆水湖游览,廖副局长是"陪同团团长",全陪。我则两边兼顾,上午陪红旗的"向阳花"游览潜山公园,下午赶到刘家桥陪通山转来的客人晚餐,晚上又去桂园山庄与张辰五、林栋及张勤、张俭兄弟聊天。我请辰五兄和张家兄弟分别向张慈中和张惠卿两位老人问好,感谢他们对向阳湖事业的支持和厚爱。向阳湖有今日之气候与两位老人是分不开的:张牵头写了全国政协提案,张慈中则热心为"向阳湖文化书系"设计了封面。

20071004

上午去中南外文书店,买了一本林辰先生的《鲁迅传》(福建人民出版社 2004 年版)和一本《灵魂不能下跪——冯骥才文化遗产思想学术论集》(宁夏人民出版社 2007 年版),前者是向阳湖人著作,属收藏之列;后者对研究向阳湖文化有较高的参考价值,属实用参考书。

20071005

今日上网,意外发现“心语茶坊”博客,博主是市直的一位“美眉”。5 月 20 日开博,至今竟已写了近 200 篇小散文,其中 7 月初的一篇还谈到读我编著的“向阳湖文化书系”,文章结尾说:“听说他近来又有部关于向阳湖的文稿问世,我们期待着带给我们更多关于向阳湖的故事与惊喜。也希望通过这些向阳湖的书籍引来更多有识之士的关注。”她大约也是一位向阳湖文化的“粉丝”吧?

20071006

《咸宁日报》原总编辑王同杰打电话要来拜访,我不好推辞,也不好意思让已过花甲的人搭班车来,于是派了车去接送。王总是老朋友,回想起 10 多年前他执掌《咸宁日报》时,大力支持我开辟两个向阳湖专栏的往事,至今仍心存感激。虽然他谦虚地说,这是他应尽的职责,我也骄傲地说,为《咸宁日报》扩大了影响。但我俩都为这种“辉煌时期”早已随风而逝怀念不已。

20071007

今日去办公室加班,原计划拉出第四季度 3 个月《湖北档案》专栏的稿件,但与同事一聊起工作,定额的任务便泡了汤。看来今后还得关在家里写作,方见进度、见效率。

20071008

回到党校,预计本周的饭局多,下午便加紧时间校对书稿《城外的向阳湖》(2001－2006)。关在宿舍干了 3 个小时,看得眼睛发花才中止,自以为党校同学中如此用功者,几稀矣!

20071009

省政协宣传处严兴春发来短信并通电话，称《世纪行》第9期决定全文转载今年第1期《新文学史料》发表的“人在向阳湖”全文，要求我补寄几张照片去。这称得上是计划外的收获，毕竟是从政协出来的，老朋友都还记得我。看来政协系宣传向阳湖的“黄金渠道”，今后要永远保持畅通。

20071010

市档案局程局长晚餐邀我小酌，并请来《湖北档案》编辑金萍处长作陪，相谈甚欢。金编云，“图说文化名人”的向阳湖专栏办了几年，几乎每一期都有我和文化名人的合影，档案系统的人议论我是刊物上“亮相”频率最高的作者，此言不虚也。我答应今明年继续把专栏办好。只要刊物不改版，我不会中止稿源。

20071011

分别与《南鄂晚报》镇强和《楚天声屏报》金戈联系，得知前日和昨日均发了国庆期间“向阳花”重返咸宁的新闻稿，题目分别是《三十多年后，“向阳花”重返故乡》和《节日里，14朵“向阳花”相逢向阳湖》，估计在鄂南的社会反响不错。我又布置镇强另外写篇专稿，他便截取了2日晚红旗越剧团子弟在我局召开座谈会的片段做文章。同时，不免有点埋怨金戈这个秘书长，面对如此好题材，却不动脑筋写篇长稿，说明对向阳湖文化的研究还浮在面上，没有真正钻进去。

20071012

下午回温泉去联通公司找熟人，办个“套餐”，并换一个新手机号码。联通刘总见了我，十分热情，说我是咸宁的名人，过去经常读我的文章，她也算得我的“粉丝”。不管此话是否属于调侃，她既然初次见面便帮了我的忙，无以为报，便将车上存放的“向阳湖文化书系”送了她一套。

20071013

《湖北作家》主编高晓晖发来短信，约我写一篇参加省作代会感言的稿子。我马上答应下来，拟写作代会报告中黄书记提及今后5年工作，强调要打造向阳湖文化品牌，我应该代表研究会表个态。

20071014

和金戈通电话，他说罗勇策划在《楚天声屏报》搞一期"向阳湖专版"。罗勇布置了工行和我们一起陪同"向阳花"重返干校的年轻人都写文章，其中有廖平、陈海燕、万红英等，我对此举马上表示肯定，说明两位副会长工作有主动性了。

20071015

上午收看党的17大开幕式盛况，下午忙里偷闲赶写出《湖北档案》本月专栏稿，晚上发出，题目是《沈鹏："阳光常照向阳湖"》。今后要养成良好习惯，凡专栏稿应提前交卷，不应让编辑打电话来催，这是对报刊编辑的尊重。人家既然给你享受了特殊待遇，你不可以"摆谱"。

20071016

下午陪罗勇到省作协创联部联系他加入省作协的事。高主任十分热情，我介绍罗是我的老朋友，一个金融界人士多年以来保持一种文化情怀，实属不易。罗又是向阳湖文化研究会的副会长，为我们的事业做出过应有的贡献。更为难得的是，上月《中华儿女》推出了金戈长文《金融老将罗勇的田园牧歌》。高主任看过我为罗勇诗文集写的序，未见其人，先知其人，又建议我们拜访了梁必文和黄运全。黄书记很细致，晚上还特地陪我等小酌，我又提及这次省作代会报告中他强调湖北要打造向阳湖文化品牌的事，深表谢意。

20071017

中晚餐都在党校周边餐馆吃请，但均属乐于参加的。汀泗桥镇和向阳湖镇的干部讲客气来看我,因我在这两个乡镇搞过工作队,为他们办过一些事,酒席上正好叙叙旧,也谈了向阳湖文化与两镇的渊源。晚餐市旅游局局长杭莺也讲起向阳湖已列入市旅游规划,并正在争取省旅游局支持。

20071018

网上看到昨日《南鄂晚报》发了记者镇强长稿《向阳花重返故地:峥嵘三十载,难忘向阳情》,4 版登了一整版,还配了 3 幅照片,写得还凑合。我遗憾的是金戈没有"出手",便打电话责怪他对向阳湖文化钻得不深,至少目前的热情还不够。镇强写了红旗越剧团子弟寻访向阳湖,金戈如果肯动脑筋,写出人民出版社子弟旧地重游,这次国庆的活动才算圆满了。

20071019

下午返温泉,在湖大读硕士的胡武生赶来搭我的"顺风车"。一路上他提及自己的专业是古典文学,老师叫他找选题,他有点苦闷,因为翻遍文学史,咸宁籍文人几乎没有。我便提示他可以从历史上"贬官文化"上做文章,这样就可以巧妙地联系到当代的向阳湖文化名人。他似乎顿开茅塞,但我对他能否做出有分量的论文还拭目以待。

20071020

致婷在成都参加一个全国新生儿科学会会议,我打电话建议她去看看黄葵先生,因为他夫人也是小儿科专家,他们全家都下放到向阳湖,李医生祖籍还是咸宁贺胜桥人。和黄老联系上后,约好明日致婷上门拜访。我不免笑自己沉湎于向阳湖文化,连夫人也不放过,拉她"入伙"。

20071021

上午咸宁学院宣传部曹副部长带电视台记者采访我,拍摄兼职教授有关资料。他说学院计划打向阳湖品牌,我表示会尽力支持,并送了些有关向阳湖的书报，供他们组织布展时用。

20071022

今日来到红安革命传统教育学院，这是省委党校组织的为期5天的教学实践活动。我虽是第一次到红安，但12年前开始写向阳湖时便向往此地"200个将军同一个故乡"，现在终于如愿。可见人生虽然不可知因素多矣，但瞄准目标干一件事，前面的目的地总会达到的。由红安的启示，我笔下的"6000文人同一片土地"总会引起轰动的。

20071023

上午参观李先念纪念馆，购得一本内部资料《红土地》，里面正好收入了所国心、董滨的报告文学《200个将军同一个故乡》。浏览一遍，用现在的眼光看，并不十分精彩，但毕竟是10多年前就想读的一篇文章，仅这点收获而言，也可说不虚红安之行了。

20071024

在红安这几天一直在思考"红安精神"的产生过程，值得研究向阳湖文化借鉴。比如我会成立了6年，却没有形成重头的理论文章，对向阳湖文化进行系统梳理，这是令我这个会长汗颜的。而省委党史办方城先生，对"红安精神"钻研较深，对之有"朴诚刚毅，不胜不休"的高度概括，并写出了专文和专著，无疑值得我学习。

20071025

《黄安谣》有云："小小黄安，人人好汉。铜锣一响，四十八万。男将打仗，女将送饭。"在红安可谓家喻户晓，每一位来红安的参观者也可以说过目不忘。由此我想到咸安，想到向阳湖，亦草拟了几句顺口溜："鄂南咸安，有处奇观。'五七'干校，群星璀璨。史册记载，口碑流传。"录以备忘。

20071026

下午返温泉，读了《楚天声屏报》上"向阳湖文化专页"，金戈加的

“编者按”云:“随着向阳湖文化研究开发的不断深入,向阳湖不仅成了京城文化人向往的地方,同时也在咸宁掀起了一股向阳湖文化研究的热流。国庆期间,咸宁市工行的几位文友,作为‘义工’陪同京城来访的客人,所思所想,情难自禁,挥笔写下以下篇章,着实令人感叹。借此可见,向阳湖文化研究已在咸宁深入人心。”

20071027

偶然搜索中国文化管理传播网,才发现新添一个“走近向阳湖”专题,这无疑是汪建德先生操作的结果。还选登了几张我陪他游向阳湖的照片,看来参与向阳湖研究的队伍还在不断壮大。星星之火已从咸宁燎原,蔓延至北京,大有“农村包围城市”之势。

20071028

打开咸宁吧,有一个新帖子:“投票:咸宁市最响的品牌是什么?”有40多人跟帖,提到九宫山、赤壁等,但无一人提及向阳湖,不免令我扫兴。可见向阳湖文化品牌在鄂南并没有深入人心。

20071029

中午咸安区一位人大副主任和党校的两位同志邀小酌,区委组织部曹部长在席间笑道:“说新闻出版局局长你们可能不认识,说李城外你们不可能不知道。”几个人马上纷纷向我敬酒,口口声声感谢我对咸安地方文化做出了贡献。我心中感到些许宽慰,为向阳湖做出的一切,人们没有忘记,也不会忘记。

20071030

陪党校的荆门同学到咸宁看望许书记,晚餐的地点定在田野集团。席间许书记谈起向阳湖文化,对我嘱咐道:“你的研究不要中断,也不要放弃。我看了你的书,用了心思,十分有价值。尽管目前大肆宣传还要避讳,但50年100年后向阳湖的价值自会日益显现,最终是一张品牌。”我没料想许书记认识有这么高,马上敬酒,同时感谢他在党代会报告中提及向阳湖的挖掘。

20071031

中餐市财政局高群来邀请我等咸宁学员小酌，高群对我的几位党校同学说："城外是我的班长。"有人不解，我解释道，他是向阳湖文化研究会的副会长。席间我主动向高敬酒，感谢他过去对研究会的支持，并说向阳湖文化取得的成绩，非我一人之功，有赖朋友们的帮助。

20071101

中晚餐都在做客，晚上加班赶出《湖北档案》本月的专栏稿《舒乙："要努力实现巴(金)老的愿望"》，2400余字。今后应酬再多，计划中的任务不能落空。

20071102

下午回到局里，收到省政协寄来的《世纪行》第9期，"文史春秋"栏目转载了我发表在《新文学史料》上的"人在向阳湖"全文，配了6幅照片，占了6个页码，是本期篇幅最长的压卷文章。重新在省政协刊物上"亮相"，不失为开心的事。

20071103

广东省文化学会柳副会长来咸，政府办下派到崇阳县任职的魏副县长邀我作陪。晚餐时两人都对向阳湖文化赞赏不已，前者说我一个人干了应由政府办的大事好事，后者则说向阳湖文化的深远影响还在将来。我心想自己本来就是政府的人、社会的人，干这类有价值的事，也是"分内"的工作。

20071104

罗勇发来短信，说他的下属万红英昨日约《南鄂晚报》记者去双溪，寻访了大屋周干校旧址和沈从文故居，我对此举表示称赞，云工行的同志在罗副会长的领导下，对向阳湖文化研究有行动了。罗称"向阳湖文化研究后有来者”,我忽然感到自己10多年来单枪匹马,孤军奋战,虽精神可嘉,却并不值得称道啊!

订2008年度报刊,1280元。

20071105

“八艺节”今晚在汉隆重开幕,我在收看电视实况转播时,发现年逾九旬的全国文联名誉主席周巍峙在主席台上,不由得一喜一叹,喜的是周老身体健康,叹的是如此好机会,咸宁却没有领导想到出面邀他重返向阳湖……

20071106

打开“马杓大院:我们在这里长大”网站,发现十三连的“向阳花”们在此聚会,十分热闹,不仅有他们几次重返干校的报道,还有一些回忆文章,甚至与咸宁作者“互动”交流。这无疑又是一块须经常光顾的“向阳湖园地”。

20071107

网上又有新的向阳湖信息公布,咸宁文体信息网10月30日贴上了4条有关内容,放在“招商引资”栏目。1.全国政协八届五次会议1137号提案。2.中国文化部向阳湖文化馆项目计划书。3.关于该项目计划立项的报告。4.关于该项目计划立项的批复,并上报省发改委、文化厅。不管它今后的效果如何,文体局的同志此举令我感动,我又有了一方“同盟军”。

20071108

中餐赴宴,席间友人对我研究向阳湖文化又有评价,一人云我是“向阳湖文化之父”,一人云不妥,说只能称“向阳湖之子”。仁者见仁,智者见智,我不便介入“争论”。自认为对我最恰当的定位是“向阳湖的守望者”或“向阳湖中一尾鱼”。

20071109

完成省作协高晓晖约稿，题目由《落实省作代会精神，打造向阳湖品牌》改为《把向阳湖品牌打得更响》，字数控制在千字内，但分量不轻。简单总结了过去成绩和近年工作，并预测今后 5 年的前景，表示相信下次作代会上将交出一份圆满的答卷。

20071110

下午参观了市委办张副主任的私人别墅，感叹他有远见。张谦虚地说没有我的追求高雅，所以才经营好自己的安乐窝，不像我有自己的事业，有向阳湖的影响。但我心里说，两者应并不矛盾，有事业、有成就，更应享受生活。

20071111

《南鄂晚报》今日 2 版“图说咸宁”推出了“双溪纪行”专版，由记者杜培清撰文，配发了潘纪东、徐汉阳、余奎、冯李林、张桂林等人的摄影作品 9 幅，无疑在为向阳湖文化造势。我对这帮年轻人表示敬意，这样的专版无疑大大弥补了我个人采访的不足。

20071112

晚餐省委统战部常务副部长程传忠请在省委党校学习十七大精神的市委许书记小酌，几位县委书记和我们几个在党校学习的学员出席。程见面便问：“李城外，你还在写向阳湖？”程调省工作有年，一直没同他联系，正好汇报了近年的进展情况。许书记也对程说，我将向阳湖研究干出了名堂，虽目前仍属“灰色”的，但从历史的眼光看自有它的价值。程建议我到县里锻炼一下，许未置可否，我也不见得积极，因年龄已没有优势。崇阳县委书记周亨华也在席间很认真地说，咸安区应在向阳湖为我树一个铜像，因为向阳湖这个品牌是我一个劲儿“吹”出来的。我连忙说千万使不得，本人只不过尽了一个文化人的义务罢了。

20071113

中餐省局张局长、王副局长和市委宣传部陈部长分别在谢先生酒家两个不同的餐厅请我等党校学员小酌,张、王对我醉心向阳湖文化建议适可而止,我则说在不影响工作的前提下应大干快上。向陈部长敬酒时,我对周巍峙先生来汉,市里没有一个领导邀请他到咸宁表示了遗憾。

20071114

中餐长江出版集团请市委许书记小酌,特地邀我作陪。席间王建辉老总不免向许书记介绍我的向阳湖文化研究。称赞的领导多了,许书记的认识自会与时俱进。我感到有压力的是,还是要多出成果。

20071115

长江文艺出版社黄成勇兄与我早就有约,11月中旬赴江西进贤参加第五届全国民间报刊年会。我近日在省委党校进修,正好在汉,于是“逃学”两天(周末二天不计),欣然同车前往。

早上8点出发,在高速公路上走了近6个小时。一路上,我对成勇兄云,此行目地虽是交书友,但更主要因为进贤县五里垦殖场是“文革”时期中共中央办公厅“五七”干校旧址,我计划访问已久。今后写《中国“五七”干校始末》,这里是必先考察之地。目前进贤吸引人眼球之处至少有三:一是毛泽东、江青之女李讷在干校结的婚;二是1972年春邓小平曾到此看望过去的老秘书王瑞林;三是当年汪东兴亲自抓的全国干校示范点。

下午2点方抵达报到地点。我见会议指南中“进贤简介”提到这里是一代画圣董源、词坛宰相晏殊故里和华夏笔都等,却没有提及中办“五七”干校,马上条件反射般表示“不满”。成勇兄笑我是“干校迷”,恨不得变成孙悟空,往全国各地拔汗毛,让每个有干校的地方都有人像我一样重视挖掘干校文化。只可惜全国只有一个李城外,其他人最多只能“跟风”。我不管他是讽刺还是夸奖，吃过中饭还未到下榻的军山湖酒店住下，便请县委办公室夏国平主任安排工作人员小熊陪我径直到了五里垦殖场。场长吕新生又委派场办主任蔡行天带我实地转了2个多小时。途中，我了解到中办干校创办于1968年，撤销于1979年，为期12年之久，下放干部大约有2000多人，有办公厅秘书局、老干局、机关工委、中央编译局、国家保密局、机要局、信访局、中央档案馆等10多个连队。当年在垦区修了一条4.4公里长的围堤，浇灌面积3000余亩。我拍摄了“五七”排泵站和干校总部及几个连队的旧址。蔡主任讲述了当地流传的“五七”战士旧事，如其中一则云，夏天有一知名女“五七”战士放鸭子，没留神穿的短裤背后划了一个洞，惹人笑话。斯文扫地的她倒振振有词道：“怎么能说露屁股不要脸呢，脸都不要了，还要什么屁股！”……蔡又介绍说，“文革”结束后有不少人重访干校，前几年，场里还举办过一次200多名老“五七”战士座谈会。晚餐留我小酌前，吕、蔡又为我展示了北京人重游进贤的照片、题词，还热情提供了场志等文字资料，我十分感谢他们的配合。此外，今天有段和老乡的对话很有味道，当地有一位中年农民得意地说：“我们干校的‘五七’战士级别比咸宁高。”我回道：“我们向阳湖的文化人名气远比进贤大。”

作者考察中办进贤“五七”干校旧址

20071116

会议安排今天“采风”，参观景点，值得一看的是中国“笔都”——

文港。我对成勇兄感慨道,存史离不开笔,谁都不能数典忘祖。他的思维更活跃,说连法院判死刑都要用毛笔哩。我又对陪同我们的县办夏主任云,“朝廷”有那么多人下放进贤,当地却没有利用好这笔难得的政治资源,可惜!他答道,浏览了一下我赠送的“向阳湖文化书系”,作为进贤人只有两个字:惭愧!但话锋一转,说我既然大书干校史,进贤必是绕不过的坎。我表示同意,称希望和进贤人联手,把中办干校宣传到位,让历史告诉未来。夏兄可算得懂文化的地方官,又说中国特色是过于重视意识形态,人为设置的禁区暂时不便涉足(如回避谈灰色的“文革”),但他认为战天斗地、自强不息的“五七”精神不能全盘否定,还是有其积极因素的,因此理应重视干校文化的挖掘。我自然将他视作新的知音,交谈中又意外得知,中侨委下放的干校设在进贤县钟陵乡,我马上决定明天一定抽空寻访。

此次到会的各地书友不少,藏书家、学者、作家有上海的陈子善、成都的龚明德、长沙的钟叔和、彭国梁、南京的徐雁(秋禾)、薛冰、苏州的王稼句等,还有几位民间报刊的主编,如北京《芳草地》的谭宗远、山东《日记杂志》的自牧、南京《开卷》的董宁文、长沙《书人》的萧金鉴等,虽都是初次见面,但众口一词,都对我研究的向阳湖文化表示关注和称赞。

20071117

上午年会开幕,我因计划下午去钟陵乡,便向主持人龚明德要求提前发言。龚兄向与会者介绍我是全国为数不多的研究干校文化的专家之一。我讲了三个意思,即“三个一”。其一,一个愿望:此次参会,我算得是梁山好汉“入伙”,目的是多交书友、文友和朋友。2004年没参加十堰的二届年会留下了憾事,此次算得亡羊补牢。我虽属地方政府部门的官员,但民间的职务是向阳湖文化研究会会长和《向阳湖文化报》总编辑,期盼今后和同仁们多交流。其二,一个建议:每次会议主办方应明确一个主题，不再是松散型集会，不再仅仅满足于联谊。如今后可否发起成立中国藏书家协会。其三，一点体会：每位到会者都应努力成为自己所在地的一道文化风景。如宗远之于《芳草地》、自牧之于《日记》，金魁之于《书简》、老肖之于《书人》、成勇之于《崇文》、稼句之于苏州、本人之于向阳湖，等等。总之，要坚守自己的阵地，办好民间报刊，为了心中理想从不言悔，为了文化传承永不放弃……

下午驱车前往钟陵乡，乡人大主任马二民陪同。他很负责，专门找了熟悉情况的当地人于祥云带路。我在中侨委干校旧址石灰岭林场拍摄了不少照片(其中最有价值的是1969年10月北京人亲手打的"五七井"，井边字迹尚存)，并找到仍住在那儿已80高龄的老医生王富培座谈。他当年和干校人接触甚多，戏称是"编外人员"，略述其详。原来中侨委开始下放在康乐堤，因是血吸虫区，不久有人便患了病。学员中不少人曾是外交官，事情很快反映到国务院，周总理亲自批示干校迁至钟陵，此事交王震(他此时下放在江西东乡县红星农场)督办。王震到达后，不准公社干部喊自己部长，自称是"周总理的联络员"，全部工作很快便落实到位。中侨委"五七"战士分三批进驻石灰岭，开始300多人，后超过千人，分4个连队。校部备有3台车子，波兰华沙小轿车(司机曾为廖承志开专车)、日本三轮摩托、东风解放牌大卡车，无疑成为昔日钟陵的一大"亮点"。可惜的是，有一位20多岁的"五七"战士因溺水抢救无效死于干校。其时，干校军宣队负责人李校长说他是个人才，曾是驻苏联大使馆二等秘书……到了1972年，这批人才陆续撤离。30年后，曾下放钟陵的中共中央国务院台办副主任唐树备还专程重访故地，并为当地一所希望小学捐资。

从钟陵返程后又去县志办，李志强主任赠送了《进贤县志》及续集，分别为江西人民出版社1989年版和方志出版社2006年版，我代为成勇兄索要了两本。

20071118

今天上午打道回府。此行得书友签名本赠书有四:一是阎进忠之《小城记石》(中国文联出版社 2007 年 8 月版),成勇兄为之序。他是老阎过去的老部下,世俗少见下属为上级作序,此举亦可算得一则美谈;一是薛冰之《碧血丹心照汗青》(古吴轩出版社 2007 年 9 月版),系苏州沧浪亭五百名贤祠人物小品之一种。另两本是彭国梁之《繁华的背影》和《书虫日记》,分别为湖南教育出版社 2007 年 4 月和 9 月版。前者系散文集,写的城市平民生活;后者是作者 2005 年全年的日记。我花了两个晚上便通读了。彭兄一年购书竟花去 4 万多元,令人吃惊;而他拥有一栋 4 层楼的书房,更是令我等"书虫"神往。我之藏书在鄂南罕有比肩者,毕竟山外有山哩!

成勇兄因要和十堰友人去南昌市淘书(这大约是他每次出差的必修课),便与我同来不同归。一路上我忽然想起什么,向他发了短信,嘱咐如发现有关进贤干校资料请代购,云此类书大约只南昌旧书市场容易找到。岂料中午得到的答复是大失所望,空手而归。我马上回道:"不好意思,此行我的收获多多,你淘书却一无所得,特表示慰问。"成勇兄还说,一大早进贤《文笔》主编邹农耕送来几支美工钢笔,请他转交于我。此是受朋友之托来不及购买,故昨夜嘱邹兄代办。进贤人之守信,可见一斑。

20071119

《中国文物报》14 日头版消息,史树青先生于 7 日在北京逝世,享年 86 岁。这位国宝级大师的离去,使我又一次怅然若失。他生前提及有一批干校诗待整理,一直未能一见,今后只好通过他的夫人夏枚云老师帮忙试试看了。而我客厅里悬挂的一幅史先生的字无疑已成为大师的遗墨,向阳湖文化的抢救意义日益显现出来。

20071120

近几日托党校同班同学代为收集的各市州志书已陆续“交货”，无疑又为私人藏书添彩。尤其是对于自己积累干校资料颇有帮助，如《襄樊市志》和《荆门市志》均有干校的记载。而《武当山志》还收集了朱家溍先生的干校诗一首，尤为难得。

20071121

省法制办王桂华兄专程赶来请我等在党校学习的咸宁学员小酌。他新创作一篇《官桥八组赋》，请我提意见。我倒给自己出了题目，何日完成一篇《向阳湖赋》?

20071122

晚上省教育社副社长唐瑾、副总编辑陆才坚请我小酌，并赠送了几套好书，如刚出版的《王元化集》(1—10)等。唐瑾新近获得“国家出版奖”，作为同行同道，她对我的向阳湖文化研究兴趣不减。而我惭愧的是，几年前她来咸宁考察时就提出，向阳湖文化要争取有作品翻译走出海外，目前却是有距离的。

20071123

上午与在省委党校参加培训班的马世永书记谈及向阳湖文化，他也说市里现在重视不够，关键要党委“一把手”重视就好办。我说许书记现在认识是上去了的，马则建议下一步要争取黄市长支持，拨一笔经费给研究会，我们的工作就好开展了。难得马书记这一番贴心话，不管领导支持的程度怎样，自己一心埋头苦干决不会放弃。

厦门友人曾纪鑫今日来咸，计划写一组关于咸宁地方文化的散文，首选是向阳湖。下午我陪他去参观了干校文化展，因属自费考察，我请罗勇安排在工行招待所“下榻”。

20071124

今日又陪曾纪鑫去闯王陵游览，一路上我和他谈得最多的却是向阳湖。我坦率地对曾兄说,鄂南的地方文化如赤壁文化、九宫山文化都有挖掘的价值,但我的精力有限,只好钻向阳湖一点,而且这辈子工作也做不完,其他方面只好割爱了。

20071125

福建长乐冰心文学馆林妹寄来一套《冰心》光碟,同时向我索要“向阳湖文化书系”,我自然乐意互通有无,想想去年去冰心文学馆,转眼一年有半,向阳湖文化的积累也日渐丰富,尤其是外地关注向阳湖的目光也越来越多,这才是最令我开心的。

20071126

中国教科文卫体工会全国委员会主席王晓龙在汉参加一个会议,其父王奎荣曾下放向阳湖,是十四连人民文学出版社的“五七”战士。王兄托人找我要书报,下午我和罗勇、金戈分别赶到武昌省总工会王的住处。王兄还随身带来几幅干校老照片和自己当年的两本日记,对我们向阳湖文化研究会的工作评价颇高。这又是一位值得今后保持长期联系的“向阳花”。他后天还要专程去向阳湖寻访父辈的足迹,我因在省里学习不能陪同,略表遗憾。

20071127

省委政研室处长陈世强住在省委党校,为全省领导干部学习十七大精神培训班搞会议材料,约我做了一番长谈。他对我舍官场追求取向阳湖研究表示不解后,继而又表示理解,建议我既然选择了干文化事业的一生,官场的东西便应舍得放弃,潇洒为官。

20071128

党校学习临近尾声,我才把《向阳湖文化报》第9期发给班上的每一位同学。有的一口气读完,如荆门侨务局长王厚荣马上和我谈体会,说方知向阳湖文化已在全国闹得风生水响……

20071129

今日淘得一批新书,其中和向阳湖文化人有关的凡四:一是王世襄先生之《锦灰不成堆》(三联书店 2007 年版);二是周汝昌先生之《北斗京华》(中华书局 2007 年版);三是《沈从文的凤凰城》(中华书局 2007 年版);四是张兆和之《与二哥书》(中国妇女出版社 2007 年版)。这种向阳湖文化研究的资料积累靠平时留心,他日自可收到意想不到的效果。

20071130

陪省局客人到通山,晚上抽空去云石兄处小坐,感叹一晃十多年,我到温泉,他坚守通山。兄弟俱有文名,而我自知文学功底并不及兄,之所以名气远远大过他,得力于向阳湖也。

20071201

今日领取《湖北档案》和《世纪行》的稿费,4 篇文章超过千元。这种固定的收入在鄂南作家中恐不多见,但我不应满足现状,应着眼将来向阳湖作品成为畅销书……

20071202

回顾党校 3 个月的学习,原计划完成"向阳湖文化丛书"7 本书的编校工作,因故只完成一半。结业后工作将更忙,看样子今后几个月还得抓紧,提前交稿给出版社,不要让出版社催我。上周彭小华兄还叮嘱我要抓紧点,"丛书"早日面世,也算完成一桩大事。

20071203

罗勇又打来电话,代友人索要两套"向阳湖文化书系"。我对他是有求必应,但因存书渐少,还是委婉地提醒他,今后与文化无关的人士少主动答应别人的要求,否则长此下去我会"招架不住"。

20071204

浙江《美术报》总编斯舜威上周专程考察向阳湖,写了篇洋洋洒洒的散文——《文气郁勃向阳湖》。我拜读后颇受感染,马上和罗勇商议,推荐金戈发个整版。斯文云:“在我的心目中,整个湖北,只有咸宁最具吸引力,甚至铺开中国文人心灵地图,让我寻找最令人心动的地方,我的目光也会毫不犹豫地往咸宁搜索。因为咸宁有一个湖,‘文革’期间叫向阳湖,我在心中叫它文人湖。”看来,我在外地素不相识的文人知音越来越多。

20071205

晚餐邀市政协的几位同志小酌,席间谈了自己对文史工作的一点遗憾。向阳湖文化宣传这一块自我离开政协后,明显由“热”转“冷”。但我又安慰自己,幸亏亲贤、光勇两位小兄弟仍是向阳湖文化研究会的理事,对“我们的事业”一直在一同坚守,我对他俩仍可以“召之即来”。

20071206

市委办请驻京办黎主任吃饭,邀我作陪。回想10多年前在北京采访向阳湖文化名人,驻京办的同志提供了不少便利,一直心存感激。如今进京找黎主任少了,只是打个电话而已。我玩笑道,他的职责是接待比他更大的领导,我们老朋友也要自觉,少找麻烦,何况也有条件了。

20071207

列席市委三届二次会议,分组讨论时和开发区的王书记谈起向阳湖文化名人王世襄。他在市农科所工作时,我请他为王老送去几斤茶叶,曾意外得到王老回赠他的七言绝句书法一幅,这幅字自然成了他的珍藏品。我只可惜咸宁人身在宝山不识宝。眼看着下放向阳湖的文化老人一个个渐渐离去,似乎无动于衷,我也只好由“干着急”到“不着急”,徒呼奈何。

20071208

市委会今天通过的《贯彻十七大精神实施意见》，其中第六条“推动文化大发展大繁荣”第二十五款“着力打造地方特色文化”，提及进一步整合“向阳湖文化”等系列地方特色资源。看来市领导在面子上还是重视这项工作的，只是无具体班子落实。尤其是咸安区的现任负责人从未就此事找过我咨询，幸亏我撑着一个民间的研究会，否则市委的这个意见只能是“一纸空文”。

20071209

闲翻《狗啊，狗》一书(山东画报出版社 2006 年 11 月版)，内收入庄浦明先生《一只叫黑子的狗》，选自《读者文摘》2002 年第 6 期。我主编的《向阳情结——文化名人与咸宁》(下)于 2001 年初出版，收入此篇时题为《“最亲密的战友”》。可惜当时和编者不熟，毕竟我属“首发”。

20071210

上午去市委宣传部陈部长办公室谈，他是同龄人，过去是友人，现在成了上下级。但我汇报工作仍是认真的，建议他对向阳湖文化加大重视的力度，我还提到老领导李明波书记对这项工作的肯定。

20071211

市工行万红英打来电话，称温泉几位摄影人计划去向阳湖拍摄一组系列照片，挖掘向阳湖深厚的历史沉淀。这是继上次双溪之行后他们几个哥们、姐们组织的又一次自发行动。我表示赞赏，看来向阳湖文化研究的团队正在日益壮大，我肩头的担子也越来越沉。

20071212

上午去徐鲁处谈，邀他同做罗勇入省作协的介绍人。中餐小酌后闲聊，徐鲁建议我有机会还是往省里调，因为站的位置不一样，思路也不一样。我说还是割舍不下向阳湖,离开咸宁后这杆旗子没人扛。徐鲁说我无论作为一个官场上的文人还是文人中的官员,都是成功的,更有条件把向阳湖品牌做大做强。

在湖北人民出版社,刘道清社长赠新出版《姚雪垠传》(许建辉著,2007 年版),又购《冰心全传》(上、下,卓如著,河北教育出版社 2007 年版),《自珍集——俪松居长物志》(王世襄编著,三联书店 2007 年版)。

20071213

金戈来谈,我们都认为新年研究会的工作有新的进展,尤其是罗勇值得"嘉奖"。除一如既往参与接待京城文化人及"向阳花"外,还主动组织下属员工实地考察写文章,在《楚天声屏报》上开专版,闹得红红火火。单凭这一点,就让我这当会长的心头一热。

20071214

下午回访金戈,谈及《楚天声屏报》明年改成《咸宁周刊》事。因为要改彩版,我马上考虑第 1 期是宣传向阳湖的机会,应亲自出马登文章,扩大影响,初定将《进贤访问记》在这里首发。

苏州陈雪春女士寄赠《沧浪亭五百名贤像赞》(线装 1—10 函,古吴轩出版社 2004 年版)。藏书又添一景,亦可为今后编"向阳湖人物志"作范本也。

20071215

省作协党组书记黄运全自己驾车来咸过周末,我接到电话后,邀罗勇和金戈作陪,并一同前往赤壁五洪山过夜。晚上我们向阳湖文化研究会三个会长(一正两副)一同向黄书记汇报工作进展情况和前景展望,这种机会实属难得。黄书记在省作协作代会上提出打造向阳湖文化品牌,我会的贯彻不仅在口头上、文章里,更要落实在行动上。

20071216

在赤壁,我和罗勇、金戈又商议,适时将《向阳湖文化报》停刊,改为《向阳湖文化研究》,用刘炳森先生题字。每年出一期,便于保存。更重要的是,我身为出版局局长,要起"带头作用",用个内部书号出刊,更规范一些。

20071217

咸安区局毛局长上午来,云国家文物局单霁翔副局长在武汉,省文物局派人索要我的"向阳湖文化书系"。我马上找出书及有关报刊资料,下午便托咸安区局送到省里。据毛说区里正在为向阳湖文化名人旧址申报国家级文物保护单位,我有义务助一臂之力。

20071218

今日到省局办事,办公室邹喜玲副主任管档案,闲聊时意外发现,过去退下来的局长弃置不用的书刊她保留下来不少,其中就有我早就想配全的《中国出版年鉴》,真是得来全不费功夫,一口气便觅得 10 余本,和原来已收藏的一清点,从 1980 年创刊,每年一本,仅缺 3 本,今年留心配齐不成问题。这是私人藏书的一大亮点,其中有不少涉及向阳湖文化的资料,可供查阅。

20071219

新上任的分管我局的夏亚灵副市长来调研,我汇报工作后留下中餐。席间,我不失时机向她较为全面地介绍起向阳湖文化,以期今后引起重视。夏比我年轻,过去对此不熟,今日算我对领导上了一次"补习课"。她答应今后抽空去向阳湖看看干校文化展览。

20071220

上午去市档案局将借去的向阳湖文化展板两块搬回自己的办公室。不凑巧,该局昨日被盗,电脑丢失两台,其中不少是龚清华费了不少功夫保存的向阳湖照片资料。因此我对暂存的向阳湖档案表示担忧,虽然此次幸免,但适时当"完璧归赵"。

20071221

上午去金戈办公室长谈,都说罗勇今年对向阳湖文化的推动有贡献,应予肯定。我又建议金戈充分利用好自己的这块阵地,明年加大力度宣传向阳湖文化。因为《咸宁日报》和《南鄂晚报》近两年偶尔做些宣传,毕竟不如我们自己策划,“随心所欲”推出专版。

20071222

在家清理了一天藏书,深感时间的紧迫,光需要赶紧读的有关向阳湖的参考书就不少,够挤时间看的。今后的确需学习雷锋的“钉子”精神,充分利用好藏书,边读边写,这样向阳湖文化的创作才会有分量。

20071223

给北京严欣久大姐寄去她上次来咸提及的《郭小川全集》和张光年《向阳日记》,受人之托,有心在武汉的几家书店找了很长时间,今天才如愿以偿。严大姐收到后,大约也会十分惊喜的。书中不少内容提及其父严文井先生,对她今后的写作无疑有重要的参考价值。

20071224

中餐邀《湖北日报》驻咸记者站站长任浩小酌,之后又来向阳轩小坐。我送了向阳湖的书报,还请他观看了有关的电视宣传片。任来咸后,为市委市政府的工作在《湖北日报》发了几篇整版的报道,超过以往记者站长的力度,我希望他适时也写写向阳湖,任老弟自然满口应承。

20071225

下午,在省委党史研究室与方城先生畅谈。上次红安之会面十分愉快,他对我的向阳湖文化研究颇感兴趣,以为独辟蹊径,坚持下去必有更大的收获。我请他今后关注这块阵地,他还为我提供了中央党史研究室郑谦先生的电话。郑对干校文化研究有成果，我编《向阳湖文化研究》拟收入他的文章，应先征求意见。

晚餐省政协《世纪行》刘志成兄盛情邀我小酌，还请了熊主编作陪，刘介绍我是《世纪行》的骨干作者，我今后可考虑开专栏以示答谢。刘兄还生动地向其他人介绍说，李城外和向阳湖就像一枚硬币的两面，已密不可分。

20071226

上午逛古旧书店，淘书整整 4 小时。觅得一批“文革”时期出版的图书及资料，颇感惬意，连中餐都忘记了。值得一提的是，还有两位向阳湖文化人的著作：一是洁泯先生的《人生的道路》（上海文艺出版社 1982 年版）；二是刘辽逸先生的译作《远离莫斯科的地方》（人民文学出版社 1984 年版），竖排本。

20071227

今天主持局县级干部民主生活会，我做了两个小时的发言，其中谈到向阳湖文化，帮助个别同志端正认识。我说向阳湖文化不是我个人的事，是全市文化工作的一件大事，市委领导重视，市党代会报告和贯彻“十七大”精神的工作安排都提及，而具体落实目前则只有本人去身体力行，这是为市里做贡献。个别同志不要局限于一时一事，以为北京来了“向阳湖人”，招待让局里破费不少，其实不然。一是我会化解一些负担，如让副会长分担；二是我之所以在省里、市里工作顺利，也得利于向阳湖文化的知名度，才办事顺畅……

荆州陈爱平寄来一本《公安县志》（汉语大词典出版社 1990 年版），这是我在省委党校学习结业前给同学布置的“任务”。陈君守信，使我如愿以偿。是书第二十九章为“公安派文学”，可见“三袁”的影响之大。由此可见，今后咸宁（或咸安）新修市（区）志，更应为“向阳湖文化”辟专章矣。

20071228

罗勇昨晚10点发来短信,称自己一气写了4篇有关向阳湖的散文,让我提意见。我马上从他的博客上下载,作了几处修改,今日上午去他办公室斟酌。4篇文章分别写的是他陪同陈虹和严欣久、曾纪鑫、王晓龙及浙江文人斯舜威,弥补了我和金戈陪同客人却未及时为文之不足。恰巧金戈此时也不约而至,我一面批评金戈手懒,一面提出要向罗勇学习。罗又叫来几位文学爱好者,易迁、万红英、陈海燕、杨秀和程萍,5位都写过关于干校的散文,我们3位会长应吸收他们入会。机会难得,中餐罗勇又邀大家小酌。为了让新会员对向阳湖文化有深入了解,我又邀几位"美眉"来我的"向阳轩"小坐,送了书报,放了专题电视片……

20071229

上午去市政协和王亲贤、郑光勇谈及我会"扩编"的事,并对两位理事提出要求,一是在政协的会议和文件中不要忘了写向阳湖,二是一年至少要写一两篇有关文章,这样才不至于落伍。

20071230

北京严欣久大姐上午打来电话,称寄去的《郭小川全集》等书收到,万分感谢。她没料到我对她拜托的事竟如此认真负责地完成,为了答谢,今后一定为我的向阳湖文化宣传做点具体实在的工作:一是在北京大力宣传,尽力促成更多的中国作协"五七"战士重访咸宁;二是自己会认真思考,写出有分量的文章,为向阳湖文化研究增光添彩。

20071231

上周三下午去《湖北日报》科教文体部熊唤军处小坐。他带我去新上任的主任曾祥惠办公室闲聊,不料有意外收获。曾说自己早知向阳湖和我的研究,布置熊明年初在"东湖"副刊上重点介绍一下我,要发便发一整版。他还说这并不是宣传我个人,而是我从事的研究有重要价值。我提出此文应由记者来写，曾不以为然，要我自己执笔，说这样更直接些，起码要写6000字以上。却之不恭，今天初步拟了一下思绪，题目初定为《向阳湖，我的精神家园》，分3个小标题："千年一叹"、"文化苦旅"、"借我一生"，均选用余秋雨先生的书名，写好此文应该说胸有成竹。

向阳湖文化名人旧址及展览厅外景

卷十五

2008 年

春

20080101

晚上向北京商务印书馆杨德炎先生发了短信，恭祝新年。他马上回复，问及是否参加下周的北京图书订货会。我因市里开政协会，此次不能成行，只好等到春天再去拜访杨总了。又告诉他正在编写“向阳湖文化丛书”(7本)，他大为称赞，并说届时一定好好拜读。

武汉的“向阳花”张立临今日也特地发来短信贺年。

20080102

新改版的《楚天声屏报·咸宁周刊》今日21版以整版篇幅推出我的《进贤四日记》，并配发了两幅照片和相关链接的短文《邓小平的进贤之行》。

因为这是今年第1期，我“指示”总编金戈加大对干校文化的宣传力度。他在第18版综合副刊开始推出田园的《向阳湖漫笔》，计划发一组，每周一篇，可能要登两个月。本期还发表了浙江文人斯舜威的短诗《向阳湖沉吟》共5节，最后一组云：“一湖遗所/苦难是最大的财富/此湖便是聚宝盆/拂去三十年表层/有多少人能获取/前人的馈赠。”

20080103

下午先后去市政府夏副市长和市委组织部周部长办公室汇报工作。两位女领导都提及,前几天在市委、市政府联席会议上,市委许书记提出要高度重视向阳湖文化的宣传,适时组织北京文化人联谊会,或邀请文化名人及子女重返咸宁。我以为如果有可能实施的话,拿方案肯定得找我,今年的工作会更繁忙一些。

今日寄给《湖北日报》有关领导和朋友我的"向阳湖文化书系"5套,为下一步发"大块文章"打基础。

20080104

山东自牧先生寄赠一本《淡庐书简》(青海人民出版社 2006 年 6 月第一版),其中收录作者 2005 年下半年写给我的谈向阳湖文化的信 3 封,这是我始料未及的。自牧兄是研究日记的,但对书简也是有心人,凡致友人信均复印一份保存,遂形成这本小册子,这种好习惯值得借鉴。

20080105

市政协三届一次会议今日开幕,下午分组讨论会上,我对向阳湖文化又进行了一次"大肆宣扬",慷慨陈词讲了十几分钟,并写出一份提案——《关于进一步加大宣传向阳湖文化力度的建议》,先后请吴鸣虎、王胜红、杨荣才、郑凌、叶振华等委员签名,交大会提案组作重点提案。提案分两个部分,一是向阳湖文化研究的成绩的简要回顾;二是几点建议。1.市政府将向阳湖文化宣传列入财政预算,每年拨付 3～5 万专项经费,用于接待向阳湖名人及子弟重返向阳湖,以及市向阳湖文化研究会开展相关活动(如组织座谈会、出版宣传资料等)。2.由市委宣传部牵头,组织市政协文史委、咸宁学院人文学院、市委党校、市社科联、文联、作协、向阳湖文化研究会的有关专家、学者深入开展干校文化研究,多出成果,力争在全国文化界产生更大的影响。3.市文体局积极向文化部申报有关文化项目,如将"向阳湖文化名人旧址"申报全国重点文物保护单位，力争早日成功。4.加强同京城和全国各地下放咸宁干校“五七”战士的联系。一方面，抢救老一辈，组织报社、电视台人员进京采访。向阳湖文化名人大都年事已高，每年辞世的都不少，对咸宁而言，是一批不可多得、不可再生的资源；另一方面，联络下一代，这批“向阳花”们大都事业有成，应吸引他们的目光关注和支持咸宁，为鄂南经济大飞跃和文化大发展作出应有的贡献。

20080106

下午政协会分组讨论时，电视台记者访问我，谈谈对上午黄市长代表政府所作《工作报告》的体会。我抓住文化建设中“深度挖掘地方特色文化资源”，谈了如何进一步打响向阳湖文化品牌。轻车熟路，一气呵成。

20080107

闲翻会议文件中二届政协文史委员会工作总结，其中提到“按照全国政协征编计划，配合省政协文史委完成了咸宁‘五七’干校20多万字的史料的征编任务”，还谈到政协文史资料为向阳湖文化村列为省级文物保护单位提供了有益参考，并吸引向阳湖干校学员故地重游，为向阳湖开发献计献策，成为本地高校学科研究课题，高中课本教材的资料来源，等等。——这些文字无疑出自王亲贤之手，和我平时对他的“灌输”是分不开的。

20080108

上午列席人大会时，和档案局程局长坐在一起。我提及《南鄂晚报》日前推出市档案工作专版，其中介绍国家档案局将向阳湖文化列入“十一五”期间国家重点档案抢救和保护项目，我向她表示感谢。她倒一个劲地感谢我，称我的研究提升了咸宁档案的档次，并为他们争取了7万元的专项经费。尤其是我在《湖北档案》开的“图说文化名人专栏”，在全省档案系统颇有影响。她诚恳地说：“我们的工作有亮点，是借了你的名气。”我戏言，只是借用了一下她的地盘。

20080109

抽空将5年前咸宁电视台拍摄的专题片《向阳湖的守望者》整理出文字稿,且打印出来,对我写《湖北日报》"东湖"的约稿有所帮助。并将原定的题目《向阳湖,我的"精神家园"》,改为《守望向阳湖》。小标题也做了改动,分三个部分:1. 发现金矿,2. 抢救国宝,3. 打响品牌,约6000字。

20080110

长江出版集团王建辉、宋丹娜两位领导来咸宁,我晚上赶去陪同,尽管打扑克花去不少时间,但消遣也很开心。闲聊时自然少不了谈向阳湖,我私下略有遗憾,自己身处的位置舞台太小,否则会像二位一样以公司的名义来向阳湖投资……

20080111

下午去咸宁学院参观"建院成果展",我的那套"向阳湖文化书系"被摆在展柜显要位置。到目前为止,咸宁作者仅我一人在人民文学出版社出书。因此操办展览的学院宣传部曹副部长称,学院拍专题片也破例用了我的镜头,没有别人争,服气。

20080112

几易其稿,将《守望向阳湖》修改定稿,恰好6000字。内容虽十分充实,但这类"自吹自擂"的文章不好写,基本上还是只能做"拼盘",将10多年来所做向阳湖文化研究工作来个"大杂烩","一锅熬"。味道如何,交卷后请《湖北日报》的编辑先生评定,发表后请读者品尝再说。

20080113

网上搜索干校资料,方知长江文艺出版社黄成勇兄将我的《进贤访问记》已发表在《崇文》上,且网友评价不错。其中包括一个熟悉的名字——伍立杨,但遗憾的是有处错别字没来得及纠正,毛泽东之女

"李纳"应为"李讷"。

20080114

致婷看了《守望向阳湖》，评价不高，以为内容倒是较充实，但因为几乎是过去文章的"拼盘"，整篇文章的文气不大一致。她建议我另起炉灶重写，我谢谢"贤内助"的好意，可是工作太忙，没这个心情，交卷完成任务算数。

20080115

今日将稿件送到《湖北日报》科教文部，曾祥惠主任十分热情，仍赞不绝口地谈了向阳湖文化的历史价值，和我坚持10多年从事这项研究的贡献，又重复强调说，此文将在《湖北日报》隆重推出，并不是宣传我个人，而是它的文化意义。晚餐，《湖北日报》的几位老朋友陈柏健、张兴旺、熊唤军等陪我小酌，均一致由衷地肯定了我在官场与文场之间的选择正确，而且现在表面上看来，是"鱼和熊掌兼而得之"。

20080116

今日逛书店得一意外收获，购得《臧克家全集》(1—12，时代文艺出版社2002年版)，大喜过望。此书为"向阳湖文化研究"藏书必备，寻觅已久，从此不复梦中相会矣！

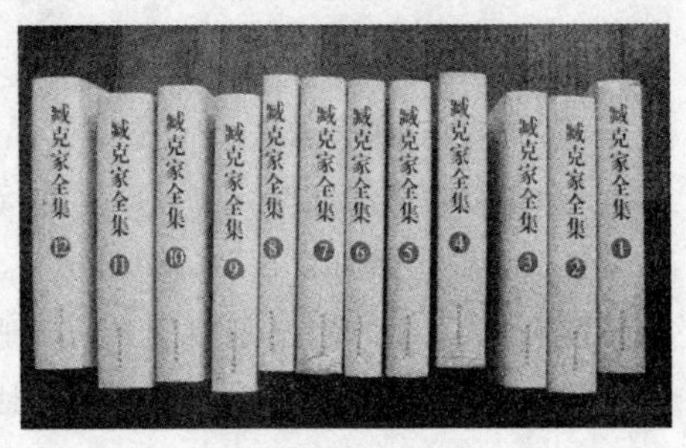

《臧克家全集》书影

下午去湖北人民出版社，刘道清社长仍问我的《中国"五七"干校始末》写作情况，我很惭愧。他约稿两年，我因为忙，现在尚处收集资料阶段。刘鼓励我快点写，相信我能写好，并实在地说，不能拖，再拖过今明年的话，说不定就不是他任内关心的事了。我才更认识到10多年前的采访具有抢救意义，现在的编著亦有抢救意义。

又去崇文书局,李尔钢社长送我一本刚出版的《聂绀弩传》(刘保昌著)。

20080117

上午市委宣传部董副部长约我小坐,谈及部里今年将组织五大活动,其中之一是在北京开一个向阳湖文化人座谈会(陈部长要我拿方案)。我说自己是文化人,只管写作和介绍联络,但办会还是宣传部牵头的好。我开列了一批名单,建议时间定在9月下旬,正好是"五七"干校创办40周年。

20080118

上午去省委办公厅涂阳斌处谈,他见面还不免说向阳湖,仍重复过去的建议,向阳湖的开发应与赤壁、九宫山联系大旅游思路一起考虑,把着力点放在给当地人带来实惠上。我欣赏这种想法,但不会身体力行,因为单纯从事文字抢救一项,我的精力就做不过来了。

20080119

和《湖北日报》科教文卫部主任曾祥惠通了电话,他在潜江出差,云我的《守望向阳湖》已拜读,写得不错,看得出费了工夫,不日将安排发出。我建议他最好发在"东湖"副刊上,一来向阳湖的格调、品味、规格都适合在"东湖"发,又是圈内人的园地;二来过去的向阳湖的宣传报道均发在"东湖"上;三来如此大篇幅地推出我的文章,如果安排在其他版面上,会给人造成花钱买版面的误解……

20080120

下午看凤凰卫视"文化大观园",王鲁湘对话戴逸,谈清史纂修工程。意犹未尽,又从网上下载戴老的资料,原来他也曾下放江西余江"五七"干校,像周巍峙们放鸭子一样,当过"猪倌"。今后写《中国"五七"干校始末》,分章讲述干校中的文化名人故事时,也许会选用上此资料。

20080121

市委宣传部邀请我晚上去咸宁电视台，参加“2007感动咸宁十大新闻人物”颁奖，其中获奖的赤壁民警余法海在接受记者现场采访时，振振有词地说：“我认为咸宁不仅要有向阳湖文化，也要有羊楼洞文化……”我在台下听到这番话，也被感动了一回。老余是个换了肾的重病号，为了替烈士寻找亲人，一人全国联系，历经千辛万苦。去年我去赤壁曾登门拜访，不料今日重逢。

北京杨德炎先生寄来商务版《张元济全集》(1—3)，《走到人生边上——自问自答》(杨绛著)。

20080122

上午局机关处级干部年度述职，我在代表党组总结全局工作后，个人情况方面讲了4点，即讲大局、讲规矩、讲民主、讲理想。谈及第四点时，自然是精心打造向阳湖文化品牌。我对大家说，本人现在处在这个位置，只有两件事干：一是干好本职工作，为大家办实事；二是宣传向阳湖文化，也间接地树立我局在社会上的形象，提升了地位……今天到会参加测评的16人，我的优秀票和称职票分别为12票和4票。

20080123

熟了昨日从上海返汉，晚上乘火车回温泉。在接他的路上，他谈及今年刚考苏大的研究生。我问他报考的专业，回答是比较文学。我暗自可惜不是当代文学，那样离向阳湖文化更近些。但转念一想，学的不是理科就已经庆幸了。

20080124

晚餐邀咸宁学院单长江小酌，请来新任市外事办主任陈红卫及张磊、王亲贤作陪。席间，单教授称自己计划将“向阳湖文化研究”申报国家级课题，请我支持。他为第一责任人，我为第二责任人，为了事业我会暂时作让步。陈红卫原在旅游局工作,过去和现在的工作都与向阳湖有关;张磊在武大读博,已在做有关向阳湖的论文;王亲贤从事政协文史工作,我又向他下达“指示”,要把向阳湖牢牢抓在手上。

20080125

上午应邀参加市新华书店年度表彰总结会,我在讲话时多发挥了几句,以为书店的负责人应利用自己书法家的优势,广结社会人缘,这样便利工作。我以自己为例现身说法,称自己的工作之所以比较顺利,在上面和市里“路路通”,一个重要的原因就是宣传向阳湖产生了影响。

20080126

上午去万书记家汇报近期思想和工作,说自己本来很安心“两手抓”,一手抓好主业新闻出版,一手业余研究向阳湖,可市里最近研究一批干部,调整了好几个局长,没有考虑我。而且据说今后的大趋势是“文、广、新”合并,何去何从,再超凡脱俗也得思考,毕竟是当事人。万书记劝我不能一心干工作,要主动找领导汇报思想,该宣传自己还得宣传,如印刷城的政绩,宣传向阳湖的贡献等。我说自己汇报思想而已,至于市里如何安排,只能“听天由命”。

20080127

致婷的同事周玉香乔迁之喜,晚上请我也去陪医院一帮人小酌。周的儿子李杰在中央美院读书,放假回来正好在家。我顺便问了“向阳花”林彤和他联系得多不多,他说几乎没有联系。而对曾下放向阳湖的中央美院教授张立辰,则更是只是听说,从未有缘交往。我暗自叹惜这些年进京少了,多少可以“深挖”的人物渐渐被“埋没”了!

20080128

北京汪莹先生上午从昌平打来长途找我,为友人索要两套“向阳湖文化书系”,我满口答应。她解释道,她的一套被友人借去久而未还，只好麻烦我再转寄一套赠送。我称不必言谢，要谢倒是要谢她帮助宣传向阳湖文化。汪称我编的 4 本书北京早已脱销，感叹社会在进步，我做的文化抢救贡献有目共睹，并说我当年出书时就应不要稿费，全部拿来买书送人的。我连声称是，稿费其实并不多，而我“倒贴”的钱倒是不少。

20080129

近段时间收到北京和各地友人的贺年卡不少，因实在太忙，回复只得抽零碎的时间，每日寄出几十份。尽管尽量控制数量，仍发出近 600 份，对象自然是向阳湖文化人和“向阳花”们。

20080130

罗勇又写了篇关于向阳湖的随笔，追记的是去年国庆期间陪同人民出版社林言椒老人重返向阳湖的经过。他从电子邮箱传给我，请我提修改意见。对比他的勤奋，我不免生些愧意。

20080131

中餐陪我局老局长许人桓小酌。席间提起 1999 年王仿子先生一行重返向阳湖，他负责接待，专门请我同行，一晃快 10 年了，而当时的情景记忆犹新。陪同结束前，我还建议市书店刘经理去邮局买了几套“中国向阳湖文化名人风采”纪念封（第一组），作为礼品送给北京的客人。

20080201

南方连续十几天雪下个不停，我市也受灾严重。今日国家行政学院的“向阳花”韩聪还专门打来电话问及灾情，让人感动。我记起了什么事，下午打电话给人民出版社的“向阳花”张红，请她帮助找刚出版的《干校家书》——叶圣陶、叶至善父子通信集，后者曾下放河南潢川。她和韩聪一样，只要帮得上忙的事，是不会推辞的。

20080202

下午,天空放晴,赶紧抽出时间到省局拜年。路上又接到70多岁的中国作协退休老人李昌荣打来的慰问电话,问候近况。她口口声声地说:“咱们咸宁的雪灾如何,十分挂念。”我对同车的胡卫平、周小刚说,“咱们咸宁”四个字听着感人,可见北京文化人心中的“向阳情”之深。

20080203

北京严欣久大姐28日寄来新春贺卡,附信云:“结识你是缘分,衷心感谢你的种种热情帮助,定有文章作为回报。/祝你新的一年大展鸿图,将干校文化的研究更上一层楼,健康快乐,心想事成。”

20080204

上午,去市委许书记办公室汇报工作,他主动提起宣传向阳湖的事,要我考虑今年适时请一批“向阳花”重返咸宁,或开一个向阳湖文化研讨会。我感谢领导如此重视,表示会和市委宣传部一起积极筹划,办好这件事。

20080205

张君佩新著《地委书记王瑞生》上月由湖北人民出版社出版,帮忙联系书号等事宜,是原地委秘书长詹才杰交我的任务。作者前几天把书送我办公室,今日才得空翻阅,其中有“五七干校”的章节。提及1968年初冬,咸宁地区革委会在向阳湖围垦区内创办干校;1969年初,国家文化部在咸宁县向阳区创办干校,国家邮电部、交通部分别在阳新创办干校。王瑞生和夫人是1969年春到干校的。文中还说:“1995年,咸宁地委、专署组织开发向阳湖文化资源,以铭记向阳湖‘五七’干校那段难忘的历史,昭示后人。人民文学出版社出版了李城外编著的《向阳湖情结》、《向阳湖采风》,国内外报刊都发表了有关向阳湖文化的文章。”——可惜两本书的书名都弄错了(应为《向阳情结

——文化名人与咸宁》和《向阳湖文化人采风》),由此也可想见作者的粗心。

20080206

《楚天声屏报·咸宁周刊》今日专版登出套红广告:"咸宁市新闻出版局、咸宁市出版工作者协会、咸宁市向阳湖文化研究会向全市人民恭贺新春!衷心感谢各级各部门领导和社会各界同仁对新闻出版和向阳湖文化研究工作的大力支持!"——这是我授意金戈草拟的,广告费由版协出,这也是向阳湖文化研究会这个民间组织第一次面向社会作广告。

20080207

近两日分别草拟了两句短信贺词:"飞雪迎春到,阳光伴你行","早春花木向阳,新岁吉祥伴你",发出了近300份。金戈回一短信:"向阳花开艳神州,文化存史赖君淘。料得他年成大事,千秋齐唱苦功高。"此系有感于我开口必谈向阳湖而作。

20080208

闲翻年前积压未读的报纸,1月28日《中国新闻出版报》头条报道"原国家新闻出版局副局长常萍同志逝世",方知常老于24日逝世,享年86岁。10多年前上门采访,得到他热情接待,尽管没有写成专访,但访谈的内容仍具有十分重要的史料价值。年前我还寄去贺年卡呢,岂料成了寄往天国的祝福。

20080209

近几日得空,又完成两篇《湖北档案》"图说文化名人"专栏稿,人物分别为陈原和陈早春。这样,一季度的"文债"不会拖欠了,这是一个好兆头,今年编书的任务也要这样往前赶才是。

20080210

元平回咸宁过春节,中餐邀我小酌,还有金戈、程良德,席间自然免不了谈向阳湖。我提起他写的《向阳湖中一尾鱼》和《向阳湖,那一排排苍凉的树》,前者是最早写我的"人物素描",后者则是向阳湖文化研究会成立后第一首对向阳湖文化的"赞美诗",可惜他调往省城之后再没有时间写出有关新作。而他由衷地说,有我的宣传,向阳湖文化早已走出咸宁,在省城文化圈无人不晓,已成为咸宁最响的文化品牌。金戈在座,我建议他新任咸宁人民广播电台总编辑后,应继续加大向阳湖文化的宣传力度,如恢复电台的《向阳湖纪事》专栏,重播也可以。

20080211

看了影碟——故事片《清宫秘史》。看这部老电影还是第一次,并找出《中国电影研究资料》下册中戚本禹的"名文"《爱国主义还是卖国主义——评反动影片〈清宫秘史〉》重温,这是每个经历"文革"的人都熟悉的。我作为干校文化的研究者,今后要有意识地补课,这样才会站在新的高度评价"文革"。

20080212

中共中央党史研究室张化先生来信:"您寄来的《向阳情结——文化名人与咸宁》、《向阳湖文化人采风》,我很喜欢,提供了许多珍贵的史料,非常感谢。/祝您新年愉快,有更多新作问世!"

20080213

春节忙乱,近日上班闲翻报纸才发现,1月23日《楚天声屏报·咸宁周刊》"文化长廊"又推出一整版"向阳湖文化",这是一组图文并茂的《双溪摄影采风记》,作者是市工行的易迁。同期"综合副刊"还发表了罗勇的"向阳湖漫笔"之四,题目是《王尧纵论向阳湖文化》。

20080214

今日与《湖北档案》编辑金萍联系,发出1—2期合刊稿《陈原:"我们的精神是垮不了的"》,计划"图说文化名人"专栏还坚持办两年,5年将发稿近50篇。

20080215

今天，市政府夏副市长主持召集市直科教文卫部门负责人会议，我见政府办今年重点工作安排中提及要充分挖掘向阳湖文化，在发言时重点谈了向阳湖文化研究的成绩。恰好今日《湖北日报》11版“东湖”副刊推出我的《守望向阳湖》，占半个版，并加了编者的话：“改革开放自1978年拉开帷幕，到今年将走过30年的历程。滴水可以映照出大千世界的光彩，而我们每个人在这30年里奔走的身影，共同构成了这个大时代急剧变化的历史图景。为此，我们特开设《自述·走过改革30年》栏目，用以纪念改革开放30年。/这个专栏的开篇——李城外撰写的《守望向阳湖》，记录了作者10多年来潜心挖掘搜集咸宁向阳湖干校史料，研究向阳湖文化的过程。1969年至1974年间，原文化部高级领导干部和专家及家属6000余人，下放到向阳湖劳动锻炼，这段历史注定要成为中国当代政治史和文化史的重要组成部分。正是由于李城外的努力，这段历史开始进入了专家和读者的视野。作者在史料的发掘上所做的工作尤其功不可没，为这一专题的研究奠定了基础。”——适得其时也。

20080216

赤壁市广电局李晚霞发来短信，称见《湖北日报》文章，厚重而平实，以为我做大事始见，此举必“入史”。她是金戈同学，这是我在《湖北日报》文章见报后的第一声祝贺。随即又和金戈通了电话，他已安排下周二《楚天声屏报》“咸宁周刊”全文转载。

20080217

《人民文学》崔道怡先生发来电子邮件：“城外兄，收到贺卡与材料，非常高兴。这些年你一直为这件具有历史意义的事操劳，令我十分感动。/感谢你想着我，跟我联系。/此次雪灾，不知你们那里情况怎样。特致问候。”

20080218

今日到省城办事,省作协党组书记黄运全、省委党史办主任王贤玖、省局局长张儒芝等领导见面都谈及我在《湖北日报》上的大块文章,省局报刊处胡伟、省委政研室陈世强也都说在省委机关报上如此"露脸",十分难得,表示祝贺。市委常委、向阳湖文化研究会名誉会长马世永还专门发来短信称:"写得很好,望再接再厉,再铸辉煌。"荆门市出版局原局长也专门发来读后感短信,向我致敬,戏称我为"伟大的向阳湖的守望者"。

20080219

今日分别去许书记、黄市长,市委龙秘书长、组织部周部长处谈工作,几位领导都分别向我谈到向阳湖文化如何开发,要我多动脑筋,列一个计划。晚上去金戈那里商量,云市领导如此重视是个好事,我们研究会同仁也要自加压力,今后如何深入下去,也要做到心中有数。

20080220

北京文洁若先生寄来贺卡,附信称《百年萧乾》将于 2010 年出版,届时将收入我的照片,并寄上样书。

广电部电影局王树舜先生收到我寄去的贺卡和材料后,来信云:"很久没有读到这方面的材料了,难得见到了一组文章,像白尘女儿陈虹的文章,'向阳湖文化专页'等,如久旱逢甘霖般解渴。"

20080221

下午去《南鄂晚报》社,找几位负责同志商议"乘势而上",今年起在该报开辟"向阳湖文化"专栏,一拍即合。具体负责的饶敏打算先转载《守望向阳湖》,造造势。同时《咸宁日报》的黄胜也告诉我,《守望向阳湖》拟分两期在日报上发。

下午北京丁宁先生专门打来电话问候我新春,并鼓励将向阳湖文化研究坚持下去。同时,听到市委许书记调离咸宁的消息,感到有点突然，但转念一想，官场上没有自己，干部就是一张任命通知，还是在文字中的坚守是永久的。

20080222

《南鄂晚报》“今日关注”推出“向阳湖”专版，压缩转载了《湖北日报》发表的《守望向阳湖》，并配发了干校旧址照片，附了三则相关资料：向阳湖发展史，向阳湖丰厚的文化资源，向阳湖得天独厚的地理条件。说明编辑还是颇动了一番脑筋的。

20080223

从报上得到消息，著名作家浩然于 2 月 20 日在京逝世，享年 76 岁。这是位对我走上文学之路有影响的作家，他“写农民，给农民写”，“深入农村一辈子，写一辈子农民，给农民当一辈子代言人”，这三个“一辈子”仍值得我学习，可移植于“干校”和“文化人”上来。

20080224

整理《城外的向阳湖》(2007 年 5—12 月)，花了一整天。发现从去年 6 月起，已习惯地把每天的日记必须与向阳湖联系了，成了名副其实的“向阳湖日志”。这样也好，今后续编《城外的向阳湖》，不用在向阳湖和其他内容中有所筛选，直接“拷贝”就行。

20080225

在崇文书城购得《王蒙自传》第二部“大块文章”(花城出版社 2007 年版)。粗翻一下，我便发现不少错误，如第 20 章“相差一厘米”中提及作者的文章，说他父亲“七十年代中期”下放在“咸阳文化‘五七’干校”，“中期”应为“之初”，“咸阳”应为“咸宁”，“文化”应为“文化部”。不知是作者疏忽还是校对马虎。

下午去省作协主席方方家小坐，她和我谈及向阳湖，说的确是湖北文学的一个平台，省作协应进一步高度重视。而就我 10 多年来所作的工作而言，基本上局限于史料的挖掘抢救，文学性还远远不够。

我有自知之明,深以为然。

在湖北饭店参加5年一度的全省新闻出版工作会议。晚上10点半至12点,武汉市局局长彭小华在我房间聊天,话题自然不离向阳湖。彭兄仍催促我抓紧编好"向阳湖文化丛书"。

20080226

上午去省政协文史委李德定副主任处小坐。他告诉我去年陪同全国政协文史委副主任刘济民一起来向阳湖考察的王文运已调《纵横》杂志任职,这对我无疑是个好消息。今后可考虑为向阳湖开辟一个新天地,而且可称得上是一块"战略要地"。

20080227

赤壁市公安局民警余法海22日来信:"没想到在1月21日你就默默地坐在我的后面,作为领导团队为'感动咸宁'十大新闻人物颁奖,使我们又在特别的场合重逢。更没想到,春节期间你还给我寄来了贺年卡,我将连同以前送给我的书和《向阳湖文化报》一并珍藏。/想起去年夏,你冒着大雨,驱车专门来寒舍看望我,你作为一名与赤壁市领导平级的干部,没有官腔官架子,如此善待一位来日不多的文友,令我感动。/在此之前,你也曾不辞辛劳地采访一个个下放向阳湖的高层知识分子,使向阳湖成了咸宁的亮点与品牌。就因为你那一篇篇报道向阳湖文化名人的文章,激励了我以极强的毅力与决心力挺精神上、身体上、资金上三大困难,花了整整3年时间,坚持不懈地考察、宣传和开展'我为英烈寻亲万里行',才有了令人欣慰的今日之局面……"

20080228

上午原行署副专员夏汉生来我局小坐,我感谢他担任原咸宁地区咸宁市委书记期间对向阳湖文化的宣传作的贡献,他也表扬我坚持这项工作十几年如一日,才终于呈现今日之辉煌。

20080229

北京孟庆江先生 20 日来信:“谢谢你寄来有关向阳湖的资料,看后很亲切。/我发现我有当年在向阳湖画的环境速写,包括自画的牛棚。也有一些宣传画的底稿,如有机会去向阳湖看看,可把东西带上,请你看看。我们可分享这份感受。/我在向阳湖写的《水稻栽培技术》已找出来,里面有不少科学数据,不知现在咸宁地区是否用得着……”

上午市人大科教文卫委召集政府和对口负责人汇报工作,并提工作建议。我发言时强调向阳湖文化是咸宁的品牌,市委贯彻十七大精神意见,市政府、市政协工作安排都提及要重视这项工作,而人大似乎没见只言片语谈及,建议今后搞个专题调研,考察它的价值。

20080301

省作协党组书记黄运全、《长江文艺》主编刘益善、创联部主任高晓晖来咸宁参加明日刘明恒报告文学《闯世者》首发式,3 位都是对向阳湖文化认识颇高的文化人。我陪同闲聊时,建议省作协应请专业作家将向阳湖题材拍成电视剧……

20080302

中午曾纪鑫从厦门打来长途,称自己已开始着手写向阳湖的文化大散文,并感慨地说,越是研读我过去给他的资料,越是体会到真是不容易,真是有价值。知音难得,愿他的大作早日问世。

20080303

市烟草局游局长、石油公司李总经理今日一起参加电视台举办与社会各界新春联谊会。晚饭后送我回家,顺便邀至向阳轩小坐,送了“向阳湖文化书系”。这些年与文化界的朋友交往不少,与经济界交往不多,这点不足当及时弥补,或许会推动向阳湖事业的发展,要不电视台怎么总把他们牢牢抓在手上呢。

20080304

南京陈虹教授昨日发来电子邮件:“久未联系,不知大作可付梓?今年是老爸百年诞辰,江苏准备给他搞纪念活动,届时南京大学有一研讨会,想邀你参加,不知有空否?干校历史你是唯一发言人。”

20080305

上午去湖北人民出版社刘道清社长处,得赠书《国学四十讲》和《郭小川传》等。刘社长说起上月在出版工作会议上听了我的典型发言,方知我的工作之忙,才理解他的约稿我一拖再拖,确属无奈。我感谢他的理解,只是苦笑,说每次来只好道歉,今后出齐武汉出版社的“向阳湖文化丛书”后,一定写他约的《中国“五七”干校始末》。刘社长表示不管我是否在他任内完成此书,他一定促成在人民社出,这是他定好的选题,一定要做好、打响。他还说这项工作我占全国之先,从向阳湖扩大到全国干校,做起来顺手,将三成任务再扩充七成罢了。而其他人来做的话,无疑得另起炉灶。

购《邓拓全集》(1—5,花城出版社2002年版)。

20080306

下午《南鄂晚报》饶敏和小杜来商议在晚报开辟“向阳湖文化”专栏事宜。我将《湖北档案》上“口述历史”系列稿件和《人民政协报》“干校纪事”专栏稿供二位选择。她们定下后者,我也比较倾向,因可读性强些。而且每两周发一篇的话,稿源至少可供两三年。

20080307

应邀参加通山县局年度工作总结。在会上讲话时重点谈了自己对文化的见解,强调要十分重视打响地方文化品牌,我以向阳湖文化为例,延伸至通山的文化人要有眼光,从现在起开始营造“核电文化”,这样才能冲出全国,走向世界……

20080308

《南鄂晚报》今日正式推出向阳湖文化“干校纪事”专栏。首篇为《茅盾“发火”》,配发了3张照片,图文并茂的形式甚好,相信会在鄂南读者中收到好的影响。因为是专栏开篇,还特地加了“编者按”:“为了响应市委市政府认真落实十七大精神,着力打造地方文化品牌的号召,从本期起,本报特约我市作家李城外先生……”

20080309

香港张初考先生上月21日来信,问及《向阳湖纪事》(香港版)是否流产,《向阳湖文化报》是否仍在出版吗,难为他一直关心一书一报。暂不便相告的是,因本人身为市新闻出版局局长,要带头“遵纪守法”,境外的书号不能用,而研究会的会刊因报纸申报刊号困难,只能改为内部刊物。

20080310

熟了近两日从苏州频发信息和打电话,称考研成绩已经出来,他的英语和政治都如愿通过,分别是60分和71分,而专业课却大大出乎意料之外,本以为考得更顺畅的,却没有通过。尽管他心有不甘,但关键还得考虑下一步如何补救,我建议他再考一年,以选择北京的学校为宜,因北京向阳湖的朋友多,托熟人帮忙时方便。

20080311

今日和北京杨静远先生通了电话,说自己将寄出一批有关向阳湖的新资料给他,并希望老人提供一些家藏的干校资料,如书信、日记、照片等。杨先生说自己已85岁,身体不好,但支持我的工作,是会尽力而为的。

20080312

上午北京刘茵同志打来长途,称我寄去的书她收到了,她原是人民文学出版社《当代》编辑部的,有过我的书,被人借走不还了。我说这得感谢汪莹先生介绍,要我赠书。汪还介绍邻居孙景琛找不到我的书,竟然说要从她那儿借书去复印。我只有感动,再次慷慨相赠。

下午与北京吴桂凤同志通话,她说上周和中国作协的几位老同事周明、阎纲、谢永旺等去商务印书馆杨德炎先生处做客,还有一位文联的许邦。我正好打听许下放向阳湖没有,因为我手头作协的资料多,文联下放人员名单却不详,正好请吴主任牵线和许通话,并准备寄去书报。有了联系,似可补上文联连队名单空缺的课。

20080313

晚上赤壁市方副市长打来电话,称原副省长韩南鹏在五洪山疗养,提及向阳湖和我,想见我一面。我初定明天前往,还打了电话约金戈同行。

20080314

上午和金戈赶到赤壁,与韩省长聊了一个多小时。韩说自己"文革"期间在襄阳地区"五七"干校呆过,当地还有国家计委的干校,朱镕基、李岚清都是学员;还有军委总后的干校,杨成武也是"五七"战士。他建议我一定抽时间去襄樊访访这几个干校。韩还说读过我编的书报,十分佩服,希望今后续寄有关资料。并提及当时的革委会、军宣队、政工组等也是干校的重要组成部分,今后应多加了解。进而从理论上分析,为什么要办干校,为什么要整知识分子,从而看出中国知识分子政策的演变……

20080315

下午邀金戈、亲贤、光勇几个研究会的"铁杆"来我办公室,一起讨论我会的长短期规划,并提出要写出专门文章发掘向阳湖文化的内涵和意义,如概括出"向阳湖文化精神"是什么。他们三人意见不一,有的说作此工作为时尚早。我不同意,说已经做晚了,从现在起就得抓紧考虑，从而对社会上的研究起指导意义。作为研究会的“擎旗人”，首先自己要身体力行。

20080316

中国艺术研究院孙景琛先生6日来信：“感谢您寄来的书，更由衷地感谢您万里奔波，一字字、一句句为我们树立了这两套用心血书写的文字丰碑。这两座碑，为历史留下了真实，为我们的子孙后代留下了经验和教训，我相信它能较之砖石筑成的碑会更坚固，更持久，将永远屹立在历史的长河之中。/‘五七’干校全国都有，但迄今为止，似乎只有你们一家把它当作文化金矿在挖掘。我赞赏你们的远见卓识，更赞赏你们勇于挑起这历史重任的勇气和毅力。古人云，楚人多才，看来所言非虚。真诚地祝愿你和你的同事们身体健康、工作顺利，取得更大的成绩。”

20080317

今日市委宣传部组织宣传文化部门负责人到武汉市相关单位考察学习，这是主动融入“1+8”城市圈的举动之一。我在合作意向协议中增加了“建议武汉出版社大力支持“向阳湖文化丛书”的出版，进一步打造地方文化品牌”。上午武汉市委宣传部副部长李强一见面就主动说，久闻向阳湖文化的影响，下午又陪我去武汉市新闻出版局座谈。彭小华局长是老朋友了，我们谈得多的自然还是向阳湖。

20080318

上午在市委宣传部小结会上，我向陈树林部长提出了市里对向阳湖文化重视不够的忧虑。几届领导都只是停留在口头上，经济上没有丝毫的支持，只是我和几位同仁在无怨无悔地坚守，而国宝级文化名人每年都在凋谢，只是我在“干着急”……

20080319

下午，研究会理事万红英来借《中国作家协会在干校》一书，并归还《牛棚日记》。我又不无感叹,温泉热衷于此的人实在太少了!

20080320

北京东燕郊冶金小学语文老师康健13日来信:"你所搞的向阳湖文化研究我早有所闻,十分钦佩,早想与先生联系,苦于不知道通信地址。昨日读《崇文》上《进贤访问记》,方知先生在新闻出版局,故寄上短函。如果方便,请先生签名寄上大著——向阳湖文化书系,以便学习。并请先生寄上创刊至今的《向阳湖文化报》,以便扫描向全国介绍……"

20080321

崇阳县人大老主任黎喜来今日约上原政协副主席谭振典和县一中特级教师杨桦专程来访。一是索要新的干校书报,二是黎将撰写文章,回忆昔日在干校军宣队办郭小川专案的往事。我都表示大力支持,意外的收获是黎还带上不少昔日干校的文字材料,开始是借我复印,但交谈中渐渐为我的精神所感,最后自己留下了复印件,原件送给了我。杨桦老师还提出向阳湖应由我创作电影文学剧本和报告文学,我说都在计划中。可惜现在工作太忙,静不下心。

20080322

今日读了《郭小川传》(张恩和著,湖北人民出版社2008年1月版),其中写干校的部分太粗,以至我有点可惜,自己怎么没早动手,现在不熟悉内情的人的著作倒成了我的参考书。

《郭小川传》书影

20080323

重读田大畏先生译《古拉格群岛》,昨日读上册,今日中册,明日下册,作为定额来完成。心灵又一次受到极大震撼,索氏这部巨著将成为我写作"五七"干校永久的参考书。因为其中可以和中国国情参照的事件和人物太多,而作者的勇气与才气也是我永远效仿和佩服的。

20080324

《干校纪事》发了两期,周六采用的是《陈白尘探亲》,下期为《田汉的"孝子贤孙"》。《南鄂晚报》计划今年发表20篇,主要是扩大影响,其它倒在其次。

20080325

收到《世纪行》第2期,上面"厚土"栏目全文刊载《向阳湖,我的"精神家园"》,这是《守望向阳湖》的"拷贝",只是改了题目,但补上《湖北日报》刊载时删去的部分,全文6000字,将收入《向阳湖文化研究》一书,作为压卷之作。

20080326

张磊在武大樊星教授指导下写出的论文《论陈白尘〈云梦断忆〉的创作心态》,已完成初稿,请我提意见。而我更看重的是这个选题是多次催促小张才定的,而且他是我市向阳湖文化研究会队伍中学历最高者。全文定稿后,我还准备积极向陈白尘之女陈虹推荐。

20080327

上午《南鄂晚报》记者刘会文来电话,称《武汉晚报》记者范春歌正在咸宁采访,有几天时间,想了解一下向阳湖,并和我认识认识。我表示欢迎,记得在咸宁网上看过一个帖子,评价范重走郑和路和我挖掘向阳湖名人,以为后者意义胜过前者。我并不自以为是,但认识一下范不无意义,以她的影响宣传一下向阳湖也是难得的。

20080328

今天又为机关杂事和开会,忙了一整天。晚上有时间清静一下回望向阳湖,打开手机,才看到一条发来多日的短信(是宜昌胡智斌的):"嗯,向阳湖的水是热的,但不知市里开发利用得如何了,可对得起守望者的一片痴情?”友人的思路颇新,而我是从来只考虑自己是否对得起向阳湖的。

20080329

通读许建辉著《姚雪垠传》(湖北人民出版社 2007 年 5 月版),作者系中国现代文学馆研究员,大约 5 年前在武汉参加一个三国研讨会时见面并交谈过。她建议我把向阳湖文化做大,争取在中国现代文学馆举办一个类似北大荒的展览,可惜蓝图虽好,难以实施。而传主姚老曾几次接受我的采访,书中提及他与臧老的友谊,尤其是有关《忆向阳》的风波,对我的干校文化研究颇有参考价值。

20080330

范春歌今日自己去了向阳湖,由于《南鄂晚报》记者联络出现“空档”,我与她失之交臂。她下午回汉后,我打电话去表示遗憾,并约好下次弥补。范说因下周三要见报,向阳湖作为此次鄂南之行的 5 篇文章中一小节来写的,她已在网上看了不少有关我和向阳湖的资料。我也只好继续以书报联系了。

20080331

上午去省局,得赠书《新中国出版五十年》(人民美术出版社 1999 年版),新闻出版署编,8 开精装。

应邀参加“武汉城市圈”文艺论坛联席会议。主要目的是为了在会上推介向阳湖。不仅下午讨论时第一个发言,晚上还到会议主持人——武汉市作协主席董宏猷房间神聊了一通,以至他下了决心,一定到向阳湖一游,并写写有关文章。董是咸宁人,现在所处的位置宣传向阳湖、关注向阳湖都义不容辞。他又建议我研究干校文化,有可能的话把目光放在收集文化人的著作版本上,定会有所获。此外,他对我这辈子锁定向阳湖这一件事表示赞叹。

2008 年

夏

20080401

上午去省政协《世纪行》杂志社，感谢副总编刘志成发表我的长文《向阳湖，我的"精神家园"》。开心的是，刘留我中午小酌，开"单子"向行政处说明时，称我是《世纪行》骨干作者、著名作家，我自然愧不敢当。席间，文史委副主任李德定来作陪，我主动向他介绍，全国政协文史委新任主任陈福今乃下放向阳湖的"五七"战士。

购《20 世纪中国著名编辑出版家研究资料汇辑》(1—10，戴文葆序，河南大学出版社 2005 年版)，入选 54 人中，曾下放向阳湖者多达 11 人:冯雪峰、臧克家、楼适夷、金灿然、张光年、陈翰伯、王子野、韦君宜、曹辛之、陈原、龙世辉。

20080402

《武汉晚报》今天以将近两个版的篇幅推出范春歌的《武汉城市圈纪行——咸宁篇》，分 8 个小章节，最后一节为"还有一个向阳湖"。其中云:"提到向阳湖的名人，文化收集整理抢救发掘，不能不提到一个人，他就是李城外，现任咸宁市新闻出版局局长，可惜他出门在外，失之交臂。今后没准我会写到这个人，先卖个关子。"但文中有一处笔误，将"陈宝国"写成了"陈国星"。我发短信指了出来，晚上范春歌为此专门打来电话致谢，并预约今后来咸宁会对我做专访。

收襄樊郭明强寄《襄阳县志》(湖北人民出版社 1989 年版),其中“大事记”对国家计委在黄集镇办干校无只字记载。

20080403

商务印书馆林光先生 3 月 25 日来信:“认真拜读了所寄复印件,有几点不成熟的想法,简略报告如下:1. 我很欣赏阎纲等三人写的《〈中国作家协会在干校〉编者前言》,由此而寻购到这本书,我之所以欣赏这篇文章,乃因为他们正视历史并写出真实。不过文章所提及的臧克家,我赞成你编写的《人在向阳湖》中,诗人牛汉对他所说的‘不真实’的评语。/我也欣赏陈白尘之女公子写的《我在寻找……》,她不为尊者讳,说了真话。还有她为亡父寻访鲁大爷的经过,十分感人! 不愧为忠良名家之后。/2. 大作《进贤四日记》,报纸竟然将它与《邓小平的进贤之行》做了‘相关链接’,如此安排版面,耐人寻味。/你在《进贤四日记》中赞同那个夏主任关于‘战天斗地’的话,如不以科学精神为指导,会斗出什么结果来,不是有许多事实可以作证吗?”

20080404

清明节回李家铺为父亲扫墓,一路上成果兄说起在老家买房以便退休后养老,姊妹们都附和其说。我则对致婷建议,还有另一个方案,在向阳湖农村买房,可惜她不同意,以为外乡毕竟不如家乡。

20080405

熟了今日从苏州返温泉,刚到家又马不停蹄和我、致婷一起赶到黄沙为他外公扫墓。我说他妈接了外公的班当了医生,并成了名医,如果他接我的班研究向阳湖文化,岂不大妙? 无奈儿子并不响应,我也只好一厢情愿,做好“孤军奋战”的长久准备。

20080406

下午与罗勇一起去金戈那里,说起市社科联二届二次会议,先进学会评了向阳湖文化研究会,先进个人评了金戈,获“双奖”值得祝贺。

又说起这块阵地还靠我们几个人坚守，而且会长一级的职务没有退休，也许可以搞"终身制"?

20080407

上午与中央党史研究室郑谦先生挂通电话，征得他的同意，将他的大作《"五七"干校始末》(见《在五七干校的日子》附录)拟收入我编的《向阳湖文化研究》一书。郑由衷地赞叹我一人坚持研究10多年太不容易，愿意今后加强交流。我以为自己的研究应多向专业人士请教，这样才能在理论上上升一个高度。

20080408

《干校家书》书影

收到杨静远先生寄来《让庐日记》(武汉大学出版社2004年版)，人民出版社友人寄来的该社2007年初版《叶圣陶叶至善:干校家书(1969—1972)》，16开本，约70万字。刚好才收到的《新华文摘》选载了其中"后记"(《留住那个特殊时代的真实史料》)，作者为责编张秀平。为了交流，马上给她寄去了一套"向阳湖文化书系"。同时还与信阳师范学院院长钱远晏取得联系，寄去书报。本月下旬去郑州参加全国书市，可顺路寻访信阳的"五七"干校，估计这位咸宁老乡会热情欢迎。

人民文学出版社寄来稿费300元，该社2006年出版《他们在路上——严文井纪念集》收入拙文《亦庄亦谐侃向阳——老作家严文井访谈录》。

20080409

熟了晚上心血来潮，约我一同在电脑上观摩从苏州带来的电教片《寻找林昭的灵魂》，看到子夜时分。交谈中我感到儿子毕竟成熟了，思想也不是我以往认为的那么幼稚。对反右、“文革”,现在的年轻人感兴趣的不多,因为我从事向阳湖文化研究,熟了也许会从不感兴趣到有朝一日兴趣浓厚。今日便是个好的开端。

20080410

上午趁上班空闲,拉出本月《湖北档案》专栏稿,写的范用先生,顺便将今年5—12期的篇目排了一下。以年事已高的向阳湖文化名人为首选,如侯恺、杨静远、罗哲文、王仿子、李平凡、张惠卿、金冲及、张慈中,发表后当及时寄到北京。至于明年的专栏,将再集中选一批已去世的名流口述历史稿。

20080411

今日参加市政协三届文史委第一次会议。作为第一届的主任,我首先发言,以向阳湖为例,还是强调打响地方文化品牌,新任副主席杨荣才表示,今后一定高度重视,大力支持。副主任、党校副校长柯其明热情称赞向阳湖文化是我对咸宁历史的贡献。文史委员、咸安区委党校常务副校长陈思由衷地说,咸宁人民应感谢我。我则说这不过是一个文化人应尽的职责罢了。

今日赤壁的李晚霞发来短信,称又细读了我的《守望向阳湖》,知道了什么叫寂寞,什么叫十年磨一剑。她从百度上搜索我,发现太多相关信息,感叹我付出太多,看来没有人能随随便便成功。并夸张地说,将来一定会有人为我写传,理由是能够将自己的事业与脚下的土地相连的人必有传。而我打出了自己的品牌,那将是一段传奇。我回了几条,其中一则云:“不必太拔高了,如果有人今后愿意写传,不如加入到研究会团队中来,一同为向阳湖立传。”

20080412

山东《日记》杂志自牧先生来信约稿,遂将《城外的向阳湖》今年元月的日记选了15篇寄去交卷。自牧兄竟问我有没有记日记的习惯,岂料我记日记已有 30 多年历史矣！而《城外的向阳湖》洋洋几十万字，起止时间则为 1994 年至今，出版后自会相赠的。

20080413

厦门谢泳先生日前发来电子邮件："你的工作对研究中国现代学术和中国知识分子有很大帮助，如果不是你的努力，这些知识精英的另一面会不为人所知。/收到寄来的大作，再次感谢！"

20080414

今日到省城参加省作协五届二次全委会，下午报到。先去崇文书城，购书不少；又去出版社，友人赠书亦多。与"文革"和干校有关的参考书有《叶剑英年谱》(上、下，中央文献出版社 2007 年版)、《我的"三角地"》(黄修己著，广西师大出版社 2006 年版)、《藏书·记事·忆人》(熊光楷著，新华出版社 2008 年版)、《走进巴金 40 年》(陈丹晨著，江苏文艺出版社 2008 年版)、《我的精神自传》(钱理群著，广西师大出版社 2007 年版)、《人文记录电影·范曾》(北京大学出版社 2007 年版)、《沧桑看云·不应忘记的人和事》(上、下)(李辉著，江苏人民出版社 2008 年版)、《周恩来自述》(解放军文艺出版社 2002 年版)、《延安整风运动纪事》(求实出版社 1982 年版，内部发行)、《李季文集》(3)(上海文艺出版社 1983 年版)、《我和艾青的故事》(高瑛著，中国戏剧出版社，2003 年版)。人民社刘社长还将他桌上的一套《中华人民共和国专题史稿》(1—5，四川人民出版社 2004 年版)转赠给我，令我汗颜，连声说不好意思，不好意思。

20080415

省作协会上，方方安排人送我一套长江文艺出版社刚出版的《骆文文集》。骆老下放过沙洋干校，有散文记叙其中经历。我对方方为我"开小灶"表示感谢。而省作协的领导们现在一提起我，都称是研究向阳湖文化的专家。

会上又获悉,4月9日主席团讨论发展了一批新会员,我市有马世永和罗勇等11人入会。马和罗分别是向阳湖文化研究会名誉会长和副会长,特别值得祝贺。

去湖北人民出版社,获赠2006年版《辛亥革命史资料新编》(1—8),16开精装。戴逸总序,章开沅序并与罗福惠、严昌洪共同主编。

20080416

华中科技大学程良骏先生5日来信:"拜读大作,感佩深深,功成不易也。和谐盛世,不负英才,谨为足下贺。/我对向阳湖是有切身感情的,谨呈拙作祈正。"附诗《共千秋》和《忧得解》,诗中分别有"向阳湖上老龙头"和"向阳湖上抚牛角"之句。

20080417

南京陈虹大姐日前发来电邮:"邮件收到,勿念。感谢你在清明之际撰文纪念老爸。/另外:通山县畜牧局的肖国威来信索要老爸的书,手上存货不多,等你来时捎一本《缄口日记》给他,因为不知他的电话,望转告,谢谢。"

收武汉范春歌寄赠《天歌难再——独身中国陆疆万里行》(武汉出版社1996年版)、《被遗忘的航行——追寻郑和下西洋》(东方出版中心2005年版)。

20080418

商务印书馆杨总今天打来电话,关心熟了毕业后的工作。晚上我和致婷商量,如果在北京就业顺利的话,熟了可以放弃考研,先工作,在北京立足或许更有利于他的成长。更大的优势还在于,我今后进京的机会多多,访向阳湖文化人和看儿子可两不误。

20080419

《文学故事报》第1077期二版"解秘文史"转载了《十堰广播电视报》发表的范茂材文《均县五七干校拾零》,随手剪下来作为资料。似乎在丹江口的网上也见到过此文，由此想到全国有干校的地方都有有心人挖掘这段历史，对我来说是多么欣慰的事！还有一点遗憾，我们咸宁的报纸发表此类文章不少，却无缘进入北京报刊选家的视野，今后要加大“交流”的力度哩！

20080420

读完新购《脱去文化的外套》（王尧著，花城出版社 2007 年 4 月版），大部分是作者在《南方周末》开辟的“纸上的知识分子”专栏文章，主要是考察向阳湖后有感而发的“长短录”。书中更是选登了我陪同他考察时拍摄的不少向阳湖实景，并选用了十余幅我提供的向阳湖老照片。从报上得知此书出版消息后，我曾打电话向王尧索取，但迟迟不见寄来。究其原因，也许忙碌之外还有其他考虑。王尧兄的思想和文笔都是值得称赞的，但他此次如此保守，令人一哂也。作为友情，作为礼节，他都应赠与我作为纪念。

20080421

原新华出版社社长兼总编辑许邦先生 14 日来信：“寄来的 4 本大作收到，谢谢您，最近身体不适，容后拜读。/索要的中国文联下放‘五七’干校人员名单，我与几位同志回忆核对整理出一份，寄上请收。”附 56 人名单及职务。文尾说明云：“一、这份人员名单是由许邦、张彩霞、邹起等几位同志回忆整理出来的，认为比较准确，不会有疏漏。/这些同志从咸宁干校分配工作后，相互间有的互相有联系，彼此知道工作情况；有的没联系，对他们的情况就不清楚了。/二、干校曾办过一个向阳中学，有几十名学生，主要是四大队 5 个连队下放干部的子弟。学校筹办及教学管理工作由文联负责。”

20080422

《中华儿女》杂志社余玮打来电话，云第 6 期由他负责组稿，约我写一篇全面介绍“五七”干校的文章，约 6000 字。尽管时间十分紧张，这计划外的“任务”仍不便推辞，更何况是一次宣传向阳湖文化的极好机会。

20080423

参加第18届全国图书交易博览会，和市书店的同志一起赴郑州，夜住信阳市。书店的同志明日要游少林寺和洛阳，我则走“单边”，趁明后两天有空，在信阳考察“五七干校群”，主要是息县中国社科院干校和潢川团中央干校旧址。由于事先和信阳师范学院院长、咸宁老乡钱远晏取得联系，得到热情接待。他事先在电话里知道我的意图，晚上见面时便开出了在信阳的几站找什么人接待的名单，使我十分感动。

20080424

上午信阳政法委蔡书记派人带我到市党史办找姬少华同志。姬对信阳干校情况略知一二，还专门写过胡耀邦在潢川的文章。他热情送我一本市党史大事记和《功载大别山》的内部资料，其中有些涉及“五七”干校的文字。

接着赶到罗山县，党史办黎淑晶同志特地请来县志办原副主任陈恩明等座谈，陈提及一个叫王鸿的下放干部对地方文化的贡献。由于王的影响，形成了后来的“大别山画派”。他又带我去全国总工会干校旧址参观，并以《罗山县志》(河南人民出版社1987年版)和新编县志相赠。

作者考察息县“五七”干校旧址

中餐后赶到息县，县人大副主任孙潮更是热情有加，不仅亲自到交界地段接，还叫来县文联主席冯莉作陪。我们一同来到东岳镇社科院干校旧址，镇负责人范军、邹骏峰接待，为我提供了“中国社科院专家团东岳寻访团暨顾准先生诞辰 90 周年纪念册”——《归去来兮》。该镇于 2005 年为了办好这一活动，特地制作了一组宣传展板和干校原址模型，参观后令人大开眼界。原来办干校文化展的并不只咸宁一家！我还在钱钟书先生旧居和文学所宿舍区拍了不少照片。返城路上，和冯莉聊起自己不仅要写咸宁干校，还将大写息县干校。冯一拍即合，表示要向我学习，与我联手，把息县干校文化资源进一步挖深挖透。我以为如果说咸宁是一座“金矿”，这里便是一口“深井”。今日记录和摘抄的资料太多，他日当专门整理。

20080425

上午赶至潢川黄湖农场，场武装部长戚福义陪同。他虽“官”不大，但对团中央干校的情况了如指掌，介绍这里专门辟有胡耀邦纪念室，是河南省重点文物保护单位。戚本人和团中央的“五七”战士多有联系，自然把我视为知音，并提议我牵头成立全国干校研究机构，在我的旗帜下使全国的干校文化研究形成更大气候。我虽有此“野心”，但一直未付诸行动。此次信阳之行更是坚定了这一信念。戚还带我参观了中国青年出版社连队

作者考察潢川
“五七”干校旧址

旧址和“跃进桥”等，并为我提供了团中央诸多“五七”战士的联络名单和地址电话。同行的卜塔集镇的朱济民还送我一本《潢川县志》（三联书店 1992 年版），臧克家先生题写的书名。

20080426

上午郑州全国书市开幕，我在湖北展厅和长江出版集团副总宋丹娜聊起此次信阳之行的收获，滔滔不绝。宋感叹自己曾在信阳师院工

作几年，竟然从未听说中央机关在信阳办了这么多干校。

20080427

昨夜抵北京，今日上午便分别拜访新闻出版署老署长宋木文和商务老总杨德炎，向宋老谈了市里打算办一公开发行期刊，盼大力支持；向杨总谈了打算以挖掘全国干校文化为已任的抱负等。

下午去潘家园旧书市场淘书，收获不小。购得《震撼世界的无产阶级文化大革命》、《文艺战线两条战线斗争大事记》、《巩固和发展文化大革命的伟大成果》、《毛主席的革命战线胜利万岁》等旧书。与向阳湖有关的书有《北京图书馆馆史资料汇编》（北京图书馆出版社1997年版）、《王冶秋文博文集》（文物出版社1997年版）、《金冲及自选集》（学习出版社2003年版）等。

接着去华威北里杨匡满先生家小坐，他赠我一本《西西伯利亚笔记》（文汇出版社2004年版），并谈了自己在全国政协小组会上呼吁重视文化抢救的事。他又热情叫来楼下的向阳湖老“五七”战士林绍纲见面，林赠我一本《那时·那事·那人》（中国福利出版社2006年版），其中有不少回忆干校人和干校事。

晚上全国政协文史委办公室副主任王合忠邀我小酌，谈得合拍。我请他将“向阳湖文化书系”代赠贾庆林主席，因贾曾下放江西“五七”干校，如引发兴趣，则又可扩大向阳湖文化之影响矣。王还赠我《政协委员一日》（1—2，中国文史出版社2007年、2008年版）《凤子——在舞台上，在人世间》（中国文史出版社2007年版）。

20080428

今日在海淀图书城中国书店门市部淘书，觅得一批值得珍藏的干校资料书，计有《沈从文全集》（29、31，北岳文艺出版社2002年版）、《冯牧文集》（1—9，解放军出版社2002年版）、《书林随缘录》（俞筱尧著，中华书局2002年版）、《我与中华书局》（中华书局2002年版）、《中华书局大事纪要》(中华书局2002年版)、《严文井散文》(人民文学出版社2007年版)、《周绍良先生纪念文集》(北京图书馆出版社2006年版,16开精装)、《范曾画传》(北京大学出版社2007年版)、《鉴宝心得》(史树青著,山东画报出版社2007年版)等。

20080429

上午至商务印书馆,杨德炎总经理赠我二块大"砖头"——《故训汇纂》和《中国的语言》,均为16开精装,商务印书馆2003年和2007年版。

晚餐,人民出版社十三连"向阳花"石小群牵头邀我在皇苑大酒店小酌,又见了韩聪、郑苏伊、杨志丽、吴一红、张姗姗和张辰五,大家愉快地回忆起去年国庆节重游咸宁的情景。辰五兄还说,如果不是我来京,他们多年很难聚在一起畅谈。

作者与十三连"向阳花"

今日逛第三极书店,又购得《周恩来年谱(1949－1976)》(上、中、下,中央文献出版社1997年版)、《晨昏断想录》(洁泯著,三联书店2006年版)、《亦文亦画书系·刘炳森集》(华夏出版社2004年版)、《涸辙旧简(叶圣陶、贾祖璋京闽通信集)》(福建人民出版社2003年版)等。

20080430

上午离京,夜住信阳。在京和回家的路上,难得熟了和我谈了向阳湖文化的话题。他直言道,我近些年的文章没有上升一个新的高度,还是原地踏步的水平。如想有飞跃,一是得换种手法,不仅有散文，还得有专论；二是要跳出向阳湖，这样眼光更远，可钻研的东西会更多。我才发现，儿子毕竟读了4年本科，看问题的角度大不一样，而且他还不大赞成我把向阳湖当成一生的事业。这点我坚持己见，解释说，此行我到信阳一看，方知一辈子也做不完干校文化的研究。

20080501

冰心文学馆林妹17日来信："今年大约7、8月份，王馆长会陪同日本学者到咸宁，对冰心当年下放的'五七'干校进行考察……感谢您对我们工作的支持！"

20080502

今日才发现《人民日报》4版消息："中央文史研究馆馆员、中国国民党革命委员会成员、著名画家秦岭云先生因病于2008年1月29日在北京逝世，享年94岁。"——奇怪的是，新华社3月26日才发布电文，离秦老仙逝已近两月。我研究会顾问又痛失一大家！

20080503

抽空重读《顾准日记》中的息县日记，并翻读从息县带回的资料，发现息县干校的分量和厚度简直和咸宁干校不相上下。名流云集自不待说，留下的文字资料也十分可观。再加上潢川的新发现，信阳干校这一新领域，又够我钻研好几年。

20080504

放假没闲，上班更忙。上午的局务会通报了在北京向宋木文先生汇报的情况，旨在说明本局长在位一天，向阳湖便是一份重要工作，向阳湖文化研究便是我局的一种资源。

20080505

和《中华儿女》陈安钰兄联系，谈起本期约稿事，明确了基本思路，题目暂定为《1968年：中国"五七"干校之滥觞》。我向安钰兄谈了信阳之行，尤其是文章要重点介绍团中央“五七”干校，写好此文可以说胸有成竹。

20080506

上午去市委宣传部陈树林部长办汇报信阳之行的收获，并建议进一步重视向阳湖文化资源的开发。陈乃同龄人，好沟通。但我也明白，像息县那样想花大钱请文化人重返，他不一定能作主。

20080507

今日全市宣传思想工作会，上午大会报告中，市委书记黄楚平谈到要扩大咸宁的知名度、增加美誉度时强调，向阳湖文化在全国名气很大，今年是“五七”干校40周年，要组织好宣传活动。下午市委宣传部陈树林部长在具体工作部署中又指出，咸安区委、区政府要把纪念干校40周年当成大事，并特别提到要我帮助联系有关事宜——今天刚好是5月7号，颇有意思。

20080508

下午去省局汇报工作，得空去人事处小坐，赵文福处长还提到去年我在全国新闻出版系统先进个人评选落选的遗憾。我私下倒是认为，如果不是偶然的年限（需在本行业工作5年）因素，光荣中榜了的话，对向阳湖文化的宣传工作无疑有某种助推意义。

20080509

下午工行两位女作者来谈向阳湖文化，她们都是研究会的理事。我向她们提出的任务是，多参加研究会的活动，多陪同外地客人参观向阳湖，多写有关文章，早日出版专著。

20080510

北京阎纲先生之子阎力今日上午专程寻访了中国作协五连旧址。我因参加市政府的工作会议未能陪同，但专门打电话安排了向阳湖奶牛场办的董主任代劳。下午阎力又应邀来温泉小坐，我约了金戈同聊。阎力是搞影视的，我们相约但愿将来有合作的机会。一旦“文革”研究解禁，他有义务帮助推出有关向阳湖题材的影视作品，阎力欣然应允。

20080511

拉出《中华儿女》约稿初稿，分5部分：一、“五七”干校始作俑者；二、全国“五七”干校一瞥；三、文化部向阳湖干校；四、文化部咸宁干校名人轶事；五、“五七”干校寿终正寝。配上几幅图，题目不变。下午与责任编辑余玮通了话，合乎要求。同时还与哈尔滨市战凤翰先生联系，请他提供上周去柳河纪念干校创办40周年活动情况，以便充实文章内容。

20080512

上午专程去市档案馆复印了1968年10月5日《人民日报》（头版头条为《柳河五七干校为机关革命化提供了新的经验》），以备《中华儿女》拙文配图。雷锡高局长是老朋友，中午热情邀我小酌，并发自内心地说，我的价值不在于当了新闻出版局局长，而在于为咸宁文化事业作出了独特贡献。他还邀了《咸宁日报》和《南鄂晚报》的社长、总编作陪，席间我也感谢报纸最初为向阳湖文化所做的重头宣传，并希望今后也保持一定的“恒温”，自然得到赞同。小醉而返。

下午四川汶川发生大地震，国之殇也；而创办向阳湖“五七”干校，愚意以为乃国家文化之殇。

20080513

金戈之母昨日仙逝，今日上午我便专程赶到通山吊唁，下午罗勇带了万红英和陈海燕也赶到。一是出于友情，二也表明研究会“组织”的活动。金戈是向阳湖文化研究会的骨干，会长、副会长和理事今年聚在一起的时间颇多，今日又相聚于通山，却是别有一番滋味在心头。

20080514

上午去新任市长任振鹤办公室汇报工作，顺便谈的自然是向阳湖文化，建议他和过去的领导一样重视这一资源。送去了“向阳湖文化书系”和报纸及有关介绍文章，谈得还算轻松。

20080515

河南濮阳《书简》主编王金魁来信，谈到秦岭云先生去世，称秦是河南新乡的骄傲，人虽去德犹存。王兄有所不知，秦老是我会的顾问，他的作品《湖口候渡》我已裱好装框珍藏。

20080516

北京余玮收到我稿件(《1968 年：中国五七干校之滥觞》)，昨晚赶紧修改至凌晨，今日发来定稿，马上安排发排。我总的感觉改得不错，压缩后计 5000 字，再配几幅图片，算对得起读者了。

20080517

赶出《湖北档案》第 5 期专栏稿《侯恺：汗水曾洒向阳湖》，今日发出。这种文章虽然是举手之劳，但是花费一点时间，对整体的大计划也有影响，而为宣传起见不得不为之，因此不由得佩服个别同时写几部小说的作家。

20080518

北京李可才先生今天打来电话，称他是市法院王群高的老师，王兄曾索要我著作寄给他。李今年 68 岁，是十七连的“五七”战士，在向阳湖下放时住王家湾，画了不少画，还在干校办过画展。他谈了一些向阳湖的往事，对我感慨道：“向阳湖文化确实应该出有价值的作品。”

20080519

今日出差到崇阳，顺便拜访一中杨桦老师和县人大黎喜来。由黎口述杨整理的《抹不去的记忆》，为纪念郭小川逝世 32 周年而写，文中重点提及1974年在咸宁干校办郭小川案一事，颇具史料价值。两位退休老人热心为向阳湖文化作贡献精神可嘉，我这个会长应动员方方面面的力量参与其中，才会产生更大的影响……

20080520

北京林绍纲先生17日来信："你在京匆匆来访，招待不周，歉甚。/向阳湖给我留下了终身难忘的印象，每每提及都有说不尽的话题，将来如有机会而身体健康允许的情况下，很想重访旧地，届时再为叙谈……"马上和林老通了电话，感谢他的来信。

20080521

省委办公厅督办室主任杨邦国来咸调研，市委办邀我中餐作陪。杨是10多年前"一条线"工作的老熟人，见面就索要我的"向阳湖文化书系"下册，并口口声声说我已经打造出一张文化品牌。

20080522

下午与潢川戚福义通话，他收到我寄去的书报，并表示今后一定和我多交流，把团中央干校的文章做足做好，这让我感到欣慰。前几天和息县文联冯莉通话，她正在前往北京着手采访中国社科院学者的工作。吾道不孤矣！

20080523

下午，咸安区宣传部黄部长带文体局毛局长和向阳湖奶牛场吴书记前来商议今年秋进京召开向阳湖文化人座谈会事宜，我表示大力支持和配合。又回忆起对向阳湖文化最重视的是当年程传忠主政县级咸宁市之时，可惜没有一抓到底，半途而废。

20080524

一周来一直和厦门友人曾纪鑫保持"热线联系"，或通话，或发电子邮件。他的文化大散文《昨天并未远去》定稿后，诚恳请我修改。为该文他洋洋洒洒写了 25000 字，不愧为“实力派”作家。我认真读了几遍，每次都仔细推敲，提了不少参考意见。他大部分都采纳，窃以为此文当载入向阳湖文化开发史。因此我代表昔日“五七”战士向曾兄表示了谢意。

20080525

市供电公司谌胜蓝发来短信，云正在读我的向阳湖书籍。她的两篇征文去年均获央视“百家讲坛”一等奖，引起了我的关注。据谌介绍，她去湖北人民出版社联系出版专著事宜，过程十分顺利，我也由衷表示祝贺。她对自己至今才了解向阳湖心存遗憾，并表示最近将撰文涉及向阳湖。不多时，她又发来电邮，称自己在湖北大学读硕士，今后写论文将涉及向阳湖或以此为专题，希望得到我支持。她大约是继张磊之后第二个有意写出有分量的向阳湖专文的咸宁作者。当然我指的是硕士以上学历的。

20080526

今日办公清闲，有时间网上搜索干校资料，又有不少新的发现：一是王稼祥于 1969 年曾下放信阳一年；二是在开除刘少奇党籍会议上没有举手的陈少敏不久被遣送到罗山干校；三是江泽民于 1968 年至 1970 年下放至焦作渤海农场。这三点是刚发表的《1968 年：中国五七干校之滥觞》有所遗漏之处。此外还从南京师范大学网上得知，陈虹于上月 23 日在该院讲述自己去年的向阳湖之行，大受欢迎。

20080527

明天是陈白尘先生逝世 14 周年忌日，今天提前向南京陈虹教授发出短信，表示纪念之情，顺便问及《我在寻找……》在《收获》杂志发表了没有。得回复云：“不敢发，李小林退休了。”——“退休”二字令人惆怅！本月 21 日还收到北京杨德炎先生发来的短信：“我于今日退休，特告。”我回复道：“好人一生平安，向阳情结永在，衷心感谢您多年来对向阳湖文化的宣传和支持、对我个人的关心和厚爱,欢迎您和夫人随时来鄂南游览。”又:“恐怕很难找到像您这样超龄服役的老总了,您应该称得上是功德圆满地退下来。/这些年太辛苦,也该享受天伦之乐了!/今后进京还会专程拜访您的,您讲述往事总是那样生动,令人回味……”

今日交赈灾“特殊党费”1200元,比第一次自发捐款翻了一番。单位虽小,也要像在研究会一样,处处起带头作用。

20080528

网上邮购一本值得收藏的书——《浪飞柳河》(黑龙江人民出版社2002年版,印数3000册),贺占元、李俊宇编著,作序者省政协副主席谭方之介绍说,贺、李两位分别为庆安县县委书记和县长,提出为柳河“五七”干校大造舆论的动议,于是组织写作班子,突击半年多时间,完成这部“透视禁区”的专著。此书粗翻一遍,虽文笔平平,但采用章回体写法,弥补了可读性之不足。我想到自己将来完成报告文学《向阳湖传——文化部咸宁“五七”干校纪实》后,会接着写一部《向阳湖演义》,也会用章回体,可读性一定会强得多……

20080529

山东淄博文联主办的《齐风》第2期刊发了我的《城外的向阳湖》(2008.1.1—15),这是我的“文学日记”首次对外披露。蒙自牧兄不弃,在专著出版前选登半月日记,也鞭策自己编写好厚重的全书。

20080530

陈虹教授从南京发来短信,告知陈白尘先生纪念会初步定于下月10日至15日之间。我恐怕时间与省局即将召开的“农家书屋”会议相冲突,只好作两手准备,去得成南京更好,去不成的话,去十堰郧西开会,返程时正好到襄阳和荆门的干校实地考察,也许收获更大。

20080531

北京胡海珠同志寄来《纪念侯金镜》(阎纲、谢永旺编,香港银河出版社 2008 年 4 月版)。记起 10 多年前采访胡大妈并写成专访,文末云:“自侯金镜辞世至今,全国各种报刊发表的回忆纪念文章源源不断。胡大妈都精心搜集齐全、蔚为大观。我多么希望有人助她一臂之力,将这些至情之作集册成书啊,这或许也是白发苍苍的胡大妈晚年最大梦想吧?!”如今我和胡大妈的愿望都实现了,可喜可贺!

20080601

晚餐邀胡卫平、周小刚、谌胜蓝等小酌。谌说北京阎崇年先生刚为她的新著《回眸·思索》写了序。我指出其中有一处“硬伤”(将《汉书·司马迁传》中“不虚美,不隐恶”误作出自《史记·太史公自序》),并对后记做了若干修改。胡卫平说,看样子我正计划将谌“收编”加入向阳湖文化研究队伍。我戏言,这办公室主任还真能领会领导意图,可谓称职。

20080602

今日咸安区文体局毛局长来,他上月底进京刚回,马上拿出一份区政府关于在京举办原文化部“五七”干校建校 40 周年暨部分专家学者座谈会实施方案。会议主题为“悠悠淦河水、殷殷向阳情”,时间初步定于 9 月 26 日至 27 日,并以区委、区政府名义请我撰写有关宣传书籍,以便会上发放。我应承下来,下一步得抓紧“向阳湖文化丛书”的编写,争取先抽一本出来,9 月出书,一举两得。但时间十分紧张,得采取奥运会倒计时的办法,定期完成每本书的任务……

20080603

全国政协委员、民进中央委员、中国出版奖得主、湖北教育出版社副社长唐瑾来咸调研,我陪同考察了开元和新华两家印务公司。唐老师是老熟人了,她对向阳湖文化一直在关注,今年全国“两会”期间,还

向上海作家赵丽宏推介向阳湖。仅凭这一点，就让我感到难得。我欢迎她邀请赵来考察向阳湖，写出美文宣传干校文化。

20080604

上午市委党校常务副校长王胜红来我办公室谈，提及《鄂南论坛》没有什么影响。我建议他更名为《向阳湖论坛》，并愿意为之跑全国刊号，先打个底子，在总署挂号排队是没问题的。王自然表示赞同，声称党校有经济实力和人才优势。我同意此说，更主要是因为刊名挂上了向阳湖，我自然是比办其他事更积极些。

20080605

《中华儿女》余玮发来短信，称自己正在汕头，我马上建议他参观一下澄海区塔山"文革"博物馆。说来我去那里已是两年前，可至今未写出"游记"，看来文章有时是"逼"出来的。

20080606

今天是向阳湖文化研究会成立8周年纪念日，我这个会长召集会员们小酌，以示庆祝。先通知了金戈，罗勇在汉住院，虽缺席，但他手下的5位新会员万红英、陈海燕、易迁、程萍、杨秀均到场。我手下的胡卫平、周小刚负责安排酒席。政协的王亲贤、郑光勇一并请到，还有一位谌胜蓝是新增的理事，也欣然赴约。酒席上气氛热烈，都对向阳湖文化研究的前景十分看好。我则更为欣慰，看来我们的队伍越来越大，会员素质越来越高，凝聚力也越来越强……

20080607

谌胜蓝的书稿已由湖北人民出版社计划出版，但书名《回眸·思索》没有"卖点"，我建议她加个副标题"小女子品读大历史"，作者和出版社都同意了。小谌还将书稿请我帮助"斧正"，我也乐意为之，并建议她做研究生论文时，在向阳湖文化上做文章，自然被采纳。

20080608

今天端午节，向阳湖文化研究会于8年前成立时，恰在端午。忽然想到，今后研究干校文化，端午文化习俗亦是应该涉及的内容，进而可联系上屈原与“流放文化”这个大课题。

20080609

《文学故事报》第21期“解密文史”栏目摘登了《向阳情结——文化名人与咸宁》中孟庆江的文章，改文题为《“文革”干校向阳湖的传说》，编者海苹。我得抽空与之联系，让更多的向阳湖故事在该报“亮相”。

20080610

作者考察襄樊黄集朱镕基下放干校旧居

到郧西参加全省“农家书屋”现场会，途经襄樊时，省委党校同寝室学友郭明强安排中餐，叫来4位其他同学作陪。下午我请市委党校副校长刘启云陪我到黄集镇，实地考察国家计委“五七”干校旧址，这里如今是襄北监狱所在地。我顺利找到朱镕基当年住的宿舍，朱总理曾在此待了长达5年时间，而旧居的平房并没有得到特殊保护。当地人介绍朱当年在干校给人印象是，除劳动之外，坚持看书学习。我拍了一些照片，作为今后写书的资料。同行的咸安局长、通山局长及书店经理也饶有兴致地参观了这意外的“景点”。

20080611

在郧西和武汉市局局长彭小华等晚餐后散步聊天，他催我抓紧编辑“向阳湖文化丛书”，力争早日出齐。省局年轻的副局长曾向阳也说我有幸身在局长岗位,找到了自己的定位是什么,而他自己现在还不明确。曾曾是省委书记的秘书,从高位下来,难免有些失落之感。我过去曾是地委书记的秘书,与之比较,又多了一份满足。

20080612

会议结束,绕道去荆门、沙洋,重访"五七"干校旧址。中餐也是省委党校荆门同学王厚荣安排。先去市政协文史委姜永健处,索要了几本有关干校内容的图书。下午径直去沙洋,县党史办主任陈国强、文化局副局长金亮、文化馆长刘传太陪同,先后参观了"三高"、财政部、全国政协、人大的干校旧址。陈乃沙洋研究干校文化的第一人,自 2004 年来咸参观回去后,一门心思扎了进去,如今也小有成果。沙洋"五七"干校旧址已于今年 3 月被列为省级重点文物保护单位,我和他相约今后互通有无,把干校文化研究进行到底。

作者考察沙洋"五七"干校旧址

20080613

昨夜住荆州,省委党校同学陈爱平、胡荆林及地方文史专家刘作忠陪晚餐,都对我的干校文化研究表示关注。同行的通山局长吉四贵在今日返程途中感慨地说,此行见我以研究干校文化为己任,也深受教育和启发,一个人一辈子专注干一项事业,虽然辛苦,其乐亦无穷。

20080614

收到《中华儿女》第 6 期,拙作《1968 年:中国"五七"干校之滥觞》发在"专题策划·抹不去的年代特别记忆"栏目,配发了 4 幅照片,效果很好。金戈也应我之命,在周末的《楚天声屏报》上全文转载,作为咸宁市向阳湖文化研究会成立8周年纪念专刊。市作协副主席廖慕杰读后发来短信:“为你对向阳湖文化所作的开创性贡献感到自豪,并表示诚挚的支持。”

20080615

江苏省戏剧家协会6日发来通知,省文联作协于今日在南京凤凰台饭店联合举办纪念陈白尘先生诞辰100周年座谈会,邀请我参会。我因出差刚回,赴会已来不及,便电话向陈虹大姐“请假”,并预祝会议圆满成功。

1968年:
中国“五七”干校之滥觞

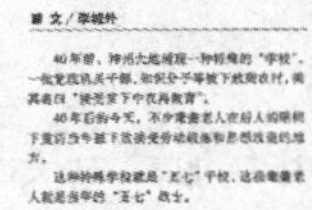

《中华儿女》专稿

20080616

陈虹今日发来短信两条,其一:“纪念会精彩之极,最后由不同语种演员演唱《大风歌》。”其二:“发言人包括舒乙在内,都盛赞《牛棚日记》,可惜少了你的发言。”

今日《咸宁日报》头版刊登甘泉写的报道“《中华儿女》推出李城外专稿”,总编黄胜通过电话约我最近去报社座谈,帮助策划一下向阳湖文化如何在副刊上加大宣传力度。

20080617

上午去金戈处,谈及“向阳湖文化丛书”编成后,计划着手写《中国“五七”干校始末》。他十分支持,预计这将是一本很有分量的专著,其意义甚至会超过我今后有关向阳湖干校的文学创作,因为其涵盖面更广,存史的意义更大。

20080618

今日先后去大家文摘报社和世纪行杂志社,王弘韬和刘志成两位负责人都表示,今后会重视对向阳湖文化的宣传。在武大读博的张磊搭我的"顺风车"回温泉,一路上我建议他的毕业论文早日定好写向阳湖的课题,我负责向他提供大量参考资料。

20080619

应邀至通山参加广电大楼落成庆典,午休时与金戈同室,聊起应在市电台开办向阳湖专栏。我建议利用我过去在京采访文化名人的录音制作节目,这样会更吸引听众。金戈自然赞同,说如形成系列,会成为市电台的品牌栏目,并极有可能在省级以上评比中获奖。出点子容易,但真正动手恐怕还需抽专门的时间。

20080620

下午,到湖北人民出版社,文史编辑部易学金主任赠我一本《屈原传》,并建议我从目前的实际出发,先着手写文化部咸宁"五七"干校史,再考虑写中国"五七"干校史,这样既可驾轻就熟,又可避免因赶急有遗珠之憾。此说正中下怀,但因刘社长约写的是全国"五七"干校史,我打算再抽专门时间来谈一谈。

逛旧书店,购《中国人民抗日军事政治大学史》(国防大学出版社2000年版),《黄镇传》(朱洪著,人民日报出版社2000年版)。

20080621

新闻出版署老署长宋木文夫人汪应模因病去世,今天我向其子汪稔兄发出二短信,其一:"惊悉汪大妈病逝,深表哀悼,她老人家的音容笑貌长存我的记忆里,请代向宋老表示咸宁人的慰问。"其二:"盼将汪大妈生平简介寄我一份,一则留作纪念,二则作为向阳湖'五七'战士资料保存。"

20080622

央视《百家讲坛》开坛元勋、著名清史学家阎崇年应市供电公司之邀前来讲学。晚上我去阳光酒店看他,带去有关向阳湖的书报,阎先生也送了我一本新著《康熙大帝》(中华书局 2008 年版)。

20080623

上午陪阎先生参观向阳湖,一路上他充分肯定向阳湖文化的挖掘乃抢救性工作,功德无量。参观向阳湖文化展览后,他欣然题词:“向阳湖文化传后世,永记。”

阎崇年在向阳湖文化展览室题词

下午谌胜蓝《回眸·思索——小女子品读大历史》(湖北人民出版社 2008 年版)在阳光酒店举行首发式。我通知了金戈、郑光勇、王亲贤、胡卫平、周小刚、陈海燕、万红英等理事参加,旨在受启发。谌这位新理事出如此成果,应该说“学有榜样”。

20080624

小谌陪阎先生上九宫山游览,我因市里开会没有作陪,但通过她发来的短信得知,阎先生对向阳湖文化的兴趣有加,以为我从事此项研究意义重大,他还动员供电公司的负责同志投资开发向阳湖,至少要资助从事向阳湖研究的同志。我感谢阎先生的理解,只是经过 10 多年的时冷时热,反反复复,我对市里有无支持已经有一种平和的态度了……

20080625

中餐赶到刘家桥陪同阎先生并送行,席间自然又谈起向阳湖。他说如果自己尚在二三十岁的年纪,一定会加入到研究队伍中来,因它的价值胜过研究明清史,百年之后此段史料极为珍稀。我又谈了自己打算写中国“五七”干校史,他说题目太大,一人用力宜于把向阳湖这篇文章做足、做深、做透。全国“五七”干校可以涉及,但作为专题来做,非一人能力所能完成。

20080626

今日是国际禁毒日,央视6频道播出《缉毒队》,制片人阎力从北京发来短信相告,我破例观看,分享了他的成就感。因为“向阳花”的成果自然对我有吸引,并说今后拍向阳湖题材的作品指望他了。阎力回复说,愿为向阳湖文化的推广尽心尽力。

20080627

省作协创联部钱道波和马玲来咸,下午到我办公室小坐,也羡慕我一人打造出一张文化品牌。晚餐罗勇安排小酌,通知了几位研究会理事作陪。我在席间介绍谌胜蓝已达到省作协的标准,并号召其他几位努力。私下又想,10年后当统计一下,本会推出了多少会员加入省作协。

20080628

6月12日,《上海文学报》联合各省市作协发出倡议,为地震灾区图书馆重建呼吁作家捐本人著作签名本。我积极响应,今日寄出向阳湖文化图书4本,扉页上留言:“震痛过后,阳光普照。”

20080629

致婷今天提醒我,看电视、上网、发短信花费了不少时间,我的“向阳湖文化丛书”计划一直搁浅,我的工作只有自己做,别指望他人,拖延终归是拖自己的时间。一席话让我对自己惰性犹存深以为愧,只有妻子才会有这样的“温馨提示”。

20080630

下午去罗勇处,方知他前天安排车子送省作协的朋友在温泉游览,叫了金戈和陈海燕陪同。罗作为研究会的副会长,不仅在手下培养了几位作者，还在研究会的客人接待上帮我分忧。当面客套致谢已无必要，只有内心向他致敬。

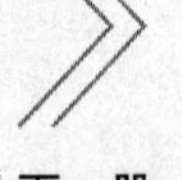

2008 年

秋

20080701

省局副局长黄国均带报刊处胡国祥副处长来咸调研报刊工作,胡是华中师大章开沅教授的博士研究生,这使我很感兴趣,向胡提起几年前章先生对向阳湖文化研究大加赞赏的事。胡对我独创一张品牌亦有所闻,自然是一见如故。我倒是可惜他的专业不是当代史,不然又"逼上梁山",可拉入我的研究队伍。

20080702

上午来咸宁学院调研,该院学报第 2 期头条发表我的《1968 年:中国"五七"干校之滥觞》,虽然一稿两投,我的想法是大学这块阵地不可丢失,"向阳湖文化"这个专栏一定要坚持在学院办下去。

20080703

寄北京佟韦先生信,告知我的书更名为《话说向阳湖》,请他重新题名,并附寄了几份今年发表的干校文章。

20080704

熟了已从苏州大学文学院新闻系毕业,北京友人热心帮忙,将他的关系接纳并转了户口。但熟了仍执意要考中戏的研究生,自作主张在苏州租了房子,下决心备战实现自己的导演梦。作为家长,只得支持他。我的想法是,只要他选择去北京发展,我一定投赞成票,因向阳湖的熟人太多，“资源”不可浪费。

20080705

谌胜蓝发来短信，要我帮忙推荐有关干校的书籍。我记得市店有本《在“五七”干校的日子》，摆放于书架几个月了无人问津，便马上向她推荐，该书得其所哉。我因此对咸宁缺乏文化环境和读书氛围只得一声叹息，转而体会到向阳湖文化研究会看似队伍不小，而真正沉入其中的人有限，自然对这位新理事的加盟满怀希望。但愿她能为周围的理事们树个“标杆”。

20080706

今日将《向阳湖文化研究》一书的目录拉出来，分6个部分：论坛、书评、史料、动态、争鸣、笔会，选取的文章分量还可以，数量也够。这可称得上全国第一部关于“五七”干校研究的专著。

20080707

上午崇阳人大老主任黎喜来专程送来定稿的有关咸宁“五七”干校办理郭小川专案的文章，约3000余字，颇具史料价值。我计划向有关报刊推荐，并感谢他对向阳湖文化的一贯支持。得陇望蜀，我还希望这位昔日的军代表写写冯雪峰……忽然发现自己这些年来埋头苦干带头写向阳湖以外，“放手发动群众”参与也成为一种自觉行动了。

20080708

从通山倪霞的博客上得知，通城二中体育老师、市政协委员李立波死于车祸，心中一阵难受。李生前在政协会上和我一个组，曾热情邀我去他们学校讲讲向阳湖，我因工作忙，终未成行。他后来邀请倪霞去讲创作、邀请刘三多去办画展，都取得成功。晚上我与刘三多通了电话，刘的心情和我一样，都认为李老师是个大好人、实在人、值得怀念的人。刘还引用了臧克家先生的名句道：“有的人死了，他还活着……”

20080709

徐钢从加拿大回温泉看望她母亲。杨阿姨86岁了,住在徐钢妹妹家。因多种原因,她决定将母亲转至武汉荣军医院。杨阿姨现在已神志不清,可能不久于人世,昨日我去看望时已认不出我。我和徐钢姐妹说起,在通山时杨阿姨一直鼓励我读书学习。我今日之所以在向阳湖文化上做出点成绩,可以说与在小时候通山打下的基础分不开。徐钢此次回国来我家小坐时,我请她看了有关向阳湖的录像和书报,笑云从小她也是我学习的榜样呢!

20080710

在7日的《人民日报》"大地"副刊读到康志强老师怀念严文井先生的文章,马上与北京严欣久大姐通了电话,敦促她写稿,以便于我收入《向阳湖纪事》一书。严说今年是她的本命年,她和陈虹不一样,属于松散休闲型,但我的催稿是一种鞭策,还是得力争近期交卷。

20080711

下午参加市政府全体(扩大)会,任市长在阐述咸宁文化时,也谈到了向阳湖文化。我对坐在身边的市环保局周局长说,向阳湖文化的宣传是打的雷大,落的雨小,尤其是近年咸安区重视不够,错过了大好机遇。周在咸安工作过,对我话表示赞同。说幸亏有我的支撑,向阳湖才有了今天的名声。

20080712

好久没有和蔡骏联系了,今日开始在电脑上找"向阳湖文化丛书"已有的文章。想到8年前他在网站开辟专栏时应留有备份,晚上通电话,果然都在。于是请甘泉重新排列,转成Word文本,免得重新打印花费时间。

20080713

开始进入编书的"冲刺"阶段,计划将"向阳湖文化丛书"尽快定稿交出版社。近两天闭门不出，今后3个月双休日得照样坚持，而且平时还得尽量少陪客，少出差，10月份才可放松一下！

20080714

今日和办公室主任交待了一下，由于编书任务重，这个月开始冲刺，局里的工作保持正常运转就行了。说老实话，由于机关杂事太忙，去年该完成的计划拖到了今年，我甚至有些后悔担任了实职，如果有机会交流去党校之类的单位，也许比这里便于做学问些。

20080715

为减少编书的打印时间，一方面从网上下载有关文章，一方面与作者联系，发电邮过来，感觉与10年前相比，大大方便了。今日厦门曾纪鑫、岳阳谭解文二兄接到电话，立马发来文稿供我备用，真是“千里文脉一线牵”。

20080716

谌胜蓝发来短信，说电视台陈朝晖称，去年拍的采访陈虹、严欣久的专题在省台得了二等奖，她向会长表示祝贺。我回复云，以往电视台做的向阳湖专题，大都得了奖。由此可见，她的论文选题为向阳湖，自会有分量。小谌今天还发来一篇散文《向阳湖断想》，有些思想力度，但联系历史事件和人物较多，恐有点犯忌……

20080717

赤壁李晚霞发来短信：“《新周报》转载了你在《中华儿女》上的大作，可喜可贺。”我感谢她的特别关注，下班便去报刊零售亭买来报纸，果然封面赫然打出要目，登了一整版。该报由《知音》传媒集团主办，发行量高达100多万份，覆盖面广大也。

20080718

省局陈锋副局长打来电话，明日陪台湾著名历史学家、“中央研究院"研究员刘石吉来咸考察向阳湖。这是10多年来我第一次陪同台湾同胞参观干校旧址,尽管手头编书任务十分繁重,只有几天时间,也只得再找机会弥补。

20080719

上午客人如期抵达向阳湖,和陈副局长一起前来陪同的还有武汉大学历史系的两位教授。在向阳湖文化展览室,刘石吉先生写下"向阳光耀两岸情"的留言。陈副局长则写下"丰收"二字,寓意深焉,大约是指向阳湖文化的研究成果吧。

接着又参观了通山闯王陵和崇阳雪艇图书馆,此二项均为我建议增加的景点。在图书馆我谈了自己的感受,崇阳人以王世杰这个历史人物为骄傲,但重视程度还不够,如果我在这里主政,会马上像向阳湖文化研究一样,发起成立王世杰研究会,立即编印王世杰日记和老照片之类的书籍,无疑会扩大崇阳在海内外的影响。

台湾学者刘石吉(右四)等参观雪艇图书馆

20080720

上午请客人们来"向阳轩"参观,并播放了《向阳湖的守望者》和《寻访父辈的足迹》(上、下)的录像,以便对昨日走马观花向阳湖进一步加深印象。可惜几位都是研究明清史的,否则我还会怂恿他们做干校专题研究。陈锋鼓励我把此课题坚持做下去,一定会做成全国独一无二的文化品牌。我请他放心,说当局长是暂时的,做此项研究是一辈子的事业。

20080721

李专发来短信，请我看他的博客。我谈了一些感想，希望看到他关于向阳湖的美文。并可惜他过去写有关文章少，只有一篇《向阳湖的守望者》，因属“吹捧”之作，不便收入《向阳湖文化研究》一书。李专回信说：“向阳湖在咸宁是绕不过的高峰，一不留神就会涉笔的。”

20080722

参加全市宣传部长会议，下午我汇报工作时，又谈了向阳湖文化的抢救意义，建议市里组织记者进京采访，否则，5 年 10 年后后悔不及。陈部长总结时，要求咸安区开好北京向阳湖文化人座谈会，并调侃我一人在干着急。我对咸安区的黄部长表示，抓紧编好《向阳湖文化研究》一书，争取能在北京的会议上发。

20080723

阎崇年先生又来温泉，时隔正好一个月。上次来游览了闯王陵和向阳湖、汀泗桥等，这次弥补未到赤壁的遗憾。我正好编过有关赤壁文化的文史资料，便送给他作参考。但中餐时，市供电公司的老总临时建议我陪同前去，碍于面子，还是花了一下午的时间。不过也有收获，到了赤壁，通知记者李晚霞和姜洪前来采访阎先生。李为我带来不少关于羊楼洞的资料，这个干校倒是值得前往实地一访的。晚上返程途中，阳光酒店的邱总同车，他是宝塔人，又提供了一新信息，武汉医学院曾整体下放向阳湖。

20080724

哈尔滨市战凤翰先生 17 日来信：“所寄材料收到，内容甚为丰富，‘滥觞’一文写得很好，是对‘五七’干校的历史回顾，文章结尾内涵深远，道出了我们的共同心声。难得你把对‘五七’干校的研究作为一种对历史负责的事业，如此投入，如此情有独钟，令人感佩。更谢你对柳河给予了特别关注。/现将陈桂琛同志（原《哈尔滨日报》副总编辑、柳河干校的老战友)在《新晚报》发表的《40年后访柳河》一文寄上,访柳河的光盘待制成后奉寄。/柳河农场已决定开发干校文化资源,办柳河干校陈列馆,拟择期前去咸宁向阳湖文化馆参观,届时望你多多介绍经验,予以指导。”

20080725

金戈为谌胜蓝在报上做了一个专版,谌为答谢,今日请了研究会同仁小酌。虽然金去青岛出差了,但我和罗勇到场,亲贤和光勇参加,工行的几位理事、会员都来了,气氛还是热闹的。席间我建议大家向谌学习,沉下心来写作,早日出书,都为向阳湖文化研究做点贡献。

20080726

《南鄂晚报》今日“向阳湖文化”专栏发出“干校纪事”之八——《严文井“升官”》,我接着又完成一篇《湖北档案》8月专栏稿,题为《杨静远:“我为什么写〈炼人学校〉”》。下月编书任务重,报刊的约稿得提前完成,以便全身心地投入编书中……

20080727

上午严欣久大姐从北京打来电话,称她写的回忆向阳湖之行及父亲往事的文章正在改,近日可以完稿,担心我久等,特告知。我计划将此文编入《向阳湖纪事》一书,作为压卷之作。

20080728

下午市档案局傅宏副局长带小龚和小杜两位年轻人来,送上我在那里寄存资料的光碟,便于我编书选用。傅还表示如果我编书需要人手帮忙,两位可随叫随到。我知道自己今后和档案局的合作是长期的,也感谢他们的热情,并说自己整理的日记《城外的向阳湖》本身就是档案。他们从国家档案局争取了向阳湖档案抢救的资金,上面要检查,我做的工作都可以算他们的成绩……

20080729

北京张慈中先生收到我的特快专递，正在抓紧时间为我编著的“向阳湖文化丛书”设计封面。85 岁的长者在炎炎夏日还在为咸宁文化作贡献，令我感动和汗颜。老人思维十分清晰，在电话中交流如何安排设计，几乎没有疑问处。估计这套书的设计效果，会比 10 多年前的向阳湖文化书系更出彩。

20080730

姜洪寄来前日出版的《赤壁周刊》，四版登载了他采访阎崇年先生的文章，其中提到我陪同，并擅自给我戴上了一顶“著名干校史研究专家、口述历史作家”的帽子。这倒是我始料未及的，恰当与否无需考证，却是今后的努力方向。

20080731

晚餐邀研究会的理事们小酌，有金戈、王亲贤、郑光勇、周小刚、张磊、胡卫平、谌胜蓝、万红英、陈海燕，大家说不是写文章的人进不了这个圈子。而我作为会长，高兴地看到我们这个“文化沙龙”是支高素质的队伍，在坐的主力军包括中国作协和省作协会员各 1 人，县级干部 3 人，另有博士 1 人，硕士 2 人……

20080801

《咸宁日报》今日发表市委书记黄楚平署名文章《建设华中旅游名城》，其中谈到咸宁历史文化积淀深厚，例举了“沈从文、冰心、郭小川等 6000 余名近代文化名人曾在向阳湖锻炼采风”，此说有三处不妥：6000“文化名人”应为“文化人”、“近代”应为“现当代”、“锻炼，采风”应为“劳动锻炼”。黄书记重视向阳湖文化是好事，秘书和报社却未把好关，适时我应向他指出来，以免以讹传讹。

20080802

编书仍处“冲刺”阶段，恰与奥运同步，计划本周定好《向阳湖文化研究》书稿,然后送武汉出版社,争取下月进厂出书,以便咸安进京开会之需。其余5本10月后突击,然后和"研究"一书一齐推出,再扩大影响。这些时王亲贤、郑光勇一直在帮助校对,张磊在帮助从网上下载编书所需文章,还有热心的朋友们都在期待"丛书"的早日问世。

20080803

咸安区毛局长下午来请教去北京联系向阳湖文化人事宜。他们区的书记、区长已在北京,宣传部长今天也赶去,他请我明日也一同去。这样太突然,系打无准备之仗,毛本人也不大想去,于是我为他列了一下午的名单(大约进京开座谈会需邀请的上百位"五七"战士及他们的子女"向阳花")。虽然向阳湖的事对我来说一向是义不容辞,但咸安区的领导办事不大讲礼节,连个电话都不打,我则是可去可不去,便不去。再说要抓时间编书,下回再说吧。

20080804

北京严欣久大姐通过电子邮件发来赶出的文章《向阳湖的寻觅与往事回想》,长达万余字,详述了干校期间她父亲严文井先生感人的故事,首次披露严老的一批书信,具有十分珍贵的史料价值。严大姐有所不知,这是她送给我最珍贵的生日礼物。

20080805

上周电话催北京张慈中老人设计"向阳湖文化丛书"封面,不料情况有变,老人最近身体不适,手头的事情又多,临时决定放弃设计,交武汉出版社负责。我十分理解他的做法,身体为宝,万一累坏了,我也于心不忍。今日收到他寄来退还设计素材的特快专递,不仅不感到意外,反倒打去电话,仍然感谢老人长期以来的关心支持……

20080806

收到严欣久大姐4日寄来严文井先生干校期间书信多封,附信云:"终于完成任务了,总算松了口气,所以得感谢你的'逼',没有你的督促，恐怕不知道何时我才会动笔。/不知你怎么看这些家书，虽然有很强的时代烙印，即把想表达的思想，一定要用别人抓不住把柄的方式表达出来，父爱就这样隐藏在这些枯燥的说教后面。但从这些信中，仍可以看出当时父亲写它们时如何绞尽脑汁，煞费苦心。由于字数限制，我没能写得更多，其实每封信里都有故事，但随着时间的迁移，有些细节已被模糊掉了。/今年是我的本命年，但年景不好，灾害太多，所以我尽力趋利避害，每天练声唱歌，学习美声唱法，但愿以后再见，能像模像样地唱上一首。/感谢你的帮助，向阳湖之行令我难忘。假如当年父辈们像我去向阳湖那样舒服，留下的则会是另样的文字了。/问候全家，健康快乐。”

20080807

今日专程去武汉出版社彭小华社长处，商议“向阳湖文化丛书”出版事宜。他叫来责编王远彦、邹德清和美编刘福珊，尤其向王、刘重点介绍了我和向阳湖文化，谈得十分融洽。初步定在下周一发电子版《向阳湖文化研究》给出版社，力争下月中旬正式推出。其他 6 本后续出版。我意识到 8 月将伴随奥运会，过一段紧张、兴奋、收获的日子。

20080808

请人突击排出《向阳湖文化研究》书稿，好家伙，厚达近 500 页，约有 40 余万字，分量大大超过原计划。迅速写了篇“后记”，晚上才安心收看奥运会开幕式。

20080809

今日召集研究会的 3 位骨干金戈、亲贤和光勇，布置帮助校对“研究”书稿，边闲聊边增加了几篇文章，如光勇之《风雨向阳湖》、万红英之《从“马枃大院”到“上屋周”》、若尘之《轻叩向阳湖》和罗勇之《“向阳光耀两岸情”》。这几篇散文，看似“人情稿”，但也不尽然，为了调动积极性，让更多的人参与，有利于事业的发展。晚餐在外小酌时，还和金戈决定,增补光勇和亲贤为研究会副秘书长。金戈调侃道,这两位属副县级干部,这样一来,自己成正县级了。我解释道,无论从年龄还是从文章来说,光勇和亲贤都会“服气”。

20080810

晚上加班排“研究”电子版,和打字人员一直忙到12点,回到家里已十分疲劳。忽然自嘲起自己:咸宁的正县级干部,大约很少有人像我这般为了文化事业“自讨苦吃”吧?

20080811

电子版明日要发到出版社,文字稿已编排好,配80幅左右的插图,又得花时间重新扫描。晚上去杨敏处请他帮忙,又忙到11点。杨十分注重保存资料,我于10年前请他帮忙做的封面、图片等都一查就有,这点让我十分感动,不仅节省了许多时间,而且技术含量高,分辨率高。他虽属“个体户”,但不失为可交的民间朋友。

20080812

下午下班前终于赶着将“研究”一书电子版通过QQ发给武汉出版社。晚上将一厚本书稿递给致婷,请她过目,忘不了自我表扬一句:“看我多么勤奋。”又恭维道:“这也是送给你的生日礼物。”

20080813

晚上厦门曾纪鑫打来电话,称他的《昨日并未远去——向阳湖“五七”干校回眸与反思》投了《钟山》和《当代》,但都不算顺利,被委婉退稿。我略知其中缘由,安慰曾兄说,没关系,我已收入《向阳湖文化研究》一书,作为“论坛”部分压轴之作。

20080814

市政协文史委下午召集座谈会,征求对文史工作的意见。我作为老主任,对专委会明年计划出版《名人笔下的咸宁》表示肯定,并建议今后可鼓励个人编书，以《咸宁文史资料》出“专辑”形式推出，一举两得。此建议得到大家赞同。

20080815

一边校对“研究”，一边编排《向阳湖诗草》。办公室主任小胡建议“诗草”最好也能带到北京会上，效果更好。我说可惜时间来不及，不过年底一次推出是没有问题的，补充一句：“我现在编书，像万致婷医生抢救病人，有瘾！”

20080816

谌胜蓝又发来一篇新作，谈“五七”战士与当地群众的关系，立意较高且言人所未言。她请我提意见，我建议将题目《当生存成为第一要务》改为《“五七”战士的“软肋”》。在短信中交流时，她自己也想出一个更好的题目《“没有鞋”与“没有脚”》，从小谌的创作势头看，我对她今后写出向阳湖文化系列文章充满期待。

20080817

小谌果然对向阳湖文化研究兴趣渐浓，她今日开出书单请我提供，如《牛棚日记》《向阳日记》《云梦断忆》《忆向阳》《炼人学校》《中国作家协会在干校》等。我自然慷慨出借，随之感慨道，向阳湖文化研究在咸宁也有10多年了，但目前真正能沉下来潜心做文章的凤毛麟角。其一，田木兄也；其二，金戈算得上一个；其三，谌胜蓝者，定会后来居上。

20080818

下午召集研究会同仁聊天并小酌，有罗勇、金戈两位副会长，有新任副秘书长郑光勇、王亲贤，还有理事陈海燕、万红英、胡卫平和谌胜蓝，气氛很好。我说研究会的工作主要有赖在坐各位鼎力支持，得到的答复是“会长领导有方，出力责无旁贷”。金戈还说起我手头正编的“向阳湖文化丛书”，称这是咸宁文化的一项大工程，我是在替地方政府作贡献。罗勇也号召几位理事帮助校对书稿，自然得到响应。

20080819

下午去马世永书记办公室汇报工作，他这个名誉会长还是一如既往鼓励我专心干好这项事业，并建议我多找新任书记、市长和宣传部长，争取领导支持。马改任纪委书记后，有些客请他陪或有些会请他参加都似乎有点名不正言不顺，他建议我增补新的市委、宣传部长任名誉会长。我说这个容易，只是像他对向阳湖文化认识这么早、这么高的领导，在咸宁恐怕不多。不少领导只是口头强调重视而已，而像马这样，请他参加一次座谈会，将其即席讲话稍加整理就是一篇谈向阳湖文化的好文章，实属难得。

20080820

上午和陈树林部长通话，邀请他担任向阳湖文化研究会名誉会长，并陈述理由，称我会影响大，来客多，活动多，有些话宣传部长出面说更好。陈很爽快，并强调和马书记同时担任。我说这个自然。

购《英若诚传》(姚家余著，春风文艺出版社 2008 年版)，其中有“五七干校”章节。

20080821

《湖北日报》文体部曾祥惠、张孺海两位主任来温泉，市委宣传部邀我晚餐时作陪。马世永和陈树林两位领导都在场。席间，曾主任听说两位名誉会长都重视向阳湖文化研究，认真地说，咸宁建经济强市，眼睛不光要盯在大项目上，还要重视“软实力”。向阳湖文化是鄂南文化“亮点”，是最大的“软实力”。

20080822

咸安区委宣传部和区文体局今日通知我，因市里原计划 9 月份在北京开座谈会的活动有变，请我编书一事随之暂停，只好一是表示感谢，二是道声对不起。我无话可说，提醒自己今后热情不可代替一切，凡事应考虑协议合同之类。以前为香港凤凰卫视策划有关专题也是不见一纸合同,事后自己被动。下午,请咸安区委宣传部向武汉出版社出示函件说明原委,以免后续事宜不好解释。至于自己的编书计划被打乱,一切损失只有"哑巴吃黄连"。

20080823

上午请《湖北日报》曾、张两位主任来"向阳轩"参观藏书,并观看了有关专题片,以便对向阳湖有更深的了解。随后,又陪同去向阳湖实地参观,算是让他们此次咸宁之行不留遗憾。曾主任对我干好这件功德无量的事倍加赞赏,表示在自己任内一定加大宣传力度。张主任则从自己专业的角度和我探讨了有关向阳湖文化的深层次问题。他是北师大中文专业研究生,实地考察向阳湖文化一定留下了深刻记忆,表示今后一定做好"宣传员"。分手时,曾主任一再叮嘱我要将向阳湖文章做足做够,并预言不远的将来还会有某种机遇在等待我。

20080824

奥运会今日闭幕,引起我兴趣的是一条电视广告语:"再见北京,伦敦再见"。我联想到将来向阳湖文化在全国形成气候也应办节办会,那时的广告词将会是"再见北京,咸宁再见"。

20080825

今日专程去武汉出版社,告知"向阳湖文化丛书"可一次性出齐,不必抽出《向阳湖文化研究》一本,以应北京座谈会之需。市里情况有变,对我来说也是个好事,一则书稿有时间推敲,二则"丛书"一次性推出有利于扩大影响。彭小华社长表示理解。我又和他及责编、美编一道商议"丛书"加总序,《话说向阳湖》和《向阳湖纪事》敲定副题(分别为"京城文化名人访谈录"和"咸宁'五七'干校回忆录")等事宜。更为惬意的是,彭兄理解我,还送我几张购书券,让我去图书大世界选书。购得《周绍良年谱》(北京图书馆出版社 2008 年版)和《王蒙自传》之三

——“九命七羊”(花城出版社 2008 年版)、《我仍在苦苦跋涉——牛汉自述》(三联书店 2008 年版)、《李侃史学随笔选》(中华书局 2008 年版)、《合肥四姊妹》(金安平著,三联书店 2007 年版)、《细读〈随想录〉》(上海社会科学院出版社 2008 年版)、《人·岁月·生活——爱伦堡回忆录》(上、下,海南出版社 2008 年版)、《宁古塔历史文化》(杨锡春、李兴盛著,黑龙江人民出版社 2005 年版)、《王震与兵团》(万卫平主编,新疆建设兵团出版社 2008 年版)、《刘少奇研究》(黄峥著,中央文献出版社 2008 年版)等。

20080826

收到《湖北文史》今年第 1 期,该刊已改由湖北人民出版社正式出版。本期收入拙文《1968 年:中国“五七”干校之滥觞》,这是副主编李德定热情所致。他从《中华儿女》看到后,拍案叫好,马上从网上下载,全文转发。

20080827

今日和北京《炎黄春秋》执行主编徐庆全取得联系,很顺利打通他的手机,刚报家门,他便云对咸宁干校早有所知,感谢我的研究开拓了干校研究这一新的领域。我解释道,《向阳湖文化研究》收入他的大作《关于臧克家诗集〈忆向阳〉的争论》,特告知,请予认可,他满口答应。又结识一新朋友,马上寄去有关向阳湖的书报,以便日后交流。

20080828

咸安区委宣传部黄部长下午专门设宴,为上次编书失约事表示道歉。“伸手不打笑脸人”,还是违心赴约,但席间说了实话,感谢他们给了我教训,今后再请我帮忙得签约。尽管是“公对公”,也不能热情代替一切。

20080829

北京徐庆全先生从深圳发来电子邮件:“与您取得联系很高兴,您所做的开拓性的工作，让我们受益匪浅，能得到您赠送大作更是意外之喜，以后多加联系。拙作《臧克家》一文送上，其中文中有注释，但原来都采取括号的方式，并不规范。如若收入大作中，是否可以采取页下注的方式，由您自定。”

20080830

孟绪龙有一年多时间没和我像过去一样深谈了，我将“向阳湖文化丛书”编辑方案初定，还是不忘征求这位老朋友的意见。他首先肯定我干的这项大工程是对咸宁一大贡献，又建议写总序一定要慎重，应请分量重的大家挂名。

20080831

近两日加班，将《向阳湖纪事》一书定稿。收入文章 100 余篇，近 80 万字。上下册复印了 3 份，下午便去金戈办公室，召集郑光勇、陈海燕、万红英几位理事帮忙校对。称大家为“志愿者”，我在后记中对研究会这几位同仁表示了谢意。

20080901

武汉出版社王远彦兄送侄儿上医学院报到，明日来咸。我今天连夜加班将《向阳湖文化研究》最后一校又通读一遍，以便面交。尊重责编的意见，抽出“论坛”上的两篇文章，如刘继明之《回眸“五七”干校》，因原文在香港发表，有些观点值得商榷；但孟绪龙《中国向阳湖文化村及其企业集团策划》一文，我没有采纳编辑意见，坚持保留下来，此文毕竟在向阳湖文化研究初期引起不小反响，要尊重历史，何况现在仍需“造势”。老孟自己倒是曾建议撤下来，我也没有同意。

20080902

今日从 8 月 30 日《文艺报》上得知，向阳湖老“五七”战士、原《诗刊》主编杨子敏先生月初在北京逝世，有两篇纪念文章分别为高洪波和梁光弟所撰，写得比较到位。但我还要补充一下我以前采访的印象，杨先生不仅是个好人、官人，更是个思想深刻的人。他曾给我寄来过一篇回忆干校的大作《苦乐甘辛话“向阳”》，篇幅较长，我最近收入《向阳湖纪事》上册。岂料又成了一篇遗作！

20080903

前几日福建冰心文学馆林幼润小姐打来电话，称日本学者秋野修二先生要来向阳湖考察，他们馆长王炳根陪同；昨日武大於可训教授也来电话，托我热情接待，并强调秋野此行目的之一是与我见面。今日上午贵宾如期而至，我邀了副会长罗勇、理事胡卫平陪同至向阳湖文化名人旧址参观。

日本学者秋野修二（左三）考察向阳湖

秋野修二先生出生于1941年，现为关西大学文学部中国语中国文学专修教授，是日本第一位研究中国“五七”干校史的学者，著有《中国文学的改革开放》等。他能说一口流利的汉语，我介绍向阳湖文化展板时，方知他对向阳湖的历史已了如指掌。如问“‘452’高地在哪？斧头湖是什么方位”等，并写下“斧头湖光荣，李先生有意”和“向阳湖光荣”两幅字。王炳根又是冰心研究会的会长，他在参观时见展板上罗列了众多文化名人名单，感慨道：“了不得，上面每一位名人都是一面文化旗帜！”我以为此话经典，连声道，有的地方出一个名人都大造声势，向阳湖在全国独领风骚，有多少面旗帜啊！王馆长兴致勃勃，也写下“向阳湖炼狱”的留言。

走出展馆，秋野先生送给我一包日版图书，说：“这本《致家里人》是我翻译的冰心在干校期间的通信集；另一本《过去的残影——文化部咸宁“五七”干校》，里面的资料、注释大都取自你编著的向阳湖文化书系，是你的书使我认识了向阳湖，了解到中国作家在‘文革’中的命运，非常感谢你。我此行的目的之一就是和你见面，今天终于如愿。”接着，我又陪同客人寻访了红旗桥，秋野先生实地感受了文化人当年劳动场景。返温泉途中，客人顺道来市新闻出版局小坐，我送了秋野先生一套向阳湖图书。中午，客人下榻千桥大酒店。

下午秋野先生和王炳根兄应邀前来我的向阳轩参观。王先生送了我不少冰心资料，弥足珍贵。如《繁星闪烁（冰心文学馆建馆10周年、冰心研究会成立15周年纪念册）》，《冰心文选》（1－6，福建教育出版社2007年12月版），尤其是“文选‘佚文卷’”收有冰心先生1973年在日本的演讲《我在“五七”干校的生活与感想》，补进《向阳湖文化研究》“史料篇”还来得及，真可谓适逢其时。我请客人观看了《向阳湖的守望者》《向阳湖名人专访——冰心》《寻找父辈的足迹》等专题片。秋野先生拿出笔记本，边看边记，还饶有兴趣地翻阅了我积累的向阳湖资料。我又送了他有关纪念封。临走时，他在笔记本留言：“李向阳，一尾鱼，向未来，向世界，踊跃游去。”王兄写的是：“李城外先生，向阳湖文化的趟路人。”他重点解释了“趟”字，说我俩做的都是开创性的工作。

机会难得，我建议咸宁电视台《今日话题》栏目下午为秋野先生和王馆长做一期专题。两位欣然前往，谈了一个小时，十分成功。秋野先生称，10年前他便开始关注向阳湖，托人买到“向阳湖文化书系”上册，从此迷上中国“五七”干校历史。他强调历史需要事实，需要收集当年实物，需要多和当地老百姓联系，要重细节，但他翻译冰心的信，认为那里面也有违心的话，不全是事实。事实是什么？他写书的资料依靠的就是我编写的书。素材还不够，又在网上查找了不少，因此一直下决心要亲自来咸宁看看……令我始料不及和感动的是，秋野先生忽然拿出我的《向阳湖文化人采风》（上），翻到“后记”，说自己中午没有休息，读到这里非常感动。他当着记者，在摄像机前念了一段：“我自然还想起了我的父亲李南山——一位忠厚善良的离休干部。因为忙于采访、写作的缘故，我很少回老家陪母亲照看长期患病的他。去年元月，老人家临终前却郑重对我叮咛：‘抓紧时间把向阳湖的书写好，千万不要牵挂我的病而影响工作！’可以说，父亲的嘱咐，是我写好《向阳湖文化人采风》的力量源泉之一。”秋野先生还补充道，他非常佩服，希望我坚持做下去，将来会更有价值和意义。

王馆长十分健谈，一路上便建议我要利用现在的方便，争取向阳湖文化研究得到市里长久的支持，如拨经费，成立专班，甚至成为类似冰心文学馆的实体。我介绍说，市委、市政府对这项工作一直很关心，市委常委马世永、陈树林先后担任向阳湖文化研究会名誉会长，新任市委书记黄楚平在今年全市宣传工作会上强调，要重视对向阳湖文化人的宣传，市长任振鹤也将“向阳湖文化”视作咸宁的资源优势之一。今年是“五七”干校创办40周年，市里还计划在秋季组织好有关纪念活动。王馆长到了电视台摄像机前，照样侃侃而谈：“这次专程陪秋野先生到向阳湖，这是冰心先生下放的地方，可以说她当年的苦与乐都在这里，你们保护现场太重要了，这是文化建设的首要任务。50年后、100年后再来保存就难了。6000余人下放，约300多位精英，写文化史绕不开这些人，他们在思想文化史上的意义十分重要。否则难道要我们的子孙100年后再来考古？我们这一代就要把历史留下来，李城外先生做了大量案头工作，令人钦佩。我还非常感动的是，市党代会报告强调挖掘向阳湖文化，这就超越了政治，有长远的目光。虽然现在并不起眼，若干年后非常重要，影响太大，我们长乐就是在冰心从未到过的家乡建了一个馆，经常性的拨款，22个编制，使这项工作不断有人做。你们一个人做向阳湖研究是可以，但光一个人做又是远远不够的。这项工作应由地方政府出面来做，在某种意义上应是由国家来做的。湖北省政府将向阳湖列为省重点文物保护单位，非常了不起，还要争取做成国保单位，全国独一无二。而我的家乡江西进贤是中办

‘五七’干校旧址，却没有做。现在中央一个处长去进贤，县官们都会在高速公路口迎接，想当年‘朝廷’下放一大批高官去那里，却无人理睬……”

采访结束后，我特地请电视台的记者们陪同客人晚餐。晚上又请《南鄂晚报》来记者对秋野先生进行了采访，还约了金戈前来看望秋野先生和王馆长。

20080904

秋野先生一行今天去岳阳、赤壁参观。王馆长请我代为联系沙洋，以便择日前去有人导游。我和沙洋县志办陈国强打通电话，方知中央民族大学的干校旧址不在沙洋，而在现在的潜江(江汉油田旁)。于是建议他们直奔潜江，去那里还可以看看曹禺纪念馆。

晚上11点半，罗勇打来电话，称我布置的任务他刚刚完成，写了一篇《日本学者眼中的向阳湖》，请我修改。我将题目改为《秋野修二的“向阳情”》，并将他上次写的《“向阳光耀两岸情”》合二为一，更名为《陪同台湾、日本学者考察记》，收入《向阳湖文化研究》“笔会”篇……这样做的意义不言自明，向阳湖文化已吸引了世界的目光，中日之间学术交流是其良好开端。

20080905

《湖北日报》今日“文化版”及时发了我的消息稿《日本学者秋野修二考察向阳湖》。我马上打电话告诉王炳根先生，并拜托潜江市新闻出版局副局长郭忠美今天代为引路。下午王馆长打电话来表示感谢，称在潜江找到干校旧址，此行不虚。我还托他的随行小林代拍一些照片，日后寄来，以便将来编书选用。

20080906

《咸宁日报》和《南鄂晚报》今日都发了我陪同日本学者访咸的照片。晚报还发了不短的消息稿《向阳湖迎来日本学者》，此行的宣传可称得上到位。晚上又看了北京残奥会的开幕式,睡前将《向阳湖文化研究》的后记又作了修改,落款时间后移,因书中要增加秋野先生考察的文图,原文8月8日与事实不符。

打开电子邮箱,意外收到武汉科技大学教授孙君恒的信,云见了《湖北日报》关于秋野先生的报道,已剪下收藏。并告:“6月21日,武汉问津书院专家座谈会上,华中师范大学老校长章开沅教授表扬了你对历史文化的贡献……”他还欢迎我到武汉科技大学讲学。

20080907

北京郑士德先生上月底打来电话,称女儿、女婿出差到汉,意欲访向阳湖。我表示欢迎,尽可能提供方便。今日下午郑新大姐和丈夫凌申根寻访向阳湖和汀泗桥,我作了周到安排,晚上二位还来向阳轩小坐,郑大姐对我10多年来的坚持赞不绝口。凌先生则表示回京后要在同事中宣传向阳湖文化,并称我也应属于“感动中国”的人物。郑新还带来她父亲的一封信,其中云:“送上拙著《中国图书发行史》,你是主持咸宁地区新闻出版管理工作的,咱们也算大同行。请多加指正……”郑新在嘉棉和萧淮苏同事过,调回北京时,还找了当年的省委书记赵辛初,才办通调动手续。

20080908

市委办公室小傅打电话来,称新任市委常委王远鹤去咸安看了向阳湖文化展,非常感兴趣,约我一谈。下午我送去有关书报,王常委谈及自己从黄冈调过来,那里打“将军牌”,做成了产业。向阳湖也要充分利用品牌效应,他建议我马上写《六千文化人同一片土地》,争取早日在全国打响。我说文章已写了不少,关键是我市的硬件建设没有跟上。非得由政府出面才行。

20080909

上午电视台樊栋来我的书房拍摄有关资料,作为专题片《特殊的客人，特别的寻访》的补充素材。我下午又抽时间去电视台审片，并帮助修改文字稿。我将片名加了副标题《日中专家纵谈向阳湖文化》，这样更能吸引观众的眼球。

北京平野先生1日来信：“最近我的小女儿给我带了一个精致的速写本，要我为她画一本人物速写，她要我把咸宁的风景速写托人带给她，因为可以回忆干校的日子。因此，我想请你用相机拍下你所喜欢的画，把原作退还给我。/这些时，想必你的工作又有了新进展吧？”

20080910

咸宁电视台《今日话题》晚上播出日中专家纵谈向阳湖文化专题片上集，我照例“指示”片尾加上了系我策划，市新闻出版局、向阳湖文化研究会协助拍摄的字样。这倒不是图名，而是版权所有。作为研究会会长，眼光要放长远些，这是对本会的最好宣传。

20080911

晚上电视片专题播放了下集，时间较昨日长些，18分钟，谈得也更精彩。播出时和播出后马上有人打电话来祝贺。有的说“一位日本学者给了老师最诚挚的敬意……”，有的说“向阳湖文化还有更大的发展空间……”，均称赞此节目做出了品位，做出了档次，影响自会不同凡响。

有高兴事也有令人哀伤的消息。下午接到人民出版社老干部处李忠海电话，告知戴文葆先生上周去世，今日在八宝山举行告别仪式。柳斌杰、李东生、宋木文、聂震宁等领导为之送别。难得忠海兄擅自做主，为我代献了一个花圈，署名“咸宁市新闻出版局李城外”。今年一直忙乱，没有和戴老联系，不免遗憾。回想起我和金戈有一年去北京，他顶着寒风去全国政协看望我俩的情景，至今记忆犹新。

20080912

咸安区文体局派人来索罗哲文先生题写的“向阳湖文化名人旧址”，原件我已交市档案局代为保存，请他们自己借去复印。据说区里安排对干校旧址进行修复,我向他们建议重做石碑,改用罗哲文先生手迹,为省级重点文保单位“打广告”。

20080913

日本秋野先生今日发来电子邮件:“9月3日我承蒙你的关怀和照顾,向你衷心表示谢忱!我9月7日深夜回到日本,以后整理着旅行的照片等。现在我把你的照片寄送去,请笑纳。/在咸宁我过了愉快的一天。你给我的两套书,我已经送给我的朋友一套,感谢你!那本书对我很有意义。/要是你允许的话,请你把《湖北日报》9月5日和《南鄂晚报》9月5日寄给我,好不好?/以后我希望和你多联系,共同把咸宁‘五七’干校弄清楚,请多指教!/祝你工作顺利!”我复了短简,盼今后多联系,欢迎秋野先生再来咸宁。

20080914

北京郑新发来电子邮件:“此次咸宁、赤壁一行,圆了我多年重返向阳湖的梦,一路上承蒙您的关照,十分感谢!由于您与向阳湖文化的不解之缘,我们也与您成为好朋友。我们十分佩服您执着研究和挖掘向阳湖文化的精神,也很羡慕您能采访那么多中国文化名人、大师,能和他(她)成为朋友,既是您莫大的荣誉,也是您人生中收获的宝贵财富。/我写的这篇《在向阳湖的点滴回忆》,发送给您,请审阅。能否发稿都无所谓,就算是一个向阳湖知青向您提供的资料吧。/您有机会来北京时,一定与我们电话联系。”

20080915

日本秋野先生今日发来电子邮件:“你送给我的两篇通讯,我都收到了,高兴极了。你在百忙之中特意给我寄送来的,我感到你的好意,非常感谢。/日本新华侨网和湖北省政府网等媒体,我也希望能看到,请帮助我吧。我还有一件事恳求你,就是请你把《文化部向阳湖‘五七’干校旧址平面图》寄送给我,好不好?因为我在展览厅里拍照这个平面图拍得不好，弄不清楚。/我感谢你的厚意。昨天是中秋节，你们看到月亮吗？我们能看到溜圆的明月，但是日本没有贵国那样的热闹。/祝你工作顺利！”

下午寄了一封特快专递给北京严欣久大姐，附上严文井先生10年前写给我的两幅题词和一封代转任继愈老的信。

20080916

今日加班，将《话说向阳湖——京城文化名人访谈录》和《向阳湖诗草》两本书的后记修改定稿。但落款的日期还得出版前再定，初步计划下月交出版社。

20080917

为书稿插图清理照片，又忙了整整一晚上。工作实在紧张，只好这样“集中精力打歼灭战”了。

20080918

扫描照片工作量过大，又想到借助“外力”，下午将清理好的照片送到市档案馆，请专业人士杜义力帮助整理归档，一举两得，既为我节省了时间，又为档案馆积累了资料。今后查找起来方便，他们迎接上面检查也有实实在在的“干货”。

20080919

上午与北京止庵先生通话，仍请他帮助复印劳祖德先生在向阳湖的日记。为此事我打电话不下十余次，上北京也同他联系过，可这位王先生只是答应，而拖着没办。今日再催时，又说需征得劳先生同意。如此麻烦，我也只能作罢了。我在电话里解释，只是收集，免得放在他那里，不能“资源共享”，不料他倒误解了我的意思。我便决计不再找他。

20080920

花了一整天整理近些年拍摄的照片，为下步编书配插图提前做准

备。工作量之大出乎以往想象，尤其是向阳湖内容的照片就达几千张。看来平时整理就得加紧，免得集中起来工作量太大，累得受不了。

20080921

原计划《城外的向阳湖》起止时间为1994年1月至2007年12月，但又想到书出一回难一回，便决定延至今年底。今天便又请张磊来打今年上半年的日记稿，才发现今年向阳湖的“亮点”多多，精彩纷呈……

20080922

上午咸安区局毛局长来，请我一同去北京邀宾参加下周的咸宁座谈会，我委婉辞之。一来上次我已毫无保留地提供了地址和电话；二来单位工作忙，实在走不开；三来编书紧张，我得突出这个重点，其他事情一概让路。

20080923

收《中华儿女》第6期稿费790元。

下午向武汉出版社发出《话说向阳湖——京城文化名人访谈录》文字稿的电子版，配上插图280余幅。感觉此书重新包装上市后，一定会有卖点的。

20080924

昨日，市邮局派邮协负责人来商量策划印行第二套《中国向阳湖文化名人风采》纪念封第二组的事。我建议推至明年更合适，正好是向阳湖干校创办40周年，距第一组纪念封发行正好10年，他们采纳了我的意见。下午，市电视台朱天辉也来找我，请我帮助指点拍摄向阳湖专题片事宜。我的精力实在有限，让他先拿方案，再来征求意见。

20080925

本周抽空就往市档案馆跑，整理“丛书”所需配的照片，请小杜帮忙扫描，效率很高。今日又将第5本书《向阳湖诗草》文字定稿发给出版社。下个月可以一心一意突击校对《城外的向阳湖》一书了。定时定额，的确是实现目标的好经验。

20080926

咸安区文体局又来请我帮助指导“向阳湖文化展”重新布展事宜。我纠正了他们送来材料中的一些明显的错字，建议增加文化名人的介绍和近些年各地来人考察的内容。但资料还得我提供，无形中又加大了自己的工作量，而这种支持既是推不脱也是十分必要的，免得展览档次不高，咸安又出现错误，今后再陪客前去参观，首先是自己脸上无光。

20080927

上午约成果兄同至田野集团，省孔子学会在这里开年会，省社科联原副主席张武与我谈起向阳湖文化，以为进一步扩大影响会给咸宁带来无穷效益。成果兄则说市里如有开明领导，指示成立专班拨专款，使向阳湖研究成为常设机构，便理想了。我说目前尚无这种可能，我等同仁只有埋头做好研究会的工作，引起市领导重视才是上策。

20080928

到长江出版集团，友人送我几张购书券。购得一套《流人名人文化与旅游文化丛书》(黑龙江人民出版社2008年版)，分别为李兴盛主编《黑龙江历代旅游诗选与客籍名人》和李的3本专著《增订东北流人史》、《流人史流人文化与旅游文化》、《塞北边风录》。翻了作者简介，李兴盛先生系黑龙江省社科院历史研究员、省文史研究馆馆员，尚有专著《中国流人史》和《东北流人史》等。可知李兄乃研究流人文化的专家，今日方知其名，足见涉外太少，今后应加强联系。同时，为黑龙江省出这套丛书而心生敬意。我今后出“向阳湖文化丛书”属异曲同工，他日影响似应超过此套丛书，亦可填补湖北此类丛书之空白也。

另购《东林列传》(广陵书社2007年版)、《我认识的钱钟书》(吴泰昌著,上海文艺出版社2005年版)、《俞平伯传》(杭州出版社2005年版)、《牛汉诗歌研究论集》(时代文艺出版社2005年版)、《曾经风雅——文化名人的背影》(广西师范大学出版社2000年版)、《父亲长长的一生》(叶至善著,江苏教育出版社2004年版)、《我和爸爸吴敬琏》(吴晓莲著,当代中国出版社2007年版)、《"二流堂"内外》(吴祖光著,江苏文艺出版社2008年版)等。

20080929

今日向北京余玮发出短信,请他帮助配齐《中国高端访问》系列。他和妻子吴志菲近些年在京城"北漂",以笔立足脚跟,仅此系列书已达15本之多,尚有几部在审批待出版,无疑算得从鄂南进京"北漂"的最高产作家了。我对这位从赤壁走出去的小伙子不禁刮目相看。最近他又打电话来约稿,我寄去一篇《一份杂志和一张文化品牌的渊源》,下月便可发表。照例以宣传向阳湖为目的,又重点介绍了团中央潢川"五七"干校。

20080930

中餐友人程良德邀我和致婷去千桥大酒店小酌。席间还有鄂高校长程功武和在市委办公室工作时的老同事陈先汉。都是通山老乡,说话十分随便,阿汉问我最近忙什么,我答编书。他们都说我牵头请别人代劳便是了,我说这种事别人代替不了,只能亲自动手,研究会的同仁最多能帮助校对。致婷调侃道:"他现在有不少'粉丝'哩!"功武则热情邀请我到他们学校一个新机构担任顾问,并诚请适时去宣讲向阳湖文化,我满口答应下来。因为十多年来,咸宁学院、职院、市委党校、温泉中学、咸宁高中的负责人,或请我讲课,或口头邀请,上周连温小的校长一见面都预约去宣传向阳湖文化。鄂高乃咸宁名校,不能出现"空档"。今后从这里走出的学生自会向各地高校传播向阳湖文化……

2008 年

20081001

国庆长假头三天比平日更忙，加了三天班，前两天请甘泉到办公室打文稿，今天又请张磊接手作了"总结"，终于完成 2007 年至今的日记整理、打印。下午打好昨天的日记，按定额完成了任务，今后再也不用如此突击了。粗算了一下，《城外的向阳湖》1994 年至 2008 年 15 年间的文字约有 60 余万字，每年度分春之卷、夏之卷、秋之卷和冬之卷，这样便于阅读些。

20081002

晚上北京杨德炎先生打来电话，称咸安区委宣传部黄部长最近又打电话邀请他参加下月底举办的文化人重返咸宁活动，杨总因要出差，不能前来，让我转告，免得区里作安排。据了解，时间改在本月底，咸安区委、区政府已于 9 月 27 日向原文化部向阳湖干校学员发出邀请函。鉴于上次区里随意性太大，我对此次活动的态度是，仅仅参与，但也不必热情过度。

20081003

在家清理向阳湖文档及资料，意外发现，因近两年太忙，还有几篇"五七"战士的来稿躺在文件盒里睡了好几年，编《向阳湖纪事》时竟没有及时收入。有魏文藻写故宫家属连的，有于志明写 26 连双溪挖煤的，有林光写商务连一次插秧比赛的，还有冀勤的一篇《为两件现代文物作注》。“纪事”一书以中国作协的作者为最多，增加这几篇会更全面地反映向阳湖。下周争取和出版社联系，尽最大可能补进去，以免留下遗憾，这也是对投稿的作者负责。

20081004

谌胜蓝又发来一篇写冰心的稿子，近6000字，分了几个部分，请我修改。我嫌文章长了些，只截取其中之一，更名为《冰心的干校家书》。因武汉出版社责编对《向阳湖文化研究》“笔会”篇的谌文《“没有鞋”与“没有脚”》有异议，我便建议她另换一篇。

20081005

长假后的几日又抓紧校对文稿，足未出户，今日送稿子去打印店才上街。又布置王亲贤和郑光勇校对，最后同去我办公室小坐。我对二位说，“向阳湖文化丛书”出版后，我们要多考虑从理论高度研究向阳湖，形成论文甚至专著。下午金戈来我家闲聊，我又强调了这一点。

20081006

上午去市委黄书记办公室汇报工作，他主动谈起向阳湖文化，说：“牌子如何进一步打响，你是这方面的专家了，要好好琢磨，为咸安区策划的冬季活动多多提供支持……”我介绍了自己今年写文章和出书的事，说台湾和日本学者今年都来向阳湖考察，并递上有关报道和光碟；接着又去常务副市长胡立山办公室，他见面也说起类似的话，这说明市领导在有关会上已高度重视向阳湖文化的宣传了，但出发点还是似乎突出带动经济，这方面我考虑得少些，精力主要用在文化抢救与研究上。

20081007

市档案局傅宏打电话来告知，全市档案宣传工作会议在温泉召开，省局副巡视员于斌和《湖北档案》的几位老朋友(邓衍明、姚岷、金萍、张杰)都来了。中餐我去作陪时,于告诉我,当年他是华工干校的知青,也下放向阳湖半年,后天拟去重游,并说我的向阳湖研究极有价值,湖北百年来文化人最集中的大事件,一是1937年的武汉抗战,二是“文革”时的干校,建议我今后创作大部头作品时,可将二者联系起来……

20081008

近日到武汉出版社,审定已发排的书稿。《话说向阳湖》、《向阳湖纪事》、《向阳湖诗草》和《向阳湖文化研究》都已排版,或一校或二校,“纪事”和“诗草”的插图还需费时排版。我干脆全部带回,以便集中时间统一次稿。王远彦主任叮嘱我和彭局长商议好签出版合同的事,彭问我市里是否能支持一笔钱,我说可能性不大,不如不找,建议几本书印数不一,我著的三本可多印一些,编的四本则可以少印一些,以便今后促销。彭兄理解我的难处,只是催促早日定稿,余下事好办,出版社是会大力支持的。又去看了美编刘福珊设计的封面,总体感觉可以,第一印象不错。

购《黄镇传》(上、下,主笔范中汇,副主笔刘海风,中央文献出版社2007年版)。

20081009

陪省档案局客人参观向阳湖,见咸安区正在重新布置“向阳湖文化展”,街上进向阳湖镇路口西边新竖起了两根彩柱,书上一副对联:“六千文人寻梦地,百里向阳飘乳香”。中餐在斧头湖鱼馆小酌时,市档案局要求我进一步加大支持力度,多寄存一些档案资料,建一个向阳湖文化“特藏库”;省档案局则提出,请《中国档案报》派人来考察一番,然后也开向阳湖专栏。我对后者更感兴趣。

20081010

长江出版集团宋丹娜副总裁一行来咸,中餐市委黄楚平书记和常务副市长胡立山作陪。席间领导们说起向阳湖,宋称赞此事有意义,是对咸宁文化的贡献。黄书记也叮嘱我多指导咸安区近期的邀宾和座谈会工作。胡市长最近要出访日本,我正好介绍了秋野先生来向阳湖考察事,并送了他一盘访谈光碟。但愿能引起市委、市政府进一步重视。

20081011

金戈乔迁新居,就在我家附近不远。今日前去小坐,话题仍是向阳湖,我谈及编"向阳湖文化丛书"工作量大,但书成后影响一定也大。又商议了研究会今后如何从理论上总结向阳湖的价值,以及今后京城来客的接待工作如何改革,如并不一定大包大揽、食宿全免,提供出行方便足矣,因为承担不起。

20081012

市里安排今日召开深入开展学习实践科学发展观活动试点工作动员大会,并分组讨论。下午在宣传战线发言时,本想提及市里对向阳湖文化口头重视、具体无人落实的现状,转念一想,不合时宜,而且说了白说,便改变主意,只谈了本单位的工作打算。

20081013

北京吴道弘先生寄来2003年的《出版史料》1至4期。他是执行主编,不久前接到我的电话后,马上交人办理。我感谢这位老"五七"战士的守信。这份杂志近几年一直在订,可读性强,其中不少作者是我熟知的"向阳湖人"。在报刊林立的今天,值得索要配齐的杂志还真不多。

20081014

近一周将《城外的向阳湖》的文稿突击浏览了一遍。今天上午,咸安区群艺馆又来人,商议"向阳湖文化展"重新布展事宜,请我帮助提供思路及资料。下午去市档案馆扫描老照片时,咸安区委党校陈思打来电话，盛邀前去给秋季班学员讲一次向阳湖。我解释说实在忙不过来，推至明春比较合适。

20081015

夜在网上偶见黄成勇博客——“尘梦与时心”，新帖乃《为李城外先生跋拙编两部》。上周在汉见面时，他说要送我《王兰馨赏析唐宋词》和《沈祖棻赏析唐宋词》，为求风雅，云题跋后下回奉寄。今日得见，马上向他发出短信：“编书未到手，题跋已从网上拜读，提前致谢了！”他此时正在杭州，准备赴山东参加全国民间读书报刊年会。我请他向会议承办者自牧兄问好，因得到邀请，也十分想与会，无奈手头“丛书”统稿任务太重，出版社催得急，实在走不开，并告知《向阳湖文化报》适时将改为《向阳湖文化研究》，力争每年出一本，搞正式书号。我对成勇兄说：“虽然‘农转非’，但民间报刊友人的敬业精神永远是一种鞭策的动力。入新闻出版行业五年，以结识同庚兄为幸！我没你抱负大，总担心如城外人进了省城，向阳湖文化大旗无人扛，便只有安居咸宁了！”得回复云：“以兄之才学能力，到哪里均是‘李居易’，只是吾兄一走，向阳湖将会有文不化了，谁谓不可惜？”

20081016

下午局机关开学习实践科学发展观动员大会，我作了主题报告，会后与市委检查指导组的同志一起被咸安区委组织部邀去小酌。市委党校的校务委员大都到场，都是老熟人，他们和咸安区的同志见面就称赞，幸亏有了我，向阳湖才在全国知名。席间，我也发自内心地对敬酒者说：“这里是我的根据地！”

20081017

上午咸安区委宣传部黄部长上门，向我汇报近日进京联系向阳湖文化人事宜，先后请了陈宝国与范曾，前者见了面，因拍片没有空闲来；后者找到了单位没见到人。黄说区里初定的是11月上旬在温泉召开座谈会,12月下旬在北京开座谈会,并已制作宣传光盘和礼品(向阳湖名人肖像图案瓷盘),请我提出意见。我说时间太急,当务之急是帮助将咸安区“向阳湖文化展”布置好。由于相关资料大多由我提供,咸安区同意添加“向阳湖文化研究会”为展览举办者之一。这是我这个会长为本会争的应有“名分”。今后即使是义务劳动,也要讲间接效益。

向阳湖文化名人肖像瓷盘

20081018

《咸宁日报》今日头版发出消息《一批文化名人将相聚向阳湖》,其中云:“国画大师范增、著名影星陈宝国,似乎毫不相干的两个人,最近却要相聚中国桂花之乡咸安。”对这种失实的报道,我无话可说。昨天咸安的同志来我办公室说请不到这二位,发消息的记者连大名鼎鼎的范曾的名字都搞错了,内容失实也就不足为奇(可怜的是编辑也没把住关)。前几年《咸宁日报》也发过类似的失实的“预见性报道”,如称中国作协将组团重返向阳湖,结果没有下文。作为新闻出版主管部门,我下周一在局务会上有必要强调一下,给报社提个醒,否则有损党报声誉。

20081019

致婷去南京参加全国新生儿的学术会议,那里正在举办“国际戏剧节”,正在备考中央戏剧学院研究生的熟了正好从苏州赶去,享受此次难得的精神“大餐”。我马上想到陈虹与戏剧界熟，弄票方便，还真凑巧，她妹妹陈晶在省文化厅便是负责此次活动。一联系，没问题，熟了为此兴奋不已。我自豪地说：“老爸研究向阳湖，到处有朋友。”并建议致婷抽空去拜访一下陈家姐妹，感谢为熟了过足戏瘾提供了极大便利。

20081020

湖南师范大学历史文化学院张绍春用特快专递寄来他的博士论文《“五七”干校研究》，厚厚一大本，长达 28 万字，被评为师大十篇优秀博士论文之一。张博士声称：“十分感谢，因为论文引了不少您收集整理的资料，我是站在您这个巨人的肩上，才有了那么一点收获，咱们今生注定和干校有缘。”晚上立即通读了一遍，全书分绪论和六个章节，介绍了“五七”干校的产生和兴办原因与背景、产生与兴办、调整与巩固、衰落与停办、办学模式和对“五七”干校的评价，附录还有“‘五七’干校大事记”。这是我至今为止看到的第一部关于“五七”干校的专著。张博士用功之深，用力之大，令人感佩，他日将邀来向阳湖实地考察。

20081021

《楚天都市报》今天也发表了一批文化名人将聚首向阳湖的消息，除重新发布范曾、陈宝国将来咸的虚假新闻外，有则数字倒是对向阳湖的极好宣传：“自 2000 年起，来此寻访的文人、记者、学者每年不下于 2000 人，其中国际友人、省部级领导、老文化人回访达 30 多人次。”虽然是摸脑壳的数字，不一定十分准确，但如此造势，说明咸安区对向阳湖的宣传毕竟又开始重视了。

20081022

咸安区委宣传部黄部长从北京打来电话，称她正邀宾参加咸宁向阳湖文化名人联谊活动，有初步意向前来的有宋木文、罗哲文、吕济民、张慈中、杨德炎、刘建中诸先生,还有“向阳花”林阳、张珊珊等。据说还邀请了原文化部副部长高占祥。我对这种邀请有些担忧,以为后者没有下放向阳湖,有点不搭界。

20081023

下午咸安区委宣传部熊副部长和文体局毛局长来,谈起区里的“咸宁向阳湖文化名人联谊方案”已报市委、市政府,黄书记和任市长都签批同意。方案云:为纪念咸宁市建市10周年和干校创办40周年,表达咸宁人对向阳湖文化人的深厚情感,寻求他们对咸宁经济文化智力支持,加快建设鄂南经济强市步伐,通过双方互倾情愫,进一步增进情感,通过实地考察,见证咸宁、咸安改革开放30年来经济社会的发展变化,使这些文化人对咸宁有更多的了解和关注,恳请文化人对咸宁、咸安的发展问诊把脉,提出建设性意见;进一步联络这些文化人的子女,不断延伸难舍难分的“向阳情结”,推介向阳湖文化保护开发项目。活动的主题为“向阳情·咸宁缘”。

20081024

下午在打字复印点意外碰见咸安区政协的陈大银,他正赶印一本《向阳情》(内部刊号),准备作为宣传资料在联谊活动时发放。我翻了一下目录,系他10多年来写向阳湖文化名人与当地群众故事的结集,还有不少有关向阳湖开发的通讯报道。但其中一篇《诗人尹一免费为农民扎针灸》,一看便知“尹一”为“尹一之”之误,我马上指出,陈立即通知已印好的停止装订……

20081025

在市里开了一天会,仍抽空将《城外的向阳湖》初稿排定下来(除今年第四季度日记年底补充添加)。这样,通过几个月的突击,丛书7本初稿基本完成,只有校对的任务了。又一次“如释重负”!

20081026

致婷从南京开会回温泉，带来陈虹赠送的纪念陈白尘先生诞辰100周年的礼品（紫砂壶杯）和《我这样走来……》（陈白尘著，陈虹、陈晶编，江苏美术出版社2008年版），稍稍弥补了我未能参加纪念会之憾。还有一本《雨花》今年第二期上载有陈虹《这里曾经是文化部“五七”干校》。致婷说，陈虹关切地问我编著的“向阳湖文化丛书”何时杀青，我的长篇纪实文学何时开笔……

20081027

下午咸安区委宣传部黄部长来，说在北京邀宾时，张广先生虽不能来，但热情送我一本新出版的2009年大挂历——他的《百牛图》。虽十分精美，但毕竟是印刷品，收藏价值大打折扣。张广先生早答应过我，为我画一幅牛，将来适时得找机会让他兑现诺言。

20081028

咸安区群艺馆万默在负责“向阳湖文化展”重新布展事宜，多次到办公室来找我求援。我毫无保留地提供了一些老照片、名人简历、名人图文介绍、研究会动态等大量资料。今天万默将布展清样打出来，送我办公室请我审阅。我认真改了一整天，这种“义务劳动”甘苦自知。

20081029

《城外的向阳湖》（1994—2008）打印稿分成两组，请王亲贤、郑光勇、金戈和孟绪龙分别看上下册，提出修改意见。晚上老孟打电话来盛赞其史料价值，但对涉及他自己的有些内容不同意公开，认为我写得太实。而我则以为日记贵在实，一虚的话就难免造假，极不可取。

20081030

又连续突击几天将排印稿《向阳湖纪事》（上、下）浏览了一遍，将研究会的同仁们的几组校对稿一一对照,初步定稿。并临时又添加了几篇文章,为的是尽量不留遗憾,让这本"咸宁'五七'干校回忆录"真正能反映向阳湖岁月的全貌。

20081031

咸安区委办公室前几天正式下发了《咸宁向阳湖文化名人联谊活动方案》(咸办发[2008]77 号文件),重返向阳湖时间定在 11 月 10 号,并于 12 月在北京召开座谈会,其中"组织领导"邀宾组注明特邀我支持。今天上午我分别向中国作协周明先生和商务印书馆杨德炎先生通话,言及下周将和区委宣传部的同志一道进京,陪同他们前来重访向阳湖。周因事表示遗憾,杨则满口答应与我结伴而行。正好明天《南鄂晚报》"向阳湖文化·干校纪事"专栏将发表《司务长杨德炎》,并配发他率领记者沙龙 18 家媒体于 2005 年秋考察向阳湖的照片。

20081101

《咸宁日报》和《南鄂晚报》今日均发表特约记者专稿,介绍邀请陈宝国来咸宁前前后后,解释陈因拍片不能来咸宁,并初定明年荷花开时回访向阳湖——这也算得记者对自己失实报道给了一个台阶下吧。

20081102

上午与北京宋木文、陈早春二先生通电话,问及能否如约参加下周咸宁的座谈会。宋老因提前答应参加浙江的一个活动,陈社长因昨日刚出院,均不能前来。而上周上门邀宾的咸安黄部长把他们都列入名单,视为已定好前来的嘉宾,幸亏我稳妥起见,核实了一下。看来明天得建议咸安区逐一落实。如果人数不够,还得有临时"增补"方案。

20081103

下午咸宁电视台朱天辉来"向阳轩"拍片,称咸安区下周请北京文化人重返向阳湖宣传之用。我这里的素材可谓应有尽有,他与同事冯新州忙了整整三小时,满意而归。我只是提醒朱天辉在片尾署名时,别忘了加上“咸宁市向阳湖文化研究会协助拍摄”。

20081104

今日去武汉出版社，彭社长给我发了聘请我为该社“特约编审”的证书，并馈赠一套《中华长江文化大系》(1—64)，系国家“十一五”重点图书出版工程，武汉出版社和中国言实出版社 2006 年版。中餐，“向阳湖文化丛书”的责编王远彦和美编刘福珊陪我小酌时，都说我们今后就是“同事”了。办公室邹德清和何小敏都是老熟人，对出好这套丛书充满期待，表示按领导指示积极搞好服务。

20081105

今天出差到通山，顺便看望母亲。老人家忽然主动说起来，她想组织单位的退休老同事到向阳湖看看。我自然大为感动，表示如能成行，一定放下手头工作陪同，当好“最佳导游”。

20081106

上午和市委宣传部陈部长联系，他受咸安区黄部长之托，同意我和咸安区的同志一同进京邀宾。我以为这样才名正言顺。老是凭热情帮助咸安区，但是出差请假几天，还是按组织程序到位好一些。我局毕竟是在市委宣传部的领导下，对咸安的工作只能是“道义上的支持”。

20081107

下午与咸安区宣传部黄部长及宣传科万科长飞抵北京。夜在咸安驻京办刚住下，我便开始联系萧乾先生夫人文洁若先生。黄部长之前到京几次都说文洁若先生来不了，可我的电话一打通，文老马上答应下周一同来咸宁，这叫感情不一样就是不一样。过去毕竟我曾是萧家的常客，且一直保持着书信往来，今日可谓旗开得胜。黄部长也说，此行如果请不到大家熟知的文化名人，便没有面子。可她初定的十几个人有的已答应，有的未置可否。知名作家、画家却不见一人。反正既然受人之托，需尽心尽力。何况黄还玩笑道，咸安区也是在为我们向阳湖文化研究会办事。我“反驳”说,此次活动她代表官方,我代表民间,不要把主次颠倒了。

20081108

今日又电话联系了中国作协的周明、吴泰昌、谢永旺、吴桂凤等人,都因事不能成行,但下月在京开座谈会尽可能参加;又诚邀“向阳湖文化书系”的责编柴志湘先生,他感谢我盛情,但因病推至以后再说。我的礼数到堂了。黄部长也说,原来答应前来的罗哲文和吕济民二先生因事这次可能去不了咸宁。这都是我事先预料之中的,最后的人选到明晚才能确定。

20081109

得知中华书局就在咸安驻京办附近,上午便抽空去拜访了傅璇琮和程毅中二先生。傅先生在他的办公室找出两本专著送我,还有一本《傅璇琮学术评传》(傅明善著,西北大学2007年版);程先生是苏州人,馈赠了《程毅中文存》(中华书局2006年版)。我邀请二位下月参加北京座谈会,都答应下来。

作者与杨立伟
在《中华儿女》纪念会上合影

晚上应《中华儿女》之邀,去全国政协礼堂参加该刊创刊20周年纪念晚会,见了不少政要和名流并合影留念,如全国人大常委会副委员长阿不来提·阿布都热西提,毛泽东儿媳刘松林、刘少奇之子刘源、周恩来侄女周秉建、贺龙女儿贺捷生,航天英雄杨立伟、乒坛世界冠军邓亚萍、相声名星冯巩等。因会上发出的“纪念金刊”刊载了我的文章《一份杂志与一张文化品牌的渊源》，我见到新闻出版总署署长柳斌杰和原《人民日报》副总编辑梁衡时，还聊了一阵向阳湖文化……

20081110

上午拜会全国文联名誉主席周巍峙先生，同行的黄部长等带上咸安区新制作的纪念瓷盘和餐具，上面有周老的头像和题词等。我照例带了十几个印有周老头像的纪念封，请周老在上面一一签名。老人虽九十有三，但思维清晰，依然一脸的慈祥。我感谢他每次都抽出时间接见我，他倒笑道，我便是因向阳湖成名的。我说他是文坛德高望重的领袖，他却幽默地说："什么领袖，在向阳湖时是黑帮头目！"并评论干校"没有文化，只有武化"。周老近日十分忙碌，不仅离不开身，而且下月座谈会也不一定有时间参加。我心中祝他长寿，但愿这不是最后一次拜望这位可敬的老人。

接着去国家行政学院拜望老院长陈福今。我从政协文史的角度汇报了抢救向阳湖文化的意义。陈院长鼓励我坚持将这一课题做下去，并表示下月有空则参加北京座谈会。我又和黄部长一道去学院出版社，找了萧淮苏社长，约请参加下月座谈会。

下午，上门接卢永福夫妇和文洁若先生及随行的中国新闻社记者王辛，十分顺利。文先生赠送了萧乾《这十年》(重庆出版社 1990 年版)和《萧乾书信集》(河北教育出版社 1991 年版)。卢先生则告诉我，自己的邻居王笠耘先生(也是十四连"五七"战士)，不久前病发去世，使我更加珍惜这次邀请的机会。

晚上大家在北京西客站集中。此次到咸宁寻梦的"五七"战士还有杨德先生，张慈中先生及夫人余美珍、女儿张姗姗，司徒新蕾和何祖渠夫妇，萧立昂，"向阳花"林阳和韩聪，《中华儿女》的陈安钰属特邀代表。原国家电影局局长刘建中及夫人蔡之忠则明日乘飞机抵汉，再在

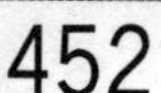

向阳湖汇合。晚上我和杨总在同一车厢，聊及“向阳湖文化丛书”，他建议“总序”要请德高望重的长者挂名，且是没有争议的名人为宜。又说前几天他在上海博物馆，也建议将咸宁干校列入该馆收藏范围，可能不久会有人前往向阳湖考察。

20081111

Z37 次列车晨抵武昌，咸安区委、区政府作了周到安排，区领导率队前来接站，还安排了献花，然后直达温泉国际酒店。客人下榻稍事休息后，前往咸宁学院和工业园区参观。中餐，市委、市政府举办欢迎午宴，市领导程颖、胡立山、陈鸿驰、杨荣才、孙基志等作陪。咸安区委袁书记主持，首先请我向大家介绍了北京的客人……

文化名人重返向阳湖

下午重返向阳湖，是这次“向阳情·咸宁缘——文化名人看咸宁”活动的重头戏。向阳湖镇披上了节日盛装，街面上打出了许多横幅。在向阳湖奶牛良种场前，“向阳湖文化名人旧址”石碑重新树立，用上了罗哲文先生的手迹。向阳湖文化展览室也重新布置，水平较以前又有新的提高。省市媒体记者来了不少，纷纷围住文洁若先生等采访，市里的摄影家杨敏、张桂林也自发赶来捧场。此时刘建中夫妇也赶到，老“五七”战士们实地重游了红旗桥、王六嘴、向阳区等地。晚上向阳湖奶牛场摆了 10 余桌宴席，席间有人讲了一个细节，说每年桂花二度开，今年却异常，日前三度开花，自然是因为有贵客从京城来。机会如此难得，我们研究会也做了周密安排，罗勇、金戈、王亲贤、郑光勇、万红英、陈海燕、谌胜蓝等都参加了接待，还有从鄂州来咸的成园弟也当起随行摄影记者。

20081112

上午市、区两级在温泉国际大酒店举行“文化名人看咸宁”座谈会，播放了专题片《向阳情》和《特殊的客人，特殊的寻访——中日专家纵论向阳湖文化》，咸安区谭区长致辞，市委常委、宣传部陈部长作总结讲话。北京客人逐一发言，会议开了整整三小时，中途我见缝插针将成果兄著《向阳湖畔的脚印》调来50本，发给与会的人员；并安排三组“向阳湖文化人”先后接受电视台采访，分别是文洁若、张慈中和张姗姗父女、杨德炎和林阳两位出版人……

座谈会发言顺序及要点如下：1. 文洁若：首先要夸夸李城外，他坚持了十几年如一日从事向阳湖文化研究，才造成了今天的影响；其次，萧乾说，向阳湖是“文革”时期我们的避难所，对我们全家来说的确如此。在北京天天挨斗，到了咸宁，斗争风向转移，揪“五一六”；第三，身体在干校得到锻炼，甚至可以说向阳湖救了我的眼睛。不必再像过去那样埋首书斋，眼睛得不到休息，劳损严重……2. 刘建中：一是感谢咸宁市委、咸安区委组织此次活动，感谢咸宁一批热衷于向阳湖文化的同志，向阳湖文化形成一种现象，确实值得研究。二是怀念向阳湖岁月，有苦有乐，下放不比一个人当兵，这里有家庭，有的拖家带口，有的在这里成家，一生不可能再有这种经历。三是希望做好下一步的工作，如为向阳湖文化定好位，积极申报“国保”单位。要思考向阳湖文化如何更具生命力，干校只是一个载体，而文化人是一个品牌，是魂。此外宣传文化名人要站高一些，所宣传的代表性人物要准，让大家公认，方经得起时间检验。3. 卢永福：感谢盛情邀请，我也是咸宁人，今天有回家的感觉。昨天在向阳湖还有老乡记得我，我在干校十四连当连长，最后一批回京，称“末代皇帝”。心情激动，难以表达，且念一段

《向阳大会师,千古一风流》中的话……4.萧立昂:父亲和毛主席是同学,“文革”也难免挨整,我因受牵连两度被隔离审查。荒唐的是,干校揪“五一六”时,反革命人数超过了革命群众。如何评价这段历史?你们抓住这一现象研究,非常有意义。父亲曾引用毛主席的话教导我说,人如果一辈子不受冤枉,便没有特殊的纪念(大意)。有一次,我在俄罗斯访问,一位院士看了我在干校喂猪的照片,颇感兴趣,说干校研究是个大题目,和我一谈就是几个小时。我对这位汉学家建议:“希望你到咸宁看看。”5.张慈中:我在汀泗桥办阶级教育展览,和当地农民干部接触多,体会了他们的艰辛,我们任何时候都不应忘记这些为我们提供粮食的人。早在10多年前,李城外采访我,我双手赞成他从事向阳湖文化研究,因此我设计向阳湖文化研究会的会徽,寓意为他是向阳湖中的一条鱼。6.杨德炎:这两天往事像过电影,历历在目。我23岁来咸宁,从咸宁走向社会,学会与人打交道,“向阳情结”是抹不去的记忆。正如陈原先生题词所说:“6000人的汗水、泪水,苦恼和忧虑,还有一点希望,汇成向阳湖。”说得非常贴切。我认为向阳湖文化包含一种知识分子在逆境中顽强向上的精神。但你们要把握好宣传基调,即不能再发生“文化大革命”。7.林阳:我作为“向阳花”返京后这是第一次回咸宁,曾编了一本《童年的干校》,总在考虑为咸宁做些什么。向阳湖文化的开发眼光,要看长远些,充分挖掘文化名人的价值,不计功利,要把一个细节做到极至,应从潘石屹在长城旁搞的酒店中受些启发,还有海明威的咖啡馆。8.司徒新蕾:此次回咸宁,感受到39年的

萧立昂在干校喂猪

巨大变化。回京后保证做好两件事，一是把十八连连队建制、演变写清楚，提供一点资料；二是将我父亲的传记资料整理出来……（发言时，卢永福和萧立昂都一时激动得说不出话，流下了泪水）。

此间咸安区也不失时机地请京城客人题词。文洁若写了两幅，分别为“向阳情，咸宁缘”，“开发向阳湖文化，宜与中国悠久的文化传统相结合”。其他题词为：“苦难与风流并存”（卢永福），“向阳湖情深，咸宁人意浓”（张慈中），“向阳湖情结”（杨德炎），“三回向阳，见其文化保护越来越好，真是割不断、述不完的情”（刘建中），“文化部‘五七’干校形成的向阳湖文化，应该研究、保护、发扬，为咸宁的经济文化做出贡献”（萧立昂）。

散会后，我没料到文洁若先生又递给我一封她在会间赶出的短信：“城外先生，我家至今保存着萧乾先生当年穿过的棉衣、棉袄、雨鞋、棉鞋，如果成立萧乾故居，农户迁出，我会全部捐献出来。儿子萧桐是‘向阳花’，我打越洋电话告诉他赴干校遗址事，他说可惜他不在北京，不然他愿意来。明年 8 月他一家 4 口（妻子和一对儿女）回京，已预定赴呼和浩特参观萧乾文学馆，如果你们能接待，我们 5 人可从呼市赶到温泉，只住一夜便可，照几张像，放在 2010 年预定出版的《百年萧乾》影册里。萧桐于 1980 年出国，现任美国伊利诺州奥古斯坦那学院的美术系主任兼终身教授。”

下午，陪同客人参观通山大夫第古民居和咸安刘家桥，文洁若、杨德炎和萧立昂先生等今夜先行回京。一路上文先生还赞不绝口，抢救向阳湖文化，幸亏我行动早，否则现在迟了，要知道，近年老人们都是排着队走了啊！

晚上邀林阳来“向阳轩”参观，观赏了有关向阳湖文化的资料。他是行家，说我的收藏之富，在北京城也是难得的。

20081113

京城留下的客人今日分两拨行动，咸安区黄部长陪刘建中、蔡之忠夫妇,何祖渠、司徒新蕾夫妇去向阳湖窑嘴,另一位副部长陪张慈中及夫人、女儿,卢永福及夫人,林阳、韩聪等游汀泗、赤壁。我分身无术,没有"选人"陪同,厚此薄彼对哪一方都不合适,便约好下午送行时在贺胜桥见面。正好上班有空将这几日省地有关报道复印,让客人先睹为快。晚餐时,刘建中先生提了个好建议,为扩大向阳湖文化的宣传,研究会应该考虑在北京设点,建一个网站,指定一名"向阳花"负责,专门联络第二代……

送走客人,返温泉后,我又听说上午谌胜蓝、万红英主动赶到汀泗桥陪"向阳花",这说明研究会的人员素质越来越高,渠道越来越广,而且她们有个优点,甚至连我都有所不及——出手快,当天的事马上就可以写出来,并在博客上发出。比如昨天上午的座谈会,万红英立马写四五千字的侧记,挂在了网上。看来参与者越多,研究会的声势便越大。

20081114

上午成果兄和成园弟来谈。成园因参与了采访随行摄影,也听了一些舆论,感到此次文化名人重返咸宁,虽然表面上热闹,但组织和宣传上仍存在不尽如人意之处。我安慰说,不可求全责备,咸安区能迈出这一步已经是不错了,不能苛求所有人在对向阳湖的认识上和我们一样高,实际上既不可能也没必要。凡事总得正面上多看多想,才能振作精神,推动下一步做出更大的成绩。

20081115

北京陈警先生 11 日发来电子邮件,称收到我寄去的"向阳湖文化书系"等资料,他和姐姐陈延琳表示感谢,其中云:"现在还没来得及仔细阅读,大略翻了翻,已经看到很多有趣的内容。其中还见到提及我们的父亲陈翰伯的一些事,也是我们很希望了解的。我在'文革'期间曾去过向阳湖,时间虽然短暂,但因为父亲在干校生活了很长一段时间，所以对向阳湖的人和事还是非常关心的。以后，我们还将会仔细阅读这些书和资料的。谢谢您！你们做的这些工作是很有意义的，我们非常钦佩。”

20081116

京城向阳湖文化名人重返咸宁，本周省地媒体频繁报道，11日《楚天都市报》便抢占先机，在客人尚在途中，便发出了整版文章《咸宁向阳湖文化村探秘》;《南鄂晚报》头版头条刊载消息《阔别30年，携手重游故地:15位文化名人向阳湖寻根》;13日《咸宁日报》头版头条刊发报道“向阳情·咸宁缘”为主题的“文化名人看咸宁”联谊活动，《南鄂晚报》整版推出特别报道，题目引用了艾青的名句，颇为煽情:“为什么我的眼里常含泪水，因为我对这土地爱得深沉……”《长江商报》整版推出对文洁若先生等人的专访;《楚天金报》《楚天都市报》亦有重头报道。昨天《湖北日报》发表了《永远绕不开的文化心结》，图文并茂——这也许是省地媒体集中报道向阳湖消息力度最大的一次。自己虽然忙得不亦乐乎，但心中之甜是别人无法体会的。今日网上搜索，研究会同仁也写了不少贴子，如万红英一气写了好几篇文章，谌胜蓝和陈海燕也写了相关散文。我布置金戈组织好宣传，及时在声屏报上整版推出。

20081117

上午主持局务会，顺便向大家通报了市里和咸安区请我去北京邀宾和近日在咸的活动，目的仍是帮助个别人端正思想认识，宣传向阳湖并非李城外个人的事，而是全市宣传工作的一部分。举例说，京汉媒体对咸宁大篇幅报道，无疑大大提高了我市对外的影响程度，这种“软实力”是不容忽视的。

下午又应市工商局邀请，陪同国家工商行政总局行政学院(深圳)柳文福副院长去向阳湖参观。

20081118

上午去金戈处谈,他半开玩笑半认真地对我提意见,说我对向阳湖太投入,对咸安区太好,竟然不讲任何架子和面子,为他们跑上跑下,而区里有些人并没有把我们研究会同仁当一回事。举例说,好像我们主动参与的几个是外人;请李会长帮忙提供资料,联络有关事宜,从来心安理得,不谈报酬。因此他提议,通知同仁们到他办公室开了一个"民主生活会"帮助我。我说接受"批斗"也行,只是提醒大家对咸安的同志不能求全责备,他们有这样的行动,投入这样的人力财力物力已是不错了,至于思想认识上可能还与我等有距离,实属正常。我们不能要求任何人对向阳湖文化的认识同我们一般高,我从不在乎他们给我什么待遇,只要为向阳湖作贡献就行,无论大小。我们即使"倒贴"也心甘情愿,因此,研究会同仁不必在意一些鸡毛蒜皮,下一步应该考虑的是如何乘势而上,把向阳湖文化的声势造得更大。

20081119

中午咸安区文体局毛局长打来电话,请我去阳光酒店陪同北京来的著名文物专家。这是区里组织的第二轮重返向阳湖活动,客人有文博界泰斗吕济民、罗哲文,文物专家杜永镇、崔兆忠、黄克忠(以上5人均下放向阳湖)、常兴照,及中国文物学会理事《人民日报》海外版编辑齐欣。下午参观向阳湖,实地考察了一些旧居。咸安区安排后天举行座谈会,我得知罗哲文先生明天下午先期返京,建议座谈会改为明天上午,因为专家座谈会有一项议程是在申报向阳湖文化名人旧址为"国保"单位的建议书上签名,如果罗老缺席的话,分量会大打折扣。有人解释,区里领导因公务明天不能到会,时间不改为好。我抢白道,专家重于领导,申报"国保"单位是目的,专家签名是关键,区领导到会与否次之,有人代表就行。齐欣在旁,马上对我的意见表示赞同。好在此建议很快被采纳,座谈会改在明天上午。

晚上我分别走访了客人，每人送了“向阳湖文化书系”及有关资料。尤其是吕济民先生感慨良多，我于 1996 年 5 月采访过他，转眼 12 年了。碰巧的是一同前来的其夫人杨医生是武汉人，1970 至 1978 年曾下放通山县大畈镇，明天下午吕老还将陪同她去故地怀旧。

20081120

上午，“文物专家重访向阳湖座谈会”在市供电公司 11 楼会议室举行，由市政协副主席、咸安区副区长孙基志主持，区委宣传部黄部长到会，我会副会长何国强、罗勇，副秘书长郑光勇、王亲贤及甘泉、谌胜蓝、万红英、陈海燕、杨秀都参加会议。这种机会实属难得。

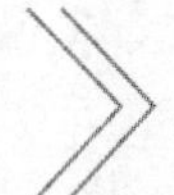

文物专家重访向阳湖座谈会

原中国历史博物馆副馆长杜永镇先生首先发言，以“忆往昔岁月艰辛，看今朝山花烂漫”作引语，讲得声情并茂，还现场向咸安区博物馆赠送了三件物品：竹刻笔筒、灵芝标本和自己用金粉书写的前后《赤壁赋》。

接着，罗哲文先生谈了自己对咸宁感恩的心情。他个人认为，向阳湖生活的积极意义很大，增长了知识，锻炼了体魄，明辨了是非，学会了斗争策略(如罗受审时,杜克唱《红灯记》刑场中李玉和唱段),增进了和农民的感情。因此,他昨晚还写了一幅字:“劳动难忘五七校,岁月峥嵘向阳湖”,在干校虽有时相互批斗,但大家在集体生活中还是结下了友情,以至后来回京,只要谈到咸宁,仍然十分亲切。

吕济民先生和蔼可亲,认真地说,向阳湖是一种特殊的纪念,在特殊的历史条件下,有许多特殊性,有悲欢离合,有酸甜苦辣,可歌可泣,可笑可骂。他作为领导型专家,总结得十分到位,并一一作了阐述。

黄克忠先生也是国家文物局专家组成员,他于1969年2月随先遣队到向阳湖,1972年夏返京。3年半的时间,干过测绘、围湖、修渠、架桥、盖房、打井、炊事、种菜、喂猪、放鸭等十多个工种,最轻松的是当小学教员。他强调,要正视这段历史,不仅党要反思,个人也要反思,如对领袖的盲目崇拜,满足于当驯服工具……

原国家文物局文保研究所古建部主任崔兆忠是向阳湖“五七桥”的设计者,他讲述了建桥的经过,历时40载,当年的“作品”依然完好无损,仍在发挥作用,令他激动不已。于是,他还建议需经常检查“五七桥”是否安全、是否需要加固呢。

座谈会最大的“亮点”,是专家们热情呼吁,将向阳湖文化名人旧址申报国家重点文物保护单位。1.罗哲文先生说,将向阳湖作为国保单位是应该的,也是难得的,将来还可以考虑申报世界非物质文化遗产,因为“世遗”的六条标准中有一条是“某一时期有特殊价值的文化现象”,向阳湖合乎这一标准,世界独一无二。因此要重视保护旧址,作一个规划合理利用,避免开发时破坏了原生态。下一步要重视征集文物,继续抓紧抢救文字资料。加大调研力度和宣传力度,让更多的人知道向阳湖文化的价值。2.吕济民先生肯定了向阳湖文化名人旧址保护得不错,昨天看了很感动,他赞成申报“国保”单位,希望咸宁在此基础上做得更好。3.黄克忠先生谈到,首先要做好申报的准备工作,讲清历史沿革、申报理由和价值评估(如历史艺术科学的价值),涉及政治层面的要非常慎重，一旦申报成功，则要明确保护对象，更准确地定位（如是否叫文化村值得商榷）；其次要考虑持续发展，将来条件成熟，应成立研究开发机构，继续扩大向阳湖的影响，以得到社会上广泛认可。4.省文物局专家吴宏堂（咸宁人）总结了专家们的意见，对我市提出六点要求：一是成立一个完全意义上的文物保护机构，有编制、人员、资金；二是制定科学的保护规划，如黄先生的建议十分好；三是地方政府应出台保护向阳湖文化名人旧址的法规性文件，如咸宁市人大议案；四是抢救征集一批与向阳湖有关的文物，这项工作要只争朝夕；五是要筹办雅俗共赏的向阳湖文化展览，吸引更多的观众；六是积极筹措经费，抢救性地维护名人旧居。中国文物学会理事齐欣在会上宣读了《将向阳湖文化名人旧址列入国保单位的建议书》，7位专家在上面一一签字。吕济民先生补充说，因自己签了名，文中列举向阳湖名人时，最好去掉自己的名字。罗哲文先生则说，干校的房屋、桥梁中国少有，世界罕见，尤为难得的是专家们自己动手建设的。因此在建议书上应加上一句话："向阳湖文化名人旧址的建筑物，是文化人亲自设计和亲手建造的。"

我在会上也作了简短发言，其一，感谢专家们对咸宁和向阳湖有深厚感情，专家就是专家，大家就是大家，站得比我们更高，看得比我们更远。会上的发言，对我市开发向阳湖的工作有难得的指导意义。其二，我代表向阳湖研究会表个态，从事向阳湖研究工作多年，虽做了一些工作，但远远不够，今后，将继续做好对向阳湖文化资料的抢救挖掘，多出成果，快出成果。其三，专家们把咸宁当作"第二故乡"，是我市申报"国保"的最大优势，我们将对专家们的意见认真消化吸收，积极支持咸安区申报"国保"的工作，力争早日成功。

会后，专家们应邀泼墨挥毫，题字题词。吕济民先生的题词为："向阳湖拓荒，文渊阁收获"，我请他顺便为我题了"向阳轩"之匾。罗老应我之请题写了一幅"守望向阳湖"，还为罗勇题写了"田园书屋"。

中餐，市委常委、宣传部长、我会名誉会长陈树林陪同专家。下午我又陪同他们游了金桂湖和刘家桥，我会副会长何国强陪同吕济民先生及夫人去了大畈，并游览了大夫第古民居。

20081121

早上完成了一件大事，将草拟的“向阳湖文化丛书总序”之一请吕济民先生签名，他爽快地答应，但审稿时还很认真地提了几处修改意见，如将原文“向阳湖是全国最负盛名的干校”中“最负盛名”改为“文化部”，等等。我一一采纳后，他才认真签上大名。向阳湖名流云集，今日之所以定下请吕老作一篇“总序”，首先是其专家和领导“双肩挑”，而且头衔和向阳湖的联系甚大:原国家文物局局长，故宫博物院院长，国际博协亚太地区委员会主席，现任国家文物局博物馆专家组组长，国际博协中国委员会主席。10 多年前我采访他时，他最早提出:“咸宁适宜建干校博物馆。”其二，吕先生非政治人物，经得起历史检验。其三，他是当年文化部机关的“五七”战士，过去是“普通一兵”，如今属文化名人，有一定的代表性。

另一篇“总序”计划请新闻出版署老署长、中国出版工作者协会名誉主席宋木文作，还得找合适机会。估计问题不大，因宋老 10 多年来一直鼓励我研究向阳湖文化。

订 2009 年度报刊，1182.6 元。

20081122

《南鄂晚报》今日二版综合新闻，刊登了大半版“文物专家为保护向阳湖文化献计献策，支持申报国保”的报道，图文并茂，并配发了座谈会纪要。但我还嫌不过瘾，又安排参加会议的郑光勇写一篇座谈会侧记，一则扩大影响，二则为研究留一份详细资料，并布置金戈近期在《咸宁周刊》上重磅推出。

20081123

今日上网，新发现“新浪博客·六闲堂”，版主为我会副秘书长王亲贤，其中有“观湖台·向阳湖畔”栏目，自然吸引了我的眼球。他近日写了一组“向阳湖文化名人印象”，已完成5篇，令我惊讶和兴奋。屈指数来，研究会骨干中，还有万红英的博客开了有关向阳湖文化的栏目，而谌胜蓝尽管目前尚未开博，但在短短半年时间内，她写的有关向阳湖文化的散文以每月两篇以上的速度成文，此三者可谓“风头正健”。适时研究会小聚，当大力提倡“学先进”之风也。

20081124

《湖北日报》今日发出我写的消息稿《文物专家考察向阳湖》。我上午又去金戈办公室小坐，将我审定的郑光勇写的座谈会侧记稿件，“指示”他安排发表。他“叫苦”道，本周美文栏目已发谌胜蓝、陈海燕两位理事的散文，登了一整版。一篇《永远的微笑》，写文洁若先生印象；一篇《触摸向阳湖》写随行感悟。如此办下去，《楚天声屏报·咸宁周刊》快成“向阳湖”副刊了。我笑道，休想得表扬，这是他应尽的职责。这块阵地涉及鄂南千家万户，有《咸宁日报》和《南鄂晚报》不具备的独特影响，他在总编辑任上一天，就要坚守一天，占据“山头”，为向阳湖文化摇旗呐喊，鼓舞士气，广聚人气。

20081125

山东自牧兄寄赠《民间书脉》一书，这是一本全国民间读书报刊作品选萃，系为祝贺全国第六届民间读书年会暨淄博笔会的召开精编而成，内收我在《崇文》上发表的《进贤访问记》，并影印了《向阳湖文化报》第9期封面。此举令我舒心，民间书友抬庄，对向阳湖文化在各地“书虫”中的渗透，不可小视。

20081126

一周来，咸宁电视台连续播出了我策划拍摄的三集“重返向阳湖”

专题片,均为访谈节目,题目分别是《怀念我和萧乾在避难所的日子》(访文洁若)、《让我魂牵梦绕的“第二故乡”》(访张慈中、张姗姗)、《我给向阳湖的发展提点建议》(访杨德炎、林阳)。

中新社记者王辛发来电邮:“最近虽然忙乱,回京即大致将你的几本大作拜读了一遍,对你的‘打捞’精神非常感佩。原想写了文章之后再与你联系,今得电话,更感你对‘向阳湖文化’的执着。以后多交流,如果我能帮一点忙,愿尽绵薄之力。”

20081127

寄北京梁衡先生、哈尔滨李兴盛先生有关向阳湖的书报,邀请前者有兴趣的话,考察向阳湖,并大手笔写写向阳湖;并向后者索要《中国流人史》和《东北流人史》,以便今后交流……

北京吴泰昌先生寄来《文艺报》20周年纪念册,颇具收藏价值。尤其是其中有一“‘五七’干校专页”,共配发11幅向阳湖老照片,使我大有相见恨晚之慨!另外,福建冰心文学馆寄来《爱心》第30期,内收“中日学者联合考察湖北‘五七’干校遗址”的消息,封三还配发了考察照片3幅。此前我给王炳根馆长寄去过有关报道和光碟,今后的交流合作应是长期的。

20081128

应邀参加湖北省荆楚文化研究会第二次会员代表大会,下午到汉报到。湖北人民出版社副社长刘冠军、发行部主任陈令军盛情邀我晚餐,并叫来省新华书店黄成勇兄作陪,碰杯时都祝贺我的“向阳湖文化丛书”即将出版。而我感到随后的压力更大,要写的文章和计划出的书一个接一个。刘冠军说,他们社长刘道清是不轻易向人约稿的,由此可知向阳湖文化的价值了。

购《亲历历史》(张贤亮、杨宪益等著,中信出版社2001年版)、《红色收藏》(秦杰著,江西人民出版社2008年版)、《如烟如火话周扬》(郝怀明著，中国文联出版社2008版)。

20081129

省荆楚文化研究会“二大”暨荆楚文化与湖北人文精神学术研讨会，今天开了一整天。上午，省政协主席宋育英、省委宣传部长李春明出席大会并讲话，名誉会长王生铁作主题报告。原省政协副主席武清海当选会长，副会长兼秘书长陈昆满热情安排我在下午交流时作了15分钟的发言。

作为新当选的常务理事，我自然不放过宣传向阳湖文化的机会。不仅向李春明等领导赠送了向阳湖文化的书报，还向与会专家、学者呼吁，应将向阳湖文化列入荆楚文化研究的范畴。我简要介绍了向阳湖文化产生的背景，它的研究成果及其价值，引起与会者的浓厚兴趣。原省政协文史委主任、荆楚文化研究会副会长胡嘉猷热情为我出点子，为进一步扩大向阳湖文化的影响，应多请省领导去参观。会中我在会场外休息时向李春明部长汇报，引起了他重视，主动提起能否请作家利用我已抢救的史料，写成电视连续剧。光明日报社驻鄂记者站站长夏斐亦有同样建议，并表示今后会为向阳湖文化的宣传助一臂之力。省政协文史委办公室主任别业超则感慨向阳湖之今日成气候，主要是我当年的选择正确，轻仕途而重文史，加之政协为我的事业提供了良好的平台，如我在政协任职的几年间，京汉政协的报刊都不遗余力支持。他今日听了我的发言，又计划近期争取组织一次委员的活动，考察向阳湖……

20081130

中午，研究会副秘书长郑光勇、王亲贤将“向阳湖文化丛书”的部分校稿还我，顺便请我小酌，还邀了其他几位理事，万红英、谌胜蓝、胡卫平等，临时还来了崇阳的文友康全利，边吃边聊，气氛热烈。我自然将日前在省政协开会宣传向阳湖的情形向众同仁做了描述，不禁眉飞

色舞。忽然发现，今年以来，由于小聚太多，参加者吟诗作文频繁，已于不经意间在温泉形成了一个“向阳湖文化沙龙”，这实在是一股力量，将对鄂南的地方文化产生不可替代的影响。身为这个团队的擎旗人，我完全有这个信心！

20081201

上午《咸宁学院学报》负责人佘斯勇请我小酌，该刊第5期已发表曾纪鑫的长篇散文——《昨天并未远去——向阳湖“五七”干校回眸与反思》，作者写此文花费心血颇多，稿投多处均受编辑欣赏，却迟迟不见采用。于是我推荐学报首发，颇有点“地方保护主义”色彩。我猜想并非大报刊不识货，乃因地域不同，条条框框多一点矣！

20081202

两周前，金戈组织研究会同仁开了我一次“民主生活会”，效果不佳。过不几日，文物专家来咸，我邀请他作陪，他却以工作忙为由，既没有参加重返向阳湖之行，又未参加座谈会。我身为会长和局长，要说工作之忙无疑胜过他，而且研究会的骨干都参加了此次活动，有几位还纷纷执笔撰文，唯独金戈有“大将风度”，在这次重要活动中竟然缺席，而且还满有理由，我则视为“偷懒”。下午便组织一次小聚会“帮助”他。他“态度恶劣”，说我“打击报复”。大家碍着面子(金掌握用稿“生杀大权”)，没怎么响应我的号召，最后不了了之。而我也没觉得“丢面子”，乐观地说，还是有收获的。如胡卫平提出一点建议，我会目前活动较多，出手写的文章也不少，但仅限于散文和纪实方面，需要考虑的是要分两步走，思考从学术层面有所突破。我马上肯定了她的独立思考，其实我早就想写一篇论文，写《论向阳湖文化》，有闲下笔时，当力透纸背，写出分量，成为研究者的范本。

20081203

上午去研究会副会长高群处谈，他说自己工作忙，虽然没有直接参与集体活动,但报载的文章一直关注,并谈了自己对“五七”干校的一些看法,说不少人将向阳湖说得如何苦不堪言,实际上并不如此。例如下放到向阳湖后,在当地腾的是最好的房子住,生活也比农民强多少倍,等等。我以为避开组织发动者惩罚知识分子的主观意识不谈,高的意见是成立的。我历来不赞成把干校夸大其辞,说成是“集中营”和“劳改场”。试问,集中营是生命不保的“人间地狱”,能有组织生活吗?能自由探亲吗?能有家人团聚吗?有工资发吗?无疑,有不少人把苦难的成份无限夸大了。

下午去任市长办公室汇报工作,顺便谈了向阳湖文化。他说,看了日本学者秋野先生考察向阳湖的专题片,很感兴趣。但我因已争取到将“农家书屋”工程列入财政预算项目,便不好意思再提及研究会经费上的困难。

20081204

北京司徒新蕾老师兑现她在上月中旬座谈会上的承诺,回京后查了电影厂里的人事档案,对照了自己过去的笔记,并找到其他单位的同志,整理出电影口的有关资料,如几个连队下放向阳湖的情况,日期、分布地点等。尤其是北京科影的情况最为详实,连人员名单都分类逐一列出。今日通过电邮传来,同时还收到她寄来父亲司徒慧敏专题片的光碟。我感动之余,不禁感叹,如果每个连队都像她这样支持我的工作,向阳湖文化事业何愁不兴旺?

20081205

《中华儿女》陈安钰兄回咸参加明日建市10周年庆典,上午来我办公室小坐,下午又一同去罗勇处,邀向阳湖研究会同仁聊天。我认真地对大家说,市庆请了不少京城和省城领导,遗憾的是,没有人想到请一位有影响的向阳湖文化名人。大家都笑我“三句不离本行”。陈兄却能够理解,称赞道:“正因为有城外如此的执着,向阳湖文化品牌才有今日的影响。”令人欣慰的是,昨日《人民日报》10版、11版连版推出“咸宁推进科学发展,建设鄂南经济强市”广告专刊,开篇“鄂南明珠·魅力咸宁”中便提及:“咸宁历史文化厚重,三国文化、闯王文化、北伐文化、抗战文化、向阳湖文化等交相辉映。”由此可见,向阳湖文化已得到官方认可了。

20081206

晚上观看《同一首歌·走进咸宁》演唱晚会。香港演员刘若英和央视主持人李霞先后将“咸宁”说成“咸阳”,引起咸宁观众强烈不满。我更是从内心深深哀叹。因为早在10多年前,我在撰写《向阳湖一瞥》时,便提及咸宁每每被人误认为“咸阳”,只因没有广泛的知名度。岂料时至今日,在央视品牌栏目中又重复谬误!我们在指责演员和主持人之后,得认真反思一下自身原因了!不过晚会上仍有令我高兴的事,开始台上介绍赤壁文化时,坐在我前面的市妇联余主席调头对我说,这种场合怎么不知道宣传向阳湖文化?我无言以答。还好,过不多时,咸安区委袁书记上台介绍桂花之乡时,便谈及了向阳湖文化……

20081207

省政协组织文史委和新闻出版界委员10余人来咸考察向阳湖,我自然被邀请前去当向导,并向委员们提供有关书报。市政协领导有所不知,此活动是上月底在省荆楚文化研究会“二大”上省政协文史委办公室主任别业超和我一起策划的。别主任说为向阳湖文化进一步“造势”,我一拍即合。委员们参观向阳湖文化展后,表示了浓厚兴趣,一致肯定向阳湖文化的独特价值。晚餐时,省社科联原党组书记王定海和我碰杯,补充一句:“你这件事情抓得好,要知道西湖之所以比东湖出名,主要是文人墨客多。”而别主任和我相互敬酒时,则建议我牵头搞一个中国“五七”干校研究中心,吸引全国的干校研究者向咸宁集中。我早有此念，不禁击掌称快。

20081208

下午，去市委宣传部陈部长办公室，他谈及刚读了《楚天声屏报·咸宁周刊》重头文章郑光勇之《留住国宝们历史足印，打响向阳湖文化品牌——著名文物专家重返向阳湖座谈会侧记》，以为写得有分量。我对名誉会长说，研究会的工作，我们力争做到极致，但外围的一些事，还需市委、市政府高度重视。

20081209

上午去马世永书记办公室，送去文洁若先生的签名赠书。马对向阳湖文化一直看好，称做到今日的影响相当不易，但还要继续努力，争取市委、市政府主要领导的支持，方能真正做到做大做强。他还鼓励我说："这是你一生的事业，若干年后，谁还知道你是新闻出版局局长，而向阳湖文化研究会的会长会留名后世。"他还对我提了一个中肯建议，对咸安区有关向阳湖的工作要以肯定为主，认识上的距离总是有的，区政府一个小小的行动，反过来就是对研究会大大的支持。我请他放心，会争取"双赢"的。

20081210

研究会几位理事上午来我办公室谈发展思路，我提出了创办"向阳湖文化沙龙"的设想，不定期的聚会，有计划组稿，阶段性评比……中餐小酌时，有人提及崇阳康全利写了一个帖子，称我们研究会形成了一个"城外的'雁阵'"，"雁阵"二字可圈可点。还有人提出，研究会可设创作委员会和学术委员会，众人思想火花碰撞，效果和影响的确与一个人冥思苦想大不一样。我甚至产生了写一组文章将研究会同仁逐一画像的念头。

20081211

成园弟从鄂州发来电邮，既洋洋洒洒，又谈得到位，其语动人，其

情感人，且摘录存档：

一口气通读了大作《城外的向阳湖》，仿佛是在看一部电视连续剧，一个人的“战争”片——《学问是这样做成的》。/“向阳湖文化丛书”，特别是《城外的向阳湖》的推出，想必会造成洛阳纸贵。因为里面涉及到的人物和事，有许多让人猎奇的地方。……/向阳湖文化的研究价值，由于你的逢人说项，见缝插针地宣传，可谓家喻户晓了。但也未必一定要像你所希望的那样，让所有人都能参与进来。文史研究固然重要，有一帮像你一样的“书虫”进行研究就可以了。况且，全国许多大学还设有专门的研究机构，也有不少人在研究它。何必非得要不懂行的人也往里面掺和呢？做学问，不是说想做就能做得好的。搞向阳湖文化研究，没有一定的文学素养，一定的耐得住寂寞的毅力，一定的社会人际关系，即使他有那个兴趣，也不一定有那个能力和水平。有几多人能像你这样，真正是靠苦读书，勤写作，厚积而薄发的呢？由于你不善于从知识产权的角度进行自我保护，现在甚至有许多部门打着研究向阳湖文化的名义，扛着你的旗号，利用你的研究成果，进行所谓的项目立项，课题研究。……要知道，你现在是这一领域的专家，凡是利用你研究成果的行为，都得与其既得的经济利益进行分成，这就是知识产权，不然国家怎么会规定，到卡拉 OK 去唱歌要付版权费呢？/说到版权，你还应该着手聘请一个著作权和版权方面的律师，作为你的常年顾问。以后凡涉及双方利益的事，都应以合同的形式加以明确。比如，与咸安区宣传部合作因事先没有签订合同，才造成哑巴吃黄连的结果。又比如档案局提出代管档案，就应与之签订明确责任和义务的合同。特别应注明，未经本人授权，任何单位和个人不得擅自借出和使用他们代为保管的档案资料，特别是一些具有史料价值的老照片等。这些东西无不凝结了你十多年艰辛付出的“血汗”。……你完全有理由与他们商谈，在某些方面给予向阳湖文化研究会实质上的支持。/向阳湖文化研究会是一个社会团体，现在咸宁的知名度可谓无人不晓，甚至已经成为咸宁的一个文化品牌。不要捧着金饭碗讨饭吃。像供电、移动、税务、银行等效益好的单位，每年的广告费都在几十万。可以向阳湖文化研究会的名义，与他们联合赞助推出发行首日封第二组（找人好好策划一下，发行现场为他们做好广告宣传什么的），以兑现对牛汉等一系列名人的承诺。你所采写的这些文化名人，大多是些文史专家。除了他们所从业的领域外，鲜有像你这样的笔杆子为他们树碑立传。特别是他们退位之后，做梦也不会想到会有人为自己发行首日封。这种纪念意义是不言而喻的。/还有很重要的一点，你要尽可能地减少一些不必要的应酬。天天小酌的结果，既浪费了宝贵的时间，也对自己的身体有害无益。现在向阳湖文化研究虽然出了引人注目的成果，但是要想成为这个领域的专家，至少到目前为止还没有真正意义上的，能够被文史学界公认的学术论著和文学作品，如你至今还不曾动笔的长篇报告文学——《向阳湖传》。/从书中可以看出，你研究向阳湖文化，从头到尾听到的都是赞赏声一片。但是过分地沉醉于其中的话，可能就会物极必反。不遗余力、全方位、立体式地宣传向阳湖，应有所收敛才是。这些事本就应该由那些吃皇粮的宣传部门去做，你只要配合就行。没有必要整天为他们陪客说项，陪游赠书。

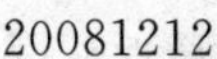

20081212

下午主持机关学习科学发展观“征求意见会”，《咸宁学院学报》的代表提出，新闻出版局应重视打造向阳湖等地方文化精品，咸安区局的代表补充说，要将向阳湖文化等非物质文化遗产包装好，宣传好；建筑公司的代表则建议，我局应重视向阳湖文化的打造，如组织出版有影响、有分量的系列丛书。这些意见正合我意，我在会上一一作答，表示一定会消化吸收，并以实际行动践行之。会上，我还肯定《咸宁学院报》1日二、三连版推出《不可忘却的记忆》专辑，发表有关向阳湖文章

5篇,配图8幅,视觉冲击非常之好,在大学校园一定会产生良好的反响。

20081213

罗勇和金戈今日陪同嘉鱼诗词学会的8位老同志参观“向阳湖文化展”,我因在办公室加班整理文稿没有一同前去,但仍请罗代发了《向阳湖文化报》。与金戈晚上一起散步时,调侃自己虽然没有陪同国家级文物专家,但县里的来客却没有马虎。我称二者都重要,研究会对每一股关注向阳湖文化的力量都不可忽视。金戈还建议丛书定稿后,我应立即着手写计划中的《论向阳湖文化》,可不能让外人抢占了先机。这点我胸有成竹,自信对我来说可谓“没有注册的专利”,别人无法替代。我还谈了明年研究会应组织去黑龙江和宁夏考察干校旧址的计划。

20081214

下午与黑龙江省哈尔滨市“流人学”的专家李兴盛先生通话,奇怪的是,我上月27日寄出的有关向阳湖的书报,他至今没有收到,不知哪个环节出了差错。我在电话里称,主动联系是为了向他请教。李先生说自己研究“流人文化”截止于清代,我则认为我的研究正好与之衔接。晚上与致婷说起,同李先生相比,他的研究成果多多,已形成系列,远胜过我的向阳湖文化研究,我没理由沾沾自喜。而且最近从网上得知,宁夏石嘴山市对原国务院直属口干校遗址进行维修、复原和新建,已建成一座博物馆。该馆占地面积1200平方米,布展面积2200平方米,收集各类文字资料15万字,征集各类实物1千余件(幅),于今年8月29日开放,至今已接待参观者达600万人(次)。本月3日国务院机关事务管理局还向该馆赠送了4万余元的办公用品。据介绍,国务院直属口干校建于1968年,撤消于1972年,有学员1800人。石嘴山市委、市政府于2007年作出开发保护的决定,仅一年多时间便粗见成效。相比之下，咸宁除了惭愧，还能说什么？

20081215

上午南京陈虹大姐发来短信，云其母亲金玲于12日晚去世，特告。我马上回复："深切怀念金玲老，她和陈老感天动地的爱情故事永存人间……"并索要一份金玲生平简介，以为纪念。金玲老人于2003年11月曾接受过我的采访，虽然从未到过咸宁，但向阳湖曾是"文革"中期她日夜的牵挂。好在女儿陈虹遂了母亲之愿，于去年初夏弥补了缺憾。

20081216

市里上午开会，遇市科联主席卢克清。他主动向我建议，向阳湖文化研究会已走向全国，应打更大的牌子，争取申报省级学会，这样可列入省社联管理范畴。在上月省荆楚文化研究会上，也有人向我如此建议过，与卢不谋而合。能办成自然是一桩好事，我表示感谢，计划明年春夏再开始操作。下午与金戈去参加纪念赤壁之战1800年暨第11届三国赤壁旅游文化节，晚上谈起此事，他倒是劝我说，向阳湖在社会上已有一定影响了，有些事不必操之过急，而应细水长流，悠着点儿。

20081217

在赤壁碰见省文物局老乡吴宏堂，我提及他上月在京城文物专家座谈会上讲的几点意见非常好，而我担心的是，在咸宁和咸安无人具体落实。他也有这种预感。中餐在赤壁市的宴请酒席上，我与他一起向市委书记黄楚平敬酒时，谈起向阳湖申报"国保"单位事，黄表示大力支持，而吴则提示咸宁当务之急要加强向社会征集文物，否则第二代、第三代能否支持就很难说了。现在是第一代盼望去征集，没有专人抓的话，今后咸宁即使建博物馆也是空架子，无宝可藏。我以为吴兄有一定的前瞻性，也许将来他的话会不幸而言中。十多年来，我是有切身体会的。

20081218

市老年诗词楹联学会成立10周年,今日在千桥大酒店举行庆典。原咸宁地委书记、省人大副主任徐晓春到会,市委常委、宣传部陈部长出席,市委黄书记、市政府任市长中餐都赶来作陪,无形中提高了会议的规格。我由此想到向阳湖文化研究会,其对外影响无疑不亚于此会。此会每年尚有几万元专项经费支持他们,而我会却没有政府一分钱支持,连我通过政协提案呼吁也无人落实,奈何!幸亏我这个会长还有点小权,还有众多的朋友。连今日到会祝贺的黄石代表李声高发言还附会说,咸宁因有得天独厚的向阳湖文化资源,也滋润了鄂南的文化环境……

20081219

市电视台邀请我今日出席"感动咸宁十大新闻人物"颁奖晚会,并为其中饶邦发致颁奖辞。饶先生乃赤壁市一名退休老干部,为建一烈士陵园筹建碑林,一人到处"化缘",竟筹134万元,大功告成,着实令人感动。我颁奖后,因属电视直播,马上有研究会同仁发来短信,询问向阳湖文化碑林何时建成。我心中愧疚,但为了不让朋友失望,亦为自己打气,回复道:"向阳湖文化丛书"便是一座文化碑林,明年完工!

20081220

北京吴泰昌先生发来短信,问及月底是否进京参加"向阳湖文化人座谈会"。我估计咸安区又会推迟,因昨日与区委宣传部黄部长见面,她只字未提。吴先生还向我借用有关冰心在干校的资料,如冰心在向阳湖的家书等,自当迅速寄去。

20081221

中餐邀研究会同仁小聚,有罗勇、金戈、郑光勇、王亲贤等"班子成员",还有胡卫平、万红英、陈海燕、谌胜蓝、张磊等理事。提及今年研究会亮点多,成绩大,应开个总结会,表彰先进,力争明年再上新台阶。

我布置王亲贤写个总结，初定下周六开个正儿八经的表彰会，旨在表明这个咸宁市最有影响的群众社团在倾心打造向阳湖文化品牌。为了进一步造势，下午我正式开通新浪博客，名为“城外的向阳湖”，设9个栏目：城外大观园、话说向阳湖、向阳湖纪事、向阳湖诗草、向阳湖论坛、向阳湖笔会、向阳湖日志、研究会动态和干校博物馆。我的目标是将它打造成“网上中国‘五七’干校研究中心”，并有信心办成鄂南人气最旺的文化博客之一。

20081222

《咸宁日报》和《南鄂晚报》今日都报道了汀泗桥镇入选“中国历史文化名镇”的消息。该活动由国家建设部、文物局等部门共同组织评选，汀泗桥镇乃我市唯一入选的乡镇，咸宁人自然都无比欣喜，独我叹息向阳湖镇尚不够条件入选。由此追溯到1998年咸宁撤地建市之时，领导者长远意识不够，设区命名时弃向阳湖和汀泗桥而取咸安，是为历史的遗憾，我只得寄希望于若干年后。通山的宝石乡不是更名为闯王镇，蒲圻不是更名为赤壁了吗？

20081223

《湖北日报》驻咸记者站长杨伟鸣下午来局小坐并小酌，晚上又来到我的“向阳轩”参观，提出“向阳湖文化丛书”出版后要专门采访我。我说《湖北日报》过去类似的文章发了好几篇。他感慨一名记者如能专注一项事业，见证一件事物进展的全过程，是最令人满足的，我属于幸运者。如向阳湖文化有了全国之影响，新闻界的朋友抬庄是应该铭记的。

20081224

市民政局召开行政区划与地名研究会成立暨首届理事会，邀请我为挂名副会长，事先连意见都未征求，到会才说我是这方面的专家，不可或缺。这是我感兴趣的一桩事，我常为温泉的一些地名文化味不足而作杞人之忧，如此怎么提高城市的文化品位？向阳湖离咸安、咸宁这么近，温泉竟没有一条街、一条路借名人之光，但愿这种状况在学会的努力下，将来有所改变。

20081225

布置王亲贤写了份《2008年咸宁市向阳湖文化研究会工作总结》，他很快交卷，我作了认真修改，自我感觉良好。总结起来，今年研究会喜事多、新事多、大事多，研究会同仁心气齐、士气振、人气旺，因此有必要将原定后日召开的会议规格提高，由年度总结表彰改为二届四次理事会，亦为明年9月换届打下基础。

20081226

下午召集研究会的一正两副秘书长来加班，为工作报告定稿。晚餐在和平食府小酌时，收到了一份珍贵的礼物，得了一份意外的惊喜。原来研究会的同仁们瞒着我，策划为即将进入本命年的会长献上一份心意，特制了精美的2009己丑年贺卡，配上了向阳湖文化研究会会徽。罗勇、金戈、郑光勇、王亲贤、谌胜蓝、胡卫平、张磊、万红英、陈海燕、胡武生等纷纷在上面留诗留言。小谌事先还为每人录了相，大家都对我说上几句心里话。其言真挚、其景怡人。晚上大家还为我献上花篮和本命年红手链，我好久没有这么感动了，不由得为自己带领的这支团结的队伍、和谐的队伍、阳光的队伍而骄傲！

20081227

今天上午，市向阳湖文化研究会二届四次理事会在我局会议室如期举行。

市委常委、宣传部长陈树林作了简短祝辞。他介绍了前不久向阳湖文化人重返咸宁活动的成功举办，谈及自己在座谈会上听了北京老“五七”战士的发言，很受教育，称向阳湖文化研究过去主要由城外同志一人牵头在做，今后要上升到政府层面，研究工作要由民间自发、松散的社团行为，上升为组织严密的政府推动，并表示今后会在任内大力支持向阳湖文化的开发和研究……

向阳湖文化研究会二届四次理事会颁奖

接着，副会长田木宣读了表彰决定，陈部长和我为最佳组织奖罗勇、高群，最佳宣传奖万红英、谌胜蓝、王亲贤，优秀文章奖张磊获得者颁奖。奖品为向阳湖文化名人书法作品及文史书籍——这是一次最令人满意的理事会，名誉会长、会长、副会长无一缺席，到会理事中，既有老骨干，又有不少新面孔。几家主流媒体的记者也都到了。

由于我主持会议，年度工作报告便安排副会长兼秘书长金戈主讲，题为《我们的队伍向太阳》。这份几经讨论、我两易其稿的总结，首先介绍了2008年我会始终坚持科学发展观和先进文化的发展方向，成果叠出，好戏连台。主要表现有八：各级领导更加重视，研究成果蔚为大观，会员创作成绩斐然，对外交流切实加强，联谊活动持续升温，宣传力度不断加大，基本队伍活动频繁，文化博客人气旺盛，等等。2009年，研究会将更卓有成效地开展工作，积极促进活动经常化、联谊日常化和成果最大化。重点做好八件事：一是力争推出《向阳湖文化丛书》，并在北京召开丛书出版座谈会；二是积极协助咸安区有关部门申报“向阳湖文化名人旧址”为国保文物单位，力争早日成功；三是争取市社科联支持，积极做好本会申报省级学会工作；四是与市邮政局联合，筹划推出“中国向阳湖文化名人风采”纪念封第二组；五是组织会员外出考察，学习黑龙江柳河、宁夏石嘴山等地挖掘、保护、开发干校文化资源的经验；六是与咸宁学院人文学院合作，加强向阳湖文化学术研究，并继续为《咸宁学院学报》“向阳湖专栏”提供稿件；七是力争与有关单位和企业联合举办活动,进一步扩大向阳湖文化的社会影响;八是拟于2009年9月26日向阳湖干校建校40周年纪念之际,召开研究会三届一次理事会。报告的结尾说:"近水楼台先摘月,向阳花木喜逢春。向阳湖文化的影响已走向全国,波及海外。新的一年,必定是向阳湖文化研究叠出新成果,展示新气象,迈上新台阶的一年,研究会同仁使命光荣,重任在肩。为了我们共同的事业,当不负众望,再创佳绩,为建设鄂南经济强市作出新贡献。"

会上,大家发言踊跃,气氛热烈。市社科联主席卢克清深情回忆起13年前和我首次去向阳湖实地采访的往事,感慨时至今日,向阳湖文化研究取得骄人业绩,真是令人欣慰。研究会精兵强将多,阵容"豪华",创造了一流的社科工作,无疑是鄂南名符其实的先进学会,是大有可为的社会团体;咸宁学院文学院教授单长江强调,大学加强对向阳湖文化的深层次研究责无旁贷,该院正在申报硕生授予权单位,拟聘请我为研究生导师,并计划组织一次全国性干校文化研讨会;作家李专感慨道,一个人一辈子做好一件事是最幸福的人,羡慕城外兄找到了一件值得终生去干的事业;诗人罗勇说,人民哺育了向阳湖文化,向阳湖磨炼了文化人的精神;《向阳湖畔的脚印》作者田木从一份复印件——《担当:中国知识分子的30年轮》(《光明日报》改革开放30周年学者访谈系列)说起,提出要从冯骥才的谈话中受到启发,全身心地致力于向阳湖文化研究;副会长高群的发言更实在,将继续支持研究会的正常运转,并建议向市科技局争取科学研究经费,加强研究会的工作。张磊、胡武生、陈国和也分别从学术研究的角度提出了不少好的建议,谌胜蓝、康全利、倪霞和万红英等几位女士也作了表态性发言。

尽管已到中午12点用餐时间,我还是"拖堂"作了半个小时的总结。首先是感谢市领导亲临指导,社科联热情支持。大家牺牲休息时间捧场,提出的不少建议也堪称"高见"。其次是几点体会:一是向阳湖文化研究会一直在实实在在干实事，不说大话空话，但向阳湖也并不只是我一个人的精神家园，而应成为大家共同的事业。二是今后研究会主要争取政府支持，企业联合，不局限于文化圈，那样视野才会更宽，影响才会更大。三是文化人要勇于担当，明年牛年是我的本命年，我既要继续像老黄牛一样埋头苦干，无私奉献，在创作和研究上既要带好头，又要搞好服务，带好团队，在咸宁文化界形成一股“牛市”，力争将研究会的影响辐射全国……

会后，我布置副秘书长王亲贤将今天的会议写一篇侧记，以便在博客上及时宣传，并收入《向阳湖文化研究》一书“动态”部分。中餐大家在禄神大酒店欢聚，庆贺会议圆满成功。同仁们闹酒时，说话随心所欲，十分融洽，相互以“谁是某老师的女弟子”、“谁是某某某的人”打趣，有的女士找借口劝酒，大大方方地当众表白自己是李会长的“粉丝”，以示敬意。但还是其中一位总结得好：“都是研究会的人。”我这个会长听了，自然像《吐鲁番的葡萄熟了》所唱的那样——“心儿醉了”！

20081228

年末盘点今年文事，除“向阳湖文化丛书”7 本初步定稿外，还在《湖北档案》“图说文化名人”专栏发稿 11 篇，在《南鄂晚报》“干校纪事”专栏发稿 16 篇，在《湖北日报》发表的《守望向阳湖》和《中华儿女》发表的《1968：中国“五七”干校之滥觞》均被多家报刊转载，可谓颇为丰收的一年。尤其是新开博客人气日升，与外界的联络及时，影响不可小觑。可以预期，明年更是高产的一年，“丛书”可望杀青，报刊专栏照开，博客人气更旺……

20081229

上午参加市博物馆新馆奠基仪式，省文化厅杜厅长和市政府任市长等领导均出席。据介绍该建设项目总投资 8000 万元，占地面积 30

余亩,建筑面积1万余平方米,建成后将分设多个陈列厅,其中包括“向阳湖文化名人陈列馆”等。会后,我马上向市文体局和市博物馆的朋友建议,从现在起就要未雨绸缪,组织进京征集文物,否则时不我待,万不可坐享其成,单指望到时动员我捐献家藏珍品。

20081230

武汉出版社王远彦兄打来电话,称社里打算将“向阳湖文化丛书”列入重点出版计划,并力创精品工程,嘱我速写一篇“丛书”简介,以备宣传、申报之用。此乃预料之中的事,我驾轻就熟,明日便可迅速交卷也。

近几日,《咸宁日报》、《南鄂晚报》和咸宁电视台等媒体分别报道“向阳湖文化研究会好戏连台”和二届四次理事会召开的消息,可以预计,明年向阳湖文化又将进入新的“升温期”了。

20081231

上午全市政协文史会上,余主席在报告中又重点谈及向阳湖文化。我作为第一届文史委主任,已是一种平静的心态。看来品牌就是品牌,即使一时不被重视,终究会重新发出更大的光彩。正巧,中途咸安区委宣传部黄部长找我商议下月10日在京举行向阳湖文化人新春联谊会事宜,我立即请假回到办公室,一起反复推敲邀请出席座谈会的人员名单。初定参会人员有百人之多,其中包括新闻出版署老署长宋木文及罗哲文、吕济民、文洁若等文化名人。作为咸安区组织此次活动的特邀代表,我仍应尽职尽责地出谋献策,力促会议达到预期效果。

下午去金戈办公室谈,《楚天声屏报·咸宁周刊》明日将整版发表谌胜蓝长文——官场学者李城外,但金担心标题突出个人,恐招人议论,建议换一个,最后改为《向阳湖文化品牌是如何打响的》,这也算得是给我最好的一份新年礼物。

卷十六

2009年

春

20090101

元旦假期如何过，最佳去处是苏州。朝发夕至，苏州市文化广电新闻出版局局长汤玉林宴请我晚餐，席间大谈苏州的历史与文化，咸宁自然相形见绌。但我对向阳湖文化如数家珍，也多少提高了一些“底气”。苏州的经济实力和文化底蕴均不亚于省会南京，而咸宁则只能为自己融入武汉“1＋8”城市圈为幸。尽管咸宁与苏州表面看是无可比拟，但攻其一点，在干校文化研究上却是可以独占鳌头，为苏州所不及。

苏州大学的友人王尧是研究“文革”史的专家，也多次邀请我到苏大讲学，这一番美意是不可以辜负的，何况儿子熟了是该校的毕业生。

20090102

上午游虎丘，在冷香阁看到俞平伯先生一幅“旧时月色”的题匾，我不由得记起老先生下放河南息县干校时的一些诗词，其中有首《无题》云：“茅檐极低小，一载住农家。侧影西塘水，贪看日夕斜。”冷香阁乃文人雅集之处，游园命笔时的俞老大约也是不会想起这首小诗的。

下午，逛苏州书城，购《二十世纪中国文化名人墨迹》(16开精装本，北京出版社2000年版)，其中有冰心、沈从文、史树青等向阳湖文化名人手迹。又,《美丽与哀愁——一个真实的冰心》(东方出版社2006年版)、《解读巴金》(春风文艺出版社2002年版)。

20090103

返程途中,北京李世奎先生打来电话,称咸安区将在北京组织文化人座谈会,何祖渠和司徒新蕾夫妇开了名单,委托他帮忙邀请电影口的一些“五七”战士参加。李先生的热情我是有体会的,他不仅曾热情接待过我,还召集向阳湖人开列了电影口几个连队的名单。下周又要见面了,座谈会上还有多少熟悉的面孔啊!

20090104

黑龙江省研究“流人学”的专家李兴盛来信:“大作四册及相关报刊、手谕,最近收悉,谢谢!/‘文革’中文化部在贵市向阳湖建校,将大批文化名人下放干校劳动,正如古代流人的流放那样,这对于下放者来讲是不幸的。但对贵地来讲,却成为一笔宝贵的文化遗产。/您多年来对这笔遗产的宣传、弘扬与研究,贡献多多。虽然是初步浏览,但这种印象就已是深印脑海。/拙著《中国流人史》由于出版已久,手中存书仅有几部,无法奉赠,现将今年增印版的《东北流人史》及其他几册奉赠,请予指正。”其他几册为诗人吴兆骞系列(1—3),而更为难得的还有一本《李兴盛学案》,可视为研究李兴盛的蓝本。

20090105

武汉出版社“向阳湖文化丛书”责编打来电话,催促尽快将7本书定稿,争取早日一鼓作气推出来,否则一拖下去,出版社忙于编印教材、教辅,恐耽误“丛书”的出版。我解释说春节前公务实在太忙,春节后当快马加鞭。但检查主观原因,关键是自己有所松懈,如近些时开博沉迷其中,花费时间过多,当及时调整。

20090106

今日在崇文书城,淘得久觅不得的《俞平伯全集》(1—10,精装本,花山文艺出版社 1997 年版)，粗翻目录，第一卷有《零篇诗草》，收有多首作者在河南息县干校的诗作，第十卷则有作者 1969 年至 1973 年的干校日记，均为极为珍贵的“五七”干校史研究资料。晚上在家翻阅，依然不禁喜出望外。向阳湖文化研究一旦和其他干校结合起来，眼界更宽，天地更大。

20090107

上午咸安区委宣传部黄部长和熊副部长来，商议周六在京召开向阳湖文化人联谊会事宜，我帮助逐一敲定了将与会的 100 余人名单，并和宋木文、阎纲、吴桂凤等人通电话。下午又复印了研究会的有关资料，准备会上发放。咸安区考虑欠周，座谈会议程竟没有安排我发言。我主动提出花几分钟时间介绍向阳湖文化研究会的工作，黄部长才似有所悟，采纳了我的意见。为了事业，也就无心计较了。

20090108

为了准备周密一些，今日行前不仅带了照相机，还破例带上摄像机，并临时学习操作。中午金戈来坐，告诉我一消息，他们报社被通知派胡武生随行参加此次北京座谈会的报道。这让我心中踏实一些，研究会有一名理事参加，我这个会长的担子轻多了，可以腾出手来办更重要的事情。但还是马上布置胡武生做好摄像、录像的准备，并把座谈会的侧记写好。晚上与咸安区委涂副书记、宣传部黄部长及熊、廖两位副部长同乘火车从武昌至北京。一路上，我又打电话通知金戈，让明天出发的胡武生带上一个大签名本，以备会上使用，为研究会留个纪念。

20090109

上午住进王府井附近天伦松鹤大饭店。不多时，司徒新蕾来了，她是向黄部长解释电影口参会人员的事。听黄说，2 日，她在京主持了一个在京文化人联络筹备会，司徒、刘建中、杨德炎、林阳、柴志湘等人参加,为开好座谈会出了不少好主意。

下午和晚上我帮助联系有关文化人。咸安区有个大的疏忽,北京媒体几乎没有邀请人参加,我建议黄部长重视京城媒体的宣传,并临时利用自己的关系,请了新浪网、《中国文化报》、《中国新闻出版报》、《北京青年报》、《作家通讯》等媒体的记者,还自己作主,通知了对向阳湖文化宣传作出过重要贡献的两位友人——全国政协文史委办公室主任王合忠和中国文化管理学会会长汪建德。

20090110

下午,主题为"向阳情·咸宁缘"的向阳湖文化人(北京)联谊会在松鹤大饭店二楼会议室举行。该活动由市委、市政府和咸安区委、区政府联合举办,主要由咸安区承办,邀请了曾下放向阳湖的近百位文化人及"向阳花"参加,规模之大,规格之高,可以说在咸宁历史上少有。在北京及其他干校所在地,恐怕也难以组织如此有影响的座谈会。

会议议程为:1.咸安区区长谭海华致欢迎辞;2.观看专题片《向阳情》;3.文化人代表发言;4.原商务印书馆总经理杨德炎宣读向阳湖文化保护利用倡议书;5.咸宁市新闻出版局局长、向阳湖文化研究会会长李城外讲话;6.咸宁市委常委、宣传部长、向阳湖文化研究会名誉会长陈树林讲话;7.湖北省文化厅副巡视员吴宏堂讲话;8.咸安区委书记袁善谋讲话;9.请文化人题字作画,吟诗作赋;10.全体与会人员合影留念。

文化人发言的代表依次为:刘建中、吕济民、吴泰昌、宋木文,其中以宋老的讲话最有分量。他说,湖北咸宁将向阳湖文化部"五七"干校视为一种特定的文化现象,加以发掘研究并成书、成史,不仅对鄂南的经济和文化发展有意义,对我国当代政治史和文化史的研究也有价值,能给今人和后人留下点有分量的东西。因此,他对咸宁市和咸安区重视开发向阳湖文化资源非常赞赏,积极拥护。宋老讲述道,早在

向阳湖文化人(北京)联谊会主席台

1996 年 5 月，我就曾登门采访，他当时不太愿意去回忆往事，一直没有写有关文章，因为感到怎么写都很有难度。但十多年来，我坚持不懈地专注于此事，埋头苦干，是值得学习，令人敬佩的。“向阳湖文化能发展到今天，形成一定气候，李城外功不可没，起了第一人的作用。”他认为，40 年前大批干部下放“五七”干校，是不应该发生的，就像“文化大革命”不应该发生一样。但辩证地看，这批人在干校受到不公正待遇，也经受了严峻考验，也会产生积极的东西，就像苦难的经历也可以产生伟大的作品一样。“文革”时期，一个国家的文化部整个地搬到向阳湖去了，不仅仅是部里的干部，部里的家属，部里的子弟都去了，对这个事情怎么看，怎么写。不要回避文化部，因其他部没文化部有特点，有独特的价值。它既有党政干部，还有一大批文化人，是一般的干校代表不了的，身份也是别人不能代替的，在干校的作为也是别人代替不了的。这些文化人可以写日记，可以作诗，画画，一旦环境允许了，还可以写文章著书，这种经历也是别人代替不了的……“文革”不应当发生，我们反思“文革”，不应该忘记向阳湖这一历史现象。因此，抢救向阳湖文化，不要顾忌文化部。是否研究这种现象，对揭露“文革”更深刻，对后人更有价值？既然发生了，不能不留下历史的资料，不能不留下相关的作品，我们就应发掘它，研究它，从中找到积极的东西，以警示后人。所以说，把这篇文章做好又是值得的。咸宁是全国开发干校文化的发源地，卓有成效，填补了当代中国文化史的一段空白。要充分挖掘向阳湖文化积极的内涵，让它给今人和后人一些有意义的东西……

我的发言讲了三点：一是感谢。感谢京城文化人的“向阳情结”，此次活动是咸宁在京组织规模最大的一次，每个连队都有代表来了，不少是我采访过的名人；同时，感谢十多年来对我们工作的支持，不少人为咸宁题词，写文章，联络出书。全国政协还有委员联名提案，等等。二是汇报。咸宁市重视向阳湖文化开发，市领导强调今年组织好干校文化人联谊活动，咸安区去年还组织两次文化名人重返向阳湖活动，向阳湖文化研究会一直在坚守这块阵地，卓有成效地开展工作。三是建议。虽然前期取得一定成绩，但应正视不足，咸宁抢救史料工作走在全国前面，硬件建设却大大滞后，与研究干校的文化“发源地”不相称。现在宁夏石嘴山市后来居上，已建起干校博物馆，我们要有危机感和紧迫感……

陈部长代表市委、市政府对与会文化人表示衷心感谢。他说，咸宁“五七”干校是一段特殊的历史，也是一段值得挖掘、值得整理的历史。向阳湖文化研究，在各方面的大力支持下，日渐兴旺，取得了明显成效。下一步要以科学发展观为指导，把向阳湖文化研究作为咸宁文化发展的组成部分，进一步推动由民间研究向政府层面转变，由自发式的行为向有组织的行为转变。最后，他真诚地邀请各位文化名人在身体许可的条件下多到咸宁走走，帮助咸宁进一步做好向阳湖文化的研究和资料整理利用工作，促进咸宁经济社会更好更快发展。

省文化厅吴宏堂在发言中说，当前是开展向阳湖文化研究和保护

向阳湖文化人（北京）联谊会场景

的有利时机，建议尽快出台一个加强向阳湖文化名人旧址保护的条例，对“五七”干校旧址现有设施进行全面保护，并组织有关职能部门编制一个集文物保护、旅游观光、生态农业开发于一体的中、远期发展规划。目前，省文化厅和省文物局已制订出相关扶持政策：一是将派出一流专家，协助咸安区政府做好向阳湖文化名人旧址远景规划；二是在省级文物保护资金投入上，对咸宁重点倾斜；三是积极做好“向阳湖文化名人旧址”申报第七批全国重点文物保护单位前期筹备工作；四是利用多方面关系积极为向阳湖文化名人旧址收集和征集珍贵文物。

会上还穿插进行了捐献文物和题词活动。文物专家杜永镇把自己珍藏了几十年的一把铁锹、自制的竹刻笔筒、装豆腐的瓦罐、自制的毛主席像章捐赠给咸安区博物馆；人民美术出版社邓永凯先生被现场气氛感染，临时捐赠了记载有全连人员情况的笔记本（我对后者更有兴趣）。荣宝斋米景扬先生当场捐赠了一幅国画——《鳜鱼图》。其他文化人的题词有：“向阳湖无水，云梦泽有情”（阎纲），“心朗如月，向阳情结”（吴泰昌），“永远怀念在咸宁的生活，特别是怀念在咸宁结识的当地老友”（沈昌文），“咸宁的向阳湖文化，让我们永远铭记那不堪回首的文革岁月”(张惠卿),“向阳情无限,咸宁缘更深”(吴道弘),“向阳情,咸宁缘,万古青”(耿宝昌),“难忘向阳湖,原是湖里人”(杨新),“前事不忘,后事之师”(陈早春),“记小人德,忘大人怨”(李世奎),“难忘向阳湖”(周明),“珍爱记忆像珍爱生命,记住幸福也记住不幸”(杨匡满录邵燕祥语),“铭记独特的向阳湖文化”(柴志湘),“传承向阳湖文化精神”(林阳)。

向阳湖文化人(北京)联谊会合影

我单独准备了一本签名册,请与会者一一签名。除上述人员外,罗哲文、田大畏、文洁若、林尔蔚、庄浦明、傅璇琮、涂光群、吴桂凤、司徒新蕾、卢永福、张慈中、施亮、郑苏伊等两代“向阳湖人”近百人签了名。

20090111

下午被邀参加2009年北京咸安商会成立及同乡联谊会,遇见几年不见的王龙江(中编办法规司司长兼政研室主任)。他曾挂职市委副书记,返京后一直没有联系,但刚一见面,他马上和我说起向阳湖,称自己前些时向文化部长蔡武推介向阳湖文化,遗憾的是蔡的认识并不高,以为干校是“文革”的产物,不宜多提。我感谢王书记惦记着向阳湖文化,并介绍了昨日联谊会的盛况,以为这本是文化部应主动办的事,而咸宁人办了。现任的文化部官员却没有应有的热情。接着,我向初次见面的咸宁籍名人——原驻法国大使蔡方柏先生介绍向阳湖文化,回咸后将寄一套书给他。蔡毕竟是目前咸安籍在京最有影响的“高官”。

上午就将昨日会议写了短消息,发在博客上,同时寄给《湖北日报》,估计登出来没问题。中午,还与区委宣传部的同志上门拜访画家张广,得赠精装画册。又得知一意外的消息——前几年与我和张广一起聚餐的姚奎先生因患肺癌已去世,可惜他的向阳湖画作因其子保守没有守约赠送而不能“得其所哉”了!

20090112

上午得闲,挂通宋木文先生电话,感谢他在前日会上对我的一番鼓励。岂料宋老谈兴大发,将自己的观点作了进一步阐述,不仅对我鼓励有加,还说欲将此次发言整理成文。我马上极力赞成,私下还打算帮助整理录音后再征求他的意见,争取作为“向阳湖文化丛书”的另一篇总序。

上午去人民文学出版社《新文学史料》编辑部郭娟处谈,得赠书《历史波涛中的文人们》、《旧时月色中的文人们》。

下午,与到北京参会的咸安区政府、人大、政协的负责人一道乘飞机离京。候机前,他们闲聊,都对我说些客气话。我心里却道,要感谢他们的却是我。为我们向阳湖文化研究会造势,“政府行为”干了我们力所不能及的事。尽管向阳湖地处咸安,宣传的主体应是他们,但十多年来,由于我一直把它摆在 No.1 的位置,很多时候宾主关系倒置了。不过,这才叫“进入了境界”!

20090113

今日召集研究会同仁小聚,有金戈、王亲贤、胡卫平、张磊、谌胜蓝、陈海燕、万红英等,向大家通报了文化人联谊会盛况,让大家分享我的喜悦。金戈说这是 2009 年第一次研究会聚会,我则说这是 2009 年研究会的开门见喜。大家又初步确定了今年外出考察事,计划组织大部队去宁夏一趟,而去黑龙江有代表就行了。

20090114

上午,《湖北档案》总编辑邓衍民打来电话,称与我商量,因今年国庆60周年,刊物要开辟“图说国庆60年”专栏,我的“图说文化名人”专栏暂停一年如何。我见好就收,表示正忙得不可开交,缓一口气也好,待丛书出齐后再应付此类专栏,也许更从容些。

20090115

上午到武汉出版社,责编王远彦称出书在即,应签个合同。我看了他初拟的一些条款,据说是征得彭社长同意,便没有发表多的意见。他们一直是支持、关照我的,出齐丛书,对出版社来说无疑是贴钱的生意,只是为了文化积累和抢救。加之我不愿在市里求人争取补贴给出版社,目标只有一个,书印出来就是胜利。因此,一切条件都好商量。

20090116

从去年底忙到现在,收到不少贺卡,也一直没有回复,时近年关,再不寄就迟了。为省时间,让办公室主任买了几百份己丑年贺卡。又请谌胜蓝帮助制作插页及贺词,图案为向阳湖文化研究会会徽和牛年星瑞图,贺词为“年轮永久,岁月咸宁”,并把新开的博客地址附在上面。

20090117

请研究会两位理事甘泉、张磊写贺卡,并装上信封,又忙了一整天,才大功告成。我在开列名单时,又无意将各地的新老朋友“过了一遍电影”,筛选再筛选仍达300余份。自己长期以来动手做此类工作已养成习惯。一是出于礼貌,亲笔写上名字,总是踏实些。二是在这一过程中的愉悦感,是一般人难以体会的。因为每年此时都是“批发式经营”,说明朋友遍及域中!

20090118

潢川黄湖农场戚福义寄来《光州文史资料》第18辑——《厚重黄

湖》(团中央"五七"干校专辑之一),系潢川政协文史委员会资料汇编,2008 年 12 月内部发行。距我的黄湖之行仅半年时间,厚厚一本资料就如愿收藏。这对我筹建中国"五七"干校研究中心,无疑会提供有益素材。我感谢热情的戚福义!

20090119

罗勇晚上发来短信:"赤壁电厂的总经理罗家林、财务总监范廉平先生对向阳湖文化很有研究,我以向阳湖文化研究会副会长的名义邀请二位企业家,年后来向阳湖。让向阳湖文化走进金融,也走进知名企业!"金戈收到短信后表示祝贺,我对罗行长表示,此乃新年研究会喜事一桩,如有可能"联姻",乃罗对研究会之新贡献也!

20090120

上午去省局陈锋副局长办公室,他见面便谈及向阳湖文化,云其价值应引起学术界重视。我说咸宁学院拟于今后开全国性的向阳湖研讨会。陈以为规格不够,应由武汉大学承办才会有大的影响。他还举了其他市州打文化牌由政府出资,武汉大学承办的例子。我担心目前咸宁的状况,由政府出资有无可能性,试试看吧!

20090121

今日局机关县级干部年度述职,我的述职报告谈完本职工作后,照例加了一段"利用业余时间打造向阳湖文化品牌",我举了一些事例,强调自己利用自身优势,广泛联络京城文化名人,为宣传咸宁起到了很好的桥梁作用,也提高了我局的社会地位,对外树立了新闻出版局的良好形象。

20090122

打开"马构网",有则署名山水的文章——《向阳湖文化研究会与马构》,其中云:"今天——2009 年 1 月 10 日,在向阳湖文化人联谊会上,李城外会长(咸宁市向阳湖文化研究会)在发言中谈到马构网,他请大家给予关注,并说上面有关于回忆文化部‘五七’干校的文章。在会后杨德炎先生对我说,要以马杓为基础,建立文化部‘五七’干校网上博物馆,欣喜之余,感到任重道远。”下面有跟贴反应:“这个建议很好,其实早该建一个网上博物馆了,现在有人牵头吗?关键有人管理。”

20090123

今日才正式休假,于是花了一整天时间为博客添加文章,上传了《向阳湖日志》1995年—1997年的日记,这样更能吸引眼球。本打算丛书出版后才全部上博的,但是有选择地逐年贴上去,亦不失为“丛书”作促销“广告”。

20090124

去成果兄家陪母亲吃年饭,晚间和他谈及向阳湖文化,感慨自己肩上担子日见重起来,颇羡慕为兄的“无官一身轻”。我现在最大的遗憾不是位不高、权不重,而是时间不够用。但转头一想,如果十多年来光写书,专做学问,而没有社会交往,就不会有北京的文化人联谊会的成功举行以及其他影响。今后的一切还得顺其自然。

20090125

今日开始收发新年短信,我自拟的贺词为“人缘遍地,牛气冲天”。后者广为人知,前者恐怕独一份!北京杨德炎、四川黄葵及“向阳花”韩聪的祝愿,也说明我人缘遍地,而牛气冲天还须备加努力!

20090126

正月初一,今年乃本命年,当以“向阳牛”自勉也!

20090127

武汉大姐、咸安大哥、鄂州小弟、温泉二姐下午来我处小聚,我找出一堆昔日老照片请姊妹们观赏,大家都知道我此生情系向阳湖了,都表示理解和极大支持。二姐还告诉我一个没料到的消息，云美国新当选总统奥巴马与我同年同月同日生。我没有丝毫“攀附”的必要，以为唯一的意义只是让我记住了他的生日，关注其生平，却也有把一项事业做到最大成功的打算，且当好向阳湖理想国的“总统”吧！

20090128

下午，咸宁电视台播放了咸安区拍摄的《向阳情》，不一会儿，崇阳县一中特级教师杨桦打来电话，称几个老同志一起看了，十分激动，但杨问及我的报告文学和电影剧本何时完工，我惭愧得很，尚未开工哩！可见热心人对我的期望值过高。碰巧，晚上电视台又重播了《重访向阳湖：回忆我和萧乾在避难所的日子》。

20090129

熟了春节在家成天沉湎于他的戏剧，我叫他看一下我的博客或电视上播出的向阳湖专辑，他都不理会。尽管有些扫兴，但致婷劝我理解，下一代有下一代的选择，不可强求。

20090130

通山县委邀请在外工作过的通山籍人士参加酒会，省城一位老乡和我同桌，席间提醒我，市局有人在省局反映我的心思全放在向阳湖上，没怎么搞工作，建议我应主动找省局领导沟通一下。我可服了我身边班子的某些人。在市里反映我宣传向阳湖，无人理睬，于是不甘心，又上省局打小报告，实在可笑。我的态度是，市里肯支持就行。省局领导爱听不听，反正我的工作是努力且有成效的。

20090131

下午重读余秋雨先生《流放者的土地》，其中提及李兴盛先生对“流人学”的研究，又找来李兴盛的《吴兆骞传》浏览一遍。体会有三：与吴兆骞比，向阳湖文化人吃的苦算不得苦；与李兴盛比，我的研究才刚刚开始；与余秋雨比，我的文字的力度和思想的深度还够学……

20090201

上午去市委黄书记办公室，谈及上月在京举办的向阳湖文化人联谊会很成功，感谢他对向阳湖文化研究的重视，萧乾夫人文洁若还特意送了他一批书让我转交。黄说此事抓得好，要进一步扩大影响，现在不少人对向阳湖投资有意向。他还会抽时间专程去实地考察一番，我表示将不遗余力继续抓好宣传。

今晚咸宁电视台又重播了专题片《向阳情》，刚收到的《湖北作家》2008冬季号还发了《一批京城著名文化界人士重访向阳湖》的消息。元月中旬报道北京座谈会的媒体还有新浪网、《中国新闻出版报》和《中国文化报》等。

北京沈昌文先生寄赠书《知道——沈昌文口述自传》（花城出版社2008年版）、《书商的旧梦》（上海书店出版社2007年版）、《最后的晚餐》（上海书店出版社2007年版）。

20090202

网上发现刘明恒的新浪博客，立即加为“好友”，马上得到他的回应，称也拜读了我的博客。我亦留言，祝他牛年小说创鄂南一流，并期盼他创作向阳湖题材的小说。但愿能引起刘兄重视。目前鄂南文坛涉足向阳湖题材的小说家，仅金戈一人耳。

20090203

《咸宁日报》周五将发邓昌炉、谭辉龙、胡武生合写的通讯稿——《向阳湖文化人（北京）联谊会侧记》。作者今日专门把文章传来请我修改定稿。我认真把了关，补充了一些内容。此稿与《楚天声屏报》胡武生专稿相比较，时间晚了点，但略为详实些。如果补收入《向阳湖文化研究》一书“动态”栏，当以此文为宜。

20090204

下午到东湖宾馆南山一所报到，参加全省新闻出版工作会暨首届

“湖北政府出版奖”表彰会。晚上近邻武汉市局彭局长来谈，敦促抓紧时间把“向阳湖文化丛书”出齐，争取在北京开个出版座谈会。彭兄说出此套“丛书”是武汉出版社贴钱为文化事业作贡献。我说为了不让他负担过重，愿意将其中自著的三本书本地印刷，自办发行。彭叫签个合同，保本经营就行。我感谢他的理解。

20090205

近两日抽空走访了省直三家文化单位。《湖北日报》科教文卫部曾祥惠、张孺海两位主任表示，今后将会进一步加大向阳湖文化宣传力度；省作协党组书记黄运全对向阳湖文化看好；创联部主任高晓晖将在《湖北作家》上推出重头文章；湖北省社科院《江汉论坛》副主编陈金清建议我加强联系，今年争取在理论宣传上为向阳湖文化推波助澜——有朋友们的支持，今年向阳湖文化一定会出现更多的“亮点”。

20090206

下午，召集研究会同仁小酌，一是新春祝福，二是布置今年的几项工作，三是增添新的骨干，吸引《咸宁日报》文化版主编邓昌炉入会并增补理事。到会 11 人兴致很高，秘书长金戈、副秘书长郑光勇、王亲贤将在新的一年更好地履行职责和义务。理事张磊、谌胜蓝、胡武生、万红英都将继续勤奋写作，小邓力争多编发有关向阳湖文章。晚上金戈来向阳轩小坐，我对他的要求更高，应在研究会创新工作上多动脑筋，同时得加紧写好向阳湖系列小说。

20090207

罗勇打来电话，今天下午陪同省司法厅政治部施主任、《法制日报》驻湖北记者站胡站长考察向阳湖，我因手头事忙，不能同去。罗说两位友人都读过我的书，此行是为了却心愿。我建议罗也写些游记之类发在博客上。

另，今日从“凤凰网”上得知，臧克家夫人郑曼在京因病去逝，享年

95岁。我马上编发了一则短消息,贴在博客"研究会动态"栏,以表怀念。

20090208

内兄去北京过年,今日返温泉,称近日在北京为熟了租房子找了好几处,最后定在安外东河沿8号楼。我一看租房合同,真是无巧不成书,此栋楼我太熟悉,是中国作协的一处宿舍楼。住户中我曾经采访的就有原《文艺报》主编谢永旺、李季夫人李小为、中国作协原秘书长张僖等。租住的房东为原《诗刊》主编严辰的亲属,正好与谢永旺先生邻居。下午便和谢先生打了电话,请便中关照。这也是向阳湖的缘分。儿子今后在京发展,与向阳湖的关系想必还会不断延续……

20090209

上月在京认识原中国驻法大使——咸安籍名人蔡方柏先生,答应寄赠他一套向阳湖文化书系,前些时因忙乱拖至今日。前几天收到他的电邮祝福新春,但愿他收到书后能引起兴趣,在他的交往圈子里推介家乡的向阳湖文化。蔡大使已年逾古稀,仍担任中国法国研究会会长哩!

20090210

母亲来小住几天,然后回通山,我正好抽时间陪老人聊天。除了解一些鲜为人知的家史外,她还主动和我谈起向阳湖文化,嘱咐写文章下笔要慎重,因记载的是一段历史。我明白母亲的意思,经历过"文革"等历史运动的人,仍心有忧虑,不能消除。好在我所处的时代不同,可以我手写我心,为历史存照。

20090211

赤壁市搞了一个"文化论坛"活动,邀请了北京作家叶梅、《中华儿女》副总编辑陈安钰和编辑余玮、省直的有关专家等。我赶去陪同,大家都不约而同地聊起向阳湖文化。叶梅说我一个人研究,贵在十多年坚持不懈地打一口深井。陈总则说一个人所取得成就与所处的位置联系甚大,我应珍惜现在所处的岗位。余玮建议我们研究会应发展北京的文化人及子弟为会员。

20090212

在赤壁实地游览一天,省有关专家与我的聊天话题仍是向阳湖。省社科院副院长刘玉堂称,华中师大章开沅老先生近年曾向他嘱咐,社科院应主动研究向阳湖文化,他们最近向省领导汇报了此事,得到批复同意立项。我闻之窃喜,表示尽力参与。《湖北日报》友人张孺海则建议,届时可考虑在省报搞向阳湖专版。但我一则以喜,一则以忧。因涉及部分赞助资金,还得看争取政府或企业的支持结果如何。

20090213

《人民日报》友人齐欣发来短信,称今日《北京青年报》有人撰文提及我。网上搜索了一下,原来是严欣久大姐的文章——《向阳湖的通信与往事回想》在该报发表。晚上与严通了电话,她说因版面所限,没有发表全文,但《北京青年报》影响较大,她为我的事业也作了宣传,尽了力,便心满意足了。

20090214

今日是"情人节",我邀请了研究会的罗勇、金戈组成"友人团",去赤壁看望陈安钰,游玩了大半天,谈得多的还是向阳湖。陈兄云,向阳湖在鄂已成气候,贵在弟兄们坚持。我则以为虽成气候,但远远不够,坚持下去亦不成问题,但离"心想事成"还有较大差距。而罗勇和金戈也比较理智,以为目前保持恒温即可,不可太理想化。

20090215

长沙张绍春发来短信:"我打算对全国'五七'干校作进一步的综合研究,为此近期将向上申请一项史学研究课题,能否申报得上,与研究团队实力也有一定关系。想请你和战老两位权威专家在课题组组成人员挂个名。战老已允,不知尊意如何?”我立即表示没问题,全力支持。张博士表示,雪里送炭,万分感谢。

20090216

到崇阳、通城两地检查“农家书屋”工作,上周跑了四个县市区,今日全部结束。县市的熟人仍是向阳湖与李城外密不可分的谈论,直让我怀疑自己是在检查“农家书屋”工作还是在传播向阳湖文化。“主业”与“副业”的困扰又上心头。今年的工作压力大,而向阳湖文化研究所花费的时间和精力又似乎更大。

20090217

今天分别到市委宣传部陈部长和黄书记、任市长办公室汇报工作,顺便谈向阳湖文化。陈说我工作之余,一门心思抓向阳湖文化研究实在难得,他在今后的有关会上还将强调要进一步重视;黄书记则说我的主要精力应放在新闻出版本职工作上,向阳湖文化毕竟是业余爱好;任市长表示,向阳湖文化有价值,值得大做文章,但没有说如何从财力上支持。

20090218

办公室主任小胡向我建议,本职工作和向阳湖文化研究其实并不矛盾,但鉴于今年工作压力大,任务重,“向阳湖文化丛书”得尽快交卷,不可再拖延时间,可以考虑让责编多做些工作。这样,我的主要精力可以放在单位的事情上,也许压力会逐渐减轻的。

20090219

武汉作家李兴功今日来访,云其兄李兴仁为河北省河南企业联谊会会长、武汉市诺贝得科技发展有限公司董事长,意欲投资开发向阳湖,建一所“中国向阳湖文化艺术馆”。兴功在武汉钢铁学院执教时,市委黄书记乃其学生,因此来咸宁联系此事,应该说有得天独厚的“人脉”优势。我赠送了有关书报和纪念封等,并表示今后如进展顺利,理当支持。

20090220

谌胜蓝在电力文协任秘书长，最近协会搞了一个征文大赛，请了金戈、王亲贤、郑光勇当评委，今日一起小酌。我这个名誉会长自然也来捧场，但酒席上强调的仍然是向阳湖文化研究会的事。如组织好今年外出考察干校活动，今秋换届的“人事安排”等。参加晚宴的还有胡卫平、陈海燕、万红英，我也布置了多写文章、多联系“向阳花”的任务。

20090221

上午去办公室加班，意外收到市交通局门卫王保华送来的一封信，称自己热心于向阳湖文化并长期关注。他向我介绍62岁的涂和平(曾任文化部“五七”干校某连团支部书记)，当年为臧克家等名人开过小车，如有必要也许可以从他那里得到一些鲜为人知的第一手资料。“草根”百姓主动为向阳湖文化提供信息，尤为难得，当不负期待。

中餐局里安排参加“扫黄打非”专项行动的成员单位的人小酌，我去作陪，虽然都是初次相识，但没有不知道向阳湖文化的。

20090222

晚上致婷见我看完新闻联播又上网，忍不住说我浪费时间太多，真是无所事事，也不想想自己向阳湖的写作计划如何一个步骤一个步骤地完成，整天在自己的博客上太花时间，而且在网上浏览一些无益的文章，只能是浪费宝贵的光阴，况且还有许多书未读呢！当自律也。

20090223

市政协三届二次会议开幕。上午委员议政发言，咸安区委党校副校长陈思谈及促进旅游和文化的融合、做大做强我市旅游产业，其中大力呼吁重视开发向阳湖文化。欣慰之余，我感到悲哀的是，去年我就此写出的提案，至今连回复都没有。因此，下午分组讨论时，我照例尖锐地说，市里重视程度不够，即使咸安区有邀请名人重访向阳湖和进京开座谈会之举，但好的规划如无人落实，最终还是见不了实效。

20090224

今日起草了一份《关于加大向阳湖文化研究力度的建议》的提案，下午分组讨论时，请敖茂佑副主席、市委党校副校长王胜红、实验小学校长汪金月、咸宁学院艺术学院教师黄继先、市国税局书法家覃修毅联合签名，并在发言时向委员们介绍了近年向阳湖文化研究的进展情况。

20090225

上午才抽出时间，修改郑光勇撰写的《"向阳情·咸宁缘——文化名人看咸宁"活动侧记》。我改主标题为"梦绕魂牵向阳情"，压缩在6000字以内，马上贴到博客上，并计划增入《向阳湖文化研究》"动态"篇中。同时，增补《著名文物专家重访向阳湖座谈会侧记》、《咸宁市向阳湖文化研究理事会二届四次理事会侧记》和《向阳湖文化人北京联谊会侧记》三篇。还是那句老话，出书一次不容易，尽量多容纳一些信息，少留些遗憾。

20090226

上午去省社科院陈金清处，他告诉我，院里起草有关向阳湖课题的报告是由他执笔的。我对这位赤壁老乡对向阳湖文化的关心和支持表示敬意。一旦社科院的专家作了专题研究，向阳湖文化的理论意义便会自然彰显，且会促进学术界的研究。我相信，今后我们的研究和省社科院一定会合作愉快。

20090227

上午列席市人大三届三次会闭幕式时，与咸宁学院夏院长邻坐，我建议他早日召集文学院开展向阳湖文化研究。夏表示今后一定大力支持，还要争取申报国家级社科基金项目。我则说"向阳湖文化"应成为咸宁学院文学院的一门新学科，像湖南吉首大学，打的就是"沈从文牌”。

20090228

谌胜蓝发来向阳湖系列散文第26篇，她出手之快，令人咋舌。我粗算了一下，从去年秋至今，平均每周成文一篇，且字数不少，质量不低。真是后生可畏，今后当继续大力扶持，在研究会同仁中树个“标杆”。

20090301

上午北京王春瑜先生发来短信，要我看他的文章《文怀沙先生平议》。我读后回复，文固然令人不齿，但李辉之为人亦不敢恭维（因我曾与李有向阳湖之争）。王先生回复云，李辉乃“名人贩子”。我则认为，李辉多年的抢救文化行动还是颇有成果的。

20090302

下午去《咸宁日报》和《南鄂晚报》社，社长、总编邀我晚餐小酌。我建议地方报纸仍要加大向阳湖文化的宣传力度，比如开专栏，多登有关散文，还应将专栏文章申报上级新闻奖等。我强调说，10多年前《咸宁日报》对向阳湖文化宣传是高温的，以后逐渐降了温，现在又该升温了。

20090303

今日参加全市宣传部长会议，陈部长在报告中谈去年成绩时，对组织“文化名人看咸宁”和“向阳湖文化人北京联谊会”活动给予高度评价，并强调其意义在于，过去是以城外同志为首的“民间”热心人的行为，如今正向“官方”正式过渡。其实，陈部长有所不知，“官方”也曾几度重视，只是没保持连续性罢了。好在向阳湖文化研究已重新成为咸宁宣传工作的一个品牌。我在下午讨论发言时，感谢重视并介绍了今年向阳湖文化的重点工作，主要是将向阳湖文化研究会升格为省级学会。

20090304

春节以后一直忙碌,编著计划一再后移,连博客也没有时间更多地增添新的内容,今天才得空,将《城外的向阳湖》“干校博物馆”栏目添上了11种“五七”干校的图书封面照片。但愿今后有点紧迫感,早日将“向阳湖文化丛书”7本书的封面贴在博客上“亮相”。

20090305

上午一上班,熟了从北京打来长途,告知特大喜讯,他报考中央戏剧学院研究生的分数已出来,出乎原先所料,高达340分,超出去年分数线21分,而且单科专业和英语、政治的分数均已超标。我祝贺他如愿以偿。熟了是幸运儿,遇上国家话剧院名导演和中戏导师等“伯乐”。我鼓励他充满自信复试,因在东吴剧社几年有丰富的实践经验,毕竟为其他考生所不及。

20090306

日前《北京青年报》陈国华发来电子邮件,称严欣久的文章在北京文化圈子内反响不错。他感慨:“向阳湖文化有今天的规模,跟您的辛苦分不开。”我感谢国华兄关注并宣传向阳湖文化。我曾听中国作协的吴桂凤同志讲过他写《人有病,天知否》的一些事,令人感动,得向他学习、致敬,今后进京可一访之。

20090307

计划近日抽空读毕爱伦堡回忆录《人·岁月·生活》(上、下两大卷,海南出版社2008年2月版)。译者之一秦顺新是人民文学出版社原副总编,10多年前我曾登门拜访过他。今读他的大部头译作,无比震撼,如同读另一位向阳湖文化人田大畏的译作《古拉格群岛》一样。

20090308

近两日抽空将博客“向阳湖笔会”栏目发了万红英、谌胜蓝、倪霞、陈海燕四位女会员的专辑，前者 8 篇，后三位各 3 篇，文笔各有千秋。但致婷对我的为人作嫁之举不以为然，说我江郎才尽，才如此沉湎于网上虚拟的世界。她又催我早点写报告文学及《中国“五七”干校始末》。

20090309

偶见报载“我与湖北日报”征文，一时兴起，花时间一气草成一篇千字文——《两代人的〈湖北日报〉情结》，记载的是父亲坚持订阅《湖北日报》对我的影响，《湖北日报》10 多年来对我挖掘向阳湖文化的支持，如发消息稿和文章达 30 余篇，专门介绍我的专文 2 篇，尤其是去年 2 月的约稿《守望向阳湖》，引起较大反响。

20090310

谌胜蓝今日和省作协创联部高晓晖联系，得知上周五作协主席团讨论发展新会员，她获顺利通过。我收到发来的短信后，表示祝贺。这也是研究会的一桩喜事，又有一名理事加入省作协，下一批要看今年即将出书的万红英和王亲贤了……

20090311

上午邮局小满来商议今秋《向阳情·咸宁缘》系列邮品开发事宜，交给我一份方案。我今年仍十分忙碌，仅有时间和精力帮助推出“中国向阳湖文化名人风采”系列封第二组。但我对她说，10 年前出第一组全是义务劳动，现在应有所不同。一得有报酬，二不负责推销，三则纪念封的图文全由我提供，不再由他人参与。

20090312

致婷今日赴京，游玩倒是其次，主要是看儿子。熟了考上中戏，还有半年入学，此前将一直在国家话剧院田导那里“打工”。致婷得抽空去拜访一下租房的房东，可能熟了读研三年时间一直在那里住。我倒是想得更远，儿子毕业站稳脚跟后，我得“唆使”他努力将向阳湖题材

的作品搬上国家话剧院的大舞台。

20090313

今日打开博客，北京陈安安大姐（昵称卡廷森林，陈翰伯先生之女）在上面留言好几条，录以备忘。其一，在访杨绛一文后写道："杨绛是何等清高之人，能和你促膝交谈，李先生，你面子够大的。老人家译出柏拉图《斐多》（苏格拉底临终论述）译得太棒了！"其二，对访任继愈一文谈了不同的观点："任先生对你没说出什么精彩的话啊，都是今天的普通认识，我特别不同意他说的不重视文史哲的民族是最贫困的民族。因为中国自古以来可以说是最重视文史哲的民族，但自17、18世纪开始，大大贫困，大大落后了！"我回复云："我认为任老的话并不错，而你的话却有些片面。中国自17、18世纪落后贫困，并非因为自古以来重视了文史哲，而是众所周知的闭关锁国和腐败无能等政治原因，当今振兴中华，仍需高度重视文史哲。西方经济高度发达又怎地？因道德观、价值观大相径庭，我还是热爱东方传统文化，尤其是中国的文史哲，这是中国人的魂。"

20090314

从3月10日《中国新闻出版报》上得知，老出版家王益同志去世，享年92岁。立马将消息发在博客上，并加上10多年前的专访——《以史为鉴，以史育人——访老出版家王益》，以表缅怀之情。

20090315

《南鄂晚报》今日发表"干校纪事"之二十——《周汝昌"镀金"》，1500字文章，配上一幅图，过去正好占半个版，但昨夜编辑小杜打来电话救急，称下半版的小说连载缺稿，只好用图片来填充，我赶紧又发去一张周汝昌先生在京寓所的照片。这样原定发的我和周的合影图片和文字的篇幅对半，加之标题用的通栏，此篇"干校纪事"占了大半版。从新闻出版审读的角度看，这是一期安排不妥的版面。

20090316

从《文艺报》上得知，重新启动的《中国作家协会会员大词典》编纂工作，会员条目自己可增补内容，我正好将有关编著"向阳湖文化丛书"的内容添加。看来有些工作推迟也是好事。我编丛书也是这样，出一回难一回，往后一推，内容丰富多了。

20090317

在湖北饭店参加省作协五届三次全委会，上午举行"湖北青年作家丛书"首发式后，省作协党组书记黄运全作报告。分组讨论时，我在发言中再次呼吁，省作协应更加重视打响向阳湖品牌，参加讨论的方方主席也同意我的观点，以为这不仅是咸宁的品牌，更是湖北省应大肆张扬的一张文化品牌。我在会上还汇报了一年来向阳湖文化研究的进展，并与湖北作家网主编韩永明联系，将策划好网上的宣传。

下午去武汉出版社，得赠书《张之洞全集》(1－12，大 16 开精装)、《中国话剧百年图文志》(大 16 开精装)。

20090318

晚上《湖北日报》吴志根老师打来电话，称自己参加全省地市州报"好新闻"评选会，住温泉国际酒店。我马上赶去小叙，并告知他的回忆文章已收入《向阳湖纪事》一书下册。吴感慨我所从事的事业功德无量，可惜人手不够，领导重视不够，"五七"战士支持不够(指财力)。我称一切已适应，不会因一些间接原因受影响。吴笑道："我们把青春献给了向阳湖，而你把青春献给了向阳湖文化。"

另，我得知市州报老总们云集温泉，向《咸宁日报》总编黄胜建议安排时间参观向阳湖，不料他答复插不进这个"节目"。我感到遗憾，什么时候市直单位的负责人来了客人都像我一样，主动想到去向阳湖参观呢？

20090319

下午去咸宁学院与宣传部曹副部长商议,在学院的报刊如何加大向阳湖文化宣传力度的事。《咸宁学院学报》和《咸宁学院报》的负责人都到了,一致赞同将向阳湖文化品牌作为咸宁学院的金字招牌来打。曹对我说向阳湖文化宣传了十多年,但在咸院尚未形成应有气候,一直是他的一块"心结",令我感动。晚餐小酌时我邀了研究会王亲贤、胡卫平、谌胜蓝、陈海燕参加。一是荐稿,二是联谊。

20090320

市政协文史委下午开全会,我因工作忙,没有参会,但赶去参加小酌,这也有一份"文史情结"在里面。因是第一任主任,要支持现任主任的工作,何况谈文史必涉及向阳湖。下半年,专委会要组织一次如何利用好向阳湖文化资源的调研。咸安区委党校还准备邀请我去讲一次课,时间允许的话,也是不能再推的。

20090321

晚上,将著名出版家王益先生遗体告别仪式在京举行的消息和宋木文先生的怀念文章贴上博客,再一次体会到办博的好处。马上有人留言,称我在第一时间发布消息,表示敬意。这可是实话,关键是自己有一阵地,随时保存珍贵资料,随地发布向阳湖的动态,随心挑选自己喜爱的文章,随意发表自己的旧文和新作……

今日刚好是自己开博 3 个月整,访问量已达 10100 次。

20090322

在博客上"干校博物馆"栏目新添一子栏目"读者文摘——永怀之什",转贴宋木文、子庵、李凤翔分别追思王益、谷林、郑曼的文章。王益先生等 3 人生前均接受过我的采访,往事历历在目,但撰写回忆文章已是步人后尘,现在"借花献佛",一是表达心中的祭奠,二是让更多的读者参与纪念三位九旬长者。

20090323

今日到省城开会，顺便去武汉出版社，“向阳湖文化丛书”责编王远彦催我将出版合同签了，称再拖下去会影响后面出书时间。我想反正彭社长会关照我的，合同条约细则无需仔细推敲，书印出来就是胜利。

20090324

通过《湖北档案》金萍的介绍，今日下午去省档案局，顺利找到湖北省“五七”干校档案卷宗，摘录了要复印的档案资料，忙乎了一下午。这是真正开始为写《中国“五七”干校始末》作准备，今后进京也许会走进国家档案馆查资料。自然，武汉市档案馆和其他城市的档案馆，只要有机会都会争取光顾。要利用一切机会，收集一切可以到手的“五七”干校资料……

购《父母昨日书——李锐、范文甄通信集》(一、三，李南央编注，广东人民出版社 2008 年版)和《当年那些人》、《当年那些事》(《档案春秋》杂志社编，华文出版社 2009 年版)

20090325

供电公司文协下午组织参观向阳湖，谌胜蓝自然是领队。他们的行动表明，研究会的影响已不小。作为会长，内心感到宽慰。

20090326

华中科技大学程良骏先生来信：“我长期在外，刚从北京返校，实在忙乱不堪，致问候，乞谅！谨呈诗作数首，或可略示近况。/我今年已 88 岁，大学称师已 64 年，但程门有雪未敢眠呀，还有一位‘人物’为在职博士生。可我特别想念的是向阳湖！/有机缘请来汉做客！”

20090327

上午供电公司文协分会首届征文比赛颁奖，我作为名誉会长被邀

参加。我发言时自然少不了谈向阳湖,得知下午10余位同志还要去向阳湖参观,便建议大家都写文章向我投稿,在博客上编一期"专辑"。供电公司重视企业文化,掀起一股"向阳湖热",理应大力支持。

20090328

好久没时间整理向阳湖资料了,今日得空又忙了几小时。分类归档,磨刀不误砍柴工,为下一步编书、作文做好前期工作。今后要养成好习惯,找什么资料能顺手拈来,否则为文是难以得心应手的。

20090329

今日整理好宋木文先生在北京文化人联谊会上的讲话,虽不到2000字,但讲得到位,分量很重。明日快件寄出,请他定稿。如果能作为"向阳湖文化丛书"的总序一,便是十分理想的事。上午武汉出版社彭社长看了吕济民先生写的总序二,也建议再请一位有分量的人作总序,这样会大大有益于"丛书"的宣传。

20090330

下午去金戈办,约王亲贤、郑光勇商谈,邀后两者及周小刚下周赴北京,顺道去黑龙江柳河考察,完成研究会今年工作计划中的第一次考察行动。我布置光勇准备摄影、摄像,亲贤写文章,小刚安排生活,相信此行会有新的收获。因哈尔滨有战凤翰先生做导游前往柳河,有空还可以拜会李兴盛先生……

20090331

寄北京宋木文先生信:"十分抱歉,因工作繁忙,您在北京联谊会上的讲话现在才奉上,请修改定稿,再次感谢您的关心!最近在《中国新闻出版报》上拜读了您怀念王益先生的文章,颇受教益,估计《新华文摘》应该转载,作为读书人永久的珍藏。时近清明,借此机会表示对汪应模大妈的怀念。祝健康!"

2009 年

夏

20090401

省局陈锋副局长来咸调研，陪同他参观印刷厂时，他又主动和我谈起向阳湖及向阳湖文化。毕竟是武汉大学的教授，对历史与文化的重视胜过一般官员。他告诉我说，章开沅教授前不久还同他说起我和向阳湖，并请省政协主席宋育英重视这个湖北的大品牌。我深为感动，拜托陈兄把邀请章老实地考察向阳湖的计划落实到位。

20090402

昨天是“愚人节”，研究会有位理事恶作剧，借罗行长之名请大家吃饭，有人上当，有人“破译”，我属后者。但玩笑开得有失分寸，因理事毕竟是罗的下属。她接受我的批评，今日不仅“负荆请罪”，还真诚地邀请大家小酌。我则以为大可不必，借机请大家又小聚一番，商议今年研究会计划的两次外出考察……谈得投机，大家“前嫌尽释”，相好如初。

20090403

今日上午，市委常委会议专题听取市新闻出版工作汇报。因有材料汇报，我的口头汇报压缩，主要强调了全省新闻工作会议精神重要性和我局近年工作成绩。黄书记总结时对汇报十分满意，但我略有遗憾的是，没有顺便将向阳湖文化的宣传补充几句，以引起市领导的高

度重视。因为这毕竟是多年来市委常委会首次专题听我汇报工作。看来只有会下汇报“弥补”了。

20090404

与姊妹们和致婷同去通山为父亲扫墓,这种“集中”的阵势超过了春节,母亲见了自然欣慰。老人家又问起熟了,我告之已考取中戏研究生,现在国家话剧院随名导见习,近日还在《京华时报》上发表评《明》的剧评。老人听了,为第三代的出息高兴,俏皮地说:“你们父子一个迷上向阳湖,一个迷上戏剧……”

20090405

日前市委黄书记秘书小胡打来电话,拜托我赶到赤壁陪同河南省新闻出版局几位领导,今天又从赤壁赶到通山隐水洞参观。一路上我向客人介绍了向阳湖文化,并赠送有关书籍。河南的詹局长是潢川人,曾在信阳工作。我便向她介绍起去年去那里考察干校的情况,以为潢川没有作此专题文章,甚是可惜。

20090406

初定本周北上行程,周二乘 38 次赴京,周三赴哈尔滨,周四或周五到柳河,周六或周日即可返程。下午与北京联系好来接站的车子,计划拜访的宋木文署长在家。哈尔滨方面,战凤翰先生也作了安排。日前我也向随行的王亲贤、郑光勇作了安排,此行主要是考察,没有游玩,还有写文章的任务呢。

20090407

上午市委黄书记带队,参观我局的印刷工业园,下午又专门听了我的汇报,对这项工作给予了充分肯定。我的北上之行正好轻装上阵,这几天还一直担心出发后才安排今日的参观、汇报呢。晚上,在火车上自个儿寻思,何时市委能主动听一次我的向阳湖文化专题汇报呢。

20090408

进京第一站，拜访宋木文先生。宋老近日认真修改了我整理的他在元月份北京文化人联谊会上的讲话，并欣然同意我的请求，将这篇《抢救向阳湖文化是有意义、有价值的工作》作为“向阳湖文化丛书”的总序一。这样，我的计划如愿以偿。宋老的总序一和吕济民先生的总序二相得益彰，自会大大提高“丛书”的分量和影响力。

晚上郑苏伊、韩聪、林阳、张姗姗、李忠海等“向阳花”邀我们一行小酌，后者还送来精神食粮——人民出版社新近出版的《王震传》、《胡耀邦在历史转折关头》、《飞扬与落寞——老舍的沉浮人生》、《大跃进亲历记》和《“四清”运动亲历记》等。

20090409

上午去国家行政学院原常务副院长、现全国政协常委、文史和学习委员会主任陈福今办公室，汇报了北京文化人联谊会的情况和我们向阳湖文化研究会的工作及今后打算。陈主任仍然鼓励有加，并在新出版的精装16开本《踵事增华》(上下册)上签名留念。这算得是此次北京之行意外的收获，还得感谢书的责编，国家行政学院出版社社长萧淮苏。他不仅安排了车子接送我们，中餐还热情宴请我们一行。北京人的“向阳湖情结”总是时常感动着我。

作者和研究会同仁访问陈福今

下午去全国政协文史委参观，王合忠热情邀小酌，并赠送《工业学大庆纪事》(中国文史出版社2009年版)等书。又购《郑振铎全集》(1

—20,花山文艺出版社 1998 年版)、《范曾画集》(上、下,16 开精装,人民美术出版社 2003 年版)。

20090410

乘火车晨抵哈尔滨,事先战老已作周到安排,与省文化厅厅长、昔日干校知青白亚光联系,请文化厅安排一辆大巴接送我们一行到柳河。更让人感动的是,战老自己,还有 81 岁的石凯龄老人(昔日干校笔杆子,上报北京的柳河干校报道大多都出自他的手笔)和省社科院农村研究所所长、昔日柳河知青熊星火三人专程陪同我们。由于三人都是柳河干校纪念馆的特聘顾问,介绍我是向阳湖文化研究专家,在柳河自然得到热情周到的接待。

下午实地参观,看了“五七”战士李建堂墓地、干校总部旧址、“赫鲁晓夫大街”及柳河风景区游览点,尤其是正在兴建的“五七”干校纪念馆,预计投资 520 万元,堪称大手笔。战老说这是和我联系上后,得知咸宁重视开发干校文化后受到启示的结果。晚上农场开了小型座谈会,播放了我带去的有关光碟。我被战老点将作了介绍,并对柳河干校提出了“三加”建议,即加强领导,加强联系,加大宣传。我还应邀在留言簿上写下“柳河水连向阳湖”几个字留念。农场党委书记徐俊军介绍,场里原来有一干校资料库,几年前因失火毁于一旦,现在只得重新收集,工作量颇大。旅游局长焦燕坦率说自己年轻,过去未曾接触干校文化,我们的到来无疑是雪中送炭。

作者考察黑龙江省柳河“五七”干校

今天，战老还接受了光勇的采访，谈了《柳河“五七”干校纪事》的写作经过。我更感兴趣的则是，黑龙江省档案局档案馆光干校的卷宗就达400卷之多！如果我在哈尔滨工作，早就充分利用这些资料了！

20090411

昨日得赠书《柳河场志》，今日途经庆安县，县政府办主任翁佳龙送来《绥化地区志》(上、下卷)。返哈市后，战老借给我一整套《柳河通讯》和老照片光碟，熊星火将自己和妻子张晓萍合著之《燃烧的青春——柳河“五七”干校的知青生活》相赠，石凯龄老人答应复印一批珍贵历史资料给我……

在省社科院，我还约见了“流人学”专家李兴盛，并布置郑光勇对他作了访谈。李先生的治学我早有所闻，但他作为省内顶级专家仅住53平方米的住房，为我始料不及。

告辞前，我对热情陪同的主人表示，他日如有暇，也许会将柳河干校写成专著，至少在我的《中国“五七”干校始末》中辟一专章论述。萧红有《呼兰河传》传世，而我辈《柳河传》亦会产生影响的。

20090412

白天在火车上，对考察团的成员总结了此次北京和哈尔滨之行，并布置2位副秘书长分别写文章。王亲贤负责写采访宋木文和陈福今两位“五七”战士的专访，郑光勇写好对战老和李兴盛先生的专访。晚上11点抵咸宁站，正遇大雨，周小刚总结道：“出门阳光灿烂，回来风调雨顺。”我肯定这话颇见水平。

20090413

《北京青年报》陈国华兄寄来《人有病，天知否》一书，题签云：“十年前的拙著陋处甚多，敬请指教。在郭小川文章中曾多次提及向阳湖，有不妥之处，还望城外局长批评。您为向阳湖文化所付出的一切，让我们敬重和学习。”

“北大荒网”今天报道了我们考察柳河农场的消息。

20090414

罗勇下午陪同赤壁电厂老板考察向阳湖,行前代我赠“向阳湖文化书系”及报纸,返程后又邀请研究会同仁为我等出访京哈四人“接风”,祝贺凯旋而归。我向大家赠送了战凤翰先生专著《柳河“五七”干校纪事》和熊星火夫妇合著《燃烧的青春》,并介绍了此行的收获及体会,预示下次宁夏考察定能顺利成行,并取得新的收获——在这个团队里带给我的快乐,远胜过在局机关。前者是精神上的愉悦,后者是工作上的负累。

20090415

《南方都市报》文化记者钟刚专程来咸采写向阳湖,上午在我办做了一个多小时访谈。我又推荐他找了罗勇和谌胜蓝。下午钟刚来向阳轩补充采访,估计在《南方都市报》要做两个整版。我建议他选题角度要新,有必要重点介绍研究会一群人对文化的坚守和担当。

20090416

省社科院领导陈建华及研究员陈金清、刘宝昌、陈孝兵、刘龙伏等一行5人今日专程来向阳湖,实地考察并调研座谈。上午我邀了郑光勇和张磊陪同参观向阳湖文化名人旧址,中午来向阳轩看有关光碟和资料。下午到局里座谈,还通知了金戈和王亲贤,我介绍了向阳湖文化研究会成立前后的成绩。陈建华说,由于省委宣传部李春明部长亲自过问和关心,省社科院今年将向阳湖文化研究作为重点课题,他们此行便是前来考察和调研。我感谢省社科院对向阳湖文化的重视和高度关注,陈又对我会前期所做开创性工作予以肯定,并建议成立省社科院向阳湖文化研究所,吸收专业人士参与。我则真诚地希望借助更高一级的平台,从理论层面上加大研究力度,并表示一定尽力为省社科院专家做课题提供帮助,合力将向阳湖文化打造成全国的文化品牌。陈金清谈得具体，也讲了三点好意见。一是写好一篇调研报告，为省委、省政府领导决策提供参考；二是发动专家写好研究文章，为向阳湖文化研究会提供理论支撑；三是在《江汉论坛》上开辟专栏，将向阳湖文化品牌进一步推向全国。

湖北省社科院课题组考察咸宁向阳湖

20090417

上午新华社《瞭望》周刊记者陈庆安来我办采访，为该刊“中国地标”栏目撰写专稿，主要反映1969年文化部创办向阳湖干校这一重大事件。由于该刊影响力大，我给予了积极主动的配合，不仅播放了专题片，提供了书报，还认真接受了一小时提问，估计文章发表后会引起更多人关注向阳湖。这是继《南方都市报》采访后，又一研究会之喜也。

20090418

金戈、谌胜蓝下午来观看柳河干校考察光碟，顺便和二位谈研究会工作。一是宁夏石嘴山考察可能推迟至下半年，因“丛书”校稿任务重，单位工作也多；二是今后研究会活动不宜过于频繁，应埋头写文章做学问；三是从理论上思考向阳湖，指导性重头文章应由研究会抓紧写，不能让省里或外地专家抢先，这叫“占山头”。

20090419

昨日将石嘴山“五七”干校有关信息贴上博客，今日又和北京庞旸取得联系，她同意将自己的《干校往事》和《干校故园之行》的散文及日记转贴于我的博客。为不负美意,我首次加了一段按语:“从庞旸之博客转贴几篇有关石嘴山‘五七’干校美文,旨在借石嘴山之石,激向阳湖之水!咸宁开发向阳湖文化资源,研究干校文化领全国之先,而石嘴山后来居上,建干校博物馆独占鳌头,以‘全国第一’之美名,促旅游文化之繁荣,鄂南人又错失良机矣!汗颜之余,岂能不奋起直追乎?”

20090420

上午,去市委宣传部陈部长办公室汇报局班子成员调整工作,顺便也将北京和柳河之行的收获讲了讲,希望市领导进一步重视向阳湖文化研究。陈部长身为名誉会长,强调此项工作属地管理,以咸安区为主,我建议他看看人家石嘴山市是如何高度重视的。

20090421

昨天和今天,中央戏剧学院举行硕士研究生复试。为少干扰,今晚才和熟了通电话。他的感觉还平稳,并告之学院今年起改革,读研入学后设立基本奖学金,通过评定和分配,形成研究生奖助机制,发放对象为在校脱产学习的成绩优秀的研究生。熟了下午刚结束复试,晚上便参加国家话剧院田导工作室的活动,我为儿子有个高一点的平台而庆贺!今后,可更安心营造自己的向阳湖“精神家园”了!

20090422

上午主持全局干部职工大会,随后主持召开党组会。从3名后备干部中,推荐确定后备干部局办公室主任胡卫平为党组成员、副局长。班子调整后,走向年轻化、知识化是一方面,工作开展顺手更为重要。胡系向阳湖文化研究会理事,读了武大MBA,进班子后,于局里的事业发展,于向阳湖文化研究工作更有利。

20090423

上午参加全市旅游发展大会,从材料中了解到向阳湖文化村已作为鄂南旅游景点,但并没有重点打造的苗头。会后,我送一本哈尔滨战凤翰著《柳河"五七"干校纪事》给市委黄书记。他颇感兴趣，对一旁的宣传部陈部长说："城外已成'五七'干校研究专家了，市里要考虑如何利用宣传优势，将向阳湖的品牌优势转化为经济优势……"我则从心里说，作为一个文人，我已尽力。至于政府行为才能办的事，还是请领导们考虑吧，比如旅游……

20090424

央视"探索·发现"栏目编导王哲十多天前便与我联系，要来咸宁寻找著名文物专家的足迹，为拍专题片"新中国文物60年"中的一集作准备。该集主要讲述文物专家在向阳湖的故事，我表示欢迎。王记者昨日抵温泉，今日大雨，我因市里有事不能陪同，便安排研究会的王亲贤、谌胜蓝代表前去。还调来咸安区公安局韩志引路去他家采访，了解王世襄与韩父的交往。中餐我又特地宴请他们，始知此行只是打前站，列拍摄提纲、计划、录制节目还要来一回。我深叹陪同任务太重，市里又没有专班，而我这个会长又得顾咸宁的面子，幸亏头上还有顶局长的"乌纱帽"，能利用有限的权力推介咸宁和向阳湖。

20090425

晚饭时《南鄂晚报》编辑小杜打来电话，称明天"向阳湖文化"专栏"等米下锅"。本周接待几批向阳湖采访者忙昏了头，没有时间及时供稿，赶紧送了篇《"自由人"周绍良》的存稿发过去，并临时扫描几张照片作为配图。专栏稿已发到23篇，如果两周一篇不打乱的话，今年还要写16篇，得抽个时间集中准备一下，批量发给编辑，以保证"阵地的坚守"。

20090426

《南方都市报》今日以两个版的篇幅推出记者钟刚的文章《向阳湖"五七"干校漫长的开发之路》，副题为《向阳湖"五七"干校创立四十周年之际，旧址申报全国重点文物保护单位》，全文9000字。小记者动了一番心思，写了六个部分。一、高调申报“国保”；二、是“守株待兔”还是积极开发“文化金矿”；三、向阳湖文化村的流产；四、未启动的“文革博物馆”；五、当年6000文化人流放向阳湖；六、干校给咸宁留下物质财富。此外还配了几幅老照片和现场照。略有遗憾的是，小钟没有兑现承诺，发表前让我帮忙审稿把关，难免出现错误和提法不妥之处。尤其不能容忍的是，借我之口把宁夏石嘴山写成青海石嘴山，把“向阳花”林阳下放的25连说成在汀泗凤凰山……我马上打电话批评了小钟，他这样误导，我还算什么“干校研究专家”？不过转头一想，人家记者专程赶到向阳湖采访，功大于过，不可太计较。于是，还是以道谢为主，希望今后吸取教训，再度合作愉快。小钟回信，感谢我的谅解。随即我将修改的文章转贴博客，冠以“特别关注”字样，相信会在关注向阳湖的网民中引起一定反响。

向阳湖五七干校创立四十周年之际，旧址申报“全国重点文物保护单位”

向阳湖五七干校漫长的开发之路

1 高调申报“国保”

2 是“守株待兔”，还是积极开发“文化金矿”？

3 “向阳湖文化村”的流产

4 未启动的“文革”博物馆

5 当年六千文化人流放向阳湖

6 干校给咸宁留下物质财富

《南方都市报》专版

20090427

从北京庞旸处得知宁夏石嘴山国务院直属口“五七”干校博物馆

馆长丁淑萍的电话，上午与之联系，谈得投机。从有关报道上看，她是个女能人，对干校文化的认识高，办实事的能力强，适时互访，相互促进提高是必要的。

20090428

夜散步至交通局，与退休者涂和平交谈。他于1971年在文化部咸宁“五七”干校运输连当连长，曾和臧克家及干校军代表李政委打过交道。在他家，我立即拨通武汉李晓祥先生电话，将一根间隔40年的线又牵上了。闲聊中，涂师傅从家中找出文化部“五七”战士上世纪70年代写给他的信(其中李向京10封，张文质4封，齐军3封、杜向东、金作善、杨立公各2封，聂建华、黄文珍、赵加有各1封)，借我带回复印。从中可以寻觅普通“五七”战士与普通当地人的友谊，我计划带研究会同仁他日再来作一次深度采访。

20090429

中国现代文学馆周明先生来信：“前次欢聚很高兴，大家都说咸宁人讲友情。有件麻烦事，请你将写我的那篇文章复印一份寄我，因香港有意出版那套书(《历史在这里沉思》)，想知道有关周折情况。”

20090430

下午，湖北人民广播电台驻咸宁记者站站长邓斌来访，称对向阳湖的宣传早有所闻，也想参与进来助助声势。我介绍了省台前几任站长胡济民、张志宏对向阳湖文化的了解与支持。邓说想给省领导递上一个“内参”之类的情况反映，引起重视。我则说写内参不如办专栏，因为十多年来的实践证明，领导重视固然重要，但媒体的“反作用力”有着更深厚的群众基础……

20090501

“五一”小长假没有出游计划，今日开始整理《城外的向阳湖》书稿，并在博客上增添了一年的“向阳湖日志”。

20090502

秋野先生昨日发来一封电子邮件:“李城外先生:你好!4月28日我给你寄送了一本书,是我把博客编成了的书,叫做《探花呓语》。里边有3个我在中国活动的报告:1.2007年11月,全国冰心文学系列讲座;2.2008年8月,冰心与烟台——冰心文学第3届国际学术研讨会;3.2008年9月,鄂南调查旅行。特别是鄂南调查旅行是我承蒙你的关怀,成功了的事情。这些都是对我很好的留念,我不得不写报告来给大家公开我的成果。我在这里再一次向你表示谢忱!今年3月份我已经退休了,以后在旅行和参加会议等活动上我会有一点困难。但是我当了特别合同教授,大部分工作和以前没有多少差异。现在我身体还可以,我还继续教给学生和研究生文学等。你工作很忙吧。我很希望你继续发表些向阳湖的事实,这使我们研究进一步地发展下去。祝你工作顺利!秋野上。”我回复谢谢来信,附上有关研究会动态文章,并告近期特忙,有空打开我的博客便知,请多提意见。今天又收到他的来信:“你给我寄送的4个邮件,我都收到了。高兴极了。我知道你越来越活跃,觉得非常满足。以后我要慢慢地向你学习起来吧。你工作很忙,这使我一边觉得高兴,一边觉得担心你的身体。我完全赞成谌胜蓝的文章所说的,你称得上‘人杰’之一。”

20090503

郑光勇下午发来他采写《柳河“五七”干校纪事》作者战凤翰先生文章,我稍加改动,马上贴在博客上,并打电话布置金戈安排下周见报。晚上和光勇短信联系,建议他多写,写一篇成一篇,便是为干校研究存史矣。光勇的积极性颇高,表示不负厚望,尽力为研究向阳湖文化作贡献。晚上谌胜蓝在博客上留言:“战老对历史负责的精神感人!本文作者的辛勤劳动可嘉!都在为干校文化的研究立功劳!致敬!”同时,她还给我发来一则短信,称“大家都是坐在会长划动的船上行走”。这句话可圈可点，甚为贴切生动。

20090504

收到秋野先生从日本寄来印刷精美的新书《探花呓语》，由日本株式会社三惠社 4 月 17 日初版发行。我无疑是第一批国内的读者。尽管是日文，大致可以读一半猜一半，其中“鄂南旅行”一节 10 多页，配图 10 余幅，详叙了去年 9 月中旬来向阳湖等地考察的经过。尤其是文中还引用我在《向阳湖文化人采风》上册“后记”的一段怀念父亲的话，尤为难得，可谓“海内存知己，东洋有芳邻”。

20090505

上午通城作家李节来请我帮忙联系武汉出版社协议出版作品事宜。李兄业余坚持文学创作几十年，精神可嘉，对向阳湖文化也认识颇高，每次见面必谈向阳湖。今天便主动谈起《湖北作家》春季号发表的谌胜蓝文《官场学者李城外》，云作者写得全面到位，且文笔出色，出手不凡。作家评作家，一般挑剔的多。李节之言发自内心，据我对他的了解，绝不是《邹忌讽齐王纳谏》所云：“客之美我者，有求于我也。”

20090506

上午，香港张初考先生从香港打来电话，谈了一个小时。久未联系，但他近期从《南方都市报》上读到钟刚文《向阳湖“五七”干校漫长的开发之路》后，感慨万端，以为咸宁虽起步早，现在却落后于石嘴山和柳河等地，主要是政府支持力度不够和广泛发动的力度不够，总之，宣传高潮过后，后劲乏力。张先生激动地说，关键在领导的认识，没有钱怎么办事？应多动脑筋，广泛发动，“五七”战士一人捐 100 元的话，几千人是什么概念？还可以向他们出题目：“你是怎样离开向阳湖的？”收集资料，联络感情。我也介绍了今年的工作，请老朋友放心，一定会继续做出新的成绩。

20090507

今天对研究会是个有纪念意义的日子,上午陪省局领导参观向阳湖,下午和研究会同仁小聚畅谈。一是宣告我已在网上正式打出"中国'五七'干校研究中心"的牌子;二是介绍郑光勇发表采访《柳河"五七"干校纪事》作者战老的文章;三是胡卫平荣升新闻出版局副局长,也算得研究会之喜。大家兴趣颇高,对今年期望值很大。我感到肩上的担子更重。

20090508

下午请金戈和王亲贤来我办公室,讨论"向阳湖文化研究"申报市科技局软科学课题事宜。填表十几张,繁琐得很。幸亏编辑出版"向阳湖文化丛书"的内容现成,倒也"就汤下面"。反正钱不多,1万元而已,且为今后申报省级课题打个好基础吧。

20090509

上午,又陪客参观向阳湖,返程时去甘棠邮政所王祖喜家里坐了一阵,谈及向阳湖文化开发事。王兄又忆起和沈昌文先生交往往事,并再三发自肺腑地说,向阳湖文化价值高。他总是以为我现在的位置和会长的身份不相称,简言之,希我扛更重的担子,那样有利于事业的尽快发展。我感谢他的好意和诚恳,但也如实奉告,本人在官场官至七品已知足,并且早已无更高奢望,只求向阳湖文化每年都有新成果。

20090510

上午,市里举办党风廉政建设报告会,请北京的专家办讲座,十分成功。讲者生动,听者认真。我则暗自叹息,市里怎么没有领导请我作一次向阳湖文化专题报告!但愿将来有这么一天!

20090511

近些日,一直在思考早些发起成立"中国'五七'干校研究中心",

下午分别找三位有关领导汇报想法。市委宣传部陈部长支持我继续研究向阳湖文化,但又说成立中心得请示市委书记。市委王秘书长对向阳湖文化研究十分热情,以为我的宣传力度还要继续加大。黄书记虽认可向阳湖文化是咸宁的一张品牌,但真的成立中心的话,得先了解中央对研究“五七”干校有何态度。我的汇报定位是准的,而且咸宁起步早,现在石嘴山等地已后来居上。如市里支持,我凭自己的能力,可打造中心这一品牌,让全国的“五七”干校研究在咸宁集中,我有信心使之成为全国文化的一个新亮点。尽管黄书记最后仍没明确答复,我以为有一个认识过程。自己先作汇报亦有必要,看来得边干边看,把影响搞出来再说。

20090512

上午主持局党组会,讨论单位几件烦心的事……我忽的记起《王蒙自传》中提及他当文化部长时的一些体会,真想仿效其轻取乌纱、专心创作的潇洒,无奈比之有“高攀”之嫌,效之亦环境有限也。

20090513

下午,《中国文化报》副刊主编红孩兄打来电话,约写长篇文章,介绍咸宁“五七”干校和向阳湖文化研究。红孩兄是读了《南方都市报》钟刚文后,萌生此念的。他以为文化部干校应在“中国文化报”上反映,文化部的退休老领导,老“五七”战士们都能看到(还有京城众多文化名人)。它虽没有《南方都市报》发行量大,但影响毫不逊色,意义更有过之。我想起十多年前曾在《中国文化报》上发表《向阳湖走笔》,如今再发大块文章,也算得是一次跨越时空的遥相呼应。

20090514

崇阳、嘉鱼县局的两位局长来温泉,中餐小酌时,又请市人事局周局长、报社马副总编等几位过去地委办老同事作陪,席间又不免谈及向阳湖文化。朋友们为我的坚持而赞叹,但市里对这项工作重视不够,实在令人遗憾。这也是大家和我的共识。

20090515

央视一频道“见证”栏目编导蒋欣来咸宁,拍摄有关通城八百壮士专题片,咸宁学院接待。宣传部曹部长介绍其父蒋英杰曾下放向阳湖,我便赶去陪中餐,并与学院李书记约好,抽空专门讨论如何将向阳湖打造成学院的品牌。蒋欣也有意向,今后宣传或做向阳湖或做我的专题。曹则表示自己也有义务促成学校把向阳湖品牌做成。他还说了一件趣事,市文联老柯问自己为何没有同我一样被学院聘为兼职教授,曹答曰:“李城外做的向阳湖文化是不可复制的,不像你的文章人人可写。”曹还说我已淘到真金,而不少人还在淘沙。

20090516

重庆何蜀先生发来电子邮件:“从南京朋友陈虹处问到你的邮箱。我是重庆的‘文革’史研究者(去年退休的杂志编辑),与北京的朋友吴迪(启之)正在办一个电子刊物《记忆》,专门供‘文革’研究者交流的。对你研究‘文革’历史的情况早有所闻。若蒙不弃,望能为我们这个小小的、有影响但无稿费的刊物赐稿。附上各期《记忆》供参考。”

20090517

应书店华先应之诚请,为他的第一本书法作品集写一篇跋。昨日草成后挂在博客上至今日便有50余人浏览,且有“伊人如水”、徐全利和“咸宁桂花“等留言赞叹。我在跋中提及华先应为田木兄《向阳湖畔的脚印》题过书名,文尾又云:“我是华先应的乡党,又忝为他的‘上司’,因欣赏他的追求,佩服他的勤奋,在他面前从不敢‘摆谱’,向来以朋友身份平等待之。实际上,我与他都是性情中人,原本属‘同类项’,身上的光环和头上的‘亮点’并不是什么‘局长’、‘老总’,而是学有专长的文人墨客。我是永远不会退休的向阳湖‘干校文化’的研究者,他日后也必定会成为越老越吃香的书法家。让我们共勉吧!”

20090518

下午,宁夏石嘴山干校博物馆馆长丁淑萍打来电话,称我寄去的书报收到,盛赞向阳湖文化挖掘得好。我惭愧,说他们后来居上,欢迎前来指导。又和苏州大学王尧兄打电话,好久没联系了,找他索要他主编的“文革文学大系”。

20090519

政府办公室打来电话,下午陪市领导考察香吾山公园。因其中涉及市纪委、市监察局在上面建一个以宣传咸宁向阳湖文化为主题的“干校文化园”。下午,市委常委、常务副市长胡立山和市委常委、纪委书记马世永组织座谈时,我谈了自己的浅见,鉴于市里已准备建博物馆,内设“向阳湖文化专馆”,同城便不宜再建类似项目。但如果政府决定要建,我仍会不遗余力地提供一切资料,玉成其事。

20090520

今日请市社科联主席卢克清、副主席潘鸿敏专程至汉,帮助联系申报成立湖北省向阳湖文化研究会事宜。省社科联党组书记马建忠、副主席张国强热情支持,看了申请报告和章程,表示将尽快研究,同意学会挂靠省社科联。省民政厅厅长谢松保在我会的报告上批示,请下属关照办理……

回来后需按新的要求紧锣密鼓地办理,力争早日打出省级向阳湖文化研究会的牌子。

20090521

近几日,人民网·中国共产党新闻网等纷纷转载我的文章《揭密:40年前的特殊学校——“五七”干校》,出处为《党的生活》杂志。我并未投稿,不知哪位热心的人将我的《1968年:中国“五七”干校之滥觞》稍加改动,发表于斯。今日罗勇也打电话来说,人民网的宣传,说明向阳湖的影响越来越大,规格越来越高。我则要求自己今后为文更要高标准，因被转载的可能性大，得对读者负责，也对自己负责。从文章被热载亦可看出，全国研究“五七”干校的人太少，我的文章竟成“权威发布”。哈！

20090522

上午，将筹建省向阳湖文化研究会的发起人定为我和罗勇、金戈、郑光勇、王亲贤5人。又列出京城十几位文化名人为顾问，并和其中周巍峙、宋木文、薛德震、杨德炎诸先生通了电话，均得到热情支持。因考虑到毕竟升为省级协会，不能光在咸宁招兵买马，于是又聘请省作协党组书记、常务副主席黄运全担任名誉会长之一（市里请市委副书记周彩娟和宣传部陈树林部长挂名），邀请省城文友张孺海、陈金清、徐鲁、高晓辉、黄成勇、曾祥惠、鄢元平任名誉副会长。市直李成果、陈国和、罗勇、金礼山、高群任副会长，金礼山兼秘书长，郑光勇、王亲贤任副秘书长。理事若干名。

下午，约了几位发起人敲定名单，计划下周去省社科联和省民政厅办理有关事宜，争取下月召开成立大会。

20090523

上午为博客添加新的内容，将2003年的日记贴上。岂料事有凑巧，仅隔2小时，就收到北京陈明远先生一留言——您好！您在“20030501”也就是整整6年前写的这篇“2003年夏之卷（2）”，真是在闹笑话了吧。您至今还不知道真相吗？还在散布这种歪曲事实的“通话记录”吗？太离奇了吧？——“文先生十分生气地告诉我，由于受陈明远的骗，此事搁浅了。陈到他家骗去萧老的珍贵书信、手稿、老照片不说，还打着这个研究会招牌骗了20万元钱，在社会上造成极恶劣影响。文先生不惜花了5000元钱，昨日刚刚上法院起诉陈明远——您就不再说明（引用）最终判决书认定的事实啦?！那就如实告诉您：文洁若此案，以彻底败诉而告终。难道您当时没有阅读各媒体的跟踪报道吗？北京市法院的终审判决书在媒体公布，真相大白，难道您就没有注意到吗？那么今天把事实真相告诉您，敬请您有所认识，停止这种歪曲真相的所谓“记录”。相信您会根据事实，公正地对待此事。谢谢。——我马上在博客上对这篇日记做了适当订正，并回复陈先生。幸亏开了博客，否则书出版后再更正则晚矣。

20090524

上午约金戈和亲贤来向阳轩，布置成立湖北省向阳湖文化研究会准备工作报告等事宜。我想两套锣鼓一起敲，同时，成立“中国‘五七’干校研究中心”，而金、王则认为成立中心时机不成熟，应等“向阳湖文化丛书”出齐，和我的《中国“五七”干校始末》出版后再说……言虽有理，且顺其自然吧。

20090525

今日加班，将省级研究会的申请报告和章程修改，并列好顾问、名誉会长、会长、副会长、秘书长、理事和会员名单。还去宣传部陈部长办公室作了汇报，得到支持。同时，和北京 20 多位顾问通话，也大都得到满意答复，唯有全国政协文史委主任陈福今委婉推辞，云我的工作不错，于向阳湖文化挖掘很有成绩，他今后可参加我的活动，支持我的事业，但不一定挂顾问之名。因他和周巍峙、宋木文等人不一样，还在职，等退下来再当顾问不迟。我想起 2006 年他重访向阳湖时那么谨慎，提出不报道、不拍照等要求，便不再勉强。陈主任毕竟是中央办公厅出来的领导干部，考虑问题慎重，可以理解。

20090526

今日方见《咸宁日报》前日消息，咸安区与中咨公司在京签约，启动咸宁向阳湖现代农业科技示范区规划设计工作。该项目利用向阳湖的绿水青山和文化优势，建设 5 万亩的农业科技示范园。其中，向阳湖文化旅游区乃是吸引我瞩目的亮点，但实际效果如何，仍只能拭目以待。

购《世界华文学者散文大系》(1—10,大象出版社 2003 年版)、《萧珊文存》(上海人民出版社 2009 年版)、《范曾海外散文 33 篇》和《趋近自然——范曾新作》(中国人民大学出版社 2009 年版)。

20090527

下午去民政局,咨询了成立中国"五七"干校研究中心事宜。因为人熟,答复十分满意。马上约了金戈来谈,决定下月成立湖北省向阳湖文化研究会的同时,为中国"五七"干校研究中心挂牌。因近日我将王亲贤采写的宋木文和陈福今二先生的文章稍作修改,挂在博客上,点击率不少。顺便对亲贤说了我的这一打算,他很诚恳地说,我办这些繁琐事分心,会影响我计划中的写作。但我说,从造势的角度看,这项工作更有必要。创办省级协会在咸宁是首个,而成立中心则是"抢注商标",这个基地可不能让外地抢先。先把机构成立,后续工作可慢慢再完善的。

20090528

晚饭后和致婷散步。一路上,她又批评我整天迷于上博客,读书、写作计划搁浅了。我虽虚心接受,但上了瘾,改正还有个过程,得尽快扭转这种局面,否则向阳湖文化研究的进程无形中会减速矣。

20090529

下午,约金戈、郑光勇、王亲贤同来办公室加班。因任务多,我让王亲贤写一则市向阳湖研究会申报省先进协会的典型材料;金戈负责起草成立中国"五七"干校研究中心的章程;我和光勇负责按省民政厅和省社科联要求,打印排列有关名单、简历等。临时又叫来胡卫平负责打印会员名单及表格。三台电脑齐上阵,忙乎了一下午,快到 7 点才完工。回家总算松了一口气,不由得庆幸,多亏朋友们的义务劳动已成习惯,而且高效率。

20090530

申报省级研究会的材料基本配齐，下一步考虑成立中国“五七”干校研究中心事宜。首先是顾问，除研究会顾问外，得请全国各地知名专家、学者；其次是会员，以咸宁和北京为主，但应争取各省都有。大体搜索了一下对外交往的朋友，尽管连日本、台湾、香港都有会员，但仍有几个省空缺，只得今后弥补。看来对外交往还须进一步加强，只有这样，才能真正做到“运筹帷幄之中、决胜千里之外”。

20090531

上午，赶至省民政厅办了湖北省向阳湖文化研究会域名注册手续，又去厅长谢松保办公室谈，感谢他对申报省级向阳湖文化研究会的支持。然后赶至社科联，那里正在召开党组会，我将申请筹备成立湖北省向阳湖文化研究会的材料递上去，十分顺利，省社科联向省民政厅开出关于同意筹备成立的函件（鄂社联函[2009]7号）和对我等发起人关于筹备成立省级协会资格审查的批复（鄂社联文[2009]21号）。下午，社团处刘处长叫我去拿两个文件，他感慨地说，我是第一个办省级协会批复这么快的，一般情况下，少则半年，多则一年。

20090601

下午约咸宁学院人文学院陈院长来谈，一是请他担任省向阳湖文化研究会副会长，增加“学术含量”；二是我把发起成立的中国“五七”干校研究中心挂靠咸宁学院人文学院，实现“双赢”。陈对我建议，向阳湖文化博大精深，我已是别人再也越不过的山峰，但一人的力量毕竟有限，要吸引更多的专家、学者参与其中……晚上小聚时，又请来研究会一帮朋友商议成立省级学会及成立中心事。讨论时，王亲贤倒是直言忠告我，精力不宜分散过多，我应把写书当作头等大事，面子上的事少搞。我对此说既认可又保留意见。一个人的力量虽有限，但现在利用自己的位置和影响“造势”是十分必要的。如成立省级学会、建起中心后,再来潜心研究做学问,也许效果更好,影响更大。

20090602

上午邀金戈来办公室加班,备齐了申请成立中国“五七”干校研究中心的材料,然后送民政局。但下午社团科打来电话,云“中国‘五七’干校研究中心”之名,市级民政部门没权力批,只有民政部方有此权。我对这种结果早有预料,但抱着试试看的态度,谁知打“擦边球”也难。不过变通一下也好办,再加上一个前辍“咸宁市”,问题不就解决了?

20090603

上午又到省民政厅,送去筹备成立湖北省向阳湖文化研究会所需的材料。社团处赵处长审查后,方开出“社会团体行政许可申请受理决定书”(鄂民社许授字[2009]第 65 号),对我等发起人表示,决定予以受理。虽然谢厅长打过招呼,但分管的文副厅长出差不在家,必须他同意后方可发通知同意筹备会议。看来,原计划 6 日召开成立大会只得后移。虽省里办事不比家门口顺畅,好在万事俱备、只欠东风。

购《丁玲在北大荒》(郑笑枫著,中共党史出版社 2008 年版)、《红学泰斗周汝昌传》(梁归智著,漓江出版社 2006 年版)、《沈从文思想研究》(罗宗宇著,湖南大学出版社 2008 年版)、《周扬传》(罗银胜著,文化艺术出版社 2009 年版)、《刘炳森隶书字汇》(天津杨柳青出版社 2008 年版)、《清代文字狱档》(上海书店 2007 年版)、《中国文祸史》(胡奇光著,上海人民出版社 2006 年版)、《新文学史料索引》(许馨编著,合肥工业大学出版社 2007 年版)。

20090604

上午,罗勇陪市老年诗词学会的负责人邱乐义来局索取向阳湖书报,云他们马上组织去参观向阳湖。因上次嘉鱼县老年诗词学会组织的向阳湖采风活动十分成功,市里反倒落后了,要“亡羊补牢”。我被老同志们的热情所感动,不仅给参加考察的 30 余名老同志每人送了书报，还安排理事万红英随同前去采访报道。

晚上与罗勇联系，他说活动十分成功，近日老同志们还要召开座谈会，出有关专辑呢。

20090605

上午去民政局，找了分管副局长和科长，办好“咸宁市中国‘五七’干校研究中心”成立的手续，赶在明天的好日子开会。下午，又请到市委周副书记出席会议。接着，便召集郑光勇、王亲贤、金戈几个人加班，干了整整5小时，备齐了材料。包括筹备组工作报告、章程，顾问名单、负责人名单、会员名单及会议议程等。回家又加班修改主题报告，至12点半方定稿……

20090606

今日上午9时，我在局会议室主持召开“咸宁市中国‘五七’干校研究中心”成立大会，到会近30人。主要议程有：我作筹备工作的情况报告，市委周彩娟副书记作重要讲话，市民政局副局长陈海平讲话，研究会副会长金戈、高群、罗勇、李成果分别宣读中心章程、顾问名单、中心负责人名单和会员名单，另4位中心副主任单长江、陈国和、何国强、黄艳华分别发言，市社科联主席卢克清讲话后，安排自由发言。因时间已过12点，仅咸安区作家刘明恒和咸宁学院文学院文学博士朱志先表了态。最后，我作了小结。

会议开得十分成功，有几个“亮点”。一是人员到得齐。主任和10名副主任无一缺席，邀请的研究会骨干和咸宁学院的“新锐”也全部到齐。二是规格比较高。市委周副书记出席并讲话，因黄书记和任市长都不在家，她的光临可谓难得（尤其是即席讲话比较到位，稍作整理便可成一篇好文章）。三是发言讲得好。无论是点名的，还是自由的，都言简意赅，各项建议很有价值。四是报告写得好。三大部分为“向阳湖文化研究会的工作成果和影响”、“成立咸宁市中国‘五七’干校研究

咸宁市中国“五七”干校研究中心成立大会

中心的缘起”、“中心的目标和近期任务”……

中餐在千桥大酒店小酌后回家，总算松了一口气，又办了一件大事！也巧，《湖北日报》今日恰好把我两个月前的投稿登了出来，题为《两代人的省报情结》，主要还是谈的向阳湖和干校文化。晚上，我又把今日会议的主要材料及时上了博客，以赶在电视台和几家报社之前发布消息，马上便有了反响。如吉林《文艺争鸣》负责人朱竞云：“城外兄在做一件功德无量的事，致敬！”鄂州的成园弟留言：“雪球越滚越大，品牌越打越响，朋友越交越广，队伍越干越精，人气越集越旺，成果越出越多，声名越播越远，目光越放越长，梦想越来越近……身体越发重要。”——友情诚可贵，亲情价更高！

20090607

哈尔滨石凯龄老先生寄来特快专递，附有一篇长达 15000 字的文章(《对柳河“五七”干校的回顾与反思》)，来信云：“柳河‘五七’干校与你们那里最大的不同之处在于，真是为全面落实‘五七’指示而煞费苦心，柳河的主要问题及其教训、根源基本上都在这里。这就是它的特殊性所在。因为你们对研究柳河干校有兴趣，所以才把我写的这篇文章给你寄来作参考，也算是资源共享吧！不过我也有一点希望，因为你是这方面的专家学者，如发现文中有不妥之处，请予以指正。感谢你给我寄来的资料和照片，并代我向来柳河的那三位同志问好！"

20090608

考虑月内将发起成立湖北省向阳湖文化研究会的规格，今日与顾问宋木文先生通话，恳请他为会议写一贺信。宋老欣然应允，嘱草拟一份寄他审阅。我又汇报了中心成立的盛况，宋老免不了大加称赞。我再次感谢他对向阳湖文化研究的关心和对我本人的支持。

20090609

成果、云石两位兄长下午先后来温泉，同来的还有通山文友、诗人周春泉。晚上叫了研究会同仁金戈、万红英、周小刚来陪小酌。宾主都喝得痛快，金戈破例喝了白酒，小万更显豪气，频频敬酒，使云石兄小有醉意，春泉已带几分醉态，都称咸宁市中国"五七"干校研究中心的成立，是我们事业的一个历史性突破，而我作为带头人要以身体为重，悠着点儿，不可一味做"拼命三郎"。

20090610

《南鄂晚报》今日整版推出万红英专文《向阳湖畔的历史跨越——写在咸宁市中国"五七"干校研究中心成立之际》，正好省局邵副局长上午带队前来咸宁调研，我向省局领导汇报了工作之外的"事业"。遗憾的是，邵兴趣不浓，倒是随行的周处长和小严赞不绝口。

20090611

今日到省民政厅终于拿到了《社会团体准与筹备决定书》(鄂民社筹[2009]17 号)，文件对我和罗勇、金戈、郑光勇、王亲贤 5 个发起人下达批准成立"湖北省向阳湖文化研究会筹备组"的通知。心情畅快无比，下午又去书店淘书，满意而归。喜上加喜也。

20090612

和金戈开始筹备有关会议事宜,并刻了公章,再去市民政局敲定了会议日程和时间。在市里办事毕竟可以减免一些程序,力求高效率。金戈跑具体事挺辛苦的,我也是急性子,又布置胡卫平制作会员入会登记表,还专门印制了"湖北省向阳湖文化研究会"、"咸宁市中国'五七'干校研究中心"的文件头,以便成立大会前后打报告或联系工作。

20090613

罗勇在汉参加省书协培训班,云晚餐请省作协党组书记黄运全小酌,问我是否能赶去陪同。正好定于月底召开"湖北省向阳湖文化研究会"成立大会,请黄担任名誉会长,本打算下周专程去一趟,岂不"一搭两便"?酒席上气氛融洽,我又向黄书记报告了"五七"干校研究中心成立的事,他答应届时一定出席成立大会。

晚上我又邀罗勇一起找省财政厅程副厅长,希望适时对研究会支持一下。程是过去的老熟人,但年轻领导谨慎,没有表态,我俩也理解。晚上赶回家已至12点。同行的金戈感慨云:"搞革命工作'只得如此'(通山方言,意谓已尽最大努力)了!"

20090614

中心副秘书长谌胜蓝今日发来邮件,她又写了两篇向阳湖系列文章,一篇《"傻子"冯雪峰》,一篇《王冶秋:拾起中华文明的串珠》,请我修改。令我欣赏的是,我要求她写60篇,可形成一本书,她一口气写下来已有39篇,任务完成了三分之二。今日写王冶秋的一篇就花了心思,还联系到昨天的"非物质遗产日"和近日央视正在直播的大运河专题,便更增加了文章的分量。我想中心成立后,如果全国多增加几个像小谌这样真正沉下心来读书并写向阳湖的会员,何愁不硕果累累?

20090615

香港城市大学博士杨振杰上午来我办公室，云在博客上知道了向阳湖，十分感兴趣，想进一步熟悉。我因单位正在组织“红歌赛”练习，没时间陪，只是送了书报，并请他观看了电脑存放的向阳湖专题片。杨博士很年轻，仍须以礼相待，让人家满意而归，毕竟是来自特别行政区的客人。

20090616

上午，收到宋木文先生为湖北省向阳湖文化研究会成立发来的贺信。宋老在我草拟的稿上作了认真的修改，体现了对我会工作的关心和厚爱。下午，我便召集研究会的骨干们开了筹备会，同时也是会员代表大会，通过了章程，产生了理事会，选举了班子……为了赶在6月26日如期举行成立大会，一切得讲究效率，简化手续。只要会议开得成功，后续工作可慢慢来。

20090617

今日抽空去市委宣传部陈部长办公室，汇报省级向阳湖文化研究会成立事宜。因他和周副书记是名誉会长，并请他今后多方面支持研究会工作。陈部长得知此次成立大会规格高，如请省作协党组书记、名誉会长黄运全等到会，破例应我之请，向市财政局负责同志打了电话，支持把成立大会开好。尽管我和财政局也熟，但这样办事效果不一样。

岳阳市新闻出版局徐局长带队前来考察我市工业园印刷城，我下午陪同去参观了向阳湖。

20090618

约市社科联卢主席和民政局阚科长，今日一同到省有关单位跑研究会成立大会的批复，顺便邀请有关领导参会。中餐，省讲师团杨建国主任邀卢小酌，席间说起12日全省召开促进文化大发展、大繁荣专题会,咸宁市委黄书记盘点“文化家底”时,谈到向阳湖文化。下午返温泉后,我去周副书记办公室汇报工作,提及此事,她感谢我对向阳湖文化付出的努力。但我讲到研究中心和成立省级学会都没经费时,周笑道,先做工作,把影响造得越来越大,钱总会有的——这话也有一定道理,我不再多提。

20090619

收到一封电邮:“李先生,拜读您的博客,不胜感佩。我是北京中华书局副总编辑徐俊,冒昧给你邮件,见谅。当年中华书局全体职工都曾到咸宁干校,本人虽然没有赶上向阳湖时代,但对这一段历史很关注。下周我们到武大开会,会后我们拟到向阳湖访问(初定为周三),其中许逸民、张忱石二位先生,都曾经是向阳湖战士,重游故地之心殷切。武大已经安排了车辆,但几十年变化,不知是否能顺利找到所存遗址,故非常希望能拜访先生或研究会同仁,也更便于了解向阳湖之变化和发展,满足两位干校老战士的心愿。冒昧打搅,敬盼回复。”

20090620

中央电视台《探索·发现》编导王哲一行4人,今日来我市实地采访。我邀上金戈、郑光勇、谌胜蓝一同去韩志之父韩祖祥家,忙了整整一下午,但计划中要拍的干校旧址只得推至明日。我因近日忙于一周后省级向阳湖文化研究会成立之事,没时间陪同,便安排韩志明日再派车一同前往,让甘泉当向导同行,回头再接受采访。

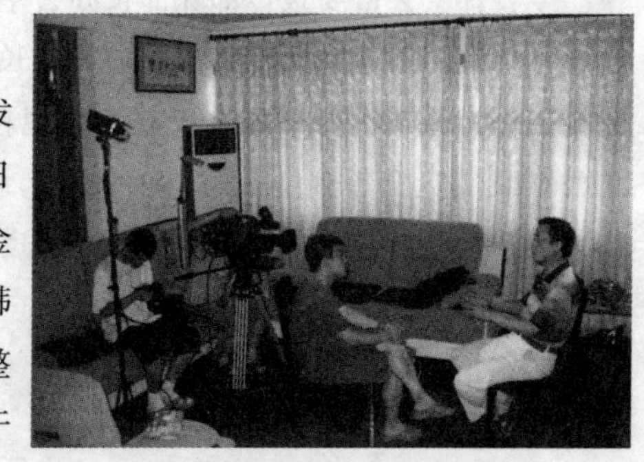

作者接受央视采访

20090621

王哲此行的任务是，央视社教中心文化专题部与国家文物局合作拍摄大型纪录片《新中国文物60年》，作为特别节目在国庆期间播出。下午离咸前，特地来向阳轩对我作了10分钟的访谈。由于是以当地学者的身份谈向阳湖文化，我还意外获得300元报酬。钱虽不多，体现了央视程序规范，对知识的尊重。这也对我提了个醒，今后的“义务劳动”不可太多，要自己看重自己。

20090622

今日去省社科联，拿到《关于同意成立湖北省向阳湖文化研究会的批复》。又去省民政厅得到《社会团体准予成立决定书》，并办理好《社会法人登记证书》。这样，经过一个月时间的努力，完成了一般情况下至少需半年时间才能办妥的工作。

下午，去省作协给名誉会长黄运全送请柬，请他出席成立大会，接着到湖北日报社，邀请科教文卫部负责人参会。升格为省级学会，这对研究会是一件大事、喜事、幸事，省主流媒体的宣传是不可缺少的。

20090623

湖北日报科教文卫部副主任张孺海是省向阳湖文化研究会名誉副会长，今日打电话来，下午到通城县看望新任县长姜卫东。我正计划有关“农家书屋”事宜找姜，于是欣然陪同前往。晚上的酒席上，我谈起向阳湖文化，张说我的认识已经很高，我会的任务是思考如何将研究工作不断引向深入。此言不虚。

20090624

早晨6点半出发赶回温泉，参加市诗词学会向阳湖文化座谈会，这是老年人的盛情之邀，答应了的事不可食言。因上午还要赶到向阳湖陪同中华书局老“五七”战士张忱石、许逸民二位先生重访故地，我作了表态性发言后，委托罗勇兄作为研究会全权代表参加会议。随后，邀请中心三位副秘书长同去向阳湖，一是见识学者，二是搞好报道。中华书局副总编徐俊亦计划前来，因临时有事，托武大历史系一副教授代劳。我受人之托，还是亲自当导游。中餐特地在向阳湖镇安排小酌，让北京客人重尝"家乡菜"，随行人员也各有所获。

20090625

近两日修改王亲贤起草的省向阳湖文化研究会成立大会的工作报告，下午又通知罗勇、金戈、郑光勇、王亲贤来办公室，征求修改意见。同时，布置谌胜蓝完成会议文件印制、装订，万红英、陈海燕、胡卫平等参与相关事宜。终于一切准备工作安排就绪，会议地点定在市政协常委会议室。可巧，9年前，市向阳湖文化研究会成立大会也是在政协会议室召开的。

20090626

上午的会议，请来的省里的领导有省作协党组书记、常务副主席黄运全，省社科联党组成员、秘书长温健等。因市领导周彩娟、陈树林均不在温泉，我请的是市政协主席佘家驹和政府副市长夏亚灵到场，规格一样。难得的是，佘主席在讲话中说，在台湾考察的黄书记和在北京学习的任市长委托他向大会表示祝贺。

市社科联主席卢克清主持会议，名誉会长黄运全作了精彩发言。会议的重头戏自然是我作的万言工作报告。第一部分为"成立湖北省向阳湖文化研究会的基础和背景"：1. 前期挖掘的开展，奠定了向阳湖文化研究的基础；2. 市级学会的成立，拉开了向阳湖文化研究的序幕；3."研究中心"的成立，拓宽了向阳湖文化研究的视野。第二部分为"今后的目标和任务"……

会上，省作协高晓晖、长江日报鲍风、市委宣传部董思宁、咸宁学院人文学院陈国和、咸安区委宣传部黄艳华、咸安区公安局韩志、咸宁学院党委书记李友清等先后发言。

湖北省向阳湖文化研究会成立大会

主持人最后作了全面、周到的总结，会议可谓圆满成功。需要补充记载的两点是：一、会议材料册印得非常精制，配上了研究会会徽，可谓达到内容实和形式美的统一；二、中餐大家小酌尽了兴，我特地请来市人大副主任陈鸿驰、市委宣传部副部长刘家保作陪，二位与黄运全是老朋友，主动出击，让另一位客人温健也大受感染，几乎敬一杯回一杯，差点“扶得醉人归”。

20090627

一月之内忙毕两个重要会议，本该好好休息，但由于兴奋，静不下来。又及时布置会后的宣传工作，一方面与北京媒体的朋友通电话，安排发消息；另一方面，研究会同仁写会议报道和侧记。最快捷的方式便是上博，近两日将会议的主要材料（如班子名单、领导讲话和工作报告等）挂在网上，为没有参会的热心朋友提供优质的服务……

20090628

与湖北日报张孺海兄商议，云会议发个消息太简单，应组织写一篇 2000 字左右的“文化聚焦”，马上得到首肯。于是，布置秘书长金戈领衔,两位副秘书长郑光勇、王亲贤为辅,完成一篇会议侧记,今日下午发出,我才略为放松一些。文章题为《沉思历史,打响品牌》,分为“丰厚的文化资源”、“独特的文化现象”、“创新的文化研究”。我帮助终审后,先行上博。《南鄂晚报》、《咸宁日报》和《咸宁周刊》都将整版发全文,前两家报纸今天都在头版显著位置刊发了会议消息。

20090629

晚上去万书记家,汇报省级学会和研究中心成立之事,老领导语重心长地说,宣传工作你已尽心尽力,下一步要争取向上报告,列入开发计划,起码要争取一笔资金,以利研究会的正常开展。此言正中下怀。

20090630

从网上得知,26日晚,省广播电台“全省新闻联播”便播出研究会成立的消息,昨日的《中国新闻出版报》以“宋木文信贺向阳湖文化研究会成立”为题发稿。“湖北作家网”转发金戈、谌胜蓝撰写的会议报道。今日《湖北日报》文化版“文化聚焦”,刊登记者张孺海、李新龙和通讯员金戈、光勇、亲贤文《一湖历史,一湖文化——向阳湖文化研究会迈出新步伐》。

2009 年

秋

20090701

今日上省城办向阳湖研究会机构代码，顺便去长江出版集团总裁王建辉、湖北人民出版社社长刘道清、海豚传媒总监徐鲁等处谈。王总是学者为官，我效法的榜样，对向阳湖文化的进展较为关注；刘社长称我创办"咸宁市中国'五七'干校研究中心"可喜可贺，今后写作《中国"五七"干校始末》，正好互补。他还建议我"抢占山头"，先写此书，再撰写《向阳湖"五七"干校始末》，并说可借鉴鲁迅《中国小说史略》法，先搭一个架子；徐鲁则云向阳湖文化之影响已成气候，其欠我的文债已久，现在既是名誉副会长，适时定当撰文捧场。

购《越缦堂读书记》（上、中、下，[清]李慈铭著，中华书局 2006 年版）、《苦难与风流——"老三届"人的道路》（金大陆编，上海社会科学院出版社 2008 版）。

20090702

晚上，我局代表队参加市直"红歌赛"首场启动仪式的比赛，9 个代表队我局人数最少，仅 20 余人，其他队均在 50 至 100 人甚至以上。但我局人少势不弱，演唱了《团结就是力量》和《保卫黄河》。之所以选后面一首，原因之一是歌词作者乃光未然，曾下放向阳湖也。

20090703

下午召集研究会同仁小聚。一是省级学会成立十分成功，大家各自出了力，犒劳一下；二是总结经验，认真安排下步工作；三是近日推出一期《向阳湖文化报》，作为成立研究中心和省级学会的“纪念专刊”……我和金戈、省级学会两位副秘书长光勇、亲贤及中心的三位副秘书长万红英、陈海燕、谌胜蓝都到了，加上胡卫平和胡武生两位理事，正好九人，一个“雁阵”。

20090704

郑光勇日前将他的一篇理论文章给我修改，我大喜过望，帮忙仔细推敲后便贴上了博客，并加上按语：“《浅论中国‘五七’干校研究中心面临的任务》一文，乃中心成立后首篇颇见功力之作。思梧斋先生勤于理论思考，将长期积累之心得及时与同仁交流，精神可嘉，文品可钦。对创办伊始之中心卓有成效地开展工作不无启示。学有榜样，诸位会员亦当埋头苦干，奋发有为也。”

20090705

《中国文化报》副刊主编红孩再次打电话来，约稿三篇，介绍向阳湖文化开发始末，每篇 5000 字。5 月中旬，他曾来过电话，因为忙碌，拖到现在，有负编辑盛情也。我考虑写向阳湖文化绕不开自己，自吹自擂不好，便调整思路，由一个人写改为三人撰，总题为《向阳湖文化开发始末》，我写第一篇《中国有个向阳湖》，金戈写第二篇《一个人的文化苦旅》，光勇和亲贤完成第三篇《湖北一支文化团队的兴起》。上午，请金戈和光勇来布置了任务，他们既是为我分忧，又是为研究会造势，客观上也为自己扬名，因为在京城大报发稿不容易。

20090706

下午，约中心三位副秘书长前往双溪访沈从文故居。那里依旧是断壁残垣，杂草丛生，满眼荒芜，我依然只能徒呼奈何。当地负责人太不重视沈从文这样的大家,如果保护起来,修缮一下,便可成为一处新的景点。谌胜蓝、万红英、陈海燕都是第一次"朝圣",自然也是感叹良多。返程后,又邀了金戈和光勇小聚,提议今后应多组织这样的田野采风,这是省级研究会成立后的一项新任务。

20090707

罗勇出差去浙江义乌,专程到了冯雪峰故居参观。主人冯潮忠曾接待过我,此次又托罗带回《凝望雪峰——纪念冯雪峰同志诞辰100周年》光碟和一本纪念小册子《雪峰同志》。我上午去取书时,与罗顺便去工行李行长办公室小坐。李玩笑道:"向阳湖的影响越来越大,我如果犯了事,市里要处理;李城外如果犯了事,则会豁免。因为李城外已是咸宁的一张文化品牌,市领导也会保护,否则对地方文化事业损失大。"尽管是朋友间调侃,也觉得开心。

20090708

今日将《向阳湖文化报》编辑定稿、出了清样,并交付印刷。晚上在博客上发了一条信息:"近日,全国唯一研究干校文化的报纸——《向阳湖文化报》第10期面世。本期为咸宁市中国'五七'干校研究中心和湖北省向阳湖文化研究会成立'纪念特刊',刊发了中国出版工作者协会名誉主席、原新闻出版署署长宋木文给湖北省向阳湖文化研究会的贺信,及会长李城外的工作报告,北京和省市媒体有关新闻报道和会议侧记等。/《向阳湖文化报》于2000年创刊,原为咸宁市向阳湖文化研究会主办,现由湖北省向阳湖文化研究会主办,湖北省社会科学界联合会主管。每期8开4版,印数6000份。本期首次推出彩版,图文并茂,内部赠阅,供全国各地及海外交流用。"

20090709

武汉电视台纪录片室主任李炳欣来温泉,拟与我会和咸宁学院合作拍摄向阳湖系列专题片。晚上,咸宁学院请我去陪同商议时,李谈

一湖历史　一湖文化

向阳湖文化报

向阳湖文化研究再上新台阶

湖北省向阳湖文化研究会在咸宁成立

鄂南成立中国"五七"干校研究中心

贺信

热烈祝贺 湖北省向阳湖文化研究会 咸宁市中国五七干校研究中心 成立

立足湖北　面向全国　把向阳湖文化品牌打得更响

《向阳湖文化报》第 10 期

了自己的初步方案,计划拍 30 集纪录片,做成精品,不做则已,做则做大。我对其对外招商合作形式表示认可,叫他先拿出方案,我会一定积极合作。

20090710

咸宁学院单长江教授和咸宁日报副总编辑张小桥与李炳欣是昔日武师同学,今日要陪客人参加向阳湖,因三人都是第一次去,尽管我忙得不可开交,还是抽空当一回向导。李说自己对做好专题充满信心,单说我作为研究"五七"干校权威的地位已无可置疑;张则对我十多年来的执着追求并结出硕果表示祝贺……我自己心中有数,目前尚属"初级阶段",今后任重道远。

20090711

准备连续加班 2 天,将新出《向阳湖文化报》装封寄出。有好几年没这样用大块时间大批量写信寄报,今日请胡卫平、甘泉来办公室加班,万红英、陈海燕也来当"义工"。一整天打印地址、装封,设了两个战场,尚有三分之一工作留待明日。计划寄往北京及全国各地,还有日本，约600份。这样“集团军作战”，虽然辛苦，其乐也融融。明天还将请光勇、谌胜蓝也来帮忙，连同研究中心和省研究会顾问的聘请函、各地会员的表格一齐寄出。又完成一件大事，而且顺便一次性整理了几年来没来得及归类的“通讯录”，一劳永逸。

20090712

一代国学大师任继愈先生昨日病逝，享年93岁。我晚上与他的邻居严欣久通电话，请代向他女儿表示哀悼，并迅速写了篇回忆文章——《任继愈先生的风范》。拙文记述任老生前关注向阳湖文化及对我个人的关心，如接受采访、题词、赠书、致信等，算是最好的怀念。

20090713

成园弟从鄂州来，照例谈及向阳湖文化。我叙说成立研究中心和省级学会虽花费时间和精力，但十分必要，效果也许胜过写文章。他也说值得，但今后具体事还是团队的人做为宜，身为会长，当务之急是带头多写，以带动更多的人研究向阳湖文化。

20090714

今日将罗勇的新作《仰望雪峰》转贴于我的博客，上周还转贴了万红英和陈海燕的文章《中华情·向阳缘》和《向阳湖与柳河之比较——读战风翰〈柳河“五七”干校纪事〉》。题目均为我所改，每每如此，总有一种莫名的喜悦。近几年来向阳湖文化研究的一个最明显的变化，是有了团队的力量，他们不光是参与活动，更难得的是几乎人人动笔，人人能写。这一点在市直的社团中尚不多见。

20090715

下午去武汉电视台与编导李炳欣会面。他拿出30集大型文化纪录片《向阳湖记忆》简介，其中云：“该片以位于鄂南重镇咸宁向阳湖为载体，叙述我国在20世纪60年代末70年代初发生在向阳湖的文化故事。站在民族历史的高度，全面审视这段尘封的历史，客观而理性地记述往事,钩沉发微,注重细节,采取纪实和情景等多种手法,纪实与写意相结合,反映文化大师们当年在向阳湖劳动锻炼的种种逸闻逸事,反映他们在劳动生活中对向阳湖产生的深厚感情及其与当地居民的真情互动。""本片拟制作成影视精品,完成后在央视和各地方电视台播出;制成海外版向海外发行,出版光碟海外发行,解说词公开出版发行。创作班底拟邀请尚健在的曾下放向阳湖的文化名人,聘任文化部、新闻出版总署及湖北省咸宁市有关领导等若干人为本片总顾问。李城外为总撰稿,李炳欣为总编导。"时间关系,我只暂时提了一点建议,以为合作方不宜过多,武汉电视台和湖北省向阳湖文化研究会两家足矣。因李炳欣拟将咸宁学院列入,我对他们是否有创作实力表示怀疑。而现在我们成立了省级研究会,团队中真正能钻进去的人比学院多得多……

20090716

今日收到武汉出版社总编室梅林发来的电邮:"因我社近期开展部分图书宣传和参评活动,向阳湖文化丛书位列其中。烦请李会长将这套丛书的相关材料提供于我社,以作宣传、展示之用,不胜感激!——需提供的材料有:作者简介(200字以内)、项目意义及内容简介(500字以内)、专家推荐意见一份(1000字以内)。"

晚上迅速交卷,"专家意见"选中吕济民先生写的总序二。

20090717

上午到通山县,参加《遗恨千秋》创作研讨会。我发言时结合向阳湖文化的抢救挖掘,谈了通山县如何打造"闯王"品牌,建议成立研究会、建博物馆、培养专业人才。今日到会的有从咸宁同来的成果兄,市政协文史委副主任王亲贤,县委宣传部周部长、文联孔主席、作协王主席、文体局吉局长、教育局余局长及专家、作家代表。我的讲话还谈及通山的李自成研究后继乏人,县里重视不够,建议在座的文化人要勇于担当使命，否则愧对历史，愧对后人。

20090718

万红英写了篇记双溪之行的帖子，我转载于博客，并加了按语。文章原题为《双溪旧址，在静默中沉思》，我稍作改动，定为《双溪“沈园”，在废墟中哭泣》，并计划向地方报纸推荐，促一下无动于衷的地方官。

20090719

秋野修二先生今日发来电子邮件：“你的 E－mail，我早就收到了，邮件里你提到我的名字 3 次，我觉得光荣。今天又收到你的挂号信，信里说你让我当顾问，这使我又觉得光荣。我感谢你的关怀。在《向阳湖文化报》纪念特刊上，我看到我已经当任顾问，这使我觉得不好意思。最近我比较忙，因为我忽然有把我的研究室要搬到别的地方等事情，我将累得很，所以我不能马上给你回信，请原谅。想起来我去向阳湖文化名人旧址，过了快 1 年了。很想念你呀。虽然我做过两次报告，每次觉得困难，就是我还不能明白咸宁‘五七’干校的平面图；比如说，452 高地（就是本部）离车站有多少公里？沙场食堂在哪个地方？等。我很想知道当时干校的平面图。要是你给我帮助的话，那么我的研究咸宁‘五七’干校一定会进步得多。我虽然力量不多，但是尽量为你们的工作效劳吧。谢谢你们要聘我当顾问。”我马上回复道：“大札收到，谢谢你热情支持向阳湖文化研究。你要的平面图，我找到或绘制后一定寄上。请放心！我近期太忙，再联系。”

20090720

上午《潜山诗词》主编王尚芳老人来我办公室，递上一叠《百咏向阳名贤》，诚请我作序。我初翻一下，为之感动。百首诗篇都是以我的“采风”为蓝本，将我的采风对象歌咏一番，全写的七律。且煞费苦心，对每位传主作了小注。我问他出自何典，回答竟是全都从网上搜索。

如此劳心费力,请求无法拒绝,初拟题为《向阳湖畔夕阳红》。

20090721

北京丁宁先生下午打来电话,称寄去的《向阳湖文化报》收到,祝贺我担任咸宁市中国“五七”干校研究中心和湖北省向阳湖文化研究会负责人,称我多年研究很有成就,她十分感动,且研究的范围在扩大,别的地方都没有这样做。其实“五七”干校还有很多东西可以研究……

今日我又和宋木文先生挂通电话,感谢宋老的贺信为省级研究会的成立提升了规格。他称自己应该做的,看了我寄去的报纸,读了我作的工作报告,了解了更多情况,相信我会取得新的成绩。

20090722

上午去咸安成果兄家,陪同母亲观看了几百年一遇的日全食,回到办公室便草成为王尚芳老人《百咏向阳名贤》作的序,品评了其人其事其诗。文尾云:“我一向认为,一个文人,一个诗人,描写儿女情长,记载心情故事,仅为自娱自乐也。然一旦触及有历史背景的大题材,书写某一领域有重要贡献的人物,作品的分量自会大大提升,王老的这本诗稿便可作如是观。因此,我把它视为向阳湖文化研究会的新收获,真诚地祝贺它的出版,并期待这‘向阳湖畔夕阳红’的人文景象在鄂南日益绚丽!”

20090723

政协提案得到答复,市财政局来函云:“你们提出的《关于加大支持向阳湖文化研究力度的建议》(第64号)的提案已经收悉,现就你们所提出的建议答复如下:……在市本级财政十分困难的情况下,我们将积极向上争取专项资金,同时将积极向人大、政府申请,争取将向阳湖文化宣传活动经费列入财政预算,作为专项支持向阳湖文化宣传活动经费……”

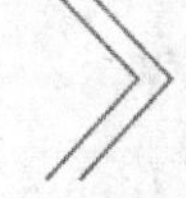

20090724

上午杨德炎先生从北京打来电话，祝贺咸宁市中国“五七”干校研究中心和省级向阳湖文化研究会的成立，并关切问及今后活动经费是否有保障，我的回答自然是无可奈何的。好在不管市里的支持力度大与小，我会的工作目标更高，行动更扎实。《湖北日报》和《人民日报》海外版今日同时发表我的回忆文章《任继愈先生的风范》，便说明干校文化的宣传力度还在加大，且形势喜人。

下午，中心副秘书长谌胜蓝组织电力文协的同志去向阳湖，实地采访中国作协所在连队的房东，约了郑光勇和王亲贤同行。我虽忙于工作未能参与，但晚餐仍陪同小酌，祝贺活动成功。窃以为田野采风开了个好头，以后应经常化、制度化，这样我们的“沙龙”才更有活力。

20090725

北京植物园王又全来信：“7 月 19 日，收到寄来的唯一研究干校文化的报纸——《向阳湖文化报》。回顾 40 年，弹指一挥间，近日来两位国学大师季羡林、任继愈驾鹤西行，丁聪、韦启美等老一辈文化人都逐着不饶人的岁月离我们而去，挽不住，留不住，像一场梦，一部书。可是还没有人去研究他们，归纳他们。1969 年至今，诚然是一段历史，一段鲜活的、在数以千万计干校学员及家属心中刻骨铭心的记忆……我的老父亲已于 3 年前去世，他老人家生前，我将你寄给我的刊物带他看时，老人家总是说，李城外做了一件功德无量的事，谢谢！”——“功德无量”几个字，大约是人们对向阳湖文化研究评价最多的一个词了。

20090726

熟了随国家话剧院田导去广西排戏两个月，今日返京，并已收到中戏导演系戏剧戏曲专业研究生的录取通知书。我和他的联系方式主要是发手机短信，父子间的对话多了起来，感觉儿子有闯劲，有主见，思维超前，他今后的事业大有可为。好在他现在时常光顾我的博客,对向阳湖文化不像过去兴趣不大。我对致婷说,咱们一家都有自己的事业,她的心中只有医院和病人。致婷强调一句,事业没有高下之分,她整天救死扶伤,并不亚于我的价值。

20090727

晚上邀请研究会秘书长金戈及副秘书长郑光勇、王亲贤,研究中心副秘书长万红英、陈海燕、谌胜蓝等小聚,对近期工作作个小结(如组织去双溪和向阳湖采风),并布置下段工作(如撰写《中国文化报》约稿和组织去石嘴山之行)。小酌时气氛热烈,餐馆的名称叫"上一档",晚上还打了"双升",我们的工作也要这样。

20090728

老早计划在网上开通"向阳湖博客圈",因一直忙碌,今日才有时间,在新浪上开通"中国'五七'干校研究中心"和"向阳湖文化研究会"博客圈,作为"城外的向阳湖"的补充,继续广聚人气,加强交流。尽管目前尚无更多时间管理,也是为了"抢占商标"、"抢占高地"。

20090729

北京郑苏伊大姐今日发来电邮:"惠赠的《向阳湖文化报》今已收到。因邮编有误,可能走了一段弯路。我的邮编是100013,你写成100029。请你下次寄报时注意。谢谢!我近来在整理家父家母的遗物时,发现了一些他们在咸宁干校时用过的东西,准备捐献给你们。等过一段整理好,我再告诉你,看用何种方式给你们。你的博客我时常拜读,写得很不错。希望读到更多佳作。"

20090730

今日收到中外友人书简三札,收获阵阵喜悦。

其一,南京陈辽先生24日信:"寄上复印件一份,请阅。在《江汉论坛》尚未正式发表前,务请不要刊登此文。论坛发表后,如何处理,请您定夺。"(附《论干校文化的二重性与干校文化的多义性》。)

其二，成都龚明德先生23日来信："城外乡弟，大编《向阳湖文化报》总第10期收到，昨天夜间拜读了一遍，尤其高兴您弄的咸宁市中国'五七'干校研究中心的成功，祝贺祝贺！不知收集咸宁'五七'干校各类文物，尤其是阶段的纸质文物列入了你的操作程序了吗？我看这个工作颇有意义。上次江西会上，您发言之后，一位长者发言说，'五七'干校是中国文化的监狱（大意），有道理，恐怕你深入一些，还得从这个角度切入，仅仅张扬名人效应，恐怕无法持久。但贵在于将历史与文化巧妙融合……"

日本秋野修二先生今日发来电邮："今天我有一件事恳求你。我有一个好朋友，他叫福家道信，是日本近畿大学教授（在日本大阪市内，是座私立大学）。他研究沈从文。他打算今年8月下旬到双溪去看看沈从文的'文革'时期住过的地方。我的恳求就是你能不能给他帮助。我已经告诉他你的邮箱，有可能这几天他自己要直接给你联系，那时我要求你好意给他回信联系，请多多照顾！我知道你在百忙之中得做许多工作，所以我觉得不好意思，但是福家先生的探索也可以算是向阳湖研究会的发展之一。我拜托你。"我回复欢迎福家先生来访，到时一定作陪，并安排好。很快又收到秋野先生的两封邮件，一封致谢，一封云："顺便我要问你一下，就是丹江口分校在哪个地方呢？是不是鄂西北的丹江口市？沈从文先生去过丹江口吗？我以为分校不是在丹江口市里，沈从文先生也没去丹江口，是吗？分校是从1970年哪月开始？听说分校为了身体老弱残疾的人和年龄小的孩子们而开的，参加的人里面有什么文学家呢？请给我指教。"

20090731

今日，收到省政府寄来尹汉宁秘书长在我寄去《向阳湖文化报》后的批示："向阳湖文化具有特定的时空背景，保护和发掘它也具有历史意义，城外同志充满感情，持之以恒地做了很多工作，不容易！"

20090801

今年乃本命年,从本月起需订一计划,每月底检查,以避免整天忙于事务,导致计划流产。一旦这样养成习惯,向阳湖文化研究自会有更大起色。

20090802

罗勇上午发来短信,云自己将《仰望雪峰》一文已作了修改,请我指正。我遂转于博客上,并加了按语:“田园兄此行之意义,不仅在于动情为文,更在于身为研究会负责人之一,时常心想咸宁同仁共同之事业。在家如此,出差亦如此,为宣传向阳湖文化起了示范作用也。致敬!”日前,成果兄去罗勇处办事,罗留之小酌,邀了我等向阳湖文化研究会几个“铁杆”作陪。席间金戈说,众人如此为向阳湖文化研究出谋划策,出文出力,乃是会长之福气也。我感谢大家的“抬庄”,从内心意识到,带领一支团队确实比一人孤军奋战强多了,对外影响和对历史的贡献也不言而喻。我为自己感到庆幸!

20090803

又收到几封中外书简。

一、北京许信27日来信:“我母亲许磊然女士已于2009年6月26日突感不适,经抢救无救去世,享年91岁。遵照母亲生前不举行告别仪式的愿望,后事从简,只是在《文汇报》等媒体发布了消息。收到你寄来的第10期《向阳湖文化报》,感谢你多年来对母亲的关心,每当收到你寄来有关咸宁变化的文章,母亲总要认真读多次,可见她对咸宁有着特殊的情结。希望今后还能看到《向阳湖文化报》。祝向阳湖文化研究会取得更大收获!”

二、哈尔滨战凤翰先生20日来信:“寄来的聘书和报纸、网载消息均收悉,多谢你的关心和信任。我们这里除石凯龄、熊星火外,还有陈桂琛同志对‘五七’干校研究感情很深,兴趣很浓。他是‘五七’干校的老战友,《哈尔滨日报》副总编辑,《新晚报》主编,《四十年回访柳河纪实》一文的执笔者,可否也请他参加研究中心的活动。请酌定。9月,我们编写的回忆录《亲历柳河》可出书,届时给你寄去,柳河'五七'干校博物馆亦可建成开馆。你对'五七'干校文化研究的强烈事业心和敬业精神,令人感佩不已。也望你能劳逸结合,多多保重身体为要。这是我们过来人对您发自内心的表述。敬礼!”

三、日本近畿大学教授福家道信今日发来电邮:“李城外先生:您好!您的博客我看了,谢谢!我是秋野修二先生的朋友,是研究沈从文的。我要拜访您,要请教沈从文在'五七'干校时候的情况,要去沈从文住的地方。据说旧址有很大的变化,但是看看当地情况,会有助于了解作家当时写的书信、旧诗、部分小说等作品。我8月21号中午到北京,机票已经订好了。我要坐21号下午的飞机到武汉,当天在武汉住。22号,去咸宁拜访您。我要用22号23号两天的工夫去参观咸宁和双溪,考察沈从文住过的地方。24号由武汉回北京。基本上这么安排行吗?我是第1次去湖北,贵地具体情况不熟,请多多关照!但是,你工作忙,我不敢打扰你!只要告诉我具体的参观办法,我就满意的。谢谢!谨祝时安!”我回复请他放心,尽管很忙,但一定安排好,何况受了秋野先生之托!

20090804

对个人而言,48岁生日算个大庆。中午,去成果兄处接母亲过来吃了顿饭。晚上,研究会的同仁们又热心为我设宴“热闹热闹”,金戈还上门邀请致婷一道赴宴。罗勇和郑光勇、王亲贤、张磊、胡卫平夫妇、谌胜蓝都到场。席间,我谈起今年本命年喜事连连,如前不久发起成立咸宁市中国“五七”干校研究中心和湖北省向阳湖文化研究会,下半年儿子入中戏读研究生,我编辑的“向阳湖文化丛书”全部定稿……总之,感谢同仁们长期以来的鼎力支持,感谢家人默默无私的帮助。

相信将来会再出新的成果,对社会作出更新的贡献。

20090805

人民出版社杨寿松先生来信:“我收到了你寄来的《向阳湖文化报》,对你多年来为文化部‘五七’干校所做的很多工作十分钦佩。它为新中国的一段历史留下了珍贵的记忆。”

20090806

上午,研究会名誉副会长、市文体局副局长何国强来我办,回复市政协三届二次会议第64号提案。要点有三:一是组织文化部“五七”干校旧址申报全国重点文物保护单位,二是在咸宁市博物馆中设立“向阳湖文化陈列馆”,三是积极开展“五七”干校老战士及后代的联络工作。——我签的意见自然是“满意”,并与何顺便同中国文化管理学会会长汪建德通电话,汇报了近期的工作。汪表示将通过学会,加大对向阳湖文化的宣传力度。我和何相邀,适时一同进趟北京。一是去国家文物局为研究会争取一笔专项经费,二是和汪先生共商研究会远景规划。

20090807

世界华文文学家协会会长王一桃先生7月17日从香港来信:“大札、贵报及聘书悉收,盛情可感。你致力于向阳湖文化多年,薪传不断,功莫大焉。——我向你致敬!”

20090808

上午至三新书业淘书,中午在职工食堂便餐,下午继续,直至4点离开。这是在书城淘书时间最长的一次,收获不小,大都是人物传记、书信、日记、书画等。与向阳湖有关的是《冰心研究资料》(知识产权出版社2009年版),与其他干校人有关的有《回忆我的丈夫黄胄——炎黄痴子》(郑闻慧著,河北美术出版社2008年版)、《永远的徐迟》(邓伟志主编,上海远东出版社2009年版)等。今后研究向阳湖之暇,“淘书记”和“读书记”也是值得写成系列，并结集出版的。

20090809

8月6日出版的《瞭望周刊》发表了记者陈安庆综述稿《1969：向阳湖畔》，约4000字，还配发了一幅“五七”战士打稻谷的老照片。文章写得一般，甚至很草率，如称张光年为原文化部副部长，等等，但毕竟是新华社名下的刊物，影响还是不会小的。我仍准备将此文挂到博客上，且作为资料保存。

20090810

北京丁宁先生热情寄来女儿江宛柳（《解放军报》高级记者）的新著《北川记录》，这是一部真实记录汶川地震的优秀文献作品，图文并茂，颇具收藏价值和借鉴意义。细心的老人还附上一张《文摘周报》剪报，上载《任继愈答问：为什么文坛没有产生“干校文学”？》，摘自7月24日我发表在《人民日报》海外版上忆任老的文章，题目编辑改得好，颇吸引眼球。

20090811

上午去省作协为研究会名誉会长黄运全、名誉副会长高晓晖发聘书，并送去几十份《向阳湖文化报》给省作协机关分发。中餐小酌时，黄对向阳湖文化研究前景看好，我表示一定不负众望，做出更多成绩，在全国产生更大影响。高则感叹参加我会成立大会，读了我们新出的报纸，深感我们是一个办实事的团队。且办会大气，办报有生气。我喝得到位，也感慨由于湖北省向阳湖研究会的成立，今后与省作协的联系会更密切，压力大，动力也大。

购《往事与随想》（上、下，赫尔岑著，译林出版社2008年版），《我的文革岁月》（陈小津著，人民文学出版社2009年版）、《巴金研究论稿》（陈思和、李辉著，复旦大学出版社2009年版）、《一路走来——一个文化老者的人生手记》（杨子敏著，作家出版社2009年版）、《文史我鉴》（作家出版社 2009 年版）、《名家书札与文坛风云》（徐庆全著，中国文史出版社 2009 年版）、《老舍之死口述实录》（复旦出版社 2009 年版）、《傅雷传》（北京航空航天大学出版社 2009 年版）。

20090812

罗勇打来电话，告知《新华每日电讯》将《瞭望周刊》陈安庆文改了题目（《向阳湖畔"五七"干校，历史在这里沉思》），发表于 8 月 9 日第 7 版"新华视界·记忆"栏。我马上从网上搜索，转载于博客上。与周刊不同的是，报纸增加了冰心、沈从文、臧克家、冯雪峰、李季、张光年等大家的照片。屈指数来，这可算得主流媒体宣传向阳湖文化力度最大的一次。

20090813

成都黄葵先生今日打来电话，称收到《向阳湖文化报》，对两个民间团体的成立表示热烈祝贺！但我在信中请他女儿黄江填"咸宁市中国'五七'干校研究中心会员"表，却不见表。我才意识到上月寄报时，由于突击加班，因一时忙乱，可能一同寄出的表格漏寄了不少，实在不礼貌。今后研究会的工作应避免此类不应有的失误。我只好向黄先生道歉，一定补寄。

20090814

咸宁学院附属第二医院退休老人陈汝定寄来他刚在《楚天声屏报·咸宁周刊》上发表的文章《且谈向阳湖文化的成因和定位》，尽管有些观点不算成熟，但精神着实让人感动。我马上转贴博客上，陈发的邮件还附诗一首："向阳文化久存封，慧眼开启立大功。鸿篇巨制蒙贻我，无韵离骚警世钟。"

20090815

《中华儿女》余玮兄今日凌晨在我博客上留言："1. 其实，可以在全国范围内征集《向阳湖赋》，以此造势。让所征集到的《向阳湖赋》气势

新华每日电讯

新华通讯社出版

2009年8月9日　星期日

本报网址：http://www.mrdx.cn(新华网·新华每日电讯频道)

国内统一连续出版物号 CN11-0209　邮发代号 1-19

2009.8 9 星期日　新华每日电讯

新华视界·记忆

向阳湖畔五七干校，历史在这里沉思

■“独轮车虽小，不倒永向前”

■西餐、金表、电影

■历史浆橹划出的道道波痕

来源：《瞭望东方周刊》

《新华每日电讯》专稿

雄奇地展示咸宁'五七'干校深厚的文化内涵,让人们通过琅琅上口的赋文了解这张文化名片。如果可能,还可以将征集到的《向阳湖赋》制作成文化浮雕。咸宁对此的宣传与策划应当是大手笔,而不能仅限学术研究与一般的宣传上。2.我认为'向阳湖文化研究会'改名为'向阳湖经济文化研究会'更好。文化应当与经济对接,这样才更有现实意义,才可取得地方政府的支持。3.已成为省保的'向阳湖文化名人旧址'似有些不通顺,'向阳湖文化名人下放旧址'似更贴切。4.现有的'向阳湖文化陈列室'改建为'中国"五七"干校博物馆',拟建为'向阳湖文化公园'的一部分更好。——一点不成熟的想法或建议。愿家乡的文化走得更远,也愿城外兄能成就梦想。"

20090816

今日上午,谌胜蓝约郑光勇和万红英去向阳湖钟家湾和韩家湾实地采访农户,这是继7月24日后研究中心组织的第二次田野采风活动。一行在冯牧昔日房东韩始家中打听冯牧在干校的感人故事,在钟家湾钟益民家中了解杨志一与钟家几十年的交往。中心与研究会的工作靠大家一同来做,同仁的工作主动了,我肩上的担子也轻松些。下午,我将消息稿迅速挂在博客上,表示对此行的肯定和对同仁的敬意。

20090817

上周末,柳河农场旅游局长焦燕打来电话,邀请我参加昨日上午举行的柳河"五七"干校历史博物馆开馆仪式。我知道这是礼节性的邀请,只是答应将来有空一定重访。今日在"北大荒网"上得知,开馆仪式隆重,来自哈尔滨市30多名原"五七"干校学员出席,美国国际希望基金会驻华代表张梅,黑龙江省人大、绥化分局的领导及原"五七"干校的部分老领导为开馆剪彩。该项目经农恳总局批准立项,于2008年7月20日奠基开工,由柳河农场和庆安县联合投资550万元,今年

7 月建成，总建筑面积 2040 平方米，布展通过大量的图片、实物、文字和声像系统，全面地记述了全国第一所“五七”干校产生、发展和撤消的全过程——我把消息挂在博客上，并通知同仁们点击。金戈回复说，如果以研究中心或研究会名义去个贺信就好了。此言甚当，这倒是我的疏忽。

柳河“五七”干校历史博物馆

20090818

从“孔夫子旧书网”上邮购了一大批旧书，今日收到几本，其中有：一、《清河战友名录》，虽既无公开书号又无内部书号、自印的出版物，但有黑龙江清河干校的详细“五七”战士介绍及联系方式，厚达 270 多页，对解剖一所干校是极有参考价值的。向阳湖就缺乏这样一本书。二、《我们的苏维埃乌克兰》，[苏]谢列斯特著，原文化部咸宁“五七”干校翻译组译(三联书店 1974 年 11 月版)，内部发行。其保存价值自不待言。三、《中国流人史》(黑龙江人民出版社 1995 年版，精装本)李兴盛著，作者去年曾赠我《东北流人史》，云此书已脱销，今日终于弥补，且是一本极具借鉴意义的书。写“流人学”对写“干校文学”有比较意义，作者的治学精神对我有榜样意义。

《中国流人史》书影

20090819

国家图书馆出版社总编室王欢中午打来电话,称我发表在《中国文化报》上《任继愈先生的风范》一文,已收入刚编好的任老纪念文集——《哲人其萎,风范永存》。这是我意料中的事,承蒙还来征求意见,我表示感谢!因其中主要谈的向阳湖文化,倒是现在有点后悔近年进京没有顾上抽空前去拜望任老,获得更多的教益……

20090820

今日收到省局通知,下月赴内蒙古参加国家版权局在包头组织的 2009 年基层版权执法培训工作会议。同时,内蒙古书友张阿泉和冯传友也发来邀请函,盛请赴包头参加全国第七届民间读书会暨鄂尔多斯笔会,时间正好衔接。

我决定抽出时间参加“两会”,一是业务“充电”,二是结交书友(2007 年进贤会议盛况记忆犹新)。因机会难得,晚上我又约金戈来,商定干脆将原定今秋组织的石嘴山之行提前,“一搭两便”,既节省经费,又节约时间。由他中途带向阳湖文化研究会同仁去包头与我碰头,参加读书会后,返程顺道完成石嘴山干校博物馆的参观考察……

20090821

从网讯上得知,著名学者舒芜先生于本月 18 日在北京复兴医院病逝,享年 87 岁。舒老先生属有争议的人物,由于曾下放过向阳湖,十多年前曾接受过我的采访。近年我在北京曾两次拟重访他,因时间不够都没有成行,亦成永久的遗憾。

20090822

今日,日本中国学会会员、大阪市湘西沈从文研究会会员、日本近畿大学教授福家道信及夫人枝理来咸宁寻访文学大师沈从文足迹，研究中心和研究会作了周密安排。下午，我和罗勇、金戈、郑光勇、万红英、谌胜蓝陪同至温泉镇采访沈从文双溪老房东魏铁祖老人(75岁)，其子魏自豫又陪同我们一道去双溪考察。一行先后拜谒了沈从文故居等，夜餐在镇政府小酌，魏说我们既到此，有义务敦促双溪镇修复沈从文故居，这也是第一位日本学者来双溪考察文化名人遗迹。

日本学者福家道信考察双溪

返程后，我邀请福家道信先生夫妇来向阳轩小坐，送了向阳湖文化图书和有关报刊，日本学者在留言簿上写下“向阳文化，永久发展”的留言。他还告诉我，原计划暑假游北京，是秋野先生推荐他来找我，才改变了行程。此前，他曾8次来中国考察湘西沈从文凤凰故居。

20090823

上午，福家先生来到我局，与《南鄂晚报》组织的“缤纷夏日·快乐体验”夏令营的32名校园小记者座谈。我先简要介绍了向阳湖文化，福家先生接受了小记者们的采访，接着来到向阳湖文化名人旧址参观。日本友人题词为：“咸宁文化永恒。”——此次日本学者考察圆满结束，我将客人送至汉口住地才返回。

福家道信和夏令营小学生在向阳湖

20090824

北京郑苏伊女士 17 日来信："你要我找的《忆向阳》手抄本还未找到，但找到了一张《老黄牛》手迹的复印件，怕你急等着用，先寄给你。我找到了一些我爸妈在干校时用的物品，如蚊帐、水壶、看过的书、用过的手提包等等，以后有机会捐给你们吧！今年是我们下放干校 40 周年，我本来打算回去看看的，但现在还有些未确定因素，如果能成行，就在 10 月初。到时可能还要麻烦你们，等定下来后，我再和你联系吧。你儿子考到北京读研，很不错，他很有发展前途。祝贺他，以后来京看儿子，就和我们联系吧。"

20090825

北京印刷学院 83 岁的离休干部崔宗绪先生 16 日来信："偶然的机会，看到了《向阳湖文化报》，感慨万千，作为自始至终的'五七'干校老学员，酸甜苦辣味涌现出来，真是难以用文字表达。首先感谢咸宁同志们的远见卓识，从事这种万般辛苦的伟大创举。我翻看旧物时，有几张当时未曾扔掉的遗物，现复印一张寄上，请看看你们那里有无参考价值，如有，我可把原件寄上。由于年老多病，又在京市远郊，可说是孤陋寡闻。希你处把向阳湖干校的文件寄我一份，至盼。"

20090826

上午带熟了回通山看望母亲，她在云石兄处住。云石兄得知熟了考上中戏研究生，特地送上千元以表庆贺，并嘱咐他将来把向阳湖搬上舞台。下午，熟了提出今后读书、工作忙，回乡不易，最好去看看李家铺的宗祠，并到阿爹的坟上祭拜，我和云石兄非常赞同，一同前往。在李氏宗祠大门前，云石兄所作对联赫然入目："起陇开唐过后怡然一脉山水，推明就清到此黄了数页英雄。"在父亲墓前，我带着儿子三鞠躬，心想，老人在天之灵一定会为孙子的出息而欣慰。

20090827

省党史办寄赠的《党史天地》第 8 期发表程江明文《"五七"干校与向阳湖》，洋洋洒洒占了 4 个页码。作者花了一番功夫，也给了我一个警醒：有些文章要赶快写，否则人家后来居上，我便有失"湖北省向阳湖文化研究会会长"身份了！

20090828

市电大副校长房长安几天前来我办公室，请我参加省电大"十大杰出毕业生"评选，这是庆祝省电大建校 30 年活动之一。今日按要求填好表格，交上"事迹介绍"，重点自然是向阳湖的内容，分三个部分，一是挖掘一座金矿；二是打响一张品牌；三是树起一面旗帜。自忖作为鄂南的代表参与评选，还是胸有成竹的。

20090829

《南鄂晚报》前几日发了福家道信先生来咸访问的消息，我感觉他专程来寻访沈从文先生足迹，稿件介绍不够。于是又自撰了消息稿，增加了沈在双溪补充撰写《中国古代服饰研究》、创作《喜新晴》和《双溪大雪》、写了大量书信等内容。不料拖了 3 天，今日《咸宁日报》才在报眼发出。也不知编辑是如何理解新闻含义的。

20090830

尚未出发,就发现“包头人家”论坛有人在网上发帖子,介绍全国第七届全国民间读书会即将在响沙湾举行。友人冯传友在论坛上预告了将莅临会议的学者(其中称我为研究“五七”干校的专家),撑台面的有大诗人流沙河先生,倒是希望一见的。今日和传友兄电话联系,还托他代购了8号散会后从包头至石嘴山的火车票。

20090831

初次到包头,晚上冯传友来访,送了他一套“中国向阳湖文化名人风采”纪念封。晚饭后散步去广场,在地摊上有一收获,花2元钱购得郭小川《将军三部曲》(人民文学出版社1977年版)。近年购新书偏多,淘旧书较少。参加此次包头民间读书会后,今后当寻求“平衡”矣。

20090901

冯传友今日中午请我去青年路吃内蒙特色的手抓肉,味道甚美,小酌甚欢。下午他还将此写进博客,题为《书友李城外已到包头》,我感叹网络世界已无密可保,因他在帖上说,我到包头参加年会周五报到,是为国家版权局举行之培训班而来。他玩笑道,总署这个培训班仿佛就是为我办的!我则是三句不离本行,说自己参加读书会,主要为了宣传向阳湖文化。

20090902

今日是郭小川诞辰90周年,前不久曾收到承德市郭小川研究会的一封邀请函,邀请参加今明两天在承德举行的纪念当代杰出诗人郭小川诞辰90周年学术研究会。因与内蒙的两个会议交叉,只得顾此失彼。但会后仍当与主办者取得联系,借鉴他山之石,加强向阳湖文化研究。此外,还有冯雪峰研究会、沈从文研究会和冰心研究会等,都要互通有无,这样才能真正将向阳湖文化名人的研究推上新台阶。

20090903

下午去冯传友家，参观他的“暖石斋”之藏书，收获有三：一是包头的“西口文化研究”已成气候，有了专门经费，办了期刊，我索要了一堆回来，再慢慢欣赏；二是冯的藏书“书话类”达千余种，我大约只有其三分之一的数量，马上夸下海口，三年内争取达到他的水平，因此类书上档次、耐读，值得收藏；三是冯兄还自制旧书封面，有专门工具，堪称地道的书爱家。而我收藏的向阳湖文化名人的签名本居多，遂以此“炫耀”，才挽回一点“面子”。

20090904

全国第七届民间读书年会暨鄂尔多斯笔会今日在响沙湾报到，金戈率湖北省向阳湖文化研究会两名理事万红英、谌胜蓝参会，与我在响沙湾会师。机会难得，熟了本月中旬进京读研，正好随同前来，一路上金戈和我一样，期待着他将来把向阳湖的历史搬上舞台……

20090905

笔会上午开幕，见了不少新老书友，得了不少赠书。会议操办者为四川藏书家龚明德、内蒙书爱家张阿泉和南京《开卷》主编董宁文。会议请来的名人是流沙河和来新夏二老，对前者我心仪已久，带来珍藏的《流沙河诗集》和《庄子现代版》，请他题了签。来先生则在自己的《邃谷书缘》扉页上留言：“先生以咸宁‘五七’干校为题材，写成采风录多册见赠，甚感，兹为其人藏拙作缀一语。”

20090906

会议为松散型“神仙会”，半天讲座半天游览，我在会上发了《向阳湖文化报》，引起不少人关注。为加强今后联谊，并将一套“中国向阳湖文化名人风采”系列纪念封分别请与会者逐一签名。这对签名者是一种待遇，对研究会则是一次无声的记录。

20090907

今日上午会议的内容是专家主题讲座,主持人安排我第一个发言,介绍向阳湖文化。我讲了年会对我的影响,今后会更广泛地接交朋友,更积极地读书、藏书,更执着地干好事业。可惜时间关系,宣讲向阳湖文化研究时不便放开畅谈,尽管如此,马上有位徐无鬼先生给主持人递上纸条,对向阳湖文化提出异议,好在我会谌胜蓝马上递上纸条进行了反驳,引起与会者兴趣。接着,我也补充进行了一些答辩,于是乎,向阳湖文化自然成了此次年会的一个"亮点"。我在发言时还说,刚接到北京文洁若先生的电话,意欲在咸宁建一个"萧乾故居",可见向阳湖文化人的影响和向阳湖的独特价值。

20090908

在乌伦木托等车至包头前,与流沙河先生叙谈。他说自己的右派经历还不是最苦的,因此才潜心研究庄子……又与来新夏教授闲聊,来老问起为何不开一个全国性的向阳湖学术讨论会,因为"五七"干校在中国的研究不仅会成为"显学",而且是"绝门"。我答,随着向阳湖文化研究影响的扩大,将来召开国际性学术研讨会也是可以预期的。

20090909

上午,我们一行受到石嘴山市新闻出版局局长温福安的热情接待,因温要去银川赶赴一个重要会议,委托国务院直属口"五七"干校博物馆馆长丁淑萍陪同我们参观。我在留言簿上写道:"共同打造干校文化。向石

作者父子在宁夏石嘴山
国务院"五七"干校博物馆前

嘴山的同志学习、致敬!”落款为湖北省向阳湖文化研究会和咸宁中国“五七”干校研究中心。我在和丁淑萍的交谈中,深感石嘴山市建馆的投入和他们干事业的气魄为咸宁所远不及,还萌生了写写她个人的想法,因她抓的“硬件”建设卓有成效,而我所处的环境对此可谓望尘莫及。

宁夏石嘴山国务院“五七”干校博物馆外景

20090910

晨抵京,中午去中国美术出版总社,研究会顾问林阳请我一行小酌,参加者还有石嘴山干校和《红旗》杂志的“向阳花”——中国和平出版社编审庞旸、著名编剧苏小卫及《中华儿女》副总编辑陈安珏等。林总向我赠送“五七”战士娄世棠的画集和一套“名社 30 年书系”,弥足珍贵也。

下午和熟了拜访住在安外东河沿的谢永旺先生,谢题签赠《中国作家协会在干校》等书。晚上返程前,研究会“北京联络站”站长韩聪赶来送行,为我会此次组团出访划上圆满的句号。

20090911

秋野修二先生 9 日发来电子邮件:“昨天我才收到了福家先生的伊妹尔。他说这样:8 月 31 日回国后,他就生病、发烧、泻肚子等,他身体酸得一直都不能工作。在伊妹尔上,他告诉我:在咸宁,他夫妇承蒙以李城外先生为主的向阳湖文化研究会会员们的欢迎和照顾,他成功而顺利地能够采访沈从文住过的双溪遗址。他衷心感谢李先生,李先生特别给他安排了一个座谈会,这就是他和当时跟沈从文先生交流过的农民们的座谈会。这使福家先生获得了意外的成就，他感激不尽。他骄傲地说：在研究沈从文文学的人中，他是第一个去双溪采访的人。他对李先生感谢其安排和照顾。我也感谢你的关怀，你对福家先生夫妇实在热情，而接待得体贴入微。福家先生的活动，我在你的博客上已经看过了：跟小记者谈话，福家的题字等。我也觉得高兴。据说福家先生带回你给我的CD来，将来他寄送给我。我还没收到，收到后，我就将会给你再联系一下。顺便我要问你一下，你已经收到我的书叫《谢冰心的研究》了吗？”

福家道信先生10日发来邮件：“8月22日、23日两天，您替我安排好那么内容丰富的活动，我们非常高兴。我们在咸宁、在双溪镇过了最有意义、最快乐的时间，谢谢你！尤其是在有限的时间里，您带我们去采访沈从文的房东，去沈从文当年住过的旧房子和当年的‘总部’，你待我们特别周到，您给我们介绍了我最想了解的本质的东西！我要对您、您爱人，对魏先生一家人和研究会的各位朋友、各位大小新闻记者，我要表示衷心的感谢，谢谢你们！我24日离开武汉以后，当天经过长沙去了吉首，25日、26日参观凤凰，27日从张家界到北京，31日回国，这次旅行一切都顺利，我在各地获得收获，但我觉得最难能可贵的是，在咸宁向阳湖，你这位黄金‘鱼先生’给我的友谊之心，谢谢！”

20090912

北京单嘉筠女士来信：“近日收到你的信函，‘五七’干校是上世纪六十年代‘文革’期间的产物，文化部‘五七’干校在你的家乡，数千文化人(家父为其一)汇集在咸宁，虽已过40年，但在你的领导下，十几年如一日，把咸宁‘五七’干校的内涵发掘研究，如此成绩巨大，可敬、可佩、可贺！另，任继愈老于今年7月病故，大概你已知，听说王世襄老亦处在病危中，从另一个角度看，你的研究课题更为重要了，可谓一份珍贵的文化遗产。”

20090913

“湖北电大网”上公评“十大杰出毕业生”，已于10日启动，从全省各市县级电大推荐了上百名候选人名单，经过专家评选环节，产生了50名候选人，其中咸宁5人，我名列榜首，介绍标题为“湖北省向阳湖文化的开拓者”，是50人中唯一以“湖北”两字冠名的。估计凭事迹是没有问题的，至于票数多少，变数太大。但这是一次推介向阳湖文化的好机会，也把我与电大断了多年的线重新接了起来。

20090914

今日寄出《集刊30年》一文（刚获省作协和《湖北日报》联合征文“我和我的祖国”优秀奖）给《人民日报》文艺副刊部罗雪村，一周前他来信称：“惠寄的书籍收到了，非常珍贵，记得以前在人民文学出版社门市部曾经看到一本，当时没买，后来还有点后悔，我曾经在北京幻灯制片厂工作过，那里有不少人都在向阳湖呆过，所以，我很早就知道向阳湖，再次感谢您！以后有适合副刊的文稿或作品欢迎给我们。也欢迎经常联系。”

20090915

今日收到邮购大批有关干校的书籍和资料，如司徒丙鹤《从牛棚到干校》（香港镜报文化企业有限公司1992年1月版）《“五七”干校好》《在光辉的“五七”道路上》《山花烂漫——“五七”战士文艺作品选》《我们走在光辉的“五七”道路上》《“五七”战歌》《一定要把“五七”干校办好》《干校纪念册》《黑龙江柳河“五七”干校“五七”战士讲话续编》《中央机关“五七”干校会议文件》《中国流人史与流人文化论集》等，和若干“文革”期间的干校资料，尽管价格偏高，但为研究之需，只图拥有，不计破费多少。既然是“五七”干校研究中心，参考之书报多多益善矣！

20090916

今日,陪同夏副市长到咸安区督办“农家书屋”工作。在双溪桥镇,我介绍这是沈从文先生下放劳动的地方,去年也曾邀请她抽空去“向阳湖文化名人旧址”看看,却一直拖到现在没有成行。看来引起领导重视是一个方面,关键还是埋头做好自己的工作。

20090917

上午参加市社科联第一届社科成果奖颁奖会,遗憾其中没有一篇有关向阳湖文化研究的论文获奖。吩咐同去的研究会会员甘泉为到会的百余人发了《向阳湖文化报》,又对另一位参会的谌胜蓝说,下一届颁奖时,“向阳湖文化”研究者不可再缺席了。

20090918

下午去湖北日报教科文部,曾祥惠主任仍热情关注向阳湖文化如何做大做强。他建议我今后一要考虑与企业联合打造文化品牌,二要继续坚守阵地,带好一支研究团队,官场毕竟是过眼烟云……晚餐陈柏健、刘长生、张孺海、易飞等陪我小酌,都是文化人,谈得到位,喝得也到位。

20090919

应邀参加武大中国传统文化研究中心、中南财经政法大学经济学院和江汉大学城市研究所联合举行的“张之洞与中国近代史”国际学术研讨会。上午遇华师大老校长章开沅先生和从台湾来的刘石吉先生,章老对向阳湖文化仍是一如既往的热情,口口声声说对我这么多年的坚守表示佩服,并称自己虽找省有关领导呼吁多次,但效果并不大。当权者因有某种顾虑,退下来“玩票”总要找个稳妥的学问研究,那样没有风险。

作者和历史学家章开沅在一起

但章老鼓励我，坚持就是胜利，要为建立一门“干校学”而努力。武大教授、省局陈锋副局长也是我的知音，他趁机邀请章老前去向阳湖实地考察一番。章老爽快地答应下来。

20090920

此次会议参会者有几位从河北南皮县来的同志，声称是张之洞研究会的，并带来会刊《张之洞研究》在会上分发。我向他们介绍说，南皮人王蒙之父王锦第曾下放咸宁向阳湖。牵强附会地将张之洞与向阳湖也联系上了，真是无可救药！

20090921

收北京韩三洲先生寄来一本《毛泽东如何操弄政治运动》(香港新东方出版有限公司 2009 年版)，李锐作序，作者胡甫臣从工人日报退休，也曾下放报社的“五七”干校，我如果不是参加包头的民间读书年会，也许认识不了韩先生，可能与此书无缘。

另一本赠书是武汉毛本栋兄寄来的《泥泞的春天》(王一地著，湖南人民出版社 1980 年版)，这是一部长篇小说的上部。网友能主动投我所好，慷慨相赠，殊为难得。当以拙著赠送，以报盛情也。

20090922

晚餐罗勇为我们出访内蒙古和宁夏、北京的一行人“接风”，席间我满意地总结道，研究会的工作总是一个一个地落实，没放“空炮”，如今年难度较大之考察计划已圆满完成，上半年考察了柳河，下半年考察了石嘴山。我们这个团结、和谐的“沙龙”还有大量工作要做。要进一步增强集体荣誉感，进一步弘扬团队精神。

20090923

省电大办的同志下午发来一份传真，系党委书记曾其林昨日写的一封信：“城外局长，你好，来信及大作已收悉。拜读大作，获益匪浅，你敏于思考，勤于研究，务实进取的态度和工作作风，值得所有电大毕

业生敬重和学习。非常感谢你作为著名作家、教授学者和政府官员对湖北电大教育事业,特别是湖北电大建校30周年庆典的关心和关注。随时欢迎你到湖北电大来做客。”

20090924

秋野先生今日发来电邮,遗憾地说,我送给他的DVD光盘打不开,这是个珍贵的纪念品。又说:“顺便我要问一个问题,请教请教!就是田野这个女人是什么人呢?她是在干校和张兆和一起工作,她也有可能和张兆和一起住的。我只知道田野是干校第5连人员的家属,已故。我问你,她是谁的家属呢?我知道你是个忙得不可开交的人,添你麻烦!”

20090925

近日《中国新闻出版报》和《中国图书商报》等媒体,都刊登了“新中国60年百名优秀出版人物”评选活动的消息和候选人事迹。我仔细浏览,不少是下放向阳湖的老“五七”战士,如出版专业候选人有尤开元、王益、王仰晨、王仿子、韦君宜、孙绳武、严文井、宋木文、刘杲、邵宇、陈原、林穗芳、范用、金灿然、侯恺、姜维朴、赵守俨、曹辛之、戴文葆等,印刷专业候选人有武文祥,发行专业候选人有王曝、汪轶千、郑士德。其中大部分我均采访过,身为向阳湖文化研究会会长,当积极主动参与,投上“老乡”热情的一票。

20090926

今天是个特殊的日子,系文化部咸宁“五七”干校第一批干部下放向阳湖的日子。北京的文化人大约都不会忘记,而咸宁人大约只我记得这个特殊的纪念日。40年前的今天,还是个中秋节哩!

20090927

与石嘴山市新闻出版局温局长通话,感谢他月初的热情接待,并欢迎来咸访向阳湖。温局长仍十分热情,建议我们两家联手,把干校文化的影响继续扩大，并说国务院机关事务管理局的领导对石嘴山市大力支持。相比之下，我对文化部的不闻不问只有遗憾。

20090928

《咸宁日报》今日发表市委常委、纪委书记马世永的文章——《咸宁，我向你深深鞠躬》，系他调省城工作前的真诚流露。马曾担任咸宁市向阳湖文化研究会名誉会长，对我的工作一直鼓励支持。向他发了短信表示敬意，今后当仍保持联系，汇报向阳湖文化研究之进展。

20090929

应邀去参加市诗词楹联学会的一个颁奖活动，顺便为与会者赠送《向阳湖文化报》。会上收到《咸宁诗词》，见其中有“向阳湖采风”专辑，立即请他们将电子版发到我的邮箱，以便挂上博客宣传。老同志们的诗作不少煞费心思，颇见功力，是一支不可小觑的队伍。

购《〈随想录〉30 周年纪念版》（作家出版社 2009 年版）、《杨叔子槛外诗文选》（华中科技大学出版社 2009 年版）。

20090930

市供电公司今日组织青年员工去向阳湖参观，并献上花篮，打出横幅“国庆的日子，我们更加怀念您”，组织者谌胜蓝可谓花了心思，令人感动。一行返温泉后，邀请我和郑光勇一起去参加午餐。席间，我表扬了小谌工作主动、热情。今日加入行列的年轻人光研究会会员就有两位，都说颇受教益。如果研究会的同仁都这么用心，多好！

2009 年

20091001

国庆得闲,将安徽芜湖杨运新和宁夏石嘴山周鸿娟的文章转贴于我的博客,文题分别为《一个人的向阳湖》和《城内城外的风景》。均为普通作者所写,一篇厚重一篇相对单薄,好在种在"自留地"上,多点"自我加压"而已。

20091002

网上得知,著名诗人绿原先生于 9 月 29 日在京病逝,享年 87 岁。我马上以"参考消息"的方式转贴于博客上,以示怀念与纪念!随着向阳湖老人的一个个离去,我心难平静,身边的领导却无动于衷,近些年竟没有一人采纳我进京拍摄采访的建议。而我的权力有限,只好以文字的抢救为主,对得起自己的责任心便是了。

20091003

北京孟庆江先生今日发来短信,称自己又找出向阳湖组画 10 张(彩色),届时可复制给我,不由得一阵惊喜。像孟先生这样的热心人,在"五七"战士中也是越来越少了。今后进京,仍应抽时间与之促膝长谈……

20091004

上午哈尔滨战凤翰先生特地打来长途,告知自己编辑的一本柳河干校回忆录已内部出版，寄给我5本。我感谢战老的惦记，顺便告知宁夏石嘴山之行的情形。我由衷地说，他是我们“五七”干校研究中心最为负责、最为称职的顾问之一。

20091005

“咸宁吧”吧主唐政约上“咸宁网”网主王凯一行28人组成自行车队，今日去向阳湖参观。唐请我支持此次行动，称这也是对向阳湖顶好的宣传。为鼓励年轻人的热情，我参与了此次有意义的活动，并叫上郑光勇和谌胜蓝。与他们在向阳湖文化名人旧址“会师”后，又和郑、谌实地采访了甘棠邮政所王祖喜，并绕道去汀泗桥凤凰山，拍了不少珍贵照片。下午，此行的消息和大量照片及时上博，尤其是“咸宁吧”和“咸宁网”人气旺，点击率高，照片的场面大，今日的时间花得值！

咸宁网、咸宁吧组织向阳湖之行

20091006

通山洪港“药庐”主人舒思文写了一篇《遥想向阳湖中荡桨人》发于博客，我今日转贴过来。文章写得活泼，语言颇有贾平凹风格，值得把玩。可是致婷说，我热衷于别人的宣传叫“自恋”。国庆节来温泉度假的成园弟则劝我要写好计划中的文章，否则时间浪费得可惜。

20091007

央视王哲发来短信,告知晚上10频道《探索·发现》栏目播出《国家宝藏》第7集《特殊使命》。我马上打电话与之联系,方知原定播两集,因故合为一集,在咸宁拍的资料基本没用上(包括在向阳湖镇王世襄房东老韩家的采访和对我的访谈)。王哲表示歉意,我亦无话可说。晚上9点看了电视,只是介绍王冶秋从干校调回北京,组织开放故宫。但片中接受访谈的几位专家都是从向阳湖调回的"五七"战士,如徐启宪、耿宝昌、彭卿云等,我过去均采访过。而此集介绍的重大历史事件与向阳湖文化有关,如基辛格访华、尼克松访华、中国恢复联合国席位、中国文物展在10多个国家展出,这已足以令人欣慰,也是够我们研究会今后大做文章的。片尾还打出"鸣谢的单位"——湖北省向阳湖文化研究会和咸宁市新闻出版局,这也许是编导对我的某种"补偿"吧。昨日,我还安排金戈让咸宁电视台对央视的节目专门播了条消息呢。

补记,《特殊使命》因系年轻人编导,时间又赶得紧,出现了几处错误,如王冶秋下放的时间、故宫当年留守人员的人数都不对。更有一处"硬伤",片中云,1971年"五一节",周总理向王冶秋布置成立国务院图博口领导小组的任务。可接着又说,1970年5月,图博口领导小组成立,王冶秋任副组长。明显的自相矛盾。

20091008

罗勇中午来坐,向我推荐咸安区人大退休老干部胡国华,云胡创作了一组《向阳湖逸韵》,有百余首,均为七言律诗。我过去曾收到作者的来稿,由于忙,没有时间采用。现在开博客方便了,马上叫罗发来电子版,下午便将这组纪实组诗转贴于"向阳湖笔会"栏目。9月王尚芳之《百咏向阳名贤》刚内部出版,胡先生后来居上,研究会兴旺之势也。

20091009

上月初在内蒙古乌伦木托接北京文洁若先生电话，谈及想在咸宁市博物馆建成一“萧乾故居”的打算。今日和文先生挂通电话，答应从中周旋此事，不过具体操作得到一年以后。文先生表示理解，云内蒙古大学建了一个“萧乾文学馆”，有四间房，但萧毕竟没在内蒙古生活，而在咸宁则是一家四口过了几年。我想，如果在新建咸宁博物馆内“向阳湖文化展厅”设一个“萧乾纪念室”，会成为鄂南一个新的文化亮点。

20091010

上午省电大打电话来，告知我已正式当选“湖北省杰出电大毕业生”，28 日颁奖，我要代表全省毕业生准备 5 分钟获奖感言。尽管这是预料中的事，还是值得高兴。因为毕竟是从咸宁产生的代表，关键打的是“向阳湖文化开拓者”的牌子。

20091011

今日收到北京李忠海兄寄来人民出版社新书《我与“五七”干校》，分为“蹉跎岁月”、“五七道路”和“追忆往事”三部分，基本上是从各种有关干校回忆录选编而成。“后记”中说：“这些文章已成为现代人了解那段历史的第一手资料，也成为党史研究者案头必需的重要史料；‘五七干校’是建国后党史中很独特的文化现象……”编辑者为北京联合大学郭德宏、宋淑玉、张艺等，篇幅大约只有我所编《向阳湖纪事——咸宁五七干校回忆录》的四分之一。

《我与五七干校》书影

20091012

上午至省局，邀请张局长和谢副局长参

加下月初举行的首届国际温泉文化旅游节。下午,顺便到省电大拜访曾书记、骆校长等领导。曾书记告诉我,28日省电大的校庆请我作为优秀学生代表发言,他对我在向阳湖文化研究上所取得的成绩表示赞赏,并叫来宣传部的同志为我们合影,准备在校庆纪念册上刊用。因下午陪同外单位客人,他安排骆校长和宋副校长留我小酌,曾书记还叫办公室汤主任与北京联系,选我作为杰出的毕业生代表参加18日在人民大会堂举行的中央电大30年庆典。我是第一次到省电大,多喝了几杯,返程上车后,一觉醒来,已到温泉。

20091013

研究会理事万红英下午送来她的专著《故乡在那里》(武汉出版社2009年7月版),厚达300余页,共6辑,其中第5辑"钩沉"收文14篇,写的是有关干校和向阳湖文化研究会的事。理事出书也是研究会的喜事之一,计划布置金戈在《咸宁周刊》发一专版宣传,然后介绍她加入省作协。

20091014

北京《中华儿女》陈安钰兄又回家乡,咸安区委宣传部黄部长下午邀我去陪。见面后她对陈说起自己是我的"副手",在向阳湖文化研究上当尽绵薄之力。后天,北京又有一批"五七"战士来咸,她邀请我去作陪,我表示把其他事压压,一定见面聊聊,并送些资料。

20091015

上午与黄部长陪陈安钰兄至双溪,约了镇委田书记一起去"沈从文故居"。我对田宣传了沈从文的价值和意义,建议镇里引起重视,加强对沈从文故居的保护。田也说,下放向阳湖干校的名人多,但名作不多,可沈从文的诗《双溪大雪》,点题宣传了双溪,可谓难得。

20091016

中餐,应邀至咸安陪同今日前来重访故地的北京文化人,一行人是电影口的，共 14 人，有原二十三连连长王佩芬等。我向大家赠送了《向阳湖文化报》和我的书籍。席间聊天方知，我采访过的原中影公司总经理胡健已于两年前去世了。消息如此闭塞，也说明近年与北京文化人的联系已不如从前。因下午要赶到武汉，晚上赴京参加中央电大 30 周年校庆，我近两日不能陪同北京客人，今后加强联络吧。

电影口"五七"战士在汀泗桥参观

20091017

我们参加中央电大建校 30 周年庆典的湖北代表团，今日上午抵北京西单西西宾馆下榻。成员包括省电大党委书记曾其林、校长骆家宽、原电大党委书记李怀中、省教委学位办副主任张文斌、省电大副校长宋移安、胡雄，办公室主任汤春来和咸宁、黄冈、十堰的电大校长等，我是唯一的毕业生代表。省电大交我一临时任务，请下放向阳湖的著名书法家为省电大 30 年校庆题词，我一口答应下来。

晚上去中戏看望熟了，正赶上俄罗斯圣彼得堡国立戏剧学院在中戏演出《哈姆雷特》。于是和儿子一同欣赏，出了剧场，没忘嘱附一句："希望将来你把向阳湖的人和事搬上舞台。"

20091018

上午在人民大会堂参加中央电大校庆大会，抽空给研究会的同仁发短信，带去难得的在人民大会堂的问候。回复的不少，以罗勇的最为难得："祝贺你，我们的会长！"——珍贵的称呼，崇高的荣誉。

下午在民族文化宫观看"携手明天"文艺汇演，因是实况直播，有研究会的同仁发来短信，看见我在观众席上很绅士地鼓掌哩！

晚上拜访原中国书法家协会副主席、我会顾问、80 高龄的佟韦先生，不仅圆满完成了省电大交办的任务（佟韦题写了“桃李满园——湖北广播电视大学成立 30 周年以贺”），还意外获得一珍贵的竹制笔筒，系佟先生在干校时书写的“无限风光在险峰——毛泽东”，由周巍峙先生亲自刻制，落款为“四六三高地二号宿舍”，堪称珍品。佟先生还应邀为“咸宁市中国五七干校研究中心”题匾（横竖各一幅），并赠送了《佟韦艺术馆》（三卷）及《书坛纪事》和《佟韦书法千字文》等。

作者出席中央电大 30 周年校庆

佟韦题写的“咸宁市中国五七干校研究中心”

20091019

上午走访中华书局，受到副总编辑徐俊兄热情接待。他安排人带我去样书库选书赠送，有《绍良书话》《中国文学编年史研究》等。又请来三位老“五七”战士（中央文史馆馆员程毅中，编审张忱石、许钰民）陪我中餐，另外还有副总经理黄松、办公室主任冯宝志。席间还请来了一位“向阳花”（发行部张宇），他提及上月 26 日干校 40 周年纪念日，北京一批“向阳花”还相约去了咸宁，可惜我不知道消息，没见面交流。徐俊还告诉我，今日他通知了傅璇琮先生，遗憾傅外出开会去了。

但还有一意外收获，大家说起著名语言学家赵元任之堂妹赵元珠，现年92岁，也是向阳湖的“五七”战士，我马上请冯主任带我上门采访拍照。她的女儿赵小庄是干校知青，正好也在家。我记得黄裳先生有一篇文章写到她，题为《女屠夫》，自然留下了地址电话，今后可向她约稿。

作者做客中华书局

20091020

上午在中国作协创联部高伟处谈，得赠书《远去的冯牧》。又去郑苏伊大姐处，她答应清理一些父母亲的遗物，再赠送我们研究会。最后去了老干部处，在资料室翻拍了几张作家在咸宁干校劳动的老照片，并把随身带上的《向阳湖文化报》请常、赵两位同志分发给下放向阳湖的“五七”战士。

下午去人民出版社和人民文学出版社，得赠书不少。其中有人民文学出版社副总编刘会军赠《2008中国文坛纪事》等，而人民出版社编审刘丽华赠《牟宜之诗》尤为珍贵，不少为牟氏在干校所作。

20091021

有一年多没见老友元平了，今日从京返汉，抽空绕道去今古传奇报刊集团。闲聊时，谈及他当初调省城是正确选择，而我坚守温泉，也是事业的需要。我祝愿他的事业与我的向阳湖研究一样兴旺，并预约将来一定会在他的刊物推出《向阳湖演义》。

20091022

刚回温泉便收到珍贵赠书，一是哈尔滨市战凤翰先生寄来《亲历柳河——柳河“五七”干校的回忆和思考》,由黑龙江省中共党史学会编,对我们中国“五七”干校研究中心来说尤为珍贵,可惜是内部出版物。二是青岛大学鲁原教授的专著《人生三角地》(大众文艺出版社2008年版),其中《鬼戏人情》《荒芜的诗意》《一笔人情债》《千里桂花香》都是写干校的经历,均系我的“营养之补品”,应加紧攻读也。

20091023

副市长毛宗福、市科技局鲍局长陪同武汉大学党委书记李健下午参观向阳湖,约我同行,我送了有关向阳湖的书报给李书记。他参观时,主动提出将联合毛宗福等全国人大代表在明年的人大会上提一个有关向阳湖的议案,为我们的事业鼓与呼。我提及1997年3月全国政协委员也有相关提案,李书记连声称赞我市抢救“五七”干校文化及时,对当代历史文化作了贡献,说我以一己之力打造一张文化品牌,实在难得。

作者陪同武汉大学党委书记李健考察向阳湖

20091024

将28日在省电大校庆会上的发言稿请致婷过目,她调侃道,写得好是好,只是我的研究要有新成果,当务之急是将“向阳湖文化丛书”如期推出。她还一针见血地指出,我近段时间忙于事务,没有静下心来从事自己的研究……

20091025

从前几日《文艺报》上得知,日本秋野修二先生出版了《谢冰心的研究》,其中还提及去年来咸宁的考察,马上通过电子邮件去索书。很快得到回复："李城外先生：我刚刚收到了你的 e－mail，吃了一大惊!! 8 月 6 日，我早就把我的书《谢冰心的研究》寄送给你了!!! 你一直没给我写收到的信，因为你工作忙，所以一定会没时间看我的书。虽然我一直都想这样的原因，但是我却觉得有一点奇怪。说实话，按着日本的习惯来说，从我自己提起自己的书来，这是有一点骄傲的气氛。所以我对这部书没告诉你什么话。你没收到我的书的话，我就马上再给你寄送一部吧，这次应该用挂号才好。今天星期天，邮局休息，我要明天寄送去，好吗？地址是：437100 湖北咸宁温泉 328611 信箱。对吗？你如果能把我的书看一看的话，我就觉得多么光荣！请给我许多请教！要是你能够看个冰心文学馆的网络，那么你就知道我的书的内容。"我回复云："你知道我广泛收集一切有关'五七'干校的书籍，何况你写的是冰心，何况你是我们的顾问！"

20091026

上午主持局党组会和局务会，将班子分工作了小调整，并传达市委办公室、政府办公室《关于贯彻落实市委市政府关于全面推进科学发展，加快建设鄂南强市的意见的责任分解方案》，其中第 20 条"充分挖掘咸宁传统文化资源，大力发展文化产业"，强调了"向阳湖名人文化"，责任分解为市新闻出版局负责。我的言下之意是，向阳湖文化作为咸办发文，是市里的政治任务，不只是研究会的事，更不只是我个人的事。局里花精力、费财力是正当名分的事。

20091027

日本秋野先生又来电邮："李城外先生：我今天才把书给你寄送了，因为我昨天在邮局关于为什么你没收到书的原因调查了一下，但是我竟不能弄清楚。今天我用 EMS 到你的信箱寄送了，大概你 1 周左右能收到吧。在书的封三上我写过了题字，跟上次一样，请笑纳！顺便问你一下，你看到的《文艺报》是几月几日的呢？"

收中华书局赠书《中华书局九十周年纪念》、《沈玉成文存》。

20091028

今日赴汉参加省电大30年校庆大会,被安排作为全省唯一校友代表发言——尊敬的各位领导、老师,各位校友:我是首届广播电视大学汉语文学专业毕业生,离开母校24年了,我一直没忘记自己是个“电大人”,而母校更没有忘记我们这批“特殊的大学生”。这次有幸参加母校30周年庆典,这既是我个人的荣誉,更是省电大领导和师长们对所有电大生的鞭策和鼓励。这里,我代表遍布全省各地的50余万电大校友,

作者参加湖北省电大三十周年校庆

向母校致以最热烈的祝贺和最诚挚的感谢!如果要问,最适合成人在职学习的大学在哪里,我要说,就在我们身边,就是电大。27年前,是电大为我提供了上大学的机会。我的中学时期学习偏科,重文轻理,高考几度名落孙山。后来电大招生,不再考数学,我便以通山县全县文科第一名的成绩,考入湖北电大汉语言文学专业学习,有了名师授课,加上刻苦自修,圆满完成学业。知识改变命运,刚刚从电大毕业,我就从一个业务单位被选调进县委机关工作,几年后又上调市委首脑机关,不久走上了县级领导岗位……可以说,是电大为我的人生提供了机遇,搭建了平台。做人总要饮水思源,我从不讳言自己是电大生,在我的专著和博客上自我介绍时,总不忘说明本人是电大毕业。在电大的学习使我受益匪浅,不仅学到了知识,更领略了自强不息、勇于开拓、锲而不舍的电大精神。从电大毕业的我,从来就有一种和名校学

生“较劲”的心态，亦政亦文，埋头苦干，凭真才实学证明电大生的价值。比如，10 多年来，我利用业余时间研究向阳湖文化和“五七”干校文化，编著《向阳情结——文化名人与咸宁》和《向阳湖文化人采风》，由人民文学出版社出版，这是我国第一部综合性反映“五七”干校生活的散文集和回忆录。同时，我还主编出版了《咸宁文史资料》“文化部咸宁五七干校史料”、“向阳湖文化”等专辑。2006 年，《中国文学编年史》“当代卷”重点介绍了“向阳湖文化”；2007 年，省作协“文学湖北”实施工程将“向阳湖文学”列为鄂南最有影响的文化品牌之一，《向阳湖文化人采风》被列入北京大学中文系现当代研究生书目。我还以中国作协会员和大学兼职教授身份，应邀到省内外大中院校和中国文化管理学会年会作专题演讲和学术报告，并发起成立了咸宁市中国“五七”干校研究中心和湖北省向阳湖文化研究会。这些令人瞩目的成绩，得到国内文化界资深人士的高度评价，产生了一定的社会影响。可以说，我国的“五七”干校研究和向阳湖文化的品牌，就是电大生打造出来的；同时，也与教育和培养我的电大分不开。总之，电大是我成功的阶梯，是我成长腾飞的摇篮。作为电大学子，我们永远铭记母校，也真诚地祝福母校！我将更加努力地工作，以新的业绩为母校增光添彩！——我特地邀了研究会副秘书长郑光勇同行，临时作随行记者，留下了一些影像资料。

20091029

广东象丑牛先生发来电邮：“首先感谢你寄书给我。四册有关向阳湖文化的书很好，我大都翻看了，有些篇章很有史料价值，值得保存。唯一感到遗憾的，是多数文章意犹未尽，似乎并没有把话说完就戛然而止了。你要知道，你的研究机构占有了中国那个特定时期的最丰富、最有价值的文化资源，可历史的经验与当前的舆论环境，都是不允许讲真话的。前一段时间，‘天益思想库’被屏蔽，不少作家博客被封,都说明了巴金提倡的讲真话该有多难。我对你的希望是,尽可能地把搜集到的向阳湖文化名人的资料(口述历史、录像资料等等)完完整整地整理出来或保存起来,今后择时再发表不迟。彼一时或许不同于此一时,总会有发表的时日的。有些文化老人已是风烛残年,如不及时到他们那里抢救资料,就会永远消失掉了。你如果肯下工夫去抢救,是为中国文化做一件大好事,历史会感谢你的。”

《楚天声屏报·咸宁周刊》今日“采风”栏推专版发表《电大的骄子,咸宁的骄傲——记湖北省向阳湖文化开拓者李城外》。

20091030

研究会的同仁们今日晚餐,为我载誉归来“接风”。大家喝得尽兴,谈得尽兴。我说自己之所以重视参与省电大杰出毕业生评选,进而晋京参会和在省电大庆典会上发言,是因为看重电大的天地广阔,它无疑为宣传向阳湖文化提供了更大的空间。

20091031

今天抽空将王尚芳先生《百咏向阳名贤》全部搬上我的博客。前几日老人兴奋地打电话告诉我,周巍峙先生收到他的赠书后,应请为他的另一部诗集《朝韵晚吟》题写了书名。我及时将全书上博,寓意深焉。既是宣传向阳湖文化,更是鼓励宣传向阳湖的文化人。

20091101

上午与罗勇相约,前往咸安区看往老诗人《向阳湖逸韵》的作者胡国华,感谢他对向阳湖文化的宣传,并赠送了我的专著和《向阳湖文化报》。胡先生现年 65 岁,早年毕业于华中师大中文系,系中华诗词学会会员,著有《黄芦集》《苦竹集》和《学诗初识》等,近年潜心创作《向阳湖逸韵》,共 100 余首。

日本秋野修二先生寄来特快专递,赠书《谢冰心的研究》(朋友书店出版),大 32 开精装,马上发出电邮致谢!

20091102

下午，谌胜蓝组织供电公司文协几位年轻人看望土管局退休老干部王尚芳。因其年愈古稀还出版了《百咏向阳名贤》，精神值得学习，万红英随同参加。我嘱咐文协的同志写出消息和专访，我尽快挂上博客。此次活动与我和罗勇昨日拜访老诗人胡国华具有同等意义。

20091103

江苏《毛边书情调》一书作者沈文冲先生19日来信："10月10日寄上赠编、赠著两种（共四册）及剪报影印件两纸，顷均拜读。甚谢甚谢！阁下的挖掘抢救工作，我甚赞成。《湖北日报》编者的话之中的表述，您的贡献功不可没。内蒙古会议上引起的一些小小误会，不足为奇，关键是我们做了有意义、而事实上的确有益于世道人心的工作。我个人热烈祝贺您取得的辉煌成就，并且希冀将来能够做出更深入的研究，这是完全可能的事。以您的年轻和独到见识，您一定会做得更好。"

20091104

上午去汀泗桥镇参加北伐战争纪念馆开馆仪式，此乃咸安区目前为止最具规模的一座纪念馆，总投资500余万元，据说国家文物局给予专项拨款200余万元。我自然联想到向阳湖的开发时冷时热，令人悲哀。对比之下，汀泗桥又因湖北日报老总江作苏的一篇文章《汀泗桥能否成为湖北的周庄》引发热议。不仅当地负责人上门向江总致谢，而且咸安区委、区政府召开专门会议研究具体措施……也有人说，这是因为文章作者的分量重，我倒不以为然。写向阳湖的"大腕"多着呢，为何热度总不够呢？

20091105

北京文洁若先生又打来电话，热情告知有家文化企业新编《萧乾文集》，拟编委会组成人员60人，还有名额，让我加入并推荐研究会的

人。她还说,日本有学者要专程寻访向阳湖的"萧乾故居",届时请我帮助联系。我自然表示欢迎。

20091106

省局张局长和谢副局长来咸参加中国咸宁首届国际温泉文化旅游节,下午我陪同参观了我局的印刷城。说到近日的日程安排,我建议张局长抽空参观向阳湖文化名人旧址,可惜他兴趣不大,还笑我是"向阳湖迷",我听得出其中并无赞美之意。好在张对晚上《梦寻咸宁》的演出,开始并不感兴趣,在我的怂恿下,勉强前去观看,出场后却赞不绝口,甚至说水平不在《家住长江边》之下。这话又有点言过其实了。

20091107

办旅游节,市里一派喜庆气氛。中餐市委、市政府在碧桂园举办宴会,我和供电公司总经理侯春、粮食局局长谢文武坐一桌。侯感叹旅游节这么好的机会,市里怎么没人想到将向阳湖文化的宣传加入其中,那样可大大提高节庆文化品位和知名度。我解释说,自己并不是没有想到,只因无缘进入为决策者参谋的圈子,我们局没有分配具体任务。谢也说我的工作已做到家,做出影响了,问心无愧就行,且等下一届吧!我苦笑道,等下一届,只怕向阳湖的文化老人又要走不少。记得几年前办竹文化节就是如此,时至今日,除了自个儿继续守望向阳湖,我还能说什么呢?

20091108

昨日晚上,在体育中心举办的旅游节开幕式上,我国著名歌手成方圆演唱《一路风情嘉年华》和《童年》前,深情表白道:"我虽然是第一次到咸宁,但小时候就知道这个地方,今天十分高兴能为大家演唱,因为我的妈妈曾下放(这里的'五七'干校)"——这可谓超级"广告",对旅游节无疑是空谷足音。我本来就喜爱听成的演唱,自然好感有加。

同时，还收到研究中心几位副秘书长的短信，要求采访成方圆。可惜今早赶到温泉国际酒店时，她已离开咸宁。但这并不影响我会的宣传，今日便写了简讯挂上博客，日后的电话联系和上门采访也是有机会的。

20091109

罗勇打来电话，称前日应咸安作协之邀，前去为"咸宁温泉瑶池笔会"宣讲向阳湖文化。与会者有湖南、江西、重庆、山东、广西、安徽等省市30多位作家诗人。罗还陪同参观了向阳湖文化名人旧址，并分发了《向阳湖文化报》纪念特刊。他还在咸安文联刊物《星星文学》上开辟"向阳湖散记"专栏——我为这样优秀的"助手"而感动，一个好汉三个帮！

20091110

晚上挂通北京成方圆的手机，她听我介绍是咸宁人，十分热情，称自己的母亲叫徐斌，中央戏剧学院毕业，系科学电影制片厂下放咸宁的"五七"战士，已去世；父亲当时在北京电影制片厂工作，下放北京黄村"五七"干校。随后，她十分爽快地从手机发来自己的邮箱地址，我计划寄出有关书报后，再加强联系。

20091111

天津研究孙犁的专家刘宗吾先生寄来两本书——《孙犁研究论文集》和《回忆孙犁先生》，前者为刘编，百花文艺出版社2002年版，后者为中国文史出版社2006年版，金炳华代序，文题为《天津文学的骄傲，中国作家的骄傲》，评价甚当。集中还有一篇葛胜华文章《副科级的文学大师》，更令人难忘。惜乎刘先生打来电话，称从邮箱发出一篇和我商榷向阳湖和干校的文章，尚未收悉。只得他日索取拜读了。

20091112

一大早收到王尚芳老人发来的短信："金冲及有近作——社会科

学文献出版社《二十世纪中国史纲》，看一看对研究向阳湖文化有帮助。”——我虽已购金之大作，尚未来得及拜读。而王老的热心当铭记在心。

下午，先后去四位市委常委办公室谈向阳湖文化。市委秘书长王远鹤称年底财政预算时，一定呼吁为此设专项经费；常务副市长胡立山表示支持，答应为研究中心批一笔开办费；副市长李亚华建议我在文体局和新闻出版局合并前，及早向黄书记汇报自己的想法，以有利于向阳湖文化事业的发展；副市长黄剑雄则声称，近日一直在拜读我写的文章和别人写我的文章，我送他一套“向阳湖文化书系”，他再三嘱咐我坚持下去，把向阳湖这张品牌打得更响。

20091113

下午去黄书记办公室谈向阳湖文化，他在《楚天都市报》谈“温泉文化”时提及了“向阳湖名人文化”。黄书记一再肯定了我所做的工作，至于机构改革何去何从，组织上会妥善安排。我个人的愿望是留下也行，交流也行……

20091114

今天，一直热心向阳湖文化的彭红专程从武汉开车来咸，与万红英、谌胜蓝等相约去向阳湖采风。晚上便收到活动的简讯，他们一行9人还采访了侯金镜夫人胡海珠的房东万国荣，了解了不少内幕，实在难得。大家的热情值得表扬。

20091115

上午应邀参观“卢方祥书法展”，规模不小，档次颇高。略感遗憾的是，没有一幅涉及向阳湖文化的内容。几位向阳湖文化研究会的同仁们也不期而遇，有罗勇、华先应、王亲贤、陈海燕、邓昌炉、刘会文等，我对后二者布置了“新任务”，今后要加强对向阳湖文化的策划报道、重点报道和跟踪报道。

20091116

今日我和金戈邀几位副秘书长小聚，小结了研究中心和省级学会成立后的工作。一是组织去石嘴山的考察，二是接待日本学者和武大领导考察向阳湖，三是组织三次田野采风，四是出版《向阳湖文化报》纪念特刊。但不足之处我亦心中有数，五个月来忙于单位事务，“丛书”的编辑抓得不紧，没有按计划完成任务。此外，上网浪费时间过多，没有写新的文章……

20091117

南京中国近代史遗址博物馆（总统府）金石秋先生 8 日来信：“奉上报纸一页（《扬子江报》11 月 7 日，上载《1969：文化名人云集向阳湖》），或许就是咸宁人或研究会人写的，且供参考吧。祝研究拓展深入下去，别人说什么都不重要，自己做了最重要！”

20091118

天津友人寄来一本《团泊洼岁月——中央文化部团泊洼五七干校杂述》，中国文化出版社 2007 年版，由静海县县委党史研究室编。此书的出版对研究中心无疑是个好消息。只有各地都同步从事干校文化史料的挖掘工作，中心的前景才会光明灿烂。

《团泊洼岁月》书影

20091119

供电公司侯总邀请我安排时间给他们员工讲一课向阳湖，上午应邀去他办公室小叙。他感慨地说，身在咸宁如果不知向阳湖是没有文化。我为他的话所打动，打算破例第一次到企业授课。

20091120

今日去武汉出版社敲定"丛书"出版有关事宜。彭社长和责编王远彦、美编刘福珊一起陪我小酌,定好7本书一齐出,明年争取在北京开座谈会。关于封面设计,我建议加上任继愈和萧乾二位先生给我的来信中对向阳湖文化的评价,以扩大影响。我又和彭一道感叹绿原先生逝世,湖北文学界和媒体没什么反响,幸好武汉出版社出了他的文集,尽了乡情乡谊。

购《胡风家书》(复旦大学出版社2007年版)。

20091121

武汉李晓祥政委之子李冀来温泉参加一个同学会,约我一见。虽然过去电话联系过多次,但从未谋面,欣然前往工行招待所一晤。李冀说起父亲在干校当政委时的一些往事,我说起北京文化人对李政委的感念和自己对他支持向阳湖文化研究的感谢。可惜时间较紧,未及深谈。

20091122

前日从武汉出版社拿回责编定稿的"丛书"前5本清样,计划抓紧时间再过一次目。今日开始看第一本(《说话向阳湖——京城文化名人访谈录》),又发现有些错误。看来其他几本"把关"也是必要的,这个时间得花,苦功还得下。既是对自己负责,也是对读者负责,更是对历史负责。

20091123

香港张初考先生10日来信:"秋野先生的文章我仔细看了,这种文章只能引起日本文化人的阅读兴趣,对中国文化人而言,读之则索然无味,也没有翻译刊行的价值。因为:1.流水账式地记录其行程接待情况,跟车随伺饮宴见闻;2.文章取材于你的大作,或展览馆的宣传资料、报刊资料;3.很少有自己的独特见解,所写都是中国人耳闻所见甚为了解的往事旧闻。4.缺乏文采,甚至行文该用汉字而不用,用了片假名……基于以上原因,我不想将秋野先生的文章译出。”

通山邱如华先生15日来信:“我前天看了11月12日《南鄂晚报》‘向阳湖文化’专版刊登的《电大的骄子,咸宁的骄傲——记湖北省向阳湖文化开拓者李城外》,用心读了两遍,并介绍给天伦公寓其他几位老同志阅读,大家都赞不绝口,说真了不起,是个人才,是通山的光荣——我阅读文章后,感到十分高兴和自豪。因为你是从通山县和外贸局走出去的……特写此信表示热烈祝贺!”

20091124

河南信阳师范学院院长钱远晏来咸,前年我去彼地寻访干校旧址,受到钱兄热情款待,今日正好尽地主之谊。下午陪同参观温泉谷和通山大夫第,我谈及河南有那么丰富的干校资源,高校却没有专人研究,无疑是一种“资源的浪费”。我今后写专著会重点着笔,使河南至少使信阳的文人们汗颜。

20091125

香港张初考先生12日又来一信,其中云:“寄来的《向阳湖文化报》我一字不漏地读遍了。你们的成功,我借此表达迟到的祝贺!贵研究会聘我为中心顾问,真令我汗颜。我才财两缺,且不是名流,起不了什么作用,然而承蒙高抬,却之不恭,受之有愧,怎么办?那就只好唯命是从,听任吩咐吧。”

订2010年度报刊,1553.76元。

20091126

张初考先生今日寄来本月第3封信,尤其难得的是附上译作——秋野先生的《鄂南调查旅行》,洋洋洒洒译了18页。嘱我布置人打印后寄他一份,以便随时修改。这份友情着实让我感动。

20091127

下午专程去武汉刘三多老师家访谈,有一年多没和他见面。今天到省局办事后得闲登门,一是看望老朋友,二是认真和他谈及向阳湖文化名人肖像的版权问题。他到处宣传的一组向阳湖文化名人的素描肖像,素材均来自我的摄影,却从不见提及(无论是他的画册,还是文章介绍),我郑重提出这是一种侵权,今后应注意,否则打官司有伤和气。好在刘立即接受我的意见,表示今后一定下不为例。尽管仍托辞说是自己过去一时疏忽,我不计较。虽然过去帮过他的大忙,他现在辉煌时,也不愿损他的面子,只是一个劳动者应互相尊重而已。我顾他的面子,没有指出他是有意不提我"合作",否则他的"创作"价值则大为贬值。但事实就是事实,历史就是历史,如果不是我提供的向阳湖文化名人照片,使得他"照葫芦画瓢"的素描人物肖像出了大名,便不会有后来中央文史馆亦请他画历任馆长头像之事了。

20091128

今日读到 24 日《中国文化报》,第 3 版"纪事"副刊发表了吴泰昌散文《向阳忆,最忆是松花》,第 6 版"城市记忆"刊发刘岳文《北京东堂子的名人记忆》,提及沈从文在咸宁干校返京后仍居住于此,续写下《中国古代服饰研究》。作为文化部的机关报,本该加大对文化部"五七"干校的宣传力度,可谓责无旁贷。如此说来,编辑们的认识走在了文化部领导们的前面了。

20091129

晚上研究会同仁一起小聚,欢送陈海燕调省城工行(明日报到)。罗勇、金戈、郑光勇、王亲贤、胡卫平、张磊夫妇、谌胜蓝、万红英、周小刚等,是人数到得较齐的一次。此前王亲贤专门写了《赋得麻雀送燕子二首》,万红英写了《淦河柳》,均代表研究会同仁道出惜别之情。

20091130

下午《长江商报》记者权义打电话采访我,因王世襄先生前日逝世,他想了解王老在向阳湖往事,并请我提供有关照片,明日发稿见报。我积极配合之,并以最快速度将有关消息和我的一篇采访及谌胜蓝的散文《北京的蛐蛐和向阳湖的鳜鱼》上博,以表达对王老哀思。

20091201

佟韦先生22日从北京来信:"寄上一份临摹作品,请一笑。如可收在干校资料馆中更好。此致,冬安!"附书法一页,上题:"临摹《琵琶行》,37年前没题记,我家近清理资料时,发现37年前在咸宁'五七'干校临摹毛主席的一件作品《琵琶行》,便又忆起向阳湖岁月,尽管在劳动中又搞起抓'五一六'的闹剧,但邪不侵正,任何力量也阻挡不了我们积极向上的精神,此件作品就是明证。2009年11月20日记于北京,佟韦。"附件二:临摹《琵琶行》,宣纸8开8页,末题写:"1972年11月7日临摹于四六三2号宿舍(文化部湖北咸宁'五七'干校)"——珍品也。此乃11月中旬进京登门拜访,佟先生带给我的又一意外收获也。

20091202

武汉大学党办刘春江发来电邮:"城外局长,您好!因为从咸宁回来后,连续出差,耽误了给你发照片,请原谅。现将照片发过来,请收。李健书记一直惦记着怎样为向阳湖文化的研究呼吁,已经在多个场合为向阳湖文化和您的工作做宣传,有可能在明年全国人大会上提交议案。"

中心副秘书长谌胜蓝日前整理向阳湖文稿,发来一电邮:"当我今天整理这些文章的时候,我突然非常感动!仿佛陪着自己又走过了一遭读与写的过程。真的,我不知道一年多的时间里,我是怎样挤出时间、挤出精力,那么用心、用情、认真地读书和写作的,而这中间,离不开老师的支持、肯定、交流与鼓励。这些文章最大的遗憾有两点：一是与其他干校的相比较的文字基本上没有；二是在思想深度的挖掘上，还感到乏力，但目前的我只能有这个能力与水平。也正是因为这两点，驱使我今后会带着目的、带着问题全力完成湖大学业，为下一步干校文化的挖掘打好基础。记得我写《官场学者李城外》的驱动力是因为看了很多写你的文章，却没能让我感到写到了实质，于是开始动笔。让我执着写出手头这些文章的原动力之一，也是我看了很多干校的文章，却感到在对不同人物、不同现象的思考和挖掘上不够，我希望在这方面做些工作。”

20091203

中午市广电局打来电话，请我前去陪同省广电局副局长李宏光小酌。李原是省委宣传部文艺处处长，多年前与我相识，也一直在关注着向阳湖文化。席间，市委副书记周彩娟向他介绍起我会和研究中心的工作，引起他更大兴趣。我趁机邀他去向阳湖实地看看，一拍即合。于是，我和市广电局白局长顾不得休息，赶到向阳湖文化名人旧址参观。李对我会所取得的工作成绩表示赞叹，对原文化部干校浓厚的文化底蕴，众多文化名人可歌可泣的故事兴趣很浓，强调要大力宣传向阳湖文化，为促进咸宁的文化事业作出积极贡献。今后有时间，我也许会去省广电局回访，作一次深入的交谈。

20091204

今日上午，市政协组织文史委员去视察向阳湖，王亲贤打电话通知我参加，我因昨日刚陪省里客人去过，办公室杂事又多，便免了此行。但仍嘱咐王写个消息，尽快挂上博客。养成了好习惯，今后编“向阳湖文化开发大事记”，便好“就地取材”了。

20091205

中餐陪同省科技出版社刘健飞社长等，该社在温泉开会，全社倾巢出动,不少人是我的熟人和朋友,且大多知道我的向阳湖研究。我只可惜出书与科技社不大搭界,否则便会一起策划新的选题。好在席间遇一“荆楚网”的记者,马上主动结识,今后亦可借助它的影响,为宣传向阳湖造势。

20091206

《湖北经济学院学报》第10期发表了省社科院课题组的大作《关于向阳湖文化研究与开发的几个问题》,系陈金清、陈孝兵、刘龙伏、刘保昌几位研究员联合而作。我马上将全文上博,放在“向阳湖论坛”栏目。全文分“向阳湖是一种特殊的文化现象”、“向阳湖文化资源的挖掘与整理”、“向阳湖文化资源的保护性开发”三大部分,约8000字,对向阳湖文化研究会的工作当是个促进。毕竟是第一次以省学术机构课题组的名义提出的调研报告,值得庆贺。

20091207

下午主持召开局务会,透露了我局将和市文体局合并之事。无须隐瞒,也不会影响局机关稳定,至于最终去向结果如何,一切顺其自然。近些时,我已分别找了多位市领导汇报思想和打算,表示不愿离开宣传、文化战线,尤其是继续打响向阳湖的品牌,还有赖于坚守在这块阵地上。

20091208

湖北日报社张孺海兄来温泉调研,晚上打电话约我前往小叙,毕竟是省向阳湖文化研究会的名誉副会长,孺海兄对向阳湖文化研究颇有见解。他一针见血地说,我之所以在干校文化研究上颇有影响,并非我的文章写得有多么好,而是我完成了初期的史料抢救、挖掘工作,填补了空白。而且到目前为止,我在理论上尚未有什么建树,同时也不必追求此道,而要进一步抢救(利用职务便利),先做好基础工作,退下来再攻理论不迟。我虚心接受他的观点,表示“向阳湖文化丛书”出版后,会进一步思考研究的深入。张补充道,不应满足于单纯的复原历史,关键要总结历史的经验教训(从多个层面),以进一步展望未来。

20091209

将省社科院课题组文章上博后,今日有研究会同仁留言,录存如此。其一:“认真读了。对地方官员而言,保护得好就是政绩,破坏了就是罪过。不过曹刿说过,肉食者鄙,未能远谋。易中天也重复了一次类似的话。”(六闲堂)其二:“拜读后,深有所感,但联系多年来耳闻目见的诸种现象,又不免心有戚戚焉。12 月 5 日,《咸宁日报》第三版发表了署名阮仕星、阮华清的《汀泗桥怎样建成湖北周庄》的专文,颇有见地,其中提出把汀泗桥与向阳湖整合起来的初步设想,不失为一种方案。但‘秀才造反,十年不成’,非有有力者的积极介入,恐怕即使再过十年二十年,向阳湖、汀泗桥仍将会无多大改观。但愿我的这一想法过于悲观,那就走着瞧吧!能否将此文呈高层一阅,以期引起真正重视?”(思梧斋)——下午将两位邀办来谈,并布置新的任务,前者草拟一份人大代表议案稿,后者准备一份研究会今年工作总结。

20091210

《中国收藏》孔编辑今日发来电邮:“冒昧打扰,万望见谅。王世襄先生仙逝,《中国收藏》杂志拟制作一个纪念专题,希望能了解一些他在咸宁干校期间的情况,在您博客上读到相关文章,故而冒昧滋扰。不知您能否提供一些王老的独家照片?在干校期间以及您采访时拍摄的均可。另外,能否告之韩志先生的电话?不知韩祖祥老人近况如何?我刊是收藏界惟一的国家级期刊,您提供的照片一经发表,即奉上样刊及稿酬。感谢您对于我们工作的支持!希望通过我们的共同努力,可以还原一个真实的王世襄先生,我想这也是对王老最好的纪念。”

20091211

下午赶去参加市政协文史委年终总结会，今年的工作提及：“视察向阳湖文化名人旧址保护与开发工作，形成了材料，并经过本委委员李城外的联系，将通过全国人大代表在全国人大会提出建议。”

20091212

省作协副主席刘醒龙昨日应邀到咸宁学院文学院讲学，我邀了金戈等研究会同仁一起去听了课，今日又陪同刘考察向阳湖。一路上和参观时，醒龙兄以小说家的敏锐，充分肯定了向阳湖文化浓厚的人文价值和史学意义，称我有史家的眼光（戏言我将来一定会青史留名），并称咸宁成立中国“五七”干校研究中心有眼光，影响深远，必将在中国文化史写下浓墨重彩的一笔。

20091213

晚上刘醒龙发来短信，称我昨日向他推荐的金戈小说《狗殇》已经读过，意欲采用。我马上转告金戈，提前祝贺，并相信《芳草》采用后，必有选载，将是中心一新收获、研究会一桩喜事，当浮一大白也。金戈因此稿投过几次，不大顺利，仍心存疑虑，我则以为刘是主编，可说了算，不像过去的编辑得层层请示。我有直觉，刘很正气，是有这个魄力的。

20091214

下午与人民文学出版社外编室仝保民先生取得联系，自荐自己的专访——《周总理说：“不能以邻为壑”——访著名诗人绿原》。因仝先生在编《绿原纪念文集》，诗人在咸宁干校的经历是其中难得的部分。绿原先生去世后，我未撰写纪念文章，这也是一种弥补吧！

20091215

布置王亲贤草拟全国人大十一届三次会议议案——《建议文化部

和湖北省政府支持咸宁市加强向阳湖文化资源的保护和开发工作》,他今日按时交卷。我作了修改补充后,又找副市长毛宗福一起商讨,介绍向阳湖文化的背景、价值和意义。议案提出了几点建议,主要包括,支持将向阳湖文化名人旧址列为全国文物保护单位,充分发挥高校优势加强对干校文化和向阳湖文化的研究,制定科学的保护和开发规划,等等。

20091216

到汉参加明天总署与省政府共同促进湖北建设中部地区新闻出版强省合作协议签约仪式,晚上安排住东湖翠柳宾馆,与咸宁日报社陈社长同住一室,聊至转钟。他建议将向阳湖文化研究向纵深发展,要组织会员创作长篇小说,然后改编为电视剧,方可产生更大的影响。我解释说,这些想法都在计划之中,而且我还有将来请儿子将向阳湖题材的作品搬上舞台的设想,惜乎目前事务缠身,一切计划总是一拖再拖。

购《陈寅恪集》(1—14,三联书店 2009 年版)。

20091217

日本秋野修二先生今日发来电邮:“我在你的博客上能看到多种知识,特别你在首页上发表照片;比如说,我容易能看到王尚芳不是女的,而是男的等。闲话休提,今天 17 号,我把我的论文寄送给你了。大概过了 1 周左右你会收到吧,请笑纳!这篇就是一篇我去年到沙洋去调查的文章。那时你的帮助多么大呀!你对我的友谊多么热乎乎的!我衷心感谢!虽然这不是以咸宁干校为内容的,但是没有你的帮助我们就不能调查到沙洋干校。所以我可以说这是一篇纪念你的友好的文章。祝你工作顺利,身体健康!”

20091218

中国艺术研究院画家小婵今日发来电邮:“文洁若老师嘱咐我给

您写个邮件，问您一月能否去上海，会议日期是1月24日到27日，请把您的情况写邮件告诉我，我转给文老师，纪念文章这两日是否可以写出，也请寄给我，我给转去。谢谢！冬安！”

20091219

上午与北京文洁若先生通话，表示下月争取参加上海纪念萧乾诞辰百年的活动，又加紧撰写了一篇文章，题为《深深地怀念咸宁和向阳湖——回忆萧乾先生》。

20091220

今日抽时间准备了一下去供电公司讲课的演讲稿，题目初定为《文化名人与向阳湖文化》。时间两小时，为便于“圈外人”做笔记，计划采用讲稿，适当配播幻灯片即可。但愿这次活动年内完成，将向阳湖文化渗透到企业文化中，争取更多方面的关注与支持。

20091221

今日下午谌胜蓝应邀去市委党校报告厅，为全市妇联系统培训班100多名学员作了一场题为《女性温暖的时代》专题讲座，这是研究中心的女才子首次走上全市讲坛，我和胡卫平、万红英、甘泉等前去捧场，市妇联余主席等热情留下小酌。我感谢市妇联为宣传向阳湖文化提供了场地，余主席则对中心的人才济济表示欣佩。

20091222

昨天是新浪博客“城外的向阳湖”开博满一周年，收到几位研究会同仁短信祝贺，今日又有全利兄祝“生日快乐”的留言，另有北京司徒新蕾、何祖渠夫妇发来的电子贺卡，可谓城内城外的祝福兼而有之。相信网上交游的第二年，一定会收获更丰。

20091223

上午市委党校巡视员陈远香和艾国松来访，我谈及当初未能去党校工作的遗憾。假设如愿,定会将向阳湖文化研究在全国党校系统内打响,二位深以为然。又请来常务副校长王胜红一起小酌,席间,云及将聘我为市委党校兼职教授。这种荣誉对我来说,与去那里主政相差太远,因对向阳湖文化所发挥的宣传作用而言,二者是不可比拟的。

20091224

下午来到省委秘书长李明波办公室,向老书记汇报市里机构改革方案以及自己的一些想法,我主要考虑向阳湖得有块阵地宣传。他十分理解,称赞我这么多年宣传向阳湖,出了成绩,出了影响,成了一张地方文化品牌。他叫我安心工作,市委会用人所长的。

20091225

网上得知,中央文史馆馆员、著名画家张世简先生于本月4日逝世,享年83岁。我忆起1997年中秋夜采访张先生的情景,一晃12年了!他送给我的《鳜鱼图》还摆放在我家客厅,可叹从此成了一幅名家遗作。

20091226

今日市里组织体验武广高速第一次通车,途中我和市政法委副书记邓明辉同坐,有意与他聊起昔日他在向阳湖做公安特派员时的往事:一是他当年年轻潇洒,私下收到文化人子女的求爱信不少,他都上交了组织;二是红旗越剧团有的“五七”战士“打皮绊”,被当地群众发现后五花大绑交给他处理(作为阶级斗争新动向);三是他“放人一马”后,被北京人念及,时有当时稀有的全国粮票从他门缝塞入……

下午在广州市花都区举行的旅游营销招商引资推介会上,市委黄书记和任市长的讲话都介绍了咸宁“向阳湖名人文化”。

20091227

经我推荐,《南鄂晚报》的“向阳湖文化”专栏今日推出湖北省社科院课题组文章《关于向阳湖文化开发的几个问题》,发了一整版——我现在能做的，只能是利用自身优势为向阳湖“造势”。

20091228

上午去市委宣传部陈部长办公室谈工作，顺便汇报对向阳湖文化宣传的一些想法。一是外地如柳河、石嘴山对干校文化的宣传起步晚，但投入大，影响大。二是市里应将向阳湖文化研究纳入明年的财政预算。三是全国人大会上将提一个议案，建议重视向阳湖文化的宣传。四是省社科院课题组发了一篇文章。陈部长答复，今后市里会重视此事。社科院的文章还引起省委常委、宣传部长李春明重视，他专门作了批示……

20091229

上午去省新华书店工会主席张立临处，他谈起父亲张洪洋最近还回忆起和陈翰伯先生的往事。我有一年多未见张老先生了，每次到汉来去匆匆。何时能静下心来，作为一名记者专程采访在汉的“向阳湖人”就好了。如还有省社科联的郝孚逸，湖北日报的张希崇、吴志根，等等。

购《中华人民共和国历史图志》(上、下，中共中央党史研究室、中国国家博物馆编著，世纪出版集团、上海人民出版社 2009 年版)。

20091230

晚餐，我和金戈、谌胜蓝、万红英小酌。席间无意说起我们四人是今年秋天去内蒙古、宁夏之行的原班人马，也算巧合。一百多天又过去了，四人中写向阳湖文章最多的是小谌，而且她组织了几次去向阳湖田野采风活动，万也参加了。相比之下，我和金戈两位当“领导”的只有惭愧！

20091231

今日去省社科院，会陈金清、刘龙伏、陈孝兵、刘宝昌等向阳湖课题组的成员。陈主任表示，这个课题今后还可以做大。他送给我第 10

期《江汉论坛》(上载陈辽先生《论干校文化的二重性与干校文学的多义性》),并向我约稿。在《江汉论坛》编辑部,我欣喜看到课题组的文章还被编成《要闻摘报》(第 33 期,11 月 13 日),改题为《关于加强向阳湖文化开发的几点建议》,观点摘要云:向阳湖文化是湖北的一种文化资源,且具有独特的文化开发价值,应站在全省文化发展的高度,进一步做好向阳湖文化资料的抢救挖掘和整理工作,拓展向阳湖文化研究,推动向阳湖文化产业的发展,把向阳湖打造成湖北的一个文化亮点。本期专报省委常委、宣传部长李春明,他于 12 月 4 日批示云:“向阳湖文化资源的独特价值,理应予以高度重视并开发利用。转请咸宁市委楚平书记、树林部长阅研。”

下午返温泉,查 2009 年新版《辞海》2421 页,喜见新增“五七指示”条目:“1966 年 5 月 7 日毛泽东在审阅中央军委后勤部《关于进一步搞好部队农副业生产的报告》后写给林彪的一封信,通常按写信日期称为‘五七指示’。信中要求各行各业以本业为主,兼学工、学农、学军,同时坚持批判资产阶级。‘文革’中,全国各地纷纷办起各种形式的五七干校,大批干部、教师和科技人员被下放到农村,参加体力劳动,试图以此达到消除城乡、工农、体力劳动与脑力劳动三大差别的目的。”我又找出 1979 年、1989 年和 1999 年版《辞海》,均未发现设此条目。有意思的是,1979 年版未收、1989 年版和 1999 年版《辞海》增收的“五一六通知”条目,而 2009 年版却不翼而飞了!

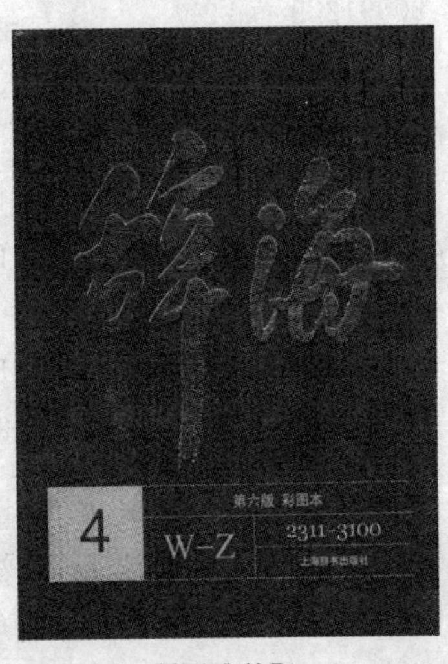

《辞海》书影

李　专

向阳湖的守望者

1994年11月5日，我在我那简陋的书斋里，写了一篇不足千字的短文《神往向阳湖》。文章结尾的两小段写道："我真想拜谒向阳湖，去看看沈从文看守过的果园，唐兰守砖的河埠头，王世襄牧牛的湖滩，冰心圈鸡关鸭的棚舍……

"应该在向阳湖建一座丰碑，应该为向阳湖编一部大书，为这段文化名人的特殊历史立此存照。"

在写这篇文章后的整整7年时间里，我没有跨进向阳湖一步。说具体点我是徒唤奈何了7年。扪心自问，我对向阳湖这座大而富的文化"金矿"是心存胆怯的，不敢造次。可是，就在这7年里，却成就了一个"行动的巨人"。

向阳湖何止建了一座丰碑，已经拉开了"向阳湖文化村"的架势，并且建起了"向阳湖文化展览馆"。为向阳湖所编所著的书何止一部，已经有《向阳情结——文化名人与咸宁》和《向阳湖文化人采风》等7本100多万字的专著问世，已蔚成"向阳湖文化书系"。还有"向阳湖文化研究会"的成立、《向阳湖文化报》的创办和"向阳湖文化网站"的开通，向阳湖文化的开发甚至还成为全国政协的提案。这一切成就都与一个人的名字联在一起——李城外。

再去向阳湖，我就不愿随意前往了，似乎非要有李城外的引领不可。没有李城外引领的向阳湖之行绝对是不完美的。

城外的向阳湖(下)

2002年1月15日,我随李城外来到向阳湖。向阳湖是文化人的“流放地”,但也是文化人的“避难所”,文化人的足迹本就可以留下芳香,更何况文化人在这里并没有停止过文化的创建,在苦难中保持着高贵,“用屈辱之身去点燃文明的火种”。经过岁月的酿制,或者说经过李城外的启封,文化的芳香已经在这里氤氲弥漫了。向阳湖所在的甘棠乡现在已更名为向阳湖镇,走在当年被“五七”战士戏称为“长安大街”的地方,满眼都是“向阳湖镇”某某单位的牌匾。向阳湖奶牛场中学则干脆叫四五二中学。咸宁师专和咸宁外国语学校也即将把向阳湖作为德育教育基地。

身在向阳湖的李城外,分明成为一树移动的风景,是那么的气韵生动,是那样的口若悬河。他每一次手之所指处,每一次目之所向处,都是一个向阳湖文化的凝聚点。从他口中滔滔不绝而出的更是绵绵的向阳湖文化“语码”。骄傲的李城外,一“沾”向阳湖就变成虔诚的信徒。最叫我感动的,是刚及不惑之年的李城外,就明确地要以身相许向阳湖,他的“向阳情结”越系越紧,紧得无法解脱,他要终身厮守向阳湖,他要毕生开发向阳湖文化。

李城外的守望姿态有如一枝红荷,一枝向阳湖的红荷。曾下放向阳湖的中央美术学院教授张立辰先生就说:“最让我留恋的还是向阳湖的荷花,叶大如伞,杆壮似杵。”接天连叶无穷碧的荷花绽放之际,正是向阳湖最壮丽的季节。做一枝荷海中的红荷可以享受热烈与火红的幸福。每一枝红荷都是令人注目的美丽。开发向阳湖文化的成功,让李城外尝到了这种如霞似锦的幸福。

李城外更多的守望姿态还似一株向阳湖冬日的树。我来向阳湖的时候满眼都是这样的树,密如云冠的阔叶已凋零得所剩无几,但树干挺拔,在霜寒中迎风傲立,扎根沃土,坚定如山,坚毅如钢。我揣摩,李城外要经历青灯黄卷的寂寞,李城外要作默默兼程的苦旅。文化研究的事业向来难成大红大紫的事业,文化的芳香更多的时候还是如清

作者在向阳湖文化展览厅

茶般的淡香，像烈酒的浓香不是一桩“反思文化”的宿命。所以在“李向阳”、“六〇〇一”等诸多绰号中，李城外更钟情“向阳牛”这个绰号。

今天的向阳湖之行，在我心中明晰了向阳湖守望者的形象，也会让我明天的目光多一缕地投向李城外，让他的心田多一丝友情的温热，让他的守望多一份朋友的关注。

（《中国文化报》2002 年 7 月 20 日）

谌胜蓝

官场学者李城外

上个世纪70年代中期，当最后一批文化人离开向阳湖，曾经喧闹一时的“五七”干校人去楼空。村民们搬进了干校学员宿舍，杂草遍布湖区，现代化奶牛场在干校原址拔地而起……向阳湖“五七”干校，以及干校的许多人和事，一天天淹没于历史的尘埃。没有人会忆起，冰心、沈从文、郭小川等一个个如雷贯耳的名字，与这个不起眼的湖区会结下一段因缘。也没有人提起，6000余名文化人(其中不乏一流的作家艺术家、专家和学者)曾经在这鄂南一隅洒下过他们的汗水和泪水。

时光静静地流淌了20年，直到李城外发现了这段历史，几近淹没的向阳湖“文化沉船”开始浮出水面。他进京采访当年的向阳湖文化人，约请他们撰写回忆录，编著首套向阳湖文化图书由人民文学出版社推出，组织成立向阳湖文化研究会，创办《向阳湖文化报》和相关网站，在各种媒体上推介向阳湖文化……短短几年时间，向阳湖文化品牌在全国打响，声名甚至远播海外。

有人称李城外是“向阳湖中一尾鱼”，有人称他刮起了一阵“旋风”，也有人说他是“淘金者”、“别样才子”，还有人干脆称他“李向阳”。然而，在我的眼里，李城外首先是一名学者，一名官场中的学者。

李城外的学者风范，首先在于他发现了向阳湖文化。不能想象，一个没有读过《边城》的人，会对沈从文感兴趣；一个不了解大观园是是非非的人，会关注曹雪芹。没有大量的知识积累，没有对中国文化的情有独钟，李城外不可能在第一时间就痴迷于向阳湖文化。当厚厚的《咸宁市志》摆在眼前，当“一大批著名作家、艺术家和文化界高级领导干部及其家属6000余人到该校劳动锻炼”跃入他的眼帘，他的眼睛放出了异彩。是学者风范给予了他一双“慧眼”，让他在几行简单的记录中发现了文化的“真金”。他从此畅游于向阳湖，不再上岸。

李城外的学者风范，更体现在他耐住了寂寞，守住了清贫。人世间的苦有千万种，做学问无疑是其中一种。寂静的书房、清冷的灯光，永远无法对话的纸、笔和键盘，与屋外的喧闹是格格不入的两个世界。当社会多元性日渐显现，当更新更快的生活节奏冲击着人们的视野，当现实与功利充斥在每一个角落，李城外固执地坚守住了自我的精神家园。可贵之处在于，他并不是一个边缘化的人，他也是官场职场中的一分子。不同于更多人的是，一离开会场、酒桌，他就迫不及待地奔向他的“向阳轩”。事实上，如果不是这份对于文化的痴情，官场中的他也许会飞得更高、走得更远。不过，他似乎更在乎“文人局（中等城市新闻出版局）长”的称号，他在文化里坚守，在书籍里追寻，始终没有、不肯也不忍转变自己的方向。他表现出一种更崇高的人生境界，而这些正是一个学者的境界。

作为一名学者，李城外一个重要的特征就是他的虚怀若谷、襟怀宽广。他无疑是人们心中的“干校文化”研究专家，全国各地一些知名作家、教授、学者对他高度评价，省内外高校纷纷邀请他讲学，不少名牌大学的研究生写信向他请教。但他虚心接受任何人的意见，不放过搜集有关干校的任何资料，哪怕这份资料出自一个不起眼的小人物。他特别善于欣赏别人，并从别人的优点中坦言自己的不足。他不保留，更不保守，只要是为推动向阳湖文化发展，不管是地方政府布置展览需要，或者学院、档案部门申报课题、项目，还是帮助业余作者写文章、做论文，他都慷慨无私地拿出自己的一切资料，而这些资料基本上都是他独有的、唯一的。因为他倾情的，是这份文化，而非个人的名和

作者在向阳湖文化名人旧址

利。这是一份多么让人肃然起敬的人文情怀。

他严谨的治学态度无疑增添了他的学者气。他的眼光格外敏锐，堪称给文章治“病”的专家，一个标点符号、一个生僻的别字、一个典故的误用，哪怕一个不起眼的小错误都很难逃过他的法眼，而且一挑一个准。他的精益求精、工作细致成了职业习惯，你甚至找不出他在哪一次为文上曾表现出随意或草率。而且作为一个学者型的领导，李城外不同于其他领导的是，他不大指挥人，有事必躬亲的习惯，诸如排版、扫描照片之类的工作都自己动手。

他显然同时具备一个学者的勤奋和吃苦耐劳精神。为开发向阳湖文化，多少次，他采访到深夜，多少回，他写作到凌晨两三点。为按时给报社或杂志发稿，有时一天要赶出几篇文章，而这些文章都是在工作之余完成的！为了与北京大批“五七”战士保持联络，他为他们寄报纸，邮贺卡，写信，一写就是几天，甚或一个星期，到邮局发信常常一次就是成百上千。这简直就是一道风景！

他的这些品质显然促进了他的工作，他在每个岗位上都取得过骄人的成绩，他也无疑是一名合格的局长。他所在单位会议室存放的获全国和省市级表彰的奖牌琳琅满目，便足以证明。不过，作为官场中的学者，他似乎还有更多的优势，比如少了些迂腐，多了几分通达，少了些古板，多了几分风趣与幽默。他的谈笑风生极具感染力和亲和力，他能够走近一大批素不相识的向阳湖人，显然也借助了这种人格魅力。向阳湖文化的开发注定需要的不是一个只会关在书房里的读书人，而是一个读万卷书、行万里路、接触大量人的读书人。当他走向大江南北考察各地干校旧址、寻访老“五七”战士或者后代，他也在这份文化苦旅中展现着一个官场学者的风采。

从一个零起点上开创性地开发一种文化资源，凭借的几乎是一己之力。没有一股强大力量的支撑，是不可想象的。这股力量的源泉正是他的学者风范。

向阳湖文化内涵丰富，学术丰厚，颇具吸引力。然而，湖水也并非时时处处风平浪静。李城外跳入向阳湖，也就注定要接受各种风吹浪打。工作的繁忙、他人的误解、领导层对向阳湖文化的或冷或热、支持的乏力、人力的不足、官场上的风云变幻……干扰与打击从来没有停止过。他在向阳湖里艰难遨游，执着而坚定，从不言退缩。当有的领导只字不提向阳湖，当媒体对向阳湖文化由热转冷，当社会上对向阳湖文化微词种种，他应对这一切就是两个字：坚守。一个学者的素养告诉他，他从事的工作意义深远，价值重大。这项工作要结出硕果，在于他的坚守与坚持。

因为守住了，他因此得到了。向阳湖文化终于向全国辐射，受到越来越广泛的关注。他也得到了更多层面的认可，受到了相识和不相识的人由衷的敬重。他依然在坚守，因为困难与阻力永远存在，因为他心中还有更高更远的目标。他已经在一张白纸上描绘了一幅画卷，他要为这幅画卷添彩，让其更加壮丽怡人。这是一个学者的别样所在，也是一个学者给予我们的感动和震撼。

成就官场学者李城外的是数不尽的书籍。走进他的“向阳轩”，汗

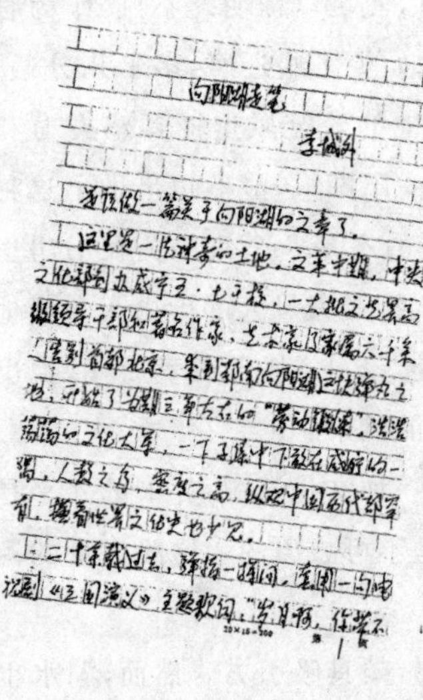

作者手迹

牛充栋的藏书让人叹为观止。从中学时代开始,他就开始了读书、藏书的历程。他的阅读量富甲鄂南,如同他的藏书在鄂南首屈一指。为一套钟情的书,他会花上数月的工资,他收入的很大一部分交给了书店。他每每提醒自己,在购书消费上要降降温,却从来是只升不降。这样的“书痴”,在工作出色的同时,自然而然地会走上一条学者之路。况且,与之接触,你还会发现他是一个阅读迅速、记忆过人、思维敏捷、善于思考的智慧读书人。

因为腹有诗书,李城外的文章,哪怕只是简单的访问记,都见其厚实的文字功底。他从来不矫揉造作,处处显露出自然与流畅,没有一丝为作文而作文的痕迹,于平实间见文采,于点滴处见功夫。他的用词经得起推敲,不少文章的结尾更是别出心裁。他不大用渲染的笔法,但需要抒情的时候,只用寥寥数语,就能把要表达的心情点染得恰到好处。就连他的新年短信都别开生面:“阖家咸宁,天天向阳。”而他撰有一副自勉的对联更让人叫绝:“城内围城城外看,书生钟书书熟读。”

他叩开一个个学者的心门，更缘于他的腹有诗书。我们不能想象，没有相当的学术积累，单凭一腔热血，李城外与向阳湖学者间能进行顺畅的交流。他从 1976 年开始订阅《人民文学》，从不间断，他采访这本杂志的负责人当然能找到更多的共同语言；他是《鲁迅全集》的忠实读者，采访鲁迅博物馆馆长也就自然如逢故知。李城外本身是一个文化人，一个真正的学者，他与向阳湖文化人之间有着本能的亲近，他的采访成功是顺理成章的。反过来说，当李城外怀着敬仰的心情面对 200 多位知名的向阳湖文化人，面对一批学业有成的“向阳花”，他自己也成了这批文化人亲近的对象，以至被他们戏称为“名人中的名人”。当这些人在接受完采访后，又纷纷拿起笔，为他题字、作画，赠送书籍，并应他之邀认真地撰写回忆文章，又给他写来热情洋溢的信函，这其实是一份英雄相惜的支持与情怀。

真正的学术识别真正的学者。目前，《中国文学编年史》“当代卷”重点介绍了“向阳湖文化”，“文学湖北”实施工程将“向阳湖文学”视为鄂南最有影响的文化品牌之一，而李城外的专著《向阳湖文化人采风》还被列入北京大学中文系现当代研究生书目。向阳湖文化的价值还远不止于此，2008 年金秋时节，一批国宝级文博专家聚集咸宁，共同倡议将“向阳湖文化名人旧址”列为国家级重点文物保护单位，其中还有人建议，下一步还可考虑向阳湖文化申报世界非物质文化遗产。高雅文化的“象牙塔”，用其平和、公正和博大的胸怀，认可和吸收了又一名学术上的“城外人”。值得一提的是，他身为公务繁忙的政府官员，还是中国作家协会会员和世界华文文学家协会会员，曾荣获湖北青年“五四奖章”。

2008 年岁末，“城外的向阳湖”个人博客开通，面世伊始，人气指数日升，将在海内外更大范围内播撒向阳湖文化的种子。由李城外担纲主编的“向阳湖文化丛书”已经定稿，达 300 余万字，即将出版。这是我国第一套关于“五七”干校的丛书，可以说，将来建一门新兴的“向阳湖学”已初见端倪。与此同时，向阳湖文化研究会二届四次理事会圆满召开，一批先进分子受到表彰，他的队伍越来越庞大，越来越坚强，李城外正在变成“李城外们”。

其实关于文化，留给中国人更多的是创伤。我们在自豪地宣称五千年的文明、五千年的辉煌的时候，其实心底正在痛心于某个文化的失传或断流。我们会不惜一切代价地为一个年代、一个人名、一处地方苦苦探寻，更会为某种文化找不到切入点而深深苦恼，以至常常发出无奈的叹息：“也许这只能是一个千古之谜。”一块瓦片、一份典籍，或者一处墓葬，牵引着我们无限的遐思与怅惘，我们热切地希望知道这一切的背后，到底隐藏着怎样的玄机。于是，那些有意或无意间记录了历史的人，就成为了我们民族永远值得纪念的人，比如陈寿、比如杜甫。

李城外用他学者的眼光和责任感，为我们真实地留下了一段珍贵的文化史。时间会证明，这段历史和这份文化的弥足珍贵。熟悉了向阳湖文化品牌如何打响的过程，让我们把一份尊敬送给李城外，为他抢救向阳湖文化所做的一切。也让我们把一份感佩送给他，为他身在官场而执着追求的学者风范。如果说南鄂地灵人杰，李城外可称得上“人杰”之一吧？

（《湖北作家》2009年春季号）

洪光进

时隔 13 年，向阳湖再次走上“国是论坛”

3 月上旬，在全国人大十一届三次会议上，由武汉大学党委书记李健发起，省政协副主席郑心穗、仇小乐，全国人大常委李传卿，咸宁市委书记黄楚平和咸宁市政府副市长毛宗福等 20 多位全国人大代表联名提出议案，向文化部和国家文物局等单位建议重视保护开发湖北咸宁向阳湖文化资源。自 1997 年全国政协八届五次会议上 7 名新闻出版界委员联名提交了一份“建议文化部和湖北省领导重视并支持咸宁地区文化资源开发”提案后，时隔 13 年，“向阳湖热”再次升温，引起社会广泛关注。

据了解，多名党政领导和专家在全国人大会议上提出议案，建议保护开发向阳湖文化资源，尚属首次。在商议国是的全国两会上，就同一个地方文化保护开发问题先后由政协委员和人大代表联名呼吁，放眼全国，也是很少见的。

借助这个浪潮，向阳湖文化研究将瞄准一个什么样的目标？这次在全国人大会上提交议案对向阳湖文化资源的开发有着怎样的意义？——近日，记者采访了中国作协会员、湖北省向阳湖文化研究会会长、咸宁市委宣传部副部长李城外。

咸宁政治文化生活中的一件大事

“在全国人大会上提交议案，建议重视保护开发向阳湖文化，不仅是向阳湖文化发展史上一个里程碑,同时也是我市政治文化生活的一件大事。”李城外说,在全国两会上先后提交政协提案和人大议案,建议大力打造地方文化品牌,在咸宁历史上是绝无仅有的。

2002年,湖北省政府批准“向阳湖文化名人旧址”为省级文物保护单位。正如议案所说:“‘向阳湖’在当代中国文化界早已不单纯是一个地名,它已经成为那个时代知识分子精神化石和文化符号。保护向阳湖文化名人旧址,开发向阳湖文化资源,对研究中国当代文化史、吸取‘文革’教训‘不折腾’和教育后人有重要意义。”

借助重视保护开发向阳湖文化,从另外一个角度也可促进我市精神文明建设。“向阳湖文化研究会始终坚持把向阳湖文化研究融入加快鄂南经济强市建设的大局中。”李城外说,支持咸宁学院、咸宁高中等院校开展向阳湖文化研究和教学工作,促进人才培养;主动配合咸安区及市有关部门做好“向阳湖文化名人旧址”升级为国家文物保护单位的资料准备、论证、申报、舆论影响等方面的工作;积极协同市档案局、市政协文史委开展向阳湖文化档案、史料的征集、抢救、编辑、出版等工作;充分发挥向阳湖文化及名人旧址的名人、名牌效应,架起咸宁与京城文化名人之间经常联系的桥梁,打造鄂南对外宣传的知名品牌,努力提高咸宁的知名度、美誉度。

对向阳湖文化的关注度越来越高

众所周知,在全国各地众多的干校中,文化部咸宁“五七”干校文化名人最多,文化资源最丰富,挖掘潜力最大,也最有研究价值。从1994年开始,李城外发现并开挖这座“文化金矿”,至今已十多年。

在1997年的全国政协八届五次会议上1137号提案指出:咸宁地区有一项特殊的文化资源——文化部“五七”干校所在地向阳湖文化资源没有得到很好的开发,“向阳湖文化”既是一种对历史的反思文化,又是一种对名人的纪念文化。建议文化部和湖北省的有关领导能予以关注和重视，从政策上和领导上给以积极支持，使咸宁地区开创的这项有意义的事业得以开花结果。

近年来，国内、省内有关人士非常关注、特别看重向阳湖文化研究，称向阳湖文化是鄂南的文化“亮点”，是最大的“软实力”。《中国文学编年史》“当代卷”作了重点介绍，“向阳湖文化”还被国家档案局列为抢救项目，“向阳湖文学”被省作协列入“文学湖北”实施工程。作为中国“五七”干校研究中心主任和向阳湖文化研究会会长的李城外，一直是个大忙人，新华社、人民日报、中央电视台、湖北日报、南方都市报、长江商报……经常有各大媒体的记者上门或电话采访。“这次在全国人大会上提交议案，使得全国媒体关注向阳湖文化达到了一个新的高度。”李城外说。

据悉，自2009年咸宁市成立中国“五七”干校研究中心和湖北省向阳湖文化研究会后，对向阳湖文化这一特殊文化现象的研究在国内逐渐“火”了起来，如省社科院组成了“向阳湖文化研究”课题组，对向阳湖文化现象进行全面的梳理、研究、挖掘，写出的专题报告受到省委常委、宣传部长李春明等省领导高度评价；日本学者福家道信等也专程到向阳湖考察，越来越多的海外学者的眼光投向了咸宁。今年元月，李城外应邀到上海参加萧乾先生诞辰100周年纪念座谈会，他的发言受到文洁若先生及与会者称赞。

向阳湖文化研究瞄准新的目标

“借助这次在全国人大会上提交议案的东风，争取把向阳湖文化研究再上一个新台阶。”李城外说，事在人为，关键靠干，如何落实议案将显得格外重要。向阳湖文化研究会和“五七”干校研究中心将突出工作重点，争取依托武汉大学等名校的力量，坚持把向阳湖文化及有关干校史料的挖掘、整理和研究放在首位，力争多出成果，出好成果。

一是组织开展向阳湖田野采风活动。通过实地走访和座谈，了解向阳湖文化人与当地农民和基层干部交往等方面的情况，积累一批文字、音像和实物资料，为今后向阳湖文化“口述历史”的写作积累丰富的素材，也为向阳湖文化研究进一步向纵深发展打下基础。

二是抓好史料征集、资料收集等基础性工作。注重抓好影像、图片资料的收集、整理、归档等工作，做到重要资料、主要活动有像可查、有图可索、有案可稽。要进一步加强和各地老“五七”战士及子女“向阳花”们的联系，采访并约写回忆文章。同时，积极开展与外地“五七”干校的研究资料交换工作。

三是推出“向阳湖文化丛书”并开好出版座谈会。目前，由李城外编著的这套“丛书”已经定稿，即将出版。这是我国第一套关于“五七”干校的丛书，包括《话说向阳湖——京城文化名人访谈录》、《向阳湖纪事——咸宁五七干校回忆录》(上、下)、《向阳湖诗草》、《向阳湖文化研究》、《城外的向阳湖》(上、下)，计 300 余万字，分别由佟韦、周巍峙、罗哲文、刘炳森、周明等名家题写书名，集向阳湖文化研究之大成，开咸宁特色精品文化宣传之先河，堪称向阳湖文化研究的一件大事，咸宁文化建设的一项盛事。

四是明确向阳湖文化和干校研究的主要任务。组织力量，认真研究近期目标和长远规划。初步设想：围绕用 10 年左右时间建立一门有史、有论、有著述、有文献的新的专门之学——“干校学”或“向阳湖学”的中期目标，今后在干校研究上要努力做到“六个结合”，即在研究目标上，坚持长短结合，立足长远，渐次推进；在研究领域上，坚持点面结合，以点带面，拓宽视野；在研究内容上，坚持史论结合，夯实基础，提升品位；在研究力量上，坚持内外结合，培养骨干，壮大队伍；在研究保障上，坚持官民结合，民办公助，互动双赢；在研究目的上，坚持虚实结合，转化成果，促进发展。

附:全国人大十一届三次会议议案

关于保护开发湖北咸宁向阳湖文化资源的建议

向阳湖文化资源主要指文化部湖北咸宁“五七”干校(简称向阳湖干校)文化名人旧址,以及这些文化名人与向阳湖干校有关的作品。“文革”期间,文化部在原湖北省咸宁县(今湖北省咸宁市咸安区)向阳湖建“五七”干校。曾先后有包括冰心、冯雪峰、沈从文、周巍峙、张光年、臧克家、萧乾、陈白尘、冯牧、郭小川、周汝昌、罗哲文、李琦、刘炳森等一大批当代中国文化名人在内的6000多文化人,从北京举家南迁到向阳湖干校,接受劳动锻炼和思想改造。1974年底,文化部咸宁向阳湖干校撤销,有关人员陆续返京,校舍等资产移交当地政府改作他用。

向阳湖干校虽然仅存5年多的时间,但是在中国当代文化史上占有重要地位,给后人留下了很多物质文化与精神思考。文化名人当时居住的房屋,建造的红旗桥、五七桥、向阳桥等,至今还可以看到那个时代的痕迹。尤其难能可贵的是,这些文化名人在向阳湖干校期间,虽身处逆境,仍用他们手中的笔在呐喊,留下了大量珍贵的文字和书画作品,这些文物对研究中国当代文化史和教育后人,有重要价值。由于在那个特殊的历史年代,有那么多京城文化名人集聚到这个远离政治中心的咸宁向阳湖干校,“向阳湖”在当代中国文化界早已不单纯是一个地名,它已经成为那个时代知识分子的精神化石和文化符号。

以至于时隔多年,仍然经常可以看到有“向阳人”(当年在向阳湖干校的文化人)和“向阳花”(当年出生和生长在向阳湖的文化人的子女)回咸宁,凭吊这块令他们刻骨铭心的地方。对向阳湖文化这一特殊的文化现象的研究,近年来不仅在国内逐渐升温,而且越来越受到海外学者关注。

湖北省政府,特别是咸宁市政府在向阳湖文化资源的保护与开发方面做了大量工作。1994年以来,以李城外为代表的一批咸宁市有识之士,一直致力于搜集这批文化人当年在向阳湖干校期间用过的实物和留下的文字及书画作品,并整理了大量口述史料。在此基础上,他们已经形成向阳湖文化书系约80万字交由人民文学出版社出版。1997年,咸宁市在向阳湖干校旧址建立了向阳湖文化名人旧址展览馆;2002年,湖北省政府批准向阳湖文化名人旧址为省级文物保护单位。

保护向阳湖文化名人旧址,开发向阳湖文化资源,对研究中国当代文化史、吸取“文革”教训“不折腾”和教育后人有重要意义。虽然当地政府已做了不少工作,但仍存在一些问题:一是现在受委托代为保管文物的奶牛良种场是一家企业,缺乏专门的管理人员和必要的维修保护经费;二是当年文化名人的旧居,已大部分卖给当地居民,部分房屋被现在住户改建或拆建,有的房屋因长期无人看管,出现垮塌;三是对向阳湖文化资源的保护与开发,缺少科学规划,研究力量单薄。

为此,我们向文化部和国家文物局等单位建议:

第一,请文化部和国家文物局将向阳湖文化名人旧址列入全国重点文物保护单位;

第二,请文化部和国家文物局等相关部门拨专款,对向阳湖文化名人旧址进行保护性维修;

第三,请国家和湖北省文化部门指导和帮助咸宁市制定科学的向阳湖文化资源保护与开发规划;

第四，请文化部或国家社科基金设立重大科研专项，组织武汉大学等著名高校的专家会同当地研究人员，共同开展对向阳湖文化的研究发掘。

2010 年 3 月 5 日

（《南鄂晚报》2010 年 3 月 19 日）

插图目录

后　记

我自14岁起开始记日记，坚持至今。近几年来，一直埋头编辑“向阳湖文化丛书”，直到有那么一天，我忽发奇想，何不从日记中摘录有关向阳湖文化的部分，真实反映开发咸宁“五七”干校文化的轨迹，了解一个地方文化品牌是如何打响，如何从鄂南走向全国乃至海外，从而形成一部有史料和研究价值的书呢？

记起苏州大学文学院院长王尧写过一篇《城外的向阳湖与向阳湖的城外》，我从中受到启发，遂将书名敲定为《城外的向阳湖》。其义凡三：一则我是研究向阳湖文化的先行者，二则向阳湖地处咸宁城外，三则我的血脉已融入了向阳湖，两者密不可分。于是，我立即请中国现代文学馆副馆长周明先生题了签，按1994年至2009年16年的时间顺序，前后两个“八年抗战”，分上下册，约80万字，正好作为“丛书”的压卷。

全书详细介绍了“向阳湖文化”的挖掘、抢救过程，记录了我一个人的“文化苦旅”，首次披露我与众多文化名人及“向阳花”们亲密接触的内幕，并收录了大量书信、题字等，配发插图若干幅。可以说，这是开发向阳湖文化珍贵的备忘录，亦是一个地方文化品牌的历史档案，可与“丛书”的前几本互为参照，它的分量甚至有过之而无不及，其独特意义也不言而喻。在整理日记的过程中，我时常有一种莫名的满足，感觉自己是多么幸运，一生的事业竟和六千文化人的命运紧密联系在一起，继而可以从海内外所有心存“干校情结”的“五七”战士中找到知音。

这本“日知录”亦真实反映了我十多年来的心路历程，从中可以读出我的书情、友情、亲情与人情，也折射出咸宁政坛的侧面及鄂南文坛的多面。从地方党政领导的频繁更换，可以体会向阳湖文化宣传的时冷时热；从我工作的几次变动，可以看出向阳湖守望者的艰辛。但我坚信梁任公的一句名言：“天下事业无所谓大小（士大夫救济天下和农夫善治其十亩之田所成就一样），只要尽自己的力量去做，便是第一等人物。”任何工作，无论空间多么窄小，只要能真正沉下心去，痴迷其中，都能干出名堂。如果能坚持十多年，就一定可成为某一领域的专家。

由于找准了自己的定位，我于繁忙的工作之余，长期坚持为写作《中国“五七”干校始末》积累素材、夯实基础。2009 年春上，我率团考察了全国第一个“五七”干校——黑龙江柳河等地，秋季又参观了宁夏石嘴山国务院直属“五七”干校博物馆。同时，在多方大力支持下，不仅联合各地有志于干校文化的研究者，发起成立了咸宁市中国“五七”干校研究中心，而且牵头创办了湖北省向阳湖文化研究会，这一切似乎都水到渠成。可以预见，在不久的将来，一门新兴“向阳湖学”呼之欲出，“五七”干校的研究也一定会日益兴旺。

正当本书紧张统稿，即将杀青之际，从京城又传来喜讯，在全国人大十一届三次会议上，20 多名代表联名提出议案，建议保护开发向阳湖文化资源。因此，这一“跨世纪工程”的竣工，也算是正逢其时吧。

最后，感谢原新闻出版署署长宋木文先生和著名文物专家吕济民先生分别为这套“向阳湖文化丛书”作了总序，二老将“丛书”的价值和意义已说得很到位，无需我再在这里饶舌了。

2010 年 3 月于向阳轩